A REVOLUÇÃO FRANCESA
em 22 lições

LORD ACTON

A REVOLUÇÃO FRANCESA
em 22 lições

Tradução
Claudio Blanc

São Paulo | 2024

Título original: *Lectures on the French Revolution*
Copyright de tradução e edição © 2022 – LVM Editora

Direitos de imagens da capa | The Miriam and Ira D. Wallach Division of Art, Prints and Photographs: Art & Architecture Collection, The New York Public Library. "Revolutionnaires. Paris 1793-94. D'ap[rès] les estampes du temps. Membre de la commune. Geolier a la tour du temple. Suppot des comités. Sectionnaire battant la generale". The New York Public Library Digital Collections. 1869.

Os direitos desta edição pertencem à LVM Editora, sediada na
Rua Leopoldo Couto de Magalhães Júnior, 1098, Cj. 46
04.542-001 • São Paulo, SP, Brasil
Telefax: 55 (11) 3704-3782
contato@lvmeditora.com.br

Gerente editorial | Chiara Ciodarot
Editor-chefe | Pedro Henrique Alves
Tradutora | Claudio Blanc
Copidesque | Renan Meirelles
Revisão ortográfica e gramatical | Carolina Torres
Projeto gráfico | Mariangela Ghizellini
Diagramação | Décio Lopes
Impressão | Lis Gráfica

Impresso no Brasil, 2024

Dados Internacionais de Catalogação na Publicação (CIP)
Angélica Ilacqua CRB-8/7057

L863rActon, Lord
    A Revolução Francesa em 22 lições / Lord Acton ; traduzido por Claudio Blanc. – 2. ed. – São Paulo : Ludovico, 2024.
    328 p.

    Bibliografia
    ISBN 978-65-5052-196-7
    Título original: *Lectures on the French Revolution*

    1. França – História – Revolução, 1789-1799 I. Título II. Blanc, Claudio

24-1363CDD 944.04

Índices para catálogo sistemático:
1. França – História – Revolução, 1789-1799

Reservados todos os direitos desta obra.
Proibida a reprodução integral desta edição por qualquer meio ou forma, seja eletrônica ou mecânica, fotocópia, gravação ou qualquer outro meio sem a permissão expressa do editor. A reprodução parcial é permitida, desde que citada a fonte.
Esta editora se empenhou em contatar os responsáveis pelos direitos autorais de todas as imagens e de outros materiais utilizados neste livro. Se porventura for constatada a omissão involuntária na identificação de algum deles, dispomo-nos a efetuar, futuramente, as devidas correções.

SUMÁRIO

Nota do Editor 7
Nota Prefatória 11
Capítulo I | Os Arautos da Revolução 13
Capítulo II | A Influência da América 29
Capítulo III | A Convocação dos Estados-Gerais 45
Capítulo IV | A Reunião dos Estados-Gerais 61
Capítulo V | O Juramento da Quadra de Tênis 71
Capítulo VI | A Queda da Bastilha 79
Capítulo VII | 4 de Agosto 93
Capítulo VIII | Os Debates Constitucionais 105
Capítulo IX | A Marcha para Versalhes 119
Capítulo X | Mirabeau 131
Capítulo XI | Abade Sieyès e a Constituição Civil 145
Capítulo XII | A Fuga para Varennes 157
Capítulo XIII | Os Feuillants e a Guerra 173
Capítulo XIV | Dumouriez 187
Capítulo XV | A Catástrofe da Monarquia 199

Capítulo **XVI** | A Execução do Rei 213

Capítulo **XVII** | A Queda da Gironda 227

Capítulo **XVIII** | O Reinado do Terror 239

Capítulo **XIX** | Robespierre 251

Capítulo **XX** | La Vendée 265

Capítulo **XXI** | A Guerra Europeia 277

Capítulo **XXII** | Depois do Terror 289

Apêndice | A Literatura da Revolução 301

NOTA DO EDITOR

O livro apresenta 22 aulas-palestras ministradas em Cambridge pelo gigante liberal: John Emerich Edward Dalberg-Acton – mais conhecido como Lord Acton.

Filho de Ferdinand Richard Edward Acton, aristocrata inglês, e de Marie Pelline de Dalberg, de família fortemente católica da Bavária, Acton herdou a perspicácia e inteligência do pai, além da fé crítica e progressista da mãe. Apesar de ter nascido em Nápoles, Itália, em 1834, Lord Acton teve sua cidadania britânica afirmada devido à sua descendência paterna, e foi na terra de Edmund Burke, a Irlanda, que se notabilizou nas críticas políticas e posições sociais pouco convencionais entre seus pares católicos. Em 1865 casou-se com sua prima, Condessa Marie Anna Ludomilla Euphrosyne Arco-Valley, com quem teve sete filhos. Lord Acton faleceu em 19 de Junho de 1902, em decorrência de um derrame ocorrido cerca de um ano antes.

Sua vida pública se deu na academia, principalmente em Cambridge, mas também foi deputado pelo Partido Liberal (Whig) durante seis anos, de 1859 a 1865. Vivia, basicamente, das rendas advindas das terras herdadas de seu pai, mas tinha adendos salariais devido a seus trabalhos editoriais e catedráticos.

Acton foi o responsável pela preparação textual da famosa edição *Cambridge Modern History*, além de historiador, diretor e editor da influente revista católica *The Rambler*, publicação que tinha a intenção confessa de criticar pontos da doutrina católica romana que os liberais ingleses julgavam ser reacionários. Também se notabilizou ao escrever os magníficos volumes da história da liberdade: *The History of Freedom in Antiquity* (1877) e *The History of Freedom in Christianity* (1877).

Acton é, ainda hoje, um dos liberais clássicos mais negligenciados no Brasil, sem nenhuma explicação aparente que não a falta de interesse acadêmico, escassas edições e estudos sérios sobre suas ideias, além dos sempre destacados pontos polêmicos de suas apologias públicas – como quando apoiou o Sul na guerra civil norte-americana, e quando, por vezes, parecia ter cuidados excessivos ao condenar a escravidão.

Todavia, apesar das suas polêmicas expressões no século XIX, há ainda um enorme campo de princípios e estudos que o historiador encabeçou e que foi simplesmente ignorado em nossa era, sendo cada dia mais imperativo, então, retomá-lo e aprofundá-lo em terras tupiniquins.

Como um whig convicto, sem nenhum medo de se denominar "liberal", o historiador foi um defensor ferrenho da liberdade de expressão e consciência, além disso, desenvolveu com profundidade a relação do advento do "indivíduo" como norte político da sociedade e o progresso histórico latente do Ocidente. De suas ideias centrais, no entanto, destaca-se a sempre presente argumentação da limitação essente do homem frente à perfeição política e moral idealista, sendo sempre preferível – segundo Acton – a manutenção da limitação do poder político à extensão deliberada dele na história. O Estado era, para Acton, um poleiro de egos desenfreados, uma espécie de reservatório de homens pretensiosos que queriam tentar a onipotência através da política.

Não raro, a fim de embasarem seu pensamento, libertários da estirpe de Murray Rothbard e Friedrich Hayek citavam as ideias e conclusões do historiador de Cambridge. A extremamente competente historiadora norte-americana, Gertrude Himmelfarb, se notabilizou internacionalmente após estudar os trabalhos de Lord Acton; sua tese de doutorado – que depois foi transformada em livro – rendeu ao mundo acadêmico uma das obras mais completas e profundas sobre as ideias políticas do historiador ítalo-britânico: *Lord Acton: A Study in Conscience and Politics* (1952).

Na edição que aqui introduzimos, por sua via, temos 22 palestras do saudoso Acton em sua melhor forma acadêmica. Traduzimos a ótima edição de 1910, da Macmillan and Co. de Londres; edição essa habilidosamente trabalhada pelos acadêmicos e especialistas em Acton, John Neville Figgs e Reginald Vere Laurence, ambos de Cambridge.

Veremos, nos textos a seguir, um historiador habilidoso no tratamento das informações históricas, bem como na análise das situações políticas que se impunham naquele momento de revolução na França.

Incluímos várias notas de edição a fim de elucidar pontos que possam causar dubiedades interpretativas. Cabe-nos notar, também, que o texto original é composto por transliterações das palestras ministradas por Acton, habilmente organizadas pelos já citados John Neville Figgs e Reginald Vere Laurence. Dessa forma, faz parte do tipo textual e das características de registro que sejam encontrados com ruídos de interpretação desde o seu original, dada a organização das palestras, complementos de lacunas e anotações transliteradas que, muito provavelmente, foram utilizadas pelos organizadores a fim de emendar naturais faltas textuais.

Tentamos minorar todos esses aspectos com pesquisas e consultas, mais de 4 profissionais, entre tradutor, revisores ortográficos e de tradução, preparador e o editor, todos trabalharam o texto a fim de, fiel ao original, deixar o livro traduzido o mais fluído possível. Como verão, o sucesso dessa empreitada é notável.

Estimado leitor, agora você tem em mãos uma obra de um dos liberais clássicos mais esquecidos de nossos dias e, por isso mesmo, ainda mais urgente de ser redescoberto e entendido, suas ideias e valores de liberdades, absorvidos.

Desfrutem ao máximo dessa leitura, pois, raridades como essa edição que você segura são para serem consumidas sem dó, sem nenhuma ressalva ou temor.

Pedro Henrique Alves
O editor

NOTA PREFATÓRIA

As seguintes palestras foram ministradas por Lord Acton como Professor Régio de História Moderna em Cambridge nos anos acadêmicos de 1895-1896, 1896-1897, 1897-1898, 1898-1899. A Revolução Francesa, de 1789 a 1795, foi, naqueles anos, uma das disciplinas especiais definidas para os Tripos[1] Históricos, e isso determinou o escopo do curso. Além disso, algumas discussões sobre a literatura da Revolução geralmente ocorriam em uma aula de conversação ou como uma palestra adicional. Os fragmentos unidos das que permaneceram foram impressas como um apêndice. Os títulos das Palestras são de responsabilidade dos editores.

John Neville Figgs
Membro honorário do St. Catharine's College.

Reginald Vere Laurence
Membro e tutor do Trinity College, Cambridge[2].
10 de Agosto de 1910.

---

[1]. Na Universidade de Cambridge, um Tripos é qualquer um dos exames que qualificam um aluno de graduação para um bacharelado ou os cursos feitos por um aluno para se preparar para tais exames. (N. E.)
[2]. John Neville Figgs (1866-1919) e Reginald Vere Laurence (1876-1934) foram os editores dos manuscritos que compõem a obra de Lord Acton que aqui traduzimos. Originalmente essa edição foi publicada em 1910, pela Macmillan and Co. de Londres, sob o título *Lectures on the French Revolution*. (N. E.)

CAPÍTULO I

Os Arautos da Revolução

A receita da França estava perto de 20 milhões quando Luís XVI, achando-a inadequada, pediu o abastecimento da nação. No período de uma vida, aumentou para muito mais de 100 milhões, enquanto a renda nacional cresceu ainda mais rapidamente. Esse aumento foi alcançado por uma classe a quem a antiga monarquia negava suas melhores recompensas, privando-a do poder no país por ela enriquecido. Como sua indústria mudou a distribuição da propriedade e a riqueza deixou de ser a prerrogativa de poucos, os excluídos perceberam que suas deficiências não se baseavam em nenhum fundamento de direito e justiça e não eram amparadas por razões de Estado. Eles propuseram que os prêmios do Governo, do Exército e da Igreja deveriam ser dados ao mérito entre a parte ativa e necessária do povo, e que nenhum privilégio prejudicial a eles deveria ser reservado para a minoria não lucrativa. Sendo quase cem para um, consideravam que eram virtualmente a substância da nação e afirmavam governar-se com um poder proporcional ao seu número. Exigiram que o Estado fosse reformado, que o governante fosse seu agente, não seu senhor.

Essa é a Revolução Francesa. De forma a ver que não é um meteoro do desconhecido, mas sim o produto de influências históricas que, por sua união foram eficientes para destruir e, por sua divisão, foram impotentes para construir, devemos seguir, por um momento, a procissão de ideias que a precedeu, e vincular à lei da continuidade e à operação de forças constantes.

Se a França fracassou onde outras nações tiveram sucesso, e se a passagem das formas feudais e aristocráticas da sociedade para a industrial e democrática foi acompanhada de convulsões, a causa não estava nos homens daquela época, mas no solo em que eles se firmaram. Contanto que os reis despóticos fossem vitoriosos no exterior, eram aceitos em casa. Os primeiros sinais de pensamento revolucionário espreitam vagamente entre as minorias oprimidas durante os intervalos do desastre. Os jansenistas eram leais e pacientes; mas seu famoso jurista Jean Domat era um filósofo e é lembrado como o escritor que restaurou a supremacia da razão na caótica jurisprudência da época. Ele havia aprendido com Santo Tomás de Aquino, um grande nome na escola a que pertencia, que a legislação deve ser para o povo e pelo povo, que a destituição de reis maus pode ser não apenas um direito, mas um dever. Ele insistiu que a lei deve proceder do bom senso, não do costume[3], e deve tirar seus preceitos de um código eterno. O princípio da lei superior significa revolução. Nenhum governo fundado apenas em atos positivos pode permanecer diante dele, o que aponta o caminho para aquele sistema de direitos primitivos, universais e irrevogáveis que os advogados da Assembleia, descendentes de Domat, prefixaram à sua constituição.

Sob o edito de Nantes, os protestantes eram monarquistas decididos; de forma que, mesmo após a Revogação, Pierre Bayle[4], o apóstolo da Tolerância, manteve sua lealdade no exílio em Rotterdã. Seu inimigo, Pierre Jurieu, embora tão intolerante quanto uma divindade, era liberal em sua política, e contraiu na vizinhança de Guilherme de Orange o temperamento de um whig[5] continental. Ele ensinou que a soberania vem do povo e reverte para o povo. A Coroa perde os poderes dos quais fez mau uso. Os direitos da nação, por sua via, não podem ser perdidos. Só o povo tem uma autoridade que é legítima e sem condições, e seus atos são válidos mesmo quando errados. A mais reveladora das proposições sediciosas de Jurieu, preservada no âmbar transparente da resposta de Jacques-Bénigne Bossuet, compartilhava a imortalidade de um clássico e, com o tempo, contribuiu para a doutrina de que a democracia é irresponsável e deve ter o seu caminho.

Gabriel-Nicolas Maultrot, o melhor advogado eclesiástico da época, publicou três volumes, em 1790, sobre o poder do povo sobre os reis, e, com pesquisa acurada entre fontes muito familiares a ele e a ninguém mais,

---

3. Percebam que Acton faz uma diferenciação entre "bom senso" e "costume". A clássica distinção se dá na esteira de que o *bom senso* seria uma expressão do Direito Natural, muito caro às ideias de São Tomás de Aquino e seus seguidores, seria o *bom senso* uma espécie de delineação de uma razão coletiva apreendida através da experiência humana acumulada e, de certa medida, também revelada pela natureza intrínseca do homem; *costume*, por sua via, tendia a ser mais superficial, baseado em hábitos e tendência cotidianas que não necessitavam de uma racionalização ou esclarecimento de porquês profundos. (N. E.)
4. Pierre Bayle (1647-1706), filósofo considerado um ícone moderno na luta pela tolerância religiosa. (N. E.)
5. Isto é, membro do Partido Liberal do Reino Unido (N. E.)

explicava como o Direito Canônico aprova os princípios de 1688[6] e rejeita a invenção moderna do direito divino. Seu livro explica ainda melhor a atitude do clero na Revolução e seu breve período de popularidade.

O verdadeiro criador da oposição na literatura foi François Fénelon. Ele não foi um reformador inovador nem um descobridor de novas verdades; mas, como testemunha singularmente independente e muito inteligente, ele foi o primeiro a perceber a majestosa hipocrisia da Corte e soube que a França estava a caminho da ruína. A revolta de consciência começou com ele antes que a glória da monarquia fosse anuviada. Suas opiniões cresceram de uma perspicácia e refinamento extraordinários na avaliação dos homens. Ele aprendeu a referir-se ao problema do governo, tal como a conduta da vida privada, como mero padrão de moral, e entendeu, mais do que qualquer um, a prática simples, mas perigosa, de decidir todas as coisas pelos preceitos exclusivos da virtude iluminada. Caso não soubesse tudo sobre política e ciência internacional, ele sempre poderia dizer o que seria esperado de um homem hipoteticamente perfeito. Fénelon se sente um cidadão da Europa cristã, mas persegue seus pensamentos fora de seu país ou de sua Igreja, e suas declarações mais profundas estão na boca dos pagãos. Ele desejou ser igualmente fiel às suas próprias crenças e cortês para com aqueles que as contestam. Ele não aprovou nem o poder de deposição nem a punição do erro, e declarou que a maior necessidade da Igreja não era a vitória, mas a liberdade. Por meio de seus amigos Fleury e Chevreuse, ele favoreceu a revocação[7] dos protestantes e aconselhou uma tolerância geral. Ele haveria de manter o poder secular afastado das preocupações eclesiásticas, porque a proteção leva à servidão religiosa e a perseguição à hipocrisia religiosa. Houve momentos em que seus passos pareciam se aproximar da fronteira da terra desconhecida onde a Igreja e o Estado se separam.

Fénelon escreveu que um historiador deve ser neutro entre os outros países e o seu próprio, e esperava a mesma disciplina dos políticos, pois o patriotismo não pode absolver um homem de seu dever para com a humanidade. Portanto, nenhuma guerra pode ser justa, a não ser uma guerra para a qual somos obrigados pela causa única da liberdade. O reformador esejava que a França renunciasse às conquistas ilícitas de que tanto se orgulhava e, especialmente, que ela se retirasse da Espanha. Declarou que os espanhóis eram degenerados e imbecis, mas nada poderia endireitar o que era contrário

---

6. Menção à Revolução Gloriosa, ocorrida de 1688 a 1689.
7. A revogação das leis que puniam os protestantes na França desde a queda do Édito de Nantes. (N. E.)

ao equilíbrio de poder e à segurança das nações. A Holanda parecia-lhe a esperança da Europa, e ele achava que os aliados[8] justificaram a exclusão da dinastia francesa da Espanha pelo mesmo motivo que nenhuma reivindicação de lei poderia ter dado o direito de que Filipe II ocupasse a Inglaterra. Ele esperava que seu país fosse totalmente humilhado, pois temia os efeitos do sucesso sobre o temperamento dos franceses vitoriosos. Ele considerou justo que Luís fosse compelido a destronar seu neto com sua própria mão culpada.

No julgamento de Fénelon, o poder é veneno; e como os reis são quase sempre maus, eles não devem governar, mas apenas executar a lei. Pois é a marca dos bárbaros obedecer a precedentes e costumes. A sociedade civilizada deve ser regulada por um código sólido. Nada além de uma constituição pode evitar o poder arbitrário. O despotismo de Luís XIV o torna odioso e desprezível e é a causa de todos os males que o país sofre. Se o poder de governo que pertencia por direito à nação fosse restaurado, ela se salvaria por seu próprio esforço; mas a autoridade absoluta destrói irreparavelmente seus fundamentos e está provocando uma revolução pela qual não será moderada, mas totalmente destruída. Embora Fénelon não deseje sacrificar a monarquia ou a aristocracia, ele concede simpatia a várias tendências do movimento que ele previu com tanto alarme. Ele admite o estado natural e pensa civilizadamente que a sociedade não é a condição primitiva do homem, mas o resultado da passagem da vida selvagem para a agricultura[9]. Ele transferiria as funções do governo para assembleias locais e centrais, e exige toda a liberdade de comércio e educação prevista na lei, porque os filhos pertencem primeiro ao Estado e depois à família. Ele não renuncia à esperança de tornar os homens bons por meio de atos parlamentares, e sua crença nas instituições públicas como meio de moldar o caráter individual o leva quase em contato com um futuro distante.

Ele é o fundador platônico do pensamento revolucionário. Embora suas verdadeiras opiniões fossem pouco conhecidas, ele se tornou uma espécie de memória popular; mas alguns reclamaram que sua força era centrífuga, e que uma Igreja não pode ser preservada através de suavidade e distinção mais do que um Estado através de liberdade e justiça. Luís XVI, muitas vezes somos informados, morreu em expiação dos pecados de seus antepassados. Ele morreu, não porque o poder que herdou deles foi levado ao excesso,

---

8. Quando "os aliados" são mencionados no texto, eles se referem à aliança dos países contrários à França. (N. E.)
9. Tese feita famosa, principalmente, por Jean-Jacques Rousseau (1712-1778) em seu *Discurso sobre a Origem e os Fundamentos da Desigualdade entre os Homens* (1775) e *Do Contrato Social* (1762). (N. E.)

mas porque foi desacreditado e minado. Um dos autores desse descrédito foi Fénelon. Até ele vir, homens mais capazes, Bossuet e até Bayle, reverenciavam a monarquia. Fénelon atingiu-a em seu zênite e tratou Luís XIV em toda a sua grandeza mais severamente do que os discípulos de Voltaire trataram Luís XV em toda a sua degradação. A época de desprezo e vergonha começa com ele. Os melhores de seus contemporâneos posteriores seguiram seu exemplo e lançaram as bases da oposição crítica por motivos religiosos. Eram os homens que o cardeal Guillaume Dubois descreveu como sonhadores dos mesmos sonhos do arcebispo quimérico de Cambray[10]. Sua influência se esvai antes da grande mudança que se abateu sobre a França em meados do século XVIII.

A partir dessa época, a descrença prevaleceu de modo que mesmo homens que não eram agressores declarados, como Montesquieu, Étienne Bonnot de Condillac, Anne Robert Jacques Turgot, foram separados do cristianismo. Politicamente, a consequência foi esta: os homens que não atribuíram qualquer significado profundo às questões da Igreja nunca adquiriram noções definidas sobre a Igreja e o Estado, nunca examinaram seriamente em que condições a religião pode ser estabelecida ou não estabelecida, dotada ou rejeitada, nunca nem mesmo souberam se existe qualquer solução geral, ou qualquer princípio pelo qual problemas desse tipo são decididos. Esse defeito de conhecimento tornou-se um fato importante em um momento decisivo da Revolução. A teoria das relações entre Estados e Igrejas está ligada à teoria da tolerância e, a esse respeito, o século XVIII dificilmente se elevou acima de uma visão intermitente, embaraçosa e não científica. Pois a liberdade religiosa é composta pelas propriedades da liberdade e da religião, e um de seus fatores nunca se tornou objeto de observação desinteressada entre verdadeiros líderes de opinião. Eles preferiram o argumento da dúvida ao argumento da certeza e procuraram derrotar a intolerância expulsando a revelação, como haviam derrotado a perseguição das bruxas expulsando o diabo. Uma falha permaneceu em seu liberalismo, pois a liberdade separada da crença é a liberdade sem uma boa parte de sua substância. O problema é menos complicado e a solução menos radical e menos profunda. Já, então, houve escritores que mantinham um tanto superficialmente a convicção, a qual

---

10. Ao que parece Fénelon era tratado ironicamente como "arcebispo de Cambray" pelos clérigos católicos fiéis a Roma. Sabe-se que seu nome chegou a ser efetivamente indicado e aceito para o bispado de Poitiers. No entanto, a ordenação jamais foi concretizada devido a uma intriga entre o arcebispo de Paris, Harlay, e Bossuet, bispo de Condom, com quem Fénelon nutria profundas discordâncias teológicas e políticas em termos gerais. (N. E.)

Alexis de Tocqueville fez sua pedra angular, de que as nações que não têm a força autônoma da religião dentro de si estão despreparadas para a liberdade.

As primeiras noções de reforma seguiram as linhas francesas, esforçando-se para utilizar a forma de sociedade existente, para empregar a aristocracia parlamentar, para reviver os Estados-Gerais e as assembleias provinciais. Mas o esquema de permanecer nos caminhos antigos e criar uma nova França sobre a sub-estrutura da velha trouxe à tona o fato de que qualquer que fosse o crescimento das instituições que um dia existiu, ele havia sido atrofiado e parado. Se a política medieval havia sido preparada para prosperar, seus frutos deveriam ser colhidos de outros países, onde as primeiras noções foram perseguidas muito à frente. A primeira coisa a fazer era cultivar o exemplo estrangeiro; e com isso o que chamamos de século XVIII começou. A superioridade inglesa, proclamada primeiro por Voltaire, foi posteriormente demonstrada por Montesquieu. Pois a Inglaterra havia criado recentemente um governo mais forte do que as instituições que se baseavam no modelo antigo. Ainda que fundada em fraude e traição, estabeleceu a segurança da lei com mais firmeza do que jamais existiu sob o sistema de legitimidade, de herança prolongada e de sanção religiosa. Ela floresceu na crença incomum de que as dissensões teológicas não precisam diminuir o poder do Estado, enquanto as dissensões políticas são o próprio segredo de sua prosperidade. Os homens de caráter questionável que realizaram a mudança e governaram durante a maior parte de sessenta anos, mantiveram com sucesso a ordem pública, apesar da conspiração e rebelião; eles construíram um enorme sistema de crédito nacional e foram vitoriosos na guerra continental. A doutrina jacobita, que era a base da monarquia europeia, fora apoiada pelas armas da França e não conseguiu abalar o trono recém-plantado. Um grande experimento foi coroado por uma grande descoberta. Uma novidade que desafiava a sabedoria de séculos havia se firmado e a revolução se tornado um princípio de estabilidade mais seguro do que a tradição.

Montesquieu comprometeu-se a fazer valer um fato perturbador na ciência política. Ele o valorizou porque o reconciliou com a monarquia. Ele começou acreditando que os reis são um mal, e não um mal necessário, e que seu tempo estava se esgotando. Sua visita à Inglaterra walpoleana[11] ensinou-lhe um plano pelo qual eles poderiam ser suspensos. Ainda assim, confessou que a República é o reino da virtude; e por virtude ele queria dizer amor à

---

11. Entre 1720 e 1740, momento no qual Robert Walpole (1675-1745) foi primeiro-ministro da Grã--Bretanha. (N. E.)

igualdade e renúncia a si mesmo. Mas ele tinha visto uma monarquia que prosperava pela corrupção, e disse que o princípio distintivo da monarquia não é a virtude, mas a honra, que certa vez descrevera como um artifício para capacitar os homens do mundo a cometer quase todas as ofensas impunemente. O elogio da Inglaterra tornou-se menos prejudicial ao patriotismo francês em razão da famosa teoria que explica as instituições e o caráter pelo barômetro e pela latitude. Montesquieu olhou à sua volta, e no exterior, mas não muito à frente. Sua admirável habilidade de dar razão para todo fato positivo às vezes confunde a causa que produz o argumento que defende. Ele conhece tantos pedidos de privilégio que quase esquece a classe que não tem nenhum: e não tendo amizade com o clero, aprova suas imunidades. Ele pensa que somente a aristocracia pode preservar a monarquia, o que torna a Inglaterra mais livre do que qualquer país. Ele estabelece a grande máxima conservadora de que o sucesso geralmente depende de saber quanto tempo levará; e a máxima mais puramente liberal em suas obras, de que o dever de um cidadão é um crime quando obscurece o dever do homem, é de Fénelon. Sua liberdade é de tipo gótico e não insaciável. Mas o lema de sua obra, *Prolem sine matre creatam*[12], pretendia significar que a única coisa que faltava era a liberdade. E ele tinha opiniões sobre tributação, igualdade e divisão de poderes que lhe deram uma influência momentânea em 1789. Sua advertência de que uma legislatura pode ser mais perigosa do que o Executivo permaneceu sem ser ouvida. O *Esprit des lois*[13] havia perdido terreno em 1767, durante a ascensão de Rousseau. A mente do autor movia-se dentro das condições da sociedade que lhe eram familiares, e ele não deu atenção à democracia que se aproximava. Ele garantiu a Hume que não haveria revolução, porque os nobres não tinham coragem cívica.

Havia mais predição em René Louis de Voyer de Paulmy, marquês d'Argenson, que foi Ministro das Relações Exteriores em 1745 e conhecia a política por dentro. Menos aquiescente do que seu brilhante contemporâneo, ele estava perpetuamente arquitetando esquemas de mudança fundamental, e é o primeiro escritor de quem podemos extrair o sistema de 1789. Outros antes dele perceberam a revolução iminente; mas d'Argenson predisse que abriria com o massacre de padres nas ruas de Paris. Trinta e oito anos depois, essas palavras se tornaram realidade no portão da Abadia de St. Germain. Como apoiador do Pretendente, ele não foi influenciado pela admiração pela Inglaterra e imputou, não aos deístas e liberais ingleses, mas à Igreja e suas

---

12. "Uma criança criada sem mãe". (N. E.)
13. *O espírito das leis*. (N. E.)

divisões e intolerância, o espírito incrédulo que ameaçava a Igreja e o Estado. Era convencionalmente entendido no continente que 1688 havia sido um levante de não conformistas, e um liberal era considerado um presbiteriano até a morte de Anne[14]. Era fácil inferir que um conflito teológico mais violento levaria a uma convulsão mais violenta. Já em 1743 sua terrível previsão percebe que o Estado está se despedaçando, e sua condenação era tão certa que ele começou a pensar em um refúgio sob outros mestres. Ele teria deposto o nobre, o padre e o advogado e dado seu poder às massas. Embora a ciência da política estivesse em sua infância, d`Argensonconfiava no Iluminismo nascente para estabelecer a liberdade racional e a igualdade entre classes e religiões, que é a perfeição da política. O mundo deve ser governado não pelo pergaminho e direitos adquiridos, mas pela razão clara, que vai do complexo ao simples, e vai varrer tudo o que se interpõe entre o Estado e a democracia, dando a cada parte da nação a gestão de seus próprios assuntos. Ele está ansioso para mudar tudo, exceto a monarquia, que sozinha pode mudar tudo o mais. Uma assembleia deliberativa não sobe acima do nível de seus membros médios. Não é muito tola nem muito sábia. Tudo poderia ficar bem caso o rei se tornasse o instrumento irresistível da filosofia e da justiça e realizasse a reforma. Mas seu rei era Luís XV. D'Argenson viu tão pouco que fosse digno de ser preservado que ele não se esquivou de julgamentos abrangentes e proposições abstratas. Ele pertence a uma geração posterior à própria devido a seu racionalismo e sua indiferença ao preconceito do costume e à reivindicação de posse; por sua máxima de que se pode presumir que todo homem compreende as coisas nas quais seu próprio interesse e responsabilidade estão envolvidos; por seu zelo pela democracia, igualdade e simplicidade; e por sua aversão às autoridades intermediárias. Ele anunciava eventos sem prepará-los, pois o melhor de tudo que ele escreveu só se tornou conhecido em nossa época.

Enquanto Montesquieu, no auge de sua fama como o principal dos escritores vivos, se contentava em contemplar o passado, havia um estudante no seminário de Paris que ensinou os homens a fixar a esperança e o empenho no futuro, e que liderou o mundo aos 23 anos. Turgot, quando proclamou que o crescimento e o progresso são a lei da vida humana, estava estudando para se tornar padre. Para nós, na era da ciência, tornou-se difícil imaginar o cristianismo sem o atributo de desenvolvimento e a faculdade de melhorar tanto a sociedade quanto as almas. Mas a ideia foi adquirida aos poucos. Sob o peso do pecado, os homens se acostumaram à consciência da degeneração; cada geração confessou

---

14. Anne Louise Jacquette Dangé, primeira esposa de d'Argenson. (N. E.)

que eram filhos indignos de seus pais e aguardaram com impaciência o fim que se aproximava. De Lucrécio e Sêneca à Blaise Pascal e Gottfried Wilhelm Leibniz, encontramos algumas passagens dispersas e sem suporte, sugerindo um avanço em direção à perfeição e a chama que ilumina ao passar de mão em mão; mas eles não tinham maestria ou brilho. Turgot imediatamente tornou a ideia habitual e familiar, e ela se tornou uma força penetrante nas mentes pensantes, enquanto as novas ciências surgiam para confirmá-la. Ele conferiu um significado mais profundo à história, dando-lhe unidade de tendência e direção, constância onde havia movimento e desenvolvimento, em vez de mudança. O progresso a que se referia era tanto moral quanto intelectual; e como professava pensar que os malandros de sua época teriam parecido modelos santificados em um século anterior, fez seus cálculos sem computar a maldade dos homens. Sua análise deixou profundidades insondáveis para futuros exploradores, como Gotthold Ephraim Lessing e ainda mais para Georg Wilhelm Friedrich Hegel. Turgot ensinou a humanidade a esperar que o futuro seria diferente do passado, que seria melhor, e que a experiência de séculos pode instruir e advertir, mas não pode guiar ou controlar. Ele é eminentemente um benfeitor do estudo histórico, mas forjou uma arma carregada de poder para abolir o produto da história e da ordem existente. Pela hipótese de progresso, o novo está sempre triunfando sobre o antigo; a história é a personificação da imperfeição, e escapar da história tornou-se a palavra de ordem dos dias que viriam. Marquês de Condorcet, aluno do mestre, pensou que o mundo poderia ser emancipado ao queimarem-se seus registros.

Turgot era discreto demais para tal excesso e buscava na história a demonstração de sua lei. Descobriu isso em seus estudos teológicos e renunciou logo depois, dizendo que não podia usar uma máscara. Quando François Guizot chamou Félicité Robert de Lamennais de malfeitor, porque tirou a batina e se tornou livre-pensador, Schérer[15], cujo curso havia sido um tanto paralelo, observou: "Ele pouco sabe o quanto custa". A transição abrupta parece ter sido realizada por Turgot sem luta. A *Enciclopédia*[16], que foi o maior empreendimento desde a invenção da imprensa, foi lançada naquela época, e Turgot escreveu para ela. Mas ele se interrompeu, recusando-se a ser vinculado a um partido declaradamente hostil à religião revelada; e ele rejeitou os paradoxos declamatórios de Denis Diderot e Guillaume Thomas

---

15. O autor não indica quem seria Shérer, acreditamos que se trata do téologo e crítico político francês Edmond Henri Adolphe Schérer (1815-1889) que analisa Guizot em seu *Etudes critiques sur la littérature contemporaine*. (N. E.)

16. No original: *Encyclopaedia*. (N. T.)

François Raynal. Encontrou seu lar entre os fisiocratas e, entre todos os grupos, escolheu aquele que possuía o corpo mais compacto de visões consistentes, e que já conhecia a maioria das doutrinas aceitas de economia política, embora elas terminassem abrindo caminho para Adam Smith. Eles são de suprema importância para nós, porque fundaram a ciência política na ciência econômica que estava surgindo. Harrington, um século antes, vira que a arte do governo pode ser reduzida ao sistema; mas os economistas franceses precedem todos os homens nisso, ao manterem uma vasta coleção de verdades combinadas e verificadas sobre questões contíguas à política e pertencentes a seu domínio, estenderam-na ao todo e governaram a constituição pelos mesmos princípios fixos que governaram as finanças. Afirmaram: "A propriedade mais sagrada de um homem é seu trabalho". É anterior até mesmo ao direito à propriedade, pois é a posse daqueles que não possuem nada mais. Portanto, o homem deve ser livre para fazer o melhor uso possível de seu trabalho. A interferência de um homem no outro, da sociedade em seus membros, do Estado em relação ao sujeito, deve ser reduzida à dimensão mais baixa. O poder intervém apenas para restringir a intervenção, para proteger o indivíduo da opressão, ou seja, da regulamentação por um interesse que não é seu. O trabalho livre e seu derivado livre comércio são as primeiras condições do governo legítimo. Deixe as coisas entrarem em sua ordem natural, deixe a sociedade governar a si mesma, e a função soberana do Estado será a de proteger a natureza na execução de sua própria lei. O governo não deve ser arbitrário, mas deve ser poderoso o suficiente para reprimir ações arbitrárias de outros. Se o poder supremo for desnecessariamente limitado, os poderes secundários se rebelarão e oprimirão. Sua supremacia não terá nenhum controle. O problema reside em iluminar o governante, não o restringir; e um homem é mais facilmente iluminado do que muitos. O governo por oposição, por equilíbrio e controle, é contrário aos princípios idealistas; ao passo que o absolutismo pode ser necessário para a realização de seu propósito superior. Nada menos do que o poder concentrado poderia superar os obstáculos a tais reformas benéficas sobre as quais eles meditavam. Homens que buscam apenas o bem geral devem ferir todos os interesses distintos e separados de classe e seriam loucos se destruíssem a única força com que podiam contar e, assim, jogassem fora os meios de prevenir os males que se seguiriam se as coisas fossem deixadas ao sabor da opinião e do sentimento das massas. Eles não gostavam do poder absoluto em si mesmo, mas calcularam que, se contassem com o uso dele por cinco anos, a França seria livre. Eles distinguiram um monarca arbitrário e o Estado irresistível, mas impessoal.

Foi a era da monarquia arrependida. Os reis haviam se tornado os primeiros servidores públicos, executando, para o bem do povo, o que o povo era incapaz de fazer por si mesmo; e houve um movimento de reforma que levou a muitos casos de administração próspera e inteligente. Para os homens que sabiam que sofrimento e injustiça indescritíveis eram infringidos por leis ruins, e que viviam em terror das massas incultas e inorgânicas, a ideia de uma reforma vinda de cima parecia preferível ao governo parlamentar administrado por Newcastle e North, no interesse do senhorio britânico. Os economistas são exterior e reconhecidamente menos liberais do que Montesquieu, porque estão, de como incomparável, mais impressionados com os males da época e com a necessidade de mudanças imensas e fundamentais. Eles se prepararam para desfazer o trabalho do absolutismo pelas mãos do absolutismo. Não eram seus oponentes, mas seus conselheiros, e esperavam convertê-lo por meio de seus ensinamentos. As liberdades indispensáveis são aquelas que constituem a riqueza das nações; o resto virá. A doença durou tempo demais para que o sofredor se curasse: o alívio deve vir do autor de seus sofrimentos. O poder que causou o mal ainda era eficiente para desfazer o mal. A transformação, infinitamente mais difícil em si mesma do que a preservação, não foi mais formidável para os economistas porque consistia principalmente em revogar a obra ímpia de uma era mais sombria. Eles consideravam sua missão não conceber novas leis, pois essa é uma tarefa que Deus não confiou ao homem, mas apenas declarar as leis inerentes à existência da sociedade e capacitá-las a prevalecer.

Os defeitos da organização social e política foram apontados de forma tão distinta pelos economistas quanto pelos eleitores da Assembleia Nacional, vinte anos depois, e em quase tudo propuseram o remédio. Mas estavam convencidos de que a única coisa que poderia regenerar a França era uma convulsão, a qual o caráter nacional tornaria terrível. Desejavam um amplo esquema de educação popular, pois os mandamentos não se enraízam em solo que não está preparado. As verdades políticas podem ser tornadas tão evidentes que a opinião de um público instruído será invencível e banirá o abuso de poder. Resistir à opressão é fazer uma aliança com o céu, e todas as coisas que resistem à ordem natural da liberdade são opressoras. Pois a sociedade garante direitos; não os concede nem os restringe. Eles são a consequência direta dos deveres. Como a verdade só pode convencer pela exposição dos erros e a derrota de objeções, a liberdade é a guarda essencial da verdade. A sociedade é fundada não na vontade do homem, mas na sua natureza e na vontade de Deus; e a conformidade com a ordem divinamente designada é seguida por uma recompensa inevitável. O alívio dos que sofrem é dever de todos os homens e assunto de todos.

Tal era o espírito daquele notável grupo de homens, especialmente de Mercier de la Rivière, de quem Diderot disse que só ele possuía o verdadeiro e eterno segredo da segurança e da felicidade dos impérios. Turgot de fato havia falhado no cargo; mas sua reputação não foi diminuída, e o poder de seu nome excedeu todos os outros com a eclosão da Revolução. Sua política de empregar a Coroa para reformar o Estado foi imediatamente rejeitada em favor de outras visões; mas sua influência pode ser traçada em muitos atos da Assembleia, e em duas ocasiões memoráveis não foi auspiciosa. Era um dogma central do partido que a terra é a verdadeira fonte de riqueza, ou, como Asgill disse, que o homem negocia somente com a terra. Quando grande parte da França se tornou propriedade nacional, os homens foram mais facilmente persuadidos de que a terra pode servir como base para o crédito público e para *assignats*[17] ilimitados. De acordo com uma opinião de peso que teremos que considerar em breve, a separação dos caminhos na Revolução ocorreu no dia em que, rejeitando o exemplo da Inglaterra e dos Estados Unidos, os franceses resolveram instituir uma única legislatura indivisa. Era o modelo da Pensilvânia; e Voltaire havia declarado a Pensilvânia o melhor governo do mundo. Franklin sancionou um oráculo para a constituição de seu estado, e Turgot foi seu veemente protagonista na Europa.

Um rei governando sobre um nível de democracia e uma democracia governando a si mesma por intermédio de um rei foram noções por muito tempo disputadas na primeira Assembleia. Um era monarquia de acordo com Turgot, o outro era monarquia adaptada a Rousseau; e este último, por um tempo, prevaleceu. Rousseau era cidadão de uma pequena república, constituída de uma única cidade, e ele professou ter aplicado seu exemplo ao governo do mundo. Era Genebra, não como ele a via, mas como ele extraiu seu princípio essencial e, como desde então se tornou Genebra ilustrada pelos cantões da floresta e pelos *Landesgemeinde*[18] mais do que por seus próprios estatutos. A ideia era que os homens adultos se reunissem no mercado, como os camponeses de Glarus sob suas árvores, para administrar seus negócios,

---

17. *Assignats* foram um tipo de papel moeda emitido pela Assembleia Constitucional durante a Revolução Francesa, de modo a lidar com a falência iminente do novo Estado Revolucionário. Eles eram lastreados através das propriedades tomadas da Coroa e da Igreja em 7 de outubro e 2 de novembro de 1789, respectivamente. Se tratando de uma moeda rapidamente inflacionária, perdeu todo o seu valor até o final de 1796, tendo durado sete anos. (N. E.)

18. Sistema suíço de democracia direta, com votações ao ar livre por todos que têm poder de voto. Seu primeiro uso data de 1231, e segue presente até os dias atuais (em menor escala). (N. E.)

nomeando e despedindo funcionários, conferindo e revogando poderes. Eles eram iguais, porque todo homem tinha exatamente o mesmo direito de defender seus interesses com a garantia de seu voto. O bem-estar de todos estava seguro nas mãos de todos, pois eles não tinham os interesses separados que são gerados pelo egoísmo da riqueza, nem as visões exclusivas que vêm de uma educação distorcida. Todos sendo iguais em poder e semelhantes em propósito, não pode haver uma causa justa para que alguns se separem e se dividam em minorias. Há um contrato implícito de que nenhuma parte será preferida ao todo e as minorias devem sempre obedecer. Homens inteligentes não são necessários para fazer leis, porque homens inteligentes e suas leis estão na raiz de todos os males. A natureza é um guia melhor do que a civilização, porque a natureza vem de Deus e Suas obras são boas; a cultura do homem, cujas obras são ruins na proporção em que ele está mais distante da inocência natural, à medida que seus desejos aumentam sobre ele, à medida que busca prazeres mais refinados e armazena mais o supérfluo, promove a desigualdade, o egoísmo e a ruína do espírito público.

Por estágios plausíveis e fáceis, as ideias sociais latentes em partes da Suíça produziram a teoria de que os homens vêm inocentes das mãos do Criador, que são originalmente iguais, que o progresso da igualdade à civilização é a passagem da virtude ao vício e da liberdade à tirania, que o povo é soberano e governa por poderes dados e retirados; que um indivíduo ou uma classe pode se enganar e pode abandonar a causa comum e o interesse geral, mas o povo, necessariamente sincero, verdadeiro e incorrupto, não pode errar; que há um direito de resistência a todos os governos que são falíveis, porque são parciais, mas nenhum contra o governo do povo pelo povo, porque não tem mestre e não tem juiz, e decide em última instância e sozinho; que a insurreição é a lei de todas as sociedades impopulares fundadas em um princípio falso e em um contrato rompido, e a submissão das únicas sociedades legítimas, com base na vontade popular; que não há privilégio contra a lei da natureza, e nenhum direito contra o poder de todos. Por essa cadeia de raciocínio, com pouca infusão de outros ingredientes, Rousseau aplicou a sequência das ideias da democracia pura ao governo das nações.

Agora, o fato mais evidente e familiar da história mostra que o autogoverno direto de uma cidade não pode ser estendido a um império. É um plano que mal vai além da próxima paróquia. Qualquer um dos distritos será governado por outro ou ambos por outra pessoa escolhida para esse propósito. Qualquer um dos planos contradiz os primeiros princípios. Sujeição é a negação direta da democracia; representação é o indireto. De modo que um inglês seria escravizado pelo parlamento tanto quanto Lausanne por Berna ou como os Estados Unidos pela Inglaterra caso se submetesse à tributação e, por lei, recuperasse sua liberdade apenas uma vez a cada sete anos. Consequentemente, Rousseau, ainda fiel aos precedentes suíços, bem como à lógica de sua própria teoria, era um federalista. Na Suíça, quando metade de um cantão discorda do outro, ou o país discorda da cidade, é natural que se dividam em dois, para que a vontade geral não oprima as minorias. Essa multiplicação de comunidades autônomas foi admitida por Rousseau como conservadora da unanimidade, por um lado, e da liberdade, por outro. Helvétius veio em seu apoio com a ideia de que os homens não são apenas iguais por natureza, mas semelhantes, e que a sociedade é a causa da variação; daí decorreria que tudo pode ser feito por leis e pela educação.

Jean-Jacques Rousseau é o autor da teoria política mais forte que apareceu entre os homens. Não podemos dizer que raciocina bem, mas soube fazer seu argumento parecer convincente, satisfatório, inevitável e escreveu com uma eloquência e um fervor nunca vistos na prosa, nem mesmo em Bolingbroke ou Milton. Seus livros deram o primeiro sinal de uma subversão universal e foram tão fatais para a República quanto para a Monarquia. Embora viva de acordo com o contrato social e a lei da resistência, e deva sua influência ao que era extremo e sistemático, seus escritos posteriores estão carregados de sólida sabedoria política. Ele não deve nada à novidade ou à originalidade de seus pensamentos. Tomados em conjunto ou isoladamente, eles são velhos amigos, e você os encontrará na escola de Wolf que acabou de precedê-lo nos dogmáticos da Grande Rebelião e nos casuístas jesuítas que eram queridos por Algernon Sidney, em seus oponentes protestantes, Duplessis Mornay, e nos escoceses que ouviram o último de nossos escolásticos, o major de St. Andrews, renovar as especulações da época do cisma, decompondo e dissecando a Igreja e a reconstruindo em um modelo muito propício à revolução política, e até mesmo nos intérpretes iniciais da política aristotélica, a qual surgiu apenas na época do primeiro parlamento.

O ponto mais avançado de Rousseau era a doutrina de que o povo é infalível. Jurieu ensinou que ele não pode errar: Rousseau acrescentou que o povo está absolutamente correto. A ideia, como a maioria das outras, não era nova e remonta à Idade Média. Quando surgiu a questão de qual segurança haveria para a preservação da verdade tradicional se o episcopado fosse dividido e o papado ficasse vago, foi respondido que a fé seria retida com segurança pelas massas. A máxima de que a voz do povo é a voz de Deus é tão antiga quanto Alcuin[19]; ela foi renovada por alguns dos maiores escritores anteriores à democracia, por Thomas Hooker e Bossuet, e foi empregada em nossos dias por John Henry Newman de modo a sustentar sua teoria do desenvolvimento[20]. Rousseau aplicou-a ao Estado.

A soberania da opinião pública estava surgindo com o aumento das dívidas nacionais e a crescente importância do credor público. Ela significava mais do que o nobre selvagem e o inocente ilhéu do Mar do Sul, e distinguia o instinto que guia grandes massas de homens da sabedoria calculista de poucos. Estava destinada a ser o mais sério de todos os obstáculos ao governo representativo. Igualdade de poder prontamente sugere igualdade de propriedade; mas o movimento do socialismo começou mais cedo e não foi auxiliado por Rousseau. Havia teóricos solenes, como Gabriel Bonnot de Mably e Étienne-Gabriel Morelly, que foram citados algumas vezes na Revolução, mas a mudança na distribuição da propriedade era independente deles.

Uma influência mais efetiva foi importada da Itália; pois os italianos, através de Giambattista Vico, Pietro Giannone e Antonio Genovesi, tiveram seu próprio século XVIII. A Sardenha precedeu a França na solução do problema do feudalismo. Arthur Young afirma que as medidas do grão-duque Leopold haviam, em dez anos, dobrado a produção da Toscana; em Milão, o conde Firmian era considerado um dos melhores administradores da Europa. Foi um milanês, Beccaria, que, com sua reforma do direito penal, se tornou um líder da opinião francesa. A jurisprudência continental há

---

19. Alcuíno de Iorque (c. 735-804), poeta, monge e matemático. (N. E.)
20. A Teoria do Desenvolvimento, de São John Henry Newman (1801-1890) diz respeito à capacidade de progresso da compreensão da fé pela teologia católica. Segundo Newman e os teólogos adeptos de sua teoria, a doutrina católica é ímpar pois se desenvolveu de forma detalhada, racional e explícita, se diferenciando de maneira acentuada dos misticismos de outras crenças, bem como do rigorismo interpretativo engessador de outras teologias cristãs.

A tese de Newman fazia parte de uma apologia contra os anglicanos, fé dissidente que professou antes de se converter ao catolicismo romano, expressa de forma primeva e seu *Ensaio sobre o Desenvolvimento da Doutrina Cristã* (1845); segundo o teólogo e clérigo católico, a fé católica faz parte de um desenvolvimento integral racional, que extrapola os tradicionalismos literários interpretativos, bem como principia de outros depósitos doutrinais além da Bíblia. Para o cardeal, a fé católica tinha espaço para renovadas compreensões e desenvolvimentos teológicos, sem que isso significasse modificar a milenar fé professada pela instituição.

Tese parecida defendeu Rodney Stark em seu livro *A Vitória da Razão* – lançado recentemente no Clube Ludovico. Para o sociólogo americano, a fé católica tinha por base a compreensão de "melhoramento" racional e progresso da capacidade de entendimento do homem, fatores esses que não só não limitaram ou paralisaram a produção acadêmica da teologia católica, como propiciou os progressos sociais, econômicos e filosóficos da modernidade. Segundo Stark, o incrível e inigualável avanço Ocidental do século XVII e XVIII iniciou – literalmente – da teologia católica, por ocasião de seu espaço para a renovação e avanços racionais internos. A crença teológica de que ainda é possível ir mais fundo em um determinado entendimento, conhecer além do que já conhecemos até agora, teria sido o propulsor da mentalidade de avanço que fez do Ocidente o núcleo de progresso humano nos últimos três séculos. (N. E.)

muito tem sido obscurecida por duas ideias: a de que a tortura é o método mais seguro de descobrir a verdade e que a punição detém não por sua justiça, celeridade ou certeza, mas na proporção de sua severidade. Mesmo no século XVIII, o sistema penal de Maria Teresa e José II era bárbaro. Portanto, nenhum ataque foi mais seguramente direcionado ao cerne do sistema em uso do que aquele que lidou com os tribunais de justiça. Ele forçou os homens a concluir que a autoridade era odiosamente estúpida e ainda mais odiosamente feroz, que os governos existentes eram amaldiçoados, que os guardiães e ministros da lei, divina e humana, eram mais culpados do que os que culpavam. O passado foi rotulado como o reinado de poderes infernais e acusado de longos atrasos de injustiça impune. Como não havia santidade encontrada na lei, não havia misericórdia para seus defensores implacáveis, e se caíssem em mãos vingadoras, sua condenação não se faria esperar. Homens mais tarde notáveis por sua violência, Brissot e Marat, se engajaram nesta campanha de humanidade, a qual levantou uma demanda por autoridades que não fossem viciadas pelo acúmulo de infâmia, por novas leis, novos poderes ou uma nova dinastia.

Como a religião era associada à crueldade, é nesse ponto que o movimento de novas ideias se tornou uma cruzada contra o cristianismo. Um livro de Cura Meslier, parcialmente conhecido na época, mas impresso pela primeira vez por Strauss em 1864, é o clarim da descrença vingativa; e outro abade, Raynal, esperava que o clero fosse esmagado sob as ruínas de seus altares.

Assim, o movimento que começou, no tempo de Fénelon, com advertências e protestos e o zeloso esforço de preservação, que produziu um grande esquema de mudança da Coroa, e outro às custas dela, terminou no grito selvagem de vingança e um apaixonado apelo ao fogo e à espada. Tantas linhas de pensamento convergindo para a destruição explicam o acordo que existia quando os Estados-Gerais começaram, e a explosão que se seguiu às reformas de 1789 e as ruínas de 1793. Nenhum conflito pode ser mais irreconciliável do que aquele entre uma constituição e um absolutismo esclarecido, entre a revogação de velhas leis e a multiplicação de novas, entre a representação e a democracia direta, o povo controlando e o povo governando, reis por contrato e reis por mandato.

No entanto, todas essas frações de opinião eram chamadas de liberais: Montesquieu, porque ele era um conservador inteligente; Voltaire, porque atacou o clero; Turgot, como reformador; Rousseau, como um democrata; Diderot, como livre pensador. A única coisa comum a todos eles era o desprezo pela liberdade.

CAPÍTULO II

A Influência da América

As várias estruturas de pensamento político que surgiram na França e se chocaram no processo revolucionário não foram as responsáveis diretas pela insurreição. As doutrinas pairavam como uma nuvem nas alturas e, em momentos críticos do reinado de Luís XV, os homens sentiam que uma catástrofe era iminente. Aconteceu quando havia menos provocação, sob seu sucessor, e a centelha que transformou o pensamento em ação foi fornecida pela Declaração de Independência Americana. Era o sistema de um partido liberal universal, extraterritorial e internacional, transcendendo em muito o modelo inglês por sua simplicidade e rigor. Superou em vigor todas as especulações de Paris e Genebra, pois havia passado pela prova da experiência, e seu triunfo foi a coisa mais memorável que os homens já viram.

A expectativa de que as colônias norte-americanas se separassem era antiga. Um século antes, Harrington havia escrito:

> Eles ainda são bebês, que não podem viver sem sugar os seios de suas cidades-mães; mas como eu me engano se, quando eles atingirem a maioridade, eles próprios não desmamarem; o que me faz admirar os príncipes que gostam de se exaurir dessa forma.

Quando, em 1759, o velho Mirabeau[21] anunciou isso, ele quis dizer que a conquista do Canadá envolvia a perda dos Estados Unidos, já que os colonos se apegariam à Inglaterra somente enquanto os franceses estivessem por trás deles. Ele chegou muito perto da verdade, pois a guerra no Canadá

---
21. Julgamos se tratar de Victor Riqueti de Mirabeau (1715-1789), dado que ele é denominado "o velho", diferenciando assim de seu filho, Honoré Gabriel Riqueti de Mirabeau (1749-1791). (N. E.)

deu o sinal. As colônias inglesas meditaram sobre a anexação dos franceses e se ressentiram que o governo do rei tenha empreendido a expedição, de modo a privá-los da oportunidade de uma ação unida. Cinquenta anos depois, o presidente Adams disse que o tratamento dispensado aos oficiais americanos pelos britânicos fazia seu sangue ferver.

A agitação começou em 1761 e, pelas ideias inovadoras que espalhou, é tão importante quanto a própria Declaração, ou o grande debate constitucional. As colônias eram mais avançadas do que a Grã-Bretanha no caminho de instituições livres, e existiam apenas para escapar dos vícios da metrópole. Elas não tinham vestígios de feudalismo para acalentar ou resistir. Possuíam constituições escritas, algumas delas notavelmente originais; raízes adequadas a um desenvolvimento imenso. George III achou estranho que ele fosse o soberano de uma democracia como Rhode Island, onde todo o poder era revertido anualmente para o povo e as autoridades tinham que ser eleitas novamente. Connecticut recebeu dos Stuarts um estatuto tão liberal e elaborou um esquema de autogoverno local tão bem-acabado que serviu de base para a Constituição Federal. Os quakers tinham um plano baseado na igualdade de poder, sem opressão, privilégio, intolerância ou escravidão. Eles declararam que seu experimento sagrado não teria valido a pena se não oferecesse alguma vantagem real sobre a Inglaterra. Foi para gozar da liberdade, da liberdade de consciência e do direito de cobrarem impostos que reverteriam em proveito próprio que eles foram para o deserto. Houve pontos em que esses homens anteciparam as doutrinas de uma democracia mais desenfreada, pois estabeleceram seu governo não por convenções, mas por direito divino, e se declararam infalíveis. Um pregador de Connecticut disse, em 1638:

> A escolha dos magistrados públicos pertence ao povo, pela própria permissão de Deus. Aqueles que têm o poder de nomear oficiais e magistrados, está em seu poder, também, estabelecer os limites e as limitações do poder e o local para os quais os conclamam.

As seguintes palavras, escritas em 1736, aparecem nas obras de Franklin:

> O julgamento de todo um povo, especialmente de um povo livre, é considerado infalível. E isso é universalmente verdadeiro, enquanto eles permanecem em sua esfera apropriada, sem preconceitos por facção, não iludidos pelos truques de projeto dos homens. Não se pode supor que um corpo de pessoas assim circunstanciadas julgue erroneamente em quaisquer pontos essenciais, pois se eles decidem em favor de si mesmos, o que é extremamente natural, sua decisão é justa, visto que tudo o que contribui para seu benefício é um benefício geral e promove o verdadeiro bem público.

Um comentarista acrescenta que essa noção, da percepção infalível do povo por seu verdadeiro interesse e sua busca infalível por ele, era muito prevalente nas províncias e o foi durante um tempo nos estados[22] após o estabelecimento da independência americana.

Apesar de seu espírito democrático, essas comunidades consentiram em ter seu comércio regulado e restringido, em seu próprio detrimento e vantagem dos mercadores ingleses. Eles protestaram, mas acabaram cedendo. Agora, Adam Smith diz que proibir um grande povo de fazer tudo o que puder de cada parte de sua própria produção ou de empregar seu estoque e indústria da maneira que julgar mais vantajosa para si é uma violação manifesta dos direitos mais sagrados da humanidade. Havia uma sensação latente de prejuízo que eclodiu quando, além de interferir na liberdade de comércio, a Inglaterra exerceu o direito de tributação. Um americano mais tarde escreveu:

> O verdadeiro fundamento do descontentamento que levou à Revolução foi o esforço da Grã-Bretanha, a partir de 1750, para evitar a diversidade de ocupação, para atacar o crescimento das manufaturas e das artes mecânicas, e a causa final anterior à tentativa de tributar sem representação foi o esforço para fazer cumprir as leis de navegação.

Quando a Inglaterra argumentou que a dificuldade de regulação pode ser maior do que a de tributação e que quem se submetia a uma se submetia, em princípio, à outra, Franklin respondeu que os americanos não tinham essa visão, mas que, quando fosse colocado diante deles, eles estariam dispostos a rejeitar tanto um quanto o outro. Ele sabia, porém, que o terreno ocupado por seus conterrâneos era muito estreito. Ele escreveu ao economista francês Morellet:

> Nada pode ser melhor expresso do que seus sentimentos neste ponto, onde você prefere a liberdade de comércio, cultivo, manufatura etc., até mesmo à liberdade civil, sendo esta afetada raramente, enquanto a outra, a todo instante.

Esses primeiros autores da independência americana eram geralmente entusiastas da Constituição britânica e precederam Burke na tendência de canonizá-la e ampliá-la como um modelo ideal para as nações. John Adams disse, em 1766:

---

22. Cabe notar que no original o autor faz o uso do termo *State*, com maiúscula, diferenciando assim levemente do que hoje usamos como padrão linguístico, dado que para nós "Estado" se refere ao sistema de poder institucional de um país, e aqui no texto o autor se refere às partes da federação que comporiam os Estados Unidos da América. (N. E.)

> Aqui está a diferença entre a Constituição britânica e outras formas de governo, a saber, que a liberdade é o seu fim, seu uso, sua designação, conclusão e escopo, tanto quanto moer milho é o uso de um moinho.

Outro célebre bostoniano identificou a Constituição com a Lei da Natureza, como Montesquieu chamou a Lei Civil, a Razão escrita. Ele disse:

> É a glória do príncipe britânico e a felicidade de todos os seus súditos que sua constituição banhe seu fundamento nas leis imutáveis da Natureza; e como o legislativo supremo, bem como o executivo supremo, derivam sua autoridade dessa constituição, deve parecer que nenhuma lei pode ser feita ou executada que seja repugnante a qualquer lei essencial na Natureza.

O escritor dessas palavras, James Otis, é o fundador da doutrina revolucionária. Descrevendo um de seus panfletos, o segundo presidente diz:

> Examine a declaração de erros e acertos emitida pelo Congresso em 1774; veja a Declaração da Independência de 1776; examine os escritos do Dr. Price e do Dr. Priestley; examine todas as constituições de governo francesas e, para culminar o clímax, examine os escritos do sr. Thomas Paine, *Common Sense* [*Senso Comum*][23], *The American Crisis* [*A Crise Americana*] e *Rights of Man* [*Direitos do Homem*][24]. O que você pode encontrar que não seja encontrado em substância sólida nesta "Vindicação da Câmara dos Representantes"?

Quando esses homens descobriram que o apelo à lei e à constituição não lhes adiantava, que o rei, subornando os representantes do povo com o dinheiro do povo, era capaz de fazer cumprir sua vontade, eles procuraram um tribunal superior e se afastaram da lei da Inglaterra para a Lei da Natureza, e do rei da Inglaterra para o Rei dos reis. Otis, em 1762, 1764 e 1765, diz:

> A maioria dos governos são, de fato, arbitrários e, consequentemente, a maldição e o escândalo da natureza humana; no entanto, nenhum é de direito arbitrário. Pelas leis de Deus e da natureza, o governo não deve aumentar os impostos sobre a propriedade do povo sem o consentimento do povo ou de seus representantes. Não pode haver nenhuma prescrição antiga o suficiente para substituir a Lei da Natureza e a concessão do Deus Todo-Poderoso, que deu a todos os homens o direito de serem livres. Se um homem tem poucas propriedades para proteger e defender, ainda assim sua vida e liberdade são coisas de alguma importância.

---

23. Em português encontramos a seguinte edição: PAINE, Thomas. *Senso Comum*. São Paulo L&PM, 2009. (N. E.)
24. Em português encontramos a seguinte edição: PAINE, Thomas. *Direitos do Homem*. São Paulo: Edipro, 2005. (N. E.)

Mais ou menos na mesma época, Gadsden escreveu:

> Uma confirmação de nossos direitos essenciais e comuns como ingleses pode ser pleiteada em cartas de direitos com bastante clareza, mas qualquer dependência adicional delas pode ser fatal. Devemos nos apoiar no amplo terreno comum desses direitos naturais que todos nós sentimos e conhecemos como homens e como descendentes de ingleses.

Os *founding fathers* dos Estados Unidos começaram preferindo princípios morais abstratos à letra da lei e ao espírito da Constituição. Mas eles foram mais longe. Não apenas sua reclamação era difícil de fundamentar na lei, mas era de extensão trivial. A reivindicação da Inglaterra não foi evidentemente refutada e, mesmo que fosse injusta, a injustiça praticamente não era difícil de suportar. O sofrimento que seria causado pela submissão era incomensuravelmente menor do que o sofrimento que deve seguir a resistência além de mais incerto e remoto. O argumento utilitarista era forte em favor da obediência e lealdade. Mas se o interesse estava de um lado, havia um princípio manifesto do outro, um princípio tão sagrado e tão claro quanto imperativo para exigir o sacrifício das vidas de homens, de suas famílias e de sua fortuna. Eles resolveram desistir de tudo, não para escapar da opressão real, mas para honrar um preceito de uma lei não escrita. Essa foi a descoberta transatlântica na teoria do dever político, a luz que veio sobre o oceano. Representava a liberdade não como uma liberação comparativa da tirania, mas como uma coisa tão divina na qual a existência da sociedade deve ser baseada para evitar até mesmo a infração menos construtiva de seu direito soberano. "Um povo livre", disse Dickinson,

> nunca pode ser rápido demais em observar e nem muito firme em se opor aos começos de alteração tanto da forma quanto da realidade, respeitando as instituições formadas para sua segurança. O primeiro tipo de alteração leva ao último. Como as violações dos direitos dos governados são comumente não apenas ilusórias, mas pequenas no início, elas se espalham pela multidão de maneira a ligeiramente tocar os indivíduos. Cada Estado livre deve observar incessantemente e instantaneamente alarmar-se a qualquer acréscimo ao poder exercido sobre eles.

Quem é um povo livre? Não aqueles sobre os quais o governo é razoavelmente e equitativamente exercido, mas aqueles que vivem sob um governo tão constitucionalmente verificado e controlado que uma provisão adequada é feita contra o seu exercício de outra forma. A disputa era claramente uma disputa de princípios e foi conduzida inteiramente por princípio por ambas as partes. "A quantidade de impostos proposta a ser aumentada", disse Marshall, o maior dos advogados constitucionais, "era muito insignificante para interessar as pessoas de qualquer um dos países". Acrescentarei as palavras de Daniel Webster, o grande expositor da Constituição, que é o mais eloquente dos americanos, e está, na política, ao lado de Edmund Burke:

> O Parlamento da Grã-Bretanha afirmou o direito de taxar as colônias em todos os casos e foi precisamente sobre esta questão que fizeram girar a Revolução. O valor do imposto era insignificante, porém, a reivindicação em si era inconsistente com a liberdade, e isso bastava aos olhos deles. Foi contra a recitação de um ato do Parlamento, e não contra qualquer sofrimento sob sua promulgação, que eles pegaram em armas. Eles foram à guerra contra um preâmbulo. Eles lutaram sete anos contra uma declaração. Viram na reivindicação do Parlamento britânico um princípio seminal de malícia, o germe do poder injusto.

O objetivo desses homens era a liberdade, não a independência. O sentimento deles foi expresso por Jay em seu discurso ao povo da Grã-Bretanha: "Permitam-nos ser tão livres quanto vocês, e sempre consideraremos a união com vocês como nossa maior glória e nossa maior felicidade". Antes de 1775, não havia separação. Durante toda a Revolução, Adams declarou que teria dado tudo para restaurar as coisas como antes com segurança; e tanto Jefferson quanto Madison admitiram na presença do ministro inglês que alguns assentos em ambas as Casas teriam encerrado toda a questão.

Em seu apelo à lei superior, os americanos professaram o mais puro liberalismo e alegaram que sua resistência à Câmara dos Comuns e à jurisprudência de Westminster apenas levou adiante o conflito eterno entre whigs[25] e tories[26]. Através de sua análise mais minuciosa e seu destemor das consequências lógicas, eles transformaram a doutrina e modificaram o partido. O liberal desenraizado, separado de seus pergaminhos e precedentes, de suas famílias importantes e condições históricas, exibiu novas qualidades, e a era do compromisso deu lugar a uma era de princípios. Enquanto a diplomacia francesa esticava a longa mão da oposição aos ingleses nos motins do chá de Boston, Chatham e Camden estavam sentindo a influência de John Dickinson e Otis, sem reconhecer a diferença. Aparece em uma passagem de um dos discursos de Chatham[27], em 1775:

---

25. Membros do Partido Liberal britânico (N. E.)
26. Membros do Partido Conservador britânico (N. E.)
27. Ao que tudo indica, trata-se de William Pitt, 1.º Conde de Chatham (1708-1778). (N. E.)

Esta oposição universal ao seu sistema arbitrário de tributação poderia ter sido prevista. Era óbvio pela natureza das coisas e pela natureza do homem e, acima de tudo, pelos hábitos confirmados de pensamento, pelo espírito do liberalismo que florescia na América. O espírito que agora permeia a América é o mesmo que antigamente se opunha a empréstimos, benevolências e dinheiro de navios[28] neste país, é o mesmo espírito que despertou toda a Inglaterra para a ação na Revolução, e que estabeleceu em uma era remota suas liberdades, com base na grande máxima fundamental da Constituição, que nenhum súdito da Inglaterra deve ser tributado, exceto por seu próprio consentimento. Manter esse princípio é a causa comum dos liberais do outro lado do Atlântico e deste. É a aliança de Deus e da Natureza, imutável, eterna, fixada como o firmamento do céu. A resistência aos seus atos era necessária, pois era justa, e as vãs declarações da onipotência do Parlamento e suas doutrinas imperiosas da necessidade de submissão serão consideradas igualmente impotentes para convencer ou escravizar seus companheiros súditos na América.

O exemplo mais significativo da ação da América na Europa é Edmund Burke. Pensamos nele como um homem que, no início da vida, rejeitou todas as generalidades e proposições abstratas e que se tornou o mais árduo e violento dos conservadores. Mas há um intervalo em que, à medida que a disputa com as colônias prosseguia, Burke era tão revolucionário quanto George Washington. A inconsistência não é tão flagrante quanto parece. Ele havia sido apresentado pelo partido da propriedade medida e da moderação imperativa, do compromisso e do pensamento inacabado, o qual reivindicou o direito de tributar, mas se recusou a empregá-lo. Quando ele enfatizou as diferenças em cada situação e cada problema e evitou o denominador comum e o princípio subjacente, ele acertou o passo com seus amigos. Como irlandês, que se casou em uma família católica irlandesa, era desejável que ele não adotasse teorias para a América que inquietassem a Irlanda. Ele havia aprendido a ensinar o governo por partido como um dogma quase sagrado, e o partido proíbe a revolta como uma violação das leis do jogo. Seus escrúpulos e protestos, bem como seu desafio à teoria, eram a política e a precaução de um homem consciente das restrições e não inteiramente livre no exercício de poderes que o elevavam muito acima de seu ambiente mais domesticado. À medida que a contenda se intensificou e os americanos abriram caminho, Burke foi levado adiante e desenvolveu pontos de vista que nunca abandonou totalmente, mas

---

28. "Ship-money", imposto da Coroa Britânica em uso até o século XVII. (N. E.)

que são difíceis de conciliar com muito do que escreveu quando a Revolução se espalhou pela França.

Em seu discurso aos colonos, ele diz:

> Não sabemos como qualificar milhões de nossos compatriotas, lutando com um só coração por uma admissão de privilégios os quais julgamos como nossa própria felicidade e honra, com nomes odiosos e indignos. Pelo contrário, reverenciamos altamente os princípios pelos quais vocês agem. Preferíamos muito mais vê-los totalmente independentes desta coroa e reino, do que unidos a eles por uma conjunção tão anormal como a da liberdade e da servidão. Vemos o estabelecimento das colônias inglesas com base nos princípios da liberdade, como aquilo que tornará este reino venerável para os tempos futuros. Em comparação a isso, consideramos todas as vitórias e conquistas de nossos ancestrais guerreiros, ou de nossos próprios tempos, como distinções bárbaras e vulgares, nas quais muitas nações, que consideramos com pouco respeito ou valor se igualaram a nós se não muito nos ultrapassaram. Aqueles que têm e se apegam a esse fundamento de liberdade comum, seja neste ou do outro lado do oceano, consideramos como os verdadeiros e os únicos verdadeiros ingleses. Aqueles que se afastam dela, seja lá ou aqui, são alcançados, corrompidos no sangue e totalmente decaídos de sua posição e valor originais. Eles são os verdadeiros rebeldes à justa constituição e justa supremacia da Inglaterra. Um longo curso de guerra com a administração deste país pode ser apenas um prelúdio para uma série de guerras e contendas entre vocês, para terminar longamente (como tais cenas muitas vezes terminam) em uma espécie de repouso humilhante, onde nada mais que as calamidades anteriores se reconciliariam com os poucos desanimados que sobreviveram a elas. Admitimos que mesmo esse malefício vale o risco para os homens de honra quando a liberdade racional está em jogo, como no caso presente, onde confessamos e lamentamos que esteja.

Em outras ocasiões, ele falava da seguinte maneira:

> Nada menos do que uma convulsão capaz de sacudir o globo até seu centro poderia devolver às nações europeias aquela liberdade pela qual foram outrora tão distinguidas. O mundo ocidental foi a sede da liberdade até que outro, mais ocidental, fosse descoberto; e esse outro provavelmente será seu asilo quando for perseguido em todas as outras partes. Felizmente, no pior dos tempos ainda resta um refúgio para a humanidade. Se os irlandeses resistiram ao rei William, resistiram a ele com base no mesmo princípio que os ingleses e os escoceses resistiram ao rei James. Os católicos irlandeses devem ter sido os piores e os mais verdadeiramente antinaturais dos rebeldes, se não tivessem apoiado um

príncipe o qual viram ser atacado, não por qualquer desígnio contra sua religião ou liberdade, mas por uma extrema parcialidade por sua seita. Príncipes, de outra forma meritórios, violaram as liberdades do povo e foram legalmente depostos por tal violação. Não conheço nenhum ser humano isento da lei. Considero o Parlamento o juiz adequado dos reis, e é necessário que eles seja responsável perante ele. Não existe tal coisa como governar todo o corpo do povo de modo contrário às suas inclinações. Sempre que há um sentimento, ele costuma estar correto. Cristo se mostra simpático aos mais humildes do povo, e assim estabeleceu um princípio firme e governante de que o bem-estar do povo era o objetivo de todo governo.

Em todas as formas de governo, o povo é o verdadeiro legislador. A causa remota e eficiente é o consentimento das pessoas, real ou implícito, e tal consentimento é absolutamente essencial para sua validade. O liberalismo dos whigs não consistia em apoiar o poder do Parlamento ou de qualquer outro poder, mas sim em apoiar os direitos do povo. Se o Parlamento se tornasse um instrumento para os violar, não seria melhor em nenhum aspecto, e muito pior em alguns, do que qualquer outro instrumento de poder arbitrário. Aqueles que o convocam para pertencer inteiramente ao povo são aqueles que desejam que você pertença ao seu próprio lar, à esfera de seu dever, ao posto de sua honra. Que os comuns no Parlamento reunidos sejam a mesma coisa com os comuns em geral. Não vejo outro caminho para a preservação de uma atenção digna ao interesse público nos representantes, senão a interposição do próprio corpo do povo sempre que, por algum ato flagrante e notório, por alguma inovação de capital, parecerá que esses representantes vão transpor as cercas da lei e introduzir um poder arbitrário. Essa interposição é um remédio muito desagradável, mas, se for um recurso legal, pretende-se que seja usado em alguma ocasião – usado somente quando for evidente que nada mais pode manter a Constituição em seus verdadeiros princípios. Não é apenas no Parlamento que o remédio para as desordens parlamentares pode ser completado; na verdade, dificilmente pode começar aí. Uma origem popular não pode, portanto, ser a distinção característica de um representante popular. Isso pertence igualmente a todas as partes do governo e em todas as formas. A virtude, o espírito e a essência de uma Câmara dos comuns consistem em ser a imagem expressa dos sentimentos da nação. Não foi instituído para ser um controle sobre o povo. Foi projetado como um controle para o povo. O privilégio da coroa e o privilégio do Parlamento são privilégios apenas na medida em que sejam exercidos para o benefício do povo. A voz do povo é uma voz que deve ser ouvida, e não os votos e resoluções da Câmara dos comuns. Ela preservaria completamente todos os privilégios do povo, porque é um privilégio conhecido e escrito na lei do país; e ela apoiaria isso, não apenas contra a coroa ou o partido aristocrático, mas contra os próprios representantes do povo. Esse não era um governo de equilíbrio. Seria uma coisa estranha se duzentos pares tivessem, em seu poder, a força para derrotar com sua negativa o que foi feito pelo povo da Inglaterra. Participei de conexões e disputas políticas com o propósito de fazer avançar a justiça e o domínio da razão e espero nunca preferir os meios, ou quaisquer sentimentos decorrentes do uso desses meios, aos grandes e substanciais fins. Os legisladores podem fazer o que os advogados não podem, pois não têm outras regras que os limitem a não ser os grandes princípios da razão, da equidade e do senso geral da humanidade. Todas as leis humanas são, propriamente falando, apenas declaratórias. Pode-se alterar o modo e a aplicação, mas não há poder sobre a substância da justiça original. A conservação e o desfrute seguro de nossos direitos naturais é o grande e último propósito da sociedade civil.

A grande via pela qual uma cor de opressão entrou no mundo é o fato de um homem fingir determinar sobre a felicidade de outro. Eu daria uma proteção civil completa, na qual incluo imunidade de todos os distúrbios de seu culto religioso público, e o poder de ensinar em escolas e templos, para judeus, maometanos e até pagãos. A própria religião cristã surgiu sem instituições estabelecidas, surgiu mesmo sem tolerância e, embora seus próprios princípios não fossem tolerados, ela conquistou todos os poderes das trevas, conquistou todos os poderes do mundo. No momento em que começou a se afastar desses princípios, converteu as instituições estabelecidas em tirania, e subverteu seus alicerces. É o poder do governo prevenir muitos males; ele pode trazer muito pouco benefício positivo nisso, ou talvez em qualquer outra coisa. Não é, portanto, apenas do Estado e do estadista, mas de todas as classes e descrições dos ricos: eles são os pensionistas dos pobres e são mantidos por sua superfluidade. Eles estão sob uma dependência absoluta, hereditária e irrevogável daqueles que trabalham e são chamados erroneamente de pobres. Essa classe de pensionistas dependentes chamados de ricos é tão extremamente pequena, que se todas as suas gargantas fossem cortadas e uma distribuição feita de tudo o que consomem em um ano, não daria um pouco de pão e queijo para o jantar de uma noite para aqueles que trabalham e que, na realidade, alimentam os pensionistas e a si próprios. Não devemos depositar nossa esperança de amenizar o desagrado divino em quebrar as leis do comércio, que são as leis da natureza e, consequentemente, as leis de Deus. É a Lei da natureza, que é a lei de Deus.

Não posso resistir à inferência dessas passagens de que Burke, depois de 1770, sofreu outras influências além das de seus supostos mestres, os liberais de 1688. E se encontrarmos essa linha de pensamento incomum em um homem que posteriormente dourou a velha ordem das coisas e vacilou quanto à tolerância e ao comércio de escravos, podemos esperar que as mesmas causas operariam na França.

Quando as *Letters of a Pennsylvanian Farmer*[29] se tornaram conhecidas na Europa, Diderot disse que era uma loucura permitir que franceses lessem tais coisas, já que não podiam fazer isso sem se embriagar e se transformar em homens diferentes. Mas a França ficou mais impressionada com o evento do que com a literatura que o acompanhou. A América tornou-se independente sob menos provocação do que jamais fora motivo de revolta, e o governo francês reconheceu que sua causa era justa e foi à guerra por ela. Se o rei estava certo na América, ele estava totalmente errado em casa, e se os americanos agiram corretamente, o argumento era mais forte, a causa era cem vezes melhor, na própria França. Todos os que justificaram sua independência condenaram o governo de seus aliados franceses. Pelo princípio de que tributação sem representação é roubo, não havia autoridade tão ilegítima quanto a de Luís XVI. A força dessa demonstração foi irresistível e produziu seu efeito onde o exemplo da Inglaterra falhou. A doutrina inglesa foi repelida logo nos primeiros estágios da Revolução, e a americana foi adotada. O que os franceses tiraram dos americanos foi sua teoria da revolução, não sua teoria de governo, seu corte, não sua costura. Muitos nobres franceses serviram na guerra e voltaram para casa republicanos e até democratas por convicção. Foi a América que converteu a aristocracia à política reformadora e deu líderes à Revolução. "A Revolução Americana", diz Washington, "ou a luz peculiar da época parece ter aberto os olhos de quase todas as nações da Europa, e um espírito de liberdade igual parece rapidamente estar ganhando terreno em todos os lugares". Quando os oficiais franceses estavam partindo, Cooper, de Boston, os vestiu com uma linguagem de advertência:

> Não deixem que suas esperanças sejam inflamadas por nossos triunfos neste solo virgem. Vocês carregarão nossos sentimentos consigo, mas se tentarem plantá-los em um país que está corrompido há séculos, encontrarão obstáculos mais formidáveis que o nosso. Nossa liberdade foi conquistada com sangue; vocês terão que derramá-lo em torrentes antes que a liberdade possa criar raízes no velho mundo.

---

29. "Cartas de um Fazendeiro da Pensilvânia" foi um conjunto de ensaios escritos pelo jurista e advogado John Dickinson (1732–1808), os ensaios tiveram papel fundamental em unir os colonos contra os Atos Townshend (1768), sendo reimpresso em todas as 13 colônias e difundida até mesmo na Europa; muitos estudiosos consideram esse escrito como um dos fundamentais propulsores de revolta popular que culminariam na Revolução Americana. (N. E.)

Adams, depois de ter sido presidente dos Estados Unidos, lamentou amargamente a Revolução que os tornou independentes, porque deu o exemplo aos franceses; entretanto, ele também acreditava que eles não tinham um único princípio em comum.

Nada, muito pelo contrário, é mais certo do que o fato de que os princípios americanos influenciaram profundamente a França e determinaram o curso da Revolução. É da América que Lafayette derivou o ditado que criou uma comoção na época, que a resistência é o mais sagrado dos deveres. Também havia a teoria de que o poder político vem daqueles sobre quem é exercido o poder e depende da vontade dos mesmos; que toda autoridade não constituída é ilegítima e precária; que o passado é mais um aviso do que um exemplo; que a terra pertence àqueles que estão sobre ela, não aos que estão embaixo dela. Essas são características comuns a ambas as revoluções.

Ao mesmo tempo, os franceses também adotaram e aclamaram a noção americana de que o fim do governo é a liberdade, não a felicidade, ou prosperidade, ou poder, ou a preservação de uma herança histórica, ou a adaptação da lei nacional ao caráter nacional, ou o progresso de iluminação e promoção da virtude; que o indivíduo privado não deve sentir a pressão da autoridade pública, e deve dirigir sua vida pelas influências que estão dentro dele, não ao seu redor.

E havia outra doutrina política que os americanos transmitiram aos franceses. Nos velhos tempos coloniais, os poderes executivo e judiciário eram derivados de uma fonte estrangeira e o objetivo comum era diminuí-los. As assembleias eram populares em sua origem e caráter, e tudo o que aumentava seu poder parecia agregar segurança aos direitos. James Wilson, um dos autores e comentadores da constituição, informa-nos que

> na Revolução existia e prevalecia a mesma predileção afetuosa e a mesma aversão ciumenta. O Executivo e tanto a autoridade judicial quanto a legislativa eram agora filhos do povo, mas para os dois primeiros o povo se comportava como madrasta. A legislatura ainda era discriminada por parcialidade excessiva.

Essa preferência histórica, mas irracional, conduzia naturalmente a uma única câmara. O povo da América e seus delegados no Congresso eram da opinião de que uma única assembleia era adequada para administrar seus interesses federais, e quando o Senado foi inventado, Franklin se opôs veementemente. "Quanto às duas câmaras", escreveu ele, "sou de sua opinião de que apenas uma seria melhor, mas, meu caro amigo, nada nos assuntos e esquemas humanos é perfeito, e talvez este seja o caso de nossas opiniões".

Alexander Hamilton foi o mais capaz e o mais conservador dos estadistas americanos. Ele ansiava pela monarquia e desejava estabelecer um governo nacional e aniquilar os direitos do Estado. O espírito americano, ao penetrar na França, não pode ser descrito melhor do que o foi por ele:

> Considero a liberdade civil, em um sentido genuíno e inadulterado, a maior das bênçãos terrestres. Estou convencido de que toda a raça humana tem direito a isso, e que não pode ser arrancado de nenhuma parte dela sem a mais negra e agravada culpa. Os sagrados direitos da humanidade não devem ser remexidos em velhos pergaminhos ou registros bolorentos. Eles são escritos, como se por um raio de sol, em todo o volume da natureza humana, pela mão da própria Divindade; e nunca pode ser apagado ou obscurecido pelo poder mortal.

Mas quando falamos no grosso da Revolução Americana, combinamos coisas diferentes e discordantes. Desde a primeira agitação em 1761 até a Declaração da Independência e depois até o fim da guerra em 1782, os americanos foram agressivos, violentos em sua linguagem, apreciadores de abstrações, prolíficos de doutrinas universalmente aplicáveis e universalmente destrutivos. Foram as ideias daqueles dias anteriores que chamaram a atenção da França e foram importadas por Lafayette, Noailles, Lameth e os líderes da futura Revolução que viram a bandeira britânica ser baixada do mastro em Yorktown. A América da experiência deles foi a América de James Otis, de Jefferson, dos *Direitos dos Homens*.

Seguiu-se uma mudança em 1787, quando a Convenção redigiu a Constituição. Foi um período de construção, e todos os esforços foram feitos, todos os esquemas foram inventados para conter a inevitável democracia. Os membros dessa assembleia eram, em geral, homens eminentemente cautelosos e sensatos. Eles não eram homens extraordinários, e a genialidade de Hamilton falhou absolutamente em impressioná-los. Alguns de seus artifícios mais memoráveis não procederam de nenhum projeto, mas foram apenas meias medidas e concessões mútuas. Seward apontou esta distinção entre a época revolucionária e a época constituinte que se sucedeu:

> Os direitos afirmados por nossos antepassados não eram peculiares a eles próprios. Eles eram os direitos comuns da humanidade. A base da Constituição foi lançada de maneira muito mais ampla do que a superestrutura que os interesses conflitantes e preconceitos da época sofriam para erguer. A Constituição e as leis do governo federal não estenderam de modo prático esses princípios ao novo sistema de governo; mas eles foram claramente promulgados na Declaração de Independência.

Agora, embora a França tenha sido profundamente tocada pela Revolução Americana, ela não foi afetada pela Constituição americana. Sofreu a influência perturbadora, não a conservadora.

A Constituição, formulada no verão de 1787, entrou em vigor em março de 1789, e ninguém sabia como funcionava quando a crise se instaurou na França. Os debates, que explicam todas as intenções e combinações, permaneceram por muito tempo escondidos do mundo. Além disso, a Constituição tornou-se algo mais do que o papel impresso original. Além das emendas, foi interpretada pelos tribunais, modificada por opinião, desenvolvida em algumas direções e tacitamente alterada em outras. Algumas de suas provisões mais valiosas foram adquiridas desta forma e ainda não eram visíveis quando os franceses tanto precisavam das lições orientadoras da experiência de outros homens. Algumas das restrições ao poder do governo não foram totalmente estabelecidas no início.

A mais importante delas é a ação do Supremo Tribunal Federal para anular as leis inconstitucionais. O duque de Wellington disse a Bunsen que somente com esta instituição os Estados Unidos compensaram todos os defeitos de seu governo. Desde o chefe de Justiça, o judiciário sem dúvida obteve imensa autoridade, que Jefferson, e outros além dele, acreditava ser inconstitucional, pois a própria Constituição não dá tal poder. A ideia cresceu nos Estados Unidos, principalmente, eu acho, na Virgínia. Em Richmond, em 1782, o juiz George Wythe disse:

> A tirania foi minada, os departamentos mantidos dentro de suas próprias esferas, os cidadãos protegidos e a liberdade geral promovida. Mas este resultado benéfico atinge a perfeição superior quando, aqueles que possuem a bolsa e a espada, diferindo quanto aos poderes que cada um pode exercer, e os tribunais, que não possuem nenhum, são chamados a declarar a lei imparcialmente entre eles. Se toda a legislatura – um evento a ser reprovado – tentar ultrapassar os limites prescritos pelo povo, eu, ao administrar a justiça do país, encontrarei os poderes unidos em minha cadeira neste tribunal, e, apontando para o Constituição, direi a eles: "Aqui está o limite de sua autoridade; aqui você deve ir, mas não mais adiante".

A legislatura da Virgínia cedeu e revogou o ato.

Depois de redigida a Constituição Federal, Hamilton, no septuagésimo oitavo número do *Federalist*[30], argumentou que o poder era do Judiciário; mas não foi reconhecido constitucionalmente até 1801. "Isso", disse Madison,

---

30. Resultado das famosas reuniões dos delegados designados dos estados norte-americanos, em 1787, na Filadélfia. Através desse escrito, que reunia 85 artigos retificadores do texto constitucional, as bases fundamentais para o texto oficial da Constituição norte-americana se fez palpável e popular nos diversos cantos da América do Norte. (N. E.)

torna o departamento judiciário primordial, de fato, para o legislativo, o que nunca foi pretendido e nunca pode ser adequado. Em um governo cujo princípio vital é a responsabilidade, nunca será permitido que os departamentos legislativo e executivo fiquem totalmente submetidos ao judiciário, no qual essa característica é tão vaga.

Wilson, por outro lado, justificou a prática com base no princípio da lei superior:

> O parlamento pode, inquestionavelmente, ser controlado pela lei natural ou revelada, proveniente da autoridade divina. Não seria esta a autoridade superior obrigatória para os tribunais de justiça? Quando os tribunais de justiça obedecem à autoridade superior, não se pode dizer com propriedade que controlam a inferior; eles apenas declaram, como é seu dever declarar, que este inferior é controlado pelo outro, que é superior. Eles não revogam um ato do Parlamento; eles o declaram nulo, porque [é] contrário a uma lei prevalecente.

Assim, a função do Judiciário de ser uma barreira à democracia, o que, segundo Tocqueville, ele está destinado a ser, não era aparente. Da mesma forma, a liberdade religiosa, que se tornou tão identificada com os Estados Unidos, é uma coisa que cresceu gradualmente, e não era imposta pela letra da lei.

O verdadeiro freio natural à democracia absoluta é o sistema federal, o qual limita o governo central pelos poderes reservados, e os governos estaduais pelos poderes que eles cederam. É o único tributo imortal da América à ciência política, pois os direitos estaduais são, ao mesmo tempo, a consumação e a guarda da democracia. Tanto que um oficial escreveu, poucos meses antes da batalha de Bull Run:

> O povo do Sul é evidentemente unânime na opinião de que a escravidão está em perigo com a corrente dos acontecimentos, e é inútil tentar mudar essa opinião. Como nosso governo se baseia na vontade do povo, quando essa vontade estiver fixa, nosso governo ficará impotente.

Essas são as palavras de Sherman, o homem que, com sua marcha pela Geórgia, dividiu a Confederação em duas. O próprio Lincoln escreveu, ao mesmo tempo:

> Declaro que a manutenção inviolável dos direitos dos estados, e especialmente o direito de cada estado de ordenar e controlar suas próprias instituições domésticas de acordo com seu próprio julgamento exclusivamente, é essencial para esse equilíbrio de poderes dos quais depende a perfeição e a durabilidade do nosso tecido político.

Tal foi a força com que os direitos estaduais dominaram as mentes dos abolicionistas na véspera da guerra que se abateu sobre eles.

Na Revolução, muitos franceses viram no federalismo a única maneira de reconciliar a liberdade e a democracia, de estabelecer um governo por contrato e de resgatar o país da esmagadora preponderância de Paris e da população parisiense. Não me refiro aos girondinos, mas sim a homens de opiniões diferentes das deles e, acima de tudo, Mirabeau. Ele planejou salvar o trono destacando as províncias do frenesi da capital, e declarou que só o sistema federal seria capaz de preservar a liberdade em qualquer grande império. A ideia não cresceu sob a influência norte-americana, pois nenhum homem se opôs mais a ela do que Lafayette; e a testemunha americana da Revolução, Morris, denunciou o federalismo como um perigo para a França.

Além da Constituição, o pensamento político da América influenciou os franceses ao lado dos seus. E nem tudo foi especulação, mas um sistema pelo qual morreram homens, que se provou inteiramente prático e forte o suficiente para vencer toda resistência, com a sanção e o incentivo da Europa. Foi exibido para a França um modelo acabado de revolução, tanto em pensamento quanto em ação e mostrado que o que parecia extremo e subversivo no velho mundo era compatível com um governo bom e sábio, com respeito pela ordem social e com a preservação do caráter e costumes nacionais. As ideias que capturaram e convulsionaram o povo francês estavam quase sempre prontas para eles, e muito do que é familiar para vocês agora, muito do que apresentei a vocês de outras fontes além da francesa, nos encontrará novamente junto com velhos conhecidos, quando chegarmos aos Estados-Gerais.

CAPÍTULO III

A Convocação dos Estados-Gerais

A condição da França, por si só, não trouxe a derrubada da monarquia e a convulsão que se seguiu. Pois os sofrimentos do povo não eram maiores do que antes, o desgoverno e a opressão eram menores, e uma guerra bem-sucedida com a Inglaterra eliminara em grande parte as humilhações infligidas por Chatham.

Mas a confluência da teoria francesa com o exemplo norte-americano fez estourar a Revolução, não em um excesso de irritação e desespero, mas em um momento de melhor sentimento entre a nação e o rei. Os franceses não foram meros inovadores imprudentes; mas sim seguidores confidentes, e muitas das ideias com as quais se aventuraram foram as mesmas que Edmund Burke concordava com Alexander Hamilton e seus próprios conterrâneos ilustres, Adam Smith e Sir William Jones. Quando ele disse que, em comparação com a Inglaterra, o governo da França era escravidão e que nada além de uma revolução poderia restaurar a liberdade europeia, os franceses, dizendo a mesma coisa e agindo de acordo, não tinham consciência da extravagância e podiam muito bem acreditar que estavam obedecendo a preceitos guardados no passado por uma alta e venerável autoridade. Além desse terreno comum, eles recorreram à opinião nativa que havia ampla divergência e que causaria um conflito irreprimível. Não temos de tratar com motivos improváveis, com teorias inéditas e, no todo, com homens médios e convencidos.

Os Estados-Gerais foram convocados porque não havia outra forma de se obter dinheiro para as necessidades do público. O déficit era uma prova de mau governo, e o primeiro objetivo prático era o reajuste de impostos. Desde a ascensão do rei, o renascimento da velha e negligenciada instituição foi mantido diante do país como um remédio, não apenas para os problemas financeiros, mas para todos os males da França.

A imponente corporação do judiciário se opôs constantemente à Coroa e alegou sujeitar seus atos ao julgamento da lei. O alto clero havia levantado objeções a Turgot, a Jacques Necker, à emancipação dos protestantes; e os nobres se tornaram os mais ativos de todos os partidos da reforma. Mas a grande massa do povo suportara seus problemas com paciência. Eles não possuíam meios reconhecidos de expressar sentimentos. Não havia direito de reunião pública, nenhuma liberdade para a imprensa periódica e os jornais privilegiados estavam tão fortemente envoltos em seu caráter oficial que nada tinham a dizer nem mesmo de um acontecimento como o Juramento na Quadra de Tênis. Os sentimentos que agitavam a multidão não emergiam, a menos que aparecessem sob a forma de desordem. Sem a representação da voz do povo, o nível de inquietação na França permanecia em um patamar desconhecido. O rei sentia a resistência das classes privilegiadas e interessadas que eram a fonte de sua necessidade, mas não tinha receio de uma oposição nacional. Ele estava preparado para confiar no Terceiro Estado[31] com esperança, senão com confiança, e pagar um preço muito alto por seu apoio. Em certa medida, seu interesse era o mesmo. A penúria do Estado vinha do fato de que mais da metade da propriedade da França não era tributada em sua proporção, e era essencial para o governo abolir a exceção e fazer com que nobres e clérigos renunciassem a seu privilégio e pagassem, como o resto. Nessa medida, o objetivo do rei era eliminar o privilégio e introduzir a igualdade perante a lei. Até agora, os comuns concordaram com ele. Eles seriam aliviados de um pesado fardo se deixassem de pagar a parcela daqueles que eram isentos, e rejeitassem o tradicional costume de que os pobres deveriam arcar com impostos pelos ricos. Uma aliança, portanto, era indicada e natural. Mas a extinção do privilégio, que tanto para a monarquia quanto para a democracia significava igualdade fiscal, implicou muito mais para a democracia. Além do dinheiro que eles deviam pagar em nome da alta classe, para seu benefício e consolo, parte do dinheiro era pago de volta a eles. Além do aluguel da casa ou do terreno, havia pagamentos devidos a eles provenientes da época, o tempo obscuro e distante, de quando o poder vinha com a terra, e o proprietário local era o governo local, o governante

---

31. A França, sob o *Ancien Régime* (anterior à Revolução Francesa), dividia a sociedade em três estados: o Primeiro Estado (clero); o Segundo Estado (nobreza); e o Terceiro Estado (burguesia e camponeses). O rei não era considerado parte de um estado. Uma reunião entre os estados do país era conhecida como Estado-Geral. (N. E.)

e protetor do povo, e era pago em conformidade. E havia outra categoria de reivindicações, procedentes indiretamente da mesma origem histórica, consistindo na comutação e indenização por direitos antigos, e tendo, portanto, um caráter jurídico, fundado no contrato, e não na força.

Todo político pensante sabia que a primeira dessas categorias, os direitos benéficos que eram supérfluos e opressivos, não poderia ser mantida, e que os nobres seriam levados a desistir não apenas daquela forma de privilégio que consistia na isenção de impostos específicos, mas também da outra composta de demandas obsoletas em troca de trabalho não mais realizado, ou valor concedido. Por outro lado, os direitos que não eram simplesmente medievais, mas baseados em contrato, seriam tratados como propriedade legal e teriam de ser resgatados. Privilégio, aos olhos do Estado, era o direito de sonegar impostos. Para o político significava, além disso, o direito de cobrar impostos. Para a democracia rural, isso teve um significado mais amplo. Para eles, todos esses privilégios eram produtos do mesmo princípio, farrapos do mesmo tecido. Eles eram relíquias e resquícios do feudalismo, e feudalismo significava poder dado à terra e negado ao capital e à indústria. Significava governo de classe, a negação da própria ideia de Estado e de nação; significava conquista e subjugação por um invasor estrangeiro. Ninguém negou que muitas grandes famílias ganharam seus privilégios a serviço de seu país; todos sabiam que o mais nobre de todos, Montmorency, portava as armas da França porque, na vitória de Bouvines, onde seu ancestral foi desesperadamente ferido, o rei colocou o dedo sobre a ferida e desenhou com seu sangue os lírios do escudo. Quando chegarmos, presentemente, ao Abade Sieyès[32], veremos com que firmeza os homens acreditavam que os nobres eram, em geral, tiranos francos e teutões, exploradores de origem celta. Eles pretendiam que o feudalismo não fosse cortado, mas extirpado, por ser causa de muitas coisas infinitamente odiosas e absolutamente incompatíveis com a política pública, os interesses sociais e

---

32. Emmanuel Joseph Sieyès (1748-183), foi padre católico e ativista político, se notabilizou na França após escrever *Essai sur les privilèges* [Ensaio sobre os privilégios] (1788) onde denunciou as discrepâncias econômicas e privilégios das classes políticas e eclesiásticas; em 1789 publicou *Qu'est-ce que le tiers état?* [O que é o Terceiro Estado?], onde defendia que o Terceiro Estado francês deveria dispensar a existência do clero e da nobreza a fim de que seus ideais pudessem ganhar valia social.

Seu papel específico na Revolução Francesa ainda hoje soa paradoxal, afinal ele era efetivamente um clérigo católico – ainda que revolucionário –, e por isso era mal visto pelos apoiadores no Monarca e pelo clero francês; da mesma maneira, era visto com desconfiança pelos revolucionários seculares, pois ainda que militante da revolução, era um padre ordenado. Mesmo assim, ganhou relativa fama com suas ideias e textos progressistas, principalmente quando votou favorável aos confiscos dos bens da Igreja em 2 de Novembro de 1789. Até hoje é considerado um dos ícones daquela Revolução, e um dos poucos revolucionários do primeiro instante que sobreviveram ao "Grande Terror". (N. E.)

a razão correta. Que os homens devam suportar o sofrimento graças ao que só poderia ser explicado por uma história muito antiga e pergaminhos muito amarelados era simplesmente irracional para uma geração que recebeu sua noção de vida de Turgot, Adam Smith ou Franklin.

Embora houvesse três interpretações do privilégio feudal e, consequentemente, um problema perigoso no futuro próximo, o primeiro passo foi fácil e consistiu no apelo da Coroa aos comuns por ajuda na regeneração do Estado. Como outros príncipes de seu tempo, Luís XVI foi um monarca reformador. Em sua ascensão, sua primeira escolha de ministro foi Machault, conhecido por ter promovido um vasto esquema de mudança a ser aplicado sempre que o trono fosse ocupado por um príncipe sério. Mais tarde, Luís XVI nomeou Turgot o reformador mais profundo e completo do século. Nomeou Malesherbes, um dos mais fracos, mas um dos mais esclarecidos homens públicos; e depois de ter, na coroação, feito um juramento de perseguir[33], ele nomeou Necker, um protestante, estrangeiro e republicano. Quando ele começou, por meio de Malesherbes, a remover as barreiras religiosas, disse-lhe: "Agora, você tem sido protestante, e eu o declaro judeu"; e começou a preparar uma medida de socorro aos judeus, que, aonde quer que fossem, eram obrigados a pagar o mesmo pedágio que um porco[34]. Ele executou um amplo e complicado esquema de reforma legislativa e alcançou a independência da América revoltada. Em dias posteriores, o Eleitor de Colônia queixou-se a um emigrado de que a política de seu rei fora deplorável e que, tendo promovido resistência à autoridade nas colônias, na Holanda e em Brabante, ele não tinha direito ao apoio dos monarcas europeus.

Mas o impulso na direção do progresso liberal era intermitente e controlado por uma natural timidez e fraqueza de propósito. O mensageiro que deveria convocar Machault foi chamado de volta enquanto montava em seu cavalo. Turgot foi sacrificado para gratificar a rainha. O segundo governo de Necker teria começado um ano e meio antes, mas, no último momento, seus inimigos intervieram. O ministro da Guerra, Saint Germain, era simpatizante do rei e

---

33. No original: *and after having, at the Coronation, taken an oath to persecute, he gave office to Necker, a Protestant, an alien, and a republican*. Como se nota, não fica muito claro a quem o rei Luís XVI jurou perseguir, Necker ou os protestantes; contudo, dado a informação do autor de que Luís XVI "foi um monarca reformador", tendemos a interpretar que, apesar do juramento de perseguir *os protestantes* em solo francês, o monarca nomeou Necker, um protestante, para compor o seu novo governo reformista.

Tal interpretação se encontra respaldada em notáveis como o aclamado historiador francês, especialista na era renascentista, Paul Hazard, que em seu livro *A Crise da Consciência Europeia – 1680-1715*, confirma tal promessa de perseguição do monarca ante os seus súditos tradicionalistas. (N. E.)

34. Isto é, o preço que custava para um fazendeiro passar um porco por um pedágio seria o mesmo que custaria para um judeu passar. (N. E.)

desejava mantê-lo. "Mas o que eu posso fazer?" ele escreveu; "Seus inimigos estão empenhados em sua demissão, e devo ceder à maioria. Maurepas, ao morrer, deixou um papel onde estavam os nomes de quatro homens que ele implorou a seu mestre que não empregasse. Luís concedeu os mais altos cargos a todos eles. Ele considerava a Inglaterra com a aversão com a qual Chatham, e na época até mesmo Fox, olhava para a França, e foi para a guerra na justa esperança de vingar a desgraça da Guerra dos Sete Anos, porém, sem simpatia pela causa americana. Quando foi obrigado a reduzir suas despesas pessoais, ele se opôs e insistiu que grande parte da perda deveria recair sobre seus pensionistas. As concessões liberais que ele permitiu foram em muitos casos feitas às custas, não da Coroa, mas de poderes que estavam obstruindo a Coroa. Com a abolição da tortura, ele não sofreu perdas, mas restringiu os recursos dos magistrados adversários. Quando emancipou os protestantes e fez de um calvinista suíço seu principal conselheiro, desagradou ao clero; mas ele pouco se importava com o descontentamento clerical. Os bispos, descobrindo que ele não os notou, desapareceram de seu *levée*[35]. Ele se opôs à nomeação de cardeais franceses. Viajantes ingleses em Versalhes, Romilly e Valpy, observaram que era desatento na missa e falava e ria diante de toda a corte. No Conselho, ele adormecia e, quando a discussão era desagradável, roncava mais alto do que quando dormia profundamente. Disse a Necker que desejava os Estados-Gerais porque queria um guia. Quando, em 1788, depois de escaramuças com magistrados e prelados, ele tomou a resolução memorável de chamar as pessoas de fora, para obrigar a um compromisso com a classe que preenchia sua corte, que constituía a sociedade, que governava a opinião. Foi o ato de um homem destituído de energia e dotado de uma iluminação incerta e indistinta. E Necker disse: "Você pode emprestar suas ideiais a um homem, mas não pode emprestar a ele sua força de vontade".

O empreendimento estava muito além do poder e da qualidade de sua mente, mas a lição de seu tempo não se perdeu, e ele aprendera algo desde os dias em que falava a linguagem imutável do absolutismo. Ele mostrou outro espírito quando emancipou os servos da Coroa, quando introduziu conselhos provinciais e de aldeia, quando declarou que confinar o governo local aos proprietários de terras era ofender uma classe ainda maior, quando pediu ajuda para reformar o código penal de modo que o resultado fosse o trabalho,

---

35. *Levée* pode ser muitas coisas na língua francesa, desde um local elevado, um angar ou até mesmo uma posição elevada em uma planície. No contexto em questão, julgamos que tal termo pode ser entendido como "horizonte". Isto é, "os bispos desapareceram do horizonte do rei", "da vista dele". (N. E.)

não só de especialistas, mas também do público. Tudo isso era uma convicção genuína. Ele estava determinado a fazer com que a alta classe perdesse seus privilégios fiscais com o mínimo de prejuízo possível. E, para cumprir esse propósito necessário e deliberado, ofereceu termos aos comuns da França como nenhum monarca jamais propôs a seus súditos. Declarou em dias posteriores, e tinha o direito de declarar, que fora ele a dar o primeiro passo para conciliar com o povo francês uma constituição permanente, a abolição do poder arbitrário, do privilégio pecuniário, da promoção sem mérito, de tributação sem consentimento. Quando soube que os notáveis deram apenas um voto a favor do aumento da representação do Terceiro Estado, ele disse: "Você pode adicionar o meu". Pierre-Victor Malouet, o estadista mais nobre e sagaz da Revolução, atesta sua sinceridade e declara que o rei compartilhava plenamente de suas opiniões.

Os elementos tributários de uma constituição livre concedida por Luís XVI, sem consulta aos deputados e nem sempre com apoio público, incluíam: tolerância religiosa, *habeas corpus*, incidência igual de impostos, abolição da tortura, descentralização e autogoverno local, liberdade de imprensa, sufrágio universal, eleição sem candidatos oficiais ou influência, convocação periódica do Parlamento, direito de fornecer fontes de voto, de propor legislação, de revisão da constituição, responsabilidade dos ministros e representação dupla dos comuns nos Estados-Gerais. Todas essas concessões foram atos da Coroa, cedendo mais aos ditames da política do que à demanda popular. Diz-se que o poder é um objeto de desejo tão ardente para o homem, que sua rendição voluntária é um absurdo na psicologia e desconhecido na história. Luís XVI sem dúvida calculou as probabilidades de perda e ganho e se convenceu de que sua ação foi mais política do que generosa. O emissário prussiano o descreveu corretamente em um despacho de 31 de julho de 1789. Ele diz que o rei estava disposto a enfraquecer o executivo em casa, a fim de fortalecê-lo no exterior; se os ministros perdessem com uma administração mais bem regulamentada, a nação ganharia com isso em recursos, e uma autoridade limitada em um Estado mais poderoso parecia preferível à autoridade absoluta, a qual era impotente por sua impopularidade e pela irreparável desordem das finanças. Ele estava decidido a submeter o governo arbitrário de seus ancestrais às forças emergentes da época. A iniciativa real foi levada tão longe no caminho para estabelecer a liberdade que foi exaurida, e o resto foi deixado para a nação. Uma vez que as eleições não foram influenciadas e as instruções não foram inspiradas, as deliberações não foram guiadas ou controladas. O rei abdicou perante os Estados-Gerais. Ele atribuiu tanta autoridade à nova legislatura que nenhuma permaneceu com a Coroa, e seus poderes, portanto, praticamente suspensos, nunca foram recuperados. As classes rivais, que só o rei poderia ter reconciliado e contido, foram abandonadas à questão fatal de uma prova de força.

Em 1786, o déficit anual era de quatro a cinco milhões, e a temporada de remédios heroicos evidentemente havia chegado. A astuta e evasiva confusão de relatos que envolviam o segredo não pôde ser mantida, e o ministro das finanças Calonne convocou os notáveis em fevereiro de 1787. Os notáveis eram um grupo de personagens importantes, principalmente da ordem superior, sem poderes legais ou iniciativa. Esperava-se que fortalecessem as mãos do governo e que o que concordassem seria aceito pela classe a que pertenciam. Foi uma tentativa para evitar o dia maligno dos Estados-Gerais. Pois os Estados-Gerais, que não eram vistos havia 175 anos, representavam as características de uma fase passada da vida política e não podiam ser revividos como antes, nem adaptados à sociedade moderna. Se impusessem impostos, imporiam condições, e seriam como um auxiliar que poderia se tornar um mestre. Os notáveis logo foram considerados inadequados para o propósito, e o ministro, não tendo conseguido controlá-los, foi demitido. Necker, seu rival e sucessor óbvio, foi expulso, e o arcebispo de Toulouse, depois de Sens, que foi nomeado em seu lugar, livrou-se da Assembleia. Não havia mais nada a que recorrer, exceto os temidos Estados-Gerais. Lafayette os havia exigido na reunião dos notáveis, e o pedido agora se repetia por toda parte.

Em 8 de agosto de 1788, o rei convocou os Estados-Gerais para o ano seguinte, a fim de que, conforme proclamava, a nação pudesse estabelecer seu próprio governo para sempre. As palavras significavam que a monarquia absoluta de 1788 daria lugar a uma monarquia representativa em 1789. Não se sabia como isso deveria ser feito e como os estados seriam constituídos. O público foi convidado a dar sugestões e a imprensa foi praticamente liberada para publicações que não eram periódicas. Necker, o ministro inevitável da nova ordem das coisas, foi imediatamente nomeado para suceder o arcebispo, e os fundos aumentaram 30% em um dia. Ele era um estrangeiro, independente da tradição francesa e de seus modos de pensamento, e não apenas se mantinha afastado dos católicos, como um genebrino, mas também dos livres-pensadores predominantes. Priestley o descreve como praticamente o único crente na religião que conheceu na sociedade intelectual de Paris. Necker foi o primeiro estadista estrangeiro a estudar e compreender a força da opinião moderna e identificou a opinião pública com o crédito, digamos, com relação à cidade. Ele considerou os pontos de vista dos capitalistas o registro mais sensível da confiança pública; e como Paris era a sede dos negócios, ele contribuiu, apesar de seu declarado federalismo, para aquele predomínio do centro que se tornou fatal para a liberdade e a ordem.

Necker conhecia o funcionamento das instituições republicanas e era um admirador do modelo britânico; mas o rei não quis saber de ir à escola do povo que ele havia derrotado tão recentemente, e que deviam sua desgraça tanto à incapacidade política quanto militar. Consequentemente, Necker reprimiu seu zelo na política e não estava ansioso pelos Estados-Gerais. Eles nunca teriam sido desejados, disse ele, se ele tivesse sido chamado para suceder Calonne e tivesse a direção dos notáveis. Ele estava feliz agora que eles deveriam servir para trazer todas as propriedades do país, em igualdade de condições, sob o coletor de impostos, e se isso pudesse ter sido feito de uma vez, por uma pressão esmagadora do sentimento público, seu espírito prático não teria ansiado por mais mudanças.

O Terceiro Estado foi evocado para uma grande operação fiscal. Caso isso trouxesse à alta classe o senso necessário de suas próprias obrigações e das reivindicações nacionais, isso seria o suficiente para o dono da bolsa, e ele teria reprovado a intrusão de outros objetos formidáveis e cativantes, prejudiciais aos seus. Além disso, o perigo espreitava, mas o curso era claro para obter-se da Assembleia Maior o que ele teria extraído da Menor caso tivesse exercido o cargo em 1787. Esse é o segredo da fraqueza imprevista de Necker em meio a tanto poder, e de sua esterilidade quando a crise estourou e foi-se descoberto que a força que fora calculada proporcional à realização de uma modesta e óbvia reforma era como a correnteza do Niágara, e que a França estava em corredeiras irresistíveis.

Tudo dependia da maneira como o governo decidia que os estados deveriam ser compostos, eleitos e dirigidos. Para se pronunciar sobre isso, Necker fez com que os notáveis fossem convocados novamente, expôs o problema e desejou sua opinião. Os nobres tinham estado recentemente ativos ao lado das reformas liberais, e parecia possível que a resposta deles podia livrá-lo de uma responsabilidade temida e ainda prevenir um conflito. Os notáveis deram seus conselhos. Eles resolveram que os comuns deveriam ser eleitos, virtualmente, por sufrágio universal sem condições de elegibilidade; que os párocos fossem eleitores e elegíveis; que a classe inferior de nobres deveria ser representada do mesmo modo que a alta. Eles estenderam o direito ao voto à multidão de analfabetos, porque o perigo que apreendiam vinha da classe média, não da baixa. Mas eles votaram, por três a um, que cada ordem deveria ser igual em números. O conde da Provença, o outro irmão do rei, foi com a minoria e votou que os deputados dos Comuns deveriam ser tão numerosos quanto os das duas outras ordens juntas. Essa se tornou a questão premente. Se os comuns não predominassem, não haveria garantia de que as outras ordens cederiam. Por outro lado, com a importante inovação de admitir o clero paroquial e aqueles que devemos chamar de pequena nobreza provincial, foi-se feita uma grande concessão ao elemento popular. Os antagonismos entre os dois ramos do clero e entre os dois ramos da nobreza, eram maiores do que entre a porção inferior de cada um e o Terceiro Estado, e prometia um contingente à causa liberal. Descobriu-se, no momento adequado, que os dois líderes mais fortes da democracia eram, um, um antigo nobre; o outro, um cânone da catedral de Chartres. Os notáveis concluíram seus trabalhos em 12 de dezembro. No dia 5[36], os magistrados que formavam o parlamento de Paris, depois de enumerar solenemente os grandes princípios constitucionais, suplicaram ao rei que os estabelecesse como base de toda legislação futura. A posição do governo foi extremamente simplificada. As muralhas da cidade haviam caído e era duvidoso de onde viria qualquer resistência séria.

Nesse ínterim, a agitação nas províncias e a explosão de sentimento reprimido que se seguiu à impressão não sancionada de panfletos políticos mostraram que a opinião pública se movia mais rápido do que a dos dois grandes órgãos conservadores. Tornou-se urgente que o governo tomasse uma decisão rápida e firme e ocupasse terreno que pudesse deter o surgimento da democracia. Necker julgou que a posição seria inexpugnável, se ele se apoiasse nas linhas traçadas pelos notáveis e decidiu que os comuns deveriam ser iguais a qualquer uma das ordens individualmente, e não do tamanho das duas somadas. Em consulta com um prelado estadista, o arcebispo de Bordeaux, ele redigiu e imprimiu um relatório, recusando o aumento desejado. Mas enquanto observava ansiosamente os ventos e a maré, começou a duvidar. E quando chegaram cartas, avisando-o de que os nobres seriam massacrados se a decisão fosse a seu favor, ele ficou alarmado. Ele disse a seus amigos: "Se não multiplicarmos os comuns por dois, eles se multiplicarão por dez". Quando o arcebispo o viu novamente no Natal, Necker garantiu-lhe que o governo não era mais forte o suficiente para resistir à demanda popular. Mas ele também estava determinado a que as três casas votassem separadamente, que os comuns não gozassem de nenhuma vantagem de seus números em qualquer

---

36. 5 de Maio de 1789, data da sessão de abertura dos Estados-Gerais da França. Evento histórico ocorrido no Hôtel des Menus Plaisirs, em Versalhes. (N. E.)

discussão em que o privilégio estivesse em jogo ou o interesse das classes não fosse idêntico. Ele esperava que os nobres se submetessem a tributação igual por conta própria, e que ele se colocaria entre eles e qualquer reivindicação exorbitante de poder político igualitário.

Em 27 de dezembro, o esquema de Necker foi adotado pelo Conselho. Houve alguma divisão de opinião; mas o rei a rejeitou, e a rainha, que estava presente, mostrou, sem falar, que ela estava lá para apoiar a medida. Por meio desse ato momentoso, Luís XVI, sem estar consciente de seu significado, foi em direção da democracia. Ele disse, em termos claros, ao povo francês:

> "Conceda-me a ajuda de que necessito, na medida em que temos um interesse comum, e por essa assistência definida e apropriada vocês terão uma recompensa principesca. Pois vocês devem imediatamente ter uma constituição de sua própria autoria, que limitará o poder da Coroa, deixando intocado o poder, a dignidade e a propriedade das classes superiores, além do que está envolvida uma parcela igual dos impostos."

Mas, com efeito, ele disse: "Vamos nos combinar para privar a aristocracia daqueles privilégios que são prejudiciais à Coroa, enquanto retemos aqueles que são ofensivos apenas para o povo." Era um pacto tácito, cujos termos e limites não foram definidos e onde um pensava em imunidades enquanto o outro pensava em opressão. A organização da sociedade precisava ser alterada e remodelada de ponta a ponta de forma a sustentar uma constituição fundada no princípio da liberdade. Ajustar as relações entre o povo e o rei não era um problema árduo. A questão mais profunda era entre o povo e a aristocracia. Por trás de uma reforma política havia uma revolução social, pois a única liberdade que podia valer era a liberdade fundada na igualdade. Malouet, que naquele momento era o melhor conselheiro de Necker, disse-lhe: "Você tornou os comuns iguais em influência às outras ordens. Outra revolução tem que se seguir, e cabe a você realizá-la – o nivelamento do privilégio oneroso." Necker não tinha ambições desse tipo e protegia distintamente os privilégios em todos os itens, exceto nos impostos.

A resolução do rei no Conselho foi recebida com grandes aplausos, e o público acreditava que tudo o que eles exigiam agora estava obtido, ou pelo menos estava ao seu alcance. A duplicação dos comuns seria ilusória, caso eles não tivessem a oportunidade de fazer seu número valer. O conde da Provença, depois de Luís XVI, argumentou expressamente que os antigos Estados-Gerais eram inúteis porque não era permitido ao Terceiro Estado prevalecer. Portanto, ele instou que as três ordens deveriam deliberar e votar como uma, e que os comuns deveriam possuir a maioria. Sentia-se universalmente que esse era o significado real da dupla representação e que havia uma lógica nela à qual não se podia resistir. O poder real conferido aos Comuns pela grande concessão excedeu seu poder literal e legal e foi aceito e empregado de acordo.

O modo da eleição foi regulamentado em 24 de janeiro. Haveria trezentos deputados para o clero, trezentos para os nobres e seiscentos para os comuns. Não deveria haver restrições nem exclusões; mas, enquanto os grandes personagens votavam diretamente, o voto das classes mais baixas era indireto, e a regra para os comuns era que cem eleitores primários escolhessem um eleitor. Além do deputado, estava o deputado do deputado, mantido na reserva, pronto em caso de vaga para ocupar o seu lugar. Era nesse dispositivo peculiar de eventuais representantes que os comuns se apoiariam, caso seu número não tivesse sido duplicado. Eles teriam convocado seus substitutos. Os direitos e as cartas das várias províncias foram substituídos e todos foram colocados no mesmo nível.

Uma eleição mais sincera e genuína nunca tinha sido realizada. E no geral foi ordenada. O clero estava inquieto e os nobres mais abertamente alarmados. Mas o país em geral confiava no que estava por vir; e algumas das manifestações mais liberais, avançadas e francas procederam de constituintes aristocráticos e eclesiásticos. Em 9 de fevereiro, o emissário veneziano relatou que o clero e os nobres estavam prontos para aceitar o princípio da igualdade de impostos. As eleições duraram mais de dois meses, de fevereiro ao início de maio.

De acordo com o antigo costume, quando um deputado era mais plenipotenciário do que representante, era ordenado que a preliminar de cada eleição fosse a redação de instruções. Cada canto da França foi varrido e pesquisado por suas ideias. A aldeia as dava ao seu eleitor e eram comparadas e consolidadas pelos eleitores no processo de escolha de seus membros. Essas instruções, o legado característico a seus sucessores de uma sociedade à beira da morte, eram frequentemente obra de homens públicos ilustres, como Malouet, Dupont de Nemours , o amigo de Turgot e criador do tratado comercial de 1786. E um jornal, redigido por Sieyès, foi distribuído por toda a França pelo duque de Orléans.

Desta forma, pela liderança que foi assumida por homens eminentes e experientes, há uma aparência de unanimidade. Toda a França desejava as instituições essenciais da monarquia limitada, na forma de representação e divisão do poder, e prenunciou a Carta de 1814. Quase não há vestígio do espírito de partida do absolutismo; não há sinal da próxima república. Todos concordam que o precedente está morto e o mundo está apenas começando.

Não há ponto de vista claro sobre certos detalhes graves, sobre como a Câmara Alta, a Igreja e o Estado e a educação primária. Escolas gratuitas, taxação progressiva, extinção da escravidão, da pobreza, da ignorância, estão entre os temas aconselhados. As ordens privilegiadas estão preparadas para uma vasta rendição em matéria de impostos, e ninguém parece associar o direito de ser representado em futuros parlamentos à posse de bens. Em nove décimos de tudo o que é material para uma constituição, existe um acordo geral. A única divisão ampla é que os comuns desejam que os Estados-Gerais formem uma única Assembleia unida, e as outras ordens desejam três. Mas, nesta questão suprema, os comuns estão todos de acordo, e os outros não. Surge uma brecha sinistra e já percebemos a minoria de nobres e padres que, na hora do conflito, deveriam governar o destino da sociedade europeia. De todos esses papéis, o mandato da França unida, era função do verdadeiro estadista destilar a essência de uma liberdade suficiente.

Essas instruções foram planejadas para serem imperativas. Nove anos antes, Burke, quando se aposentou em Bristol, havia definido a doutrina constitucional sobre eleitorado e membros, e Charles Sumner disse que legislou quando fez aquele discurso. Mas a visão antiga, na qual as instruções são fundamentadas, fez do deputado o agente do poder substituto, e grande parte da história francesa gira em torno disso. A princípio, o perigo não foi sentido; pois as instruções eram frequentemente compiladas pelo próprio deputado que deveria executá-las. Elas eram uma promessa ainda mais do que uma ordem.

A nação respondeu ao apelo real e houve acordo entre a oferta e a demanda. As classes altas se opuseram e resistiram à Coroa. O povo ansiava por apoiá-la e esperava-se que os primeiros passos fossem dados em conjunto. A moderação e serenidade comparativas das instruções disfarçaram o conflito de opinião insaciável e a paixão furiosa que se alastrava abaixo.

A própria nata da classe alta e média foi eleita; e a Corte, em sua próspera complacência, abandonou à sua sabedoria a tarefa de criar novas instituições e resolver de maneira definitiva os problemas financeiros. Ela persistia na não interferência e não tinha nenhuma política além de expectativas. A iniciativa passou para todos os membros privados. Os membros eram homens novos, sem vínculos ou organização partidária. Eles queriam tempo para decidir o seu caminho e sentiram falta de um moderador e um guia. O poder governante cessou, por enquanto, de servir ao propósito supremo do governo; e a monarquia transformou-se em anarquia de modo a ver o que resultaria disso e para evitar se comprometer em qualquer um dos lados, fosse contra a classe pela qual estava sempre cercada ou contra a classe que parecia pronta para a aliança.

O governo renunciou à vantagem que as eleições e as instruções moderadas lhes deram; e na esperança de que os eleitos fossem pelo menos tão razoáveis quanto os eleitores, eles desperdiçaram sua maior oportunidade. Havia uma disposição para subestimar os perigos que não estavam na superfície. Até Mirabeau, que, senão um pensador profundo, era um observador atento, imaginou que toda a missão dos Estados-Gerais poderia ter sido cumprida em uma semana. Poucos homens perceberam a ambiguidade oculta no termo "privilégio" e a imensa diferença que separava a mudança fiscal da mudança social. Ao atacar o feudalismo, que era a sobrevivência da barbárie, a classe média pretendia derrubar a condição da sociedade que dava tanto poder quanto propriedade a uma minoria favorecida. O ataque à distribuição restrita de poder envolveu um ataque à concentração de riqueza. A conexão das duas ideais é o motivo secreto da Revolução. Naquela época, a lei pela qual o poder segue a propriedade, que tem sido considerada a descoberta mais importante feita pelo homem desde a invenção da imprensa não era claramente conhecida. Mas as forças subterrâneas em ação foram reconhecidas pelos conservadores inteligentes, e eles estavam assumindo a defensiva, em preparação para a hora em que seriam abandonados pelo rei. Era, portanto, impossível que o objetivo para o qual os Estados-Gerais foram convocados fosse alcançado enquanto eles estavam divididos em três. Ou eles devem ser dissolvidos ou o que os deputados da classe média não poderiam realizar pelo uso dos formulários seria tentado pela classe baixa, seus senhores e patrões, pelo uso da força.

Antes da reunião, Malouet mais uma vez abordou o ministro com conselhos de peso. Ele disse:

> O senhor agora conhece os desejos da França; conhece as instruções, não conhece os deputados. Não deixe todas as coisas ao arbítrio do desconhecido. Converta imediatamente as demandas do povo em uma constituição e dê-lhes força de lei. Aja enquanto o senhor tem poder de ação irrestrito. Aja enquanto sua ação será saudada como a mais magnífica concessão já concedida por um monarca a uma nação leal e expectante. Hoje o senhor é supremo e está seguro. Amanhã pode ser tarde demais.

Em particular, Malouet aconselhou que o governo regulamentasse a fiscalização dos poderes, restando apenas os retornos contestados ao julgamento dos representantes. Necker mantinha sua neutralidade meditada e preferia que o problema se resolvesse com toda a liberdade. Ele não tomaria partido para não ofender uma das partes sem ter certeza da outra e perder a chance de se tornar o árbitro aceito. Enquanto, ao não decidir nada, ele manteve o inimigo à distância, as classes superiores ainda poderiam chegar à sábia conclusão de que, em meio a tanto perigo para a realeza e para si mesmas, era hora de colocar o interesse do Estado antes dos seus próprios, e aceitar os deveres e encargos de homens indistintos.

Nenhuma das partes poderia ceder. Os comuns não poderiam deixar de ver que o tempo estava do seu lado e que, ao obrigar as outras ordens a se fundir com eles, garantiu a queda do privilégio e jogou o jogo do tribunal. As duas outras ordens foram, pelo mandato imperativo de muitos constituintes, proibidas de votar em comum. Sua resistência era legítima e só poderia ser superada com a intervenção da Coroa ou do povo. Sua política poderia ter sido justificada se eles tivessem se rendido imediatamente e realizado com deliberação em maio o que deveria ter sido feito com tumulto em agosto. Com estes problemas e perigos diante deles, os Estados-Gerais reuniram-se naquele memorável 5 de maio. Necker, preferindo a morada de financistas, desejou que eles se encontrassem em Paris; quatro ou cinco outros locais foram propostos. Por fim, o rei, quebrando o silêncio, disse que só poderia ser em Versalhes, por causa de suas caçadas. Na época, ele não viu motivo para alarme nas proximidades da capital. Desde então, os distúrbios em um ou dois lugares, e a linguagem aberta de alguns dos eleitores, começaram a fazê-lo desviar.

No dia da inauguração, a rainha foi recebida com um silêncio ofensivo; mas ela reconheceu um aplauso tardio com tão evidente alegria e com tal graça majestosa que os aplausos a seguiram. Os populares grupos de deputados foram aplaudidos ao passarem – todos exceto os Comuns de Provença, pois tinham Mirabeau entre eles. Ele foi o único contra quem sibilaram. Duas damas que assistiram à procissão da mesma janela eram a filha de Necker e a esposa do ministro das Relações Exteriores, Montmorin. Uma pensou com admiração que ela foi testemunha da maior cena da história moderna; e a outra estava triste e com maus pressentimentos. Ambas estavam corretas; mas o sentimento de confiança e entusiasmo impregnou a multidão. Parentes próximos meus estavam em Roma em 1846, durante a empolgação com as reformas do novo papa, que, naquele momento, era o soberano mais popular da Europa. Eles perguntaram a uma senhora italiana que estava com eles porque todas as manifestações só a deixavam mais melancólica. Ela respondeu: "Porque eu estava em Versalhes em 1789".

Barentin, o ministro que se opôs aos planos de Necker e viu os Estados-Gerais com apreensão e desgosto, falou após o rei. Ele era um juiz francês, sem coração para qualquer forma de governo, exceto o antigo de que gozava a França. No entanto, ele admitiu que a deliberação conjunta era a solução razoável. Acrescentou que só poderia ser adotada por consentimento comum e instou as duas ordens a sacrificarem seu direito de isenção. Necker deixou seus ouvintes perplexos ao se afastar da posição que o chanceler havia tomado. Ele assegurou às duas ordens que não precisariam apreender a absorção na terceira se, votando separadamente, executassem a rendição prometida. Ele falou como seu protetor, com a condição de que se submetessem à lei comum e pagassem seus impostos na proporção aritmética. Deu a entender, mas não disse, que o que eles recusassem à Coroa seria levado pelo povo. Em sua demonstração financeira, subestimou o déficit e nada disse sobre a Constituição. O grande dia terminou mal. Os deputados foram instruídos a entregar suas declarações ao mestre de cerimônias, um funcionário de quem veremos mais em breve. Mas o mestre de cerimônias não era aceitável para os comuns, porque os havia obrigado a se retirarem, no dia anterior, de seus lugares na nave da igreja. Portanto, a liminar foi desconsiderada, e a verificação de poderes, que o governo poderia ter regulamentado, foi deixada aos próprios deputados, e se tornou a alavanca pela qual a ordem mais numerosa derrubou a monarquia, e que levou enfim, em sete semanas, à maior luta constitucional, travada apenas pelo discurso em si, que já existiu no mundo.

CAPÍTULO IV

A Reunião dos Estados-Gerais

O argumento do drama que começou em 6 de maio de 1789 e terminou em 27 de junho é o seguinte: o povo francês foi convocado ao desfrute da liberdade por todas as vozes que eles ouviam: pelo rei; pelos notáveis, que propuseram sufrágio irrestrito; pelo supremo judiciário, que proclamou a futura Constituição; pelo clero e pela aristocracia, nas promessas mais solenes do período eleitoral; pelo exemplo britânico, celebrado por Montesquieu e Voltaire; pelo exemplo mais convincente dos Estados Unidos; pelos clássicos nacionais, que declararam, junto a outros tantos, que toda autoridade deve ser controlada, que as massas devem ser resgatadas da degradação e o indivíduo da coação.

Quando os comuns apareceram em Versalhes, eles estavam lá para reivindicar uma herança da qual, por consentimento universal, haviam sido injustamente privados. Eles não estavam armados contra o rei, que já havia sido submetido a golpes não desferidos por eles. Eles desejavam fazer um acordo com aqueles a quem ele se opunha ostensivamente. Não poderia haver liberdade real para eles até que estivessem tão livres do lado dos nobres quanto do lado da Coroa. O absolutismo moderno do monarca havia se rendido; mas os antigos donos do solo permaneceram com sua posição exclusiva no Estado e um complicado sistema de honras e cobranças que humilhava a classe média e empobrecia a classe inferior. A democracia educada, agindo por si mesma, poderia ter se contentado com a redução dos privilégios que os colocavam em desvantagem. Mas a população rural estava preocupada com cada fragmento de feudalismo obsoleto que aumentava o peso de suas vidas.

As duas classes eram indivisas. Juntos, elegeram seus deputados, e a clivagem entre o político e o socialdemocrata, que se tornou um fato tão relevante na sociedade moderna, mal foi percebida. O mesmo princípio comum, o mesmo termo abrangente, compôs a política de ambos. Exigiam a liberdade, tanto do Estado como da sociedade, e exigiam que cessasse a opressão, fosse ela exercida em nome do rei ou em nome da aristocracia. Em uma palavra, eles exigiam igualdade, bem como liberdade, e buscavam a libertação do feudalismo e do absolutismo ao mesmo tempo. E a igualdade era a reivindicação mais urgente e proeminente dos dois, porque o rei, virtualmente, havia cedido, mas os nobres não.

A batalha que faltava travar, e imediatamente iniciada, era entre os comuns e os nobres; isto é, entre pessoas condenadas à pobreza pela operação da lei e pessoas que prosperavam às suas custas. E como havia homens que pereceriam de necessidade enquanto as leis permaneciam inalteradas, e outros que seriam arruinados por sua revogação, a contenda foi mortal.

O verdadeiro objeto de ataque não era o senhorio vivo, mas o passado não enterrado. Tinha pouco a ver com socialismo ou com aluguéis altos, tempos ruins e proprietários gananciosos. Além de tudo isso, esperava-se a libertação de leis irracionais e indefensáveis, como aquela pela qual a terra do patrício pagava três francos enquanto a do plebeu pagava catorze, porque um era nobre e o outro não, e era uma dedução elementar dos motivos do desejo liberal.

As eleições tornaram inesperadamente evidente que quando uma parte da riqueza territorial fosse tomada pelo Estado, outra seria tomada pelo povo; e que uma comunidade livre, fazendo suas próprias leis, não se submeteria às cobranças impostas antigamente pela classe governante a uma população indefesa. Quando os notáveis aconselharam que todo homem deveria votar, essa consequência não ficou clara para eles. Foi percebida à medida que as coisas iam acontecendo, e nenhuma provisão para os interesses aristocráticos foi incluída nas reivindicações populares.

Na presença de perigo iminente, as classes privilegiadas fecharam suas fileiras e pressionaram o rei a resistir às mudanças que certamente seriam prejudiciais a eles. Os notáveis se tornaram um partido conservador. A corte estava do lado deles, com o conde d'Artois à frente, juntamente com a rainha e seu círculo imediato.

O rei permaneceu firme na convicção de que a popularidade é a melhor forma de autoridade e confiou no temor salutar da democracia para fazer os ricos aristocratas cederem aos seus desejos. Enquanto os comuns exercessem a pressão inerte da demora, ele observou o curso dos acontecimentos. Quando, ao fim de cinco semanas tediosas e inúteis, começaram o ataque, foi levado lentamente, sem confiança ou simpatia, a se posicionar junto aos nobres e a recuar diante da mudança indefinida e iminente.

Quando os comuns se reuniram para deliberar na manhã de 6 de maio, os deputados eram desconhecidos uns dos outros. Era necessário proceder com cautela e ocupar uma posição em que não pudessem ser divididos. Sua unanimidade estava fora de perigo enquanto nada mais complexo do que a verificação de poderes fosse discutida. As outras ordens resolveram imediatamente que cada uma deveria examinar suas próprias declarações. Mas esta votação, que os nobres obtiveram por uma maioria de 141, teve no clero uma maioria de apenas 19. Ficou imediatamente evidente que o partido do privilégio estava dividindo-se e que os padres estavam quase tão inclinados aos comuns quanto à nobreza. Era aconselhável dar-lhes tempo, descartar a violência até que as artes da conciliação se exaurissem e a causa da ação unida fosse alegada em vão. A política de moderação era defendida por Malouet, um homem de visão prática e experiência, que havia envelhecido a serviço do Estado. Dizia-se que ele defendia o comércio de escravos, tentou excluir o público dos debates e até se ofereceu, em termos não autorizados, para garantir as reivindicações, tanto reais quanto formais, das altas classes. Ele logo perdeu o ouvido da Casa. Mas era um homem de grande bom senso, tão livre de preconceitos antigos quanto da teoria moderna e nunca perdeu de vista o interesse público em favor de uma classe. Posteriormente, dele emanaram as propostas mais generosas em favor dos pobres, e a vida parlamentar na França começou com sua moção de negociação com as outras ordens.

Malouet foi apoiado por Mounier, uma das mentes mais profundas da época e o mais popular dos deputados. Mounier era um magistrado de Grenoble e dirigiu os Estados-Gerais de Dauphiné com tal arte e sabedoria consumadas que todas as classes e todas as partes trabalharam em harmonia. Esses exigiram representação igual e voto em comum, e deram aos seus deputados plenos poderes em vez de instruções escritas, exigindo apenas que obtivessem um governo livre da melhor maneira que pudessem; eles resolveram que os direitos fretados de sua província não deveriam ser colocados em competição com os novos direitos teóricos da nação. Sob o controle de Mounier, o prelado e o nobre se uniram para declarar que as liberdades essenciais dos homens são garantidas a eles pela natureza, e não por títulos de propriedade perecíveis. Os viajantes o iniciaram no funcionamento das instituições inglesas e ele representou a escola de Montesquieu; mas era um discípulo emancipado e um admirador discriminado. Ele considerava Montesquieu radicalmente iliberal e acreditava que a famosa teoria que divide os poderes sem isolá-los é uma descoberta antiga e comum. Pensava que as nações diferem menos em seu caráter do que em seu estágio de progresso, e que uma Constituição como a inglesa se aplica não a uma região, mas a um tempo. Ele pertencia ao tipo de estadista que Washington havia demonstrado ser tão poderoso – uma doutrina revolucionária em um temperamento conservador. No centro das coisas, o poderoso provinciano entregou uma falta de simpatia e atração. Ele se recusou a se encontrar com Sieyès, e persistentemente denunciou e caluniou Mirabeau. Influência e estima pública vieram a ele imediatamente, e na grande festa construtiva ele foi um líder natural, e predominou por algum tempo. Mas, no encontro da derrota, seu caráter austero e rígido transformou-o em desastre; e como ele possuía apenas uma linha de defesa, o fracasso de sua tática foi a ruína de sua causa. Embora tenha se desesperado prematuramente e se arrependido veementemente de sua parte nos grandes dias de junho, desfilando sua maleta de utensílios diante da Europa, ele nunca vacilou na convicção de que os interesses de nenhuma classe, de nenhuma família, de nenhum homem, podem ser preferidos aos da nação. Napoleão disse uma vez com um sorriso de escárnio: "Você ainda é o homem de 1789." Mounier respondeu: "Sim, senhor. Princípios não estão sujeitos à lei da mudança".

Ele desejava adotar o modelo inglês, o qual significava: representação de propriedade; uma casa superior baseada no mérito, não na descendência; veto e direito de dissolução régios. Isso só poderia ser assegurado por uma cooperação ativa por parte de todos os elementos conservadores. Para obter a maioria, ele exigiu que as outras ordens viessem, não vencidas e relutantes, mas sob a influência da persuasão. Mirabeau e seus amigos queriam apenas colocar os nobres em erro, expor sua obstinação e arrogância, e então prosseguir sem eles. O plano de Mounier dependia de uma conciliação real.

O clero estava pronto para uma conferência; e por sua intervenção os nobres foram induzidos a participar dela. Em 23 de maio, o arcebispo de Vienne, que confiava em Mounier, declarou na conferência que o clero reconhecia o dever de repartir os impostos em proporção igual. O duque de Luxemburgo, falando pelos nobres, fez a mesma declaração. A intenção, disse ele, era irrevogável; mas acrescentou que não seria executado até que o problema da Constituição fosse resolvido. Os nobres se recusaram a abandonar o modo de verificação separada que havia sido praticado anteriormente. E quando os comuns objetaram que o que era bom em tempos de dissensão civil era inaplicável à tranquilidade arcadiana de 1789, os outros não seriam culpados se tratassem a discussão com desprezo.

O fracasso da conferência foi seguido por um evento que confirmou Necker na crença de que ele não estava esperando em vão. Ele recebeu propostas de Mirabeau. Até então, Mirabeau tinha sido notório pelo escândalo importuno de sua vida, e os livros que escrevera sob a pressão da necessidade não restauraram seu bom nome. As pessoas o evitavam, não porque ele fosse brutal e cruel como outros homens de sua posição, mas porque era considerado mentiroso e ladrão. Durante uma de suas prisões, ele obteve de Dupont de Nemours um comunicado de um memorando importante a respeito das ideias de Turgot sobre governo local. Ele copiou o manuscrito, apresentou-o ao ministro como sua própria obra e vendeu outra cópia aos livreiros como obra de Turgot. Posteriormente, se ofereceu para suprimir suas cartas da Prússia se o governo as comprasse ao preço que ele pudesse obter publicando-as. Montmorin pagou o que ele pediu, com a condição de que renunciasse à sua candidatura na Provença. Mirabeau concordou, gastou o dinheiro em sua campanha e ganhou mais imprimindo o que tinha vendido ao rei. Durante a competição, por sua frieza, audácia e recursos, ele logo adquiriu ascendência. Os nobres que o rejeitaram sentiram seu poder. Quando eclodiram os tumultos, ele os apaziguou com sua presença e mudou-se de Marselha para Aix, escoltado por um séquito de duzentas carruagens. Eleito em ambos os lugares pelo Terceiro Estado, foi a Versalhes na esperança de consertar sua fortuna. Lá, logo ficou claro que ele possuía poderes mentais iguais à vileza de sua conduta. Ele é descrito por Malouet como o único homem que percebeu desde o início para onde a Revolução estava tendendo; e Mounier, seu inimigo, confessa que nunca conheceu um político mais inteligente. Ele estava sempre pronto para falar, sempre vigoroso e hábil. Seus renomados discursos eram frequentemente emprestados, pois ele se cercava de homens competentes, a maioria genoveses, versados em disputas civis, que lhe forneciam fatos, mediavam o público e o ajudavam na imprensa. Rivarol disse que sua cabeça era uma esponja gigantesca, inchada com as ideias de outros. Como falar de improviso era uma arte nova e os homens mais hábeis liam seus discursos, Mirabeau foi desde o início um debatedor eficaz – provavelmente o melhor debatedor, embora não o orador mais perfeito, que apareceu no esplêndido registro da vida parlamentar na França. Seu pai foi um dos economistas mais conspícuos, e ele herdou sua crença em uma monarquia popular e ativa e sua preferência por uma única câmara.

Em 1784, ele visitou Londres, frequentou os ambientes liberais e forneceu uma citação a Burke. Ele não amava a Inglaterra, mas achava que era uma prova convincente da eficácia das constituições de papel, que algumas leis para a proteção da liberdade pessoal deveriam ser suficientes para fazer um povo corrupto e ignorante prosperar.

Sua tônica foi abandonar o privilégio e reter a prerrogativa; pois ele aspirava dominar a monarquia e não destruiria o poder que deveria exercer. O rei, disse ele, é o Estado e não pode errar. Portanto, ele era às vezes o mais violento e indiscreto dos homens, e às vezes inexplicavelmente moderado e reservado; e ambas as partes foram cuidadosamente preparadas. Como ele tinha um propósito fixo diante de si, mas nem princípio nem escrúpulo, nenhuma emergência o encontrou perdido ou envergonhado por uma carga de máximas consistentes. Incalculável e impróprio para confiar na vida diária, em uma crise ele era a força mais segura e disponível. Desde o primeiro momento ele veio para a frente. No dia da inauguração estava pronto com um plano de consulta em comum, antes de decidir se deveriam atuar em conjunto ou separadamente. No dia seguinte, ele abriu um jornal, em forma de reportagem para seus eleitores, e quando o governo tentou oprimí-lo, ele conseguiu, em 19 de maio, estabelecer a liberdade de imprensa.

O primeiro clube político, depois o dos jacobinos, foi fundado, por sua iniciativa, por homens que desconheciam o significado de clube. Pois, disse ele, dez homens agindo juntos podem fazer 100 mil tremerem separados uns dos outros. Mirabeau começou com cautela, pois seus materiais eram novos e ele não tinha amigos. Ele acreditava que o rei estava realmente identificado com os magnatas e que os comuns estavam totalmente despreparados para enfrentar a corte ou a Revolução que se aproximava. Achava inútil negociar com sua própria ordem condenada e pretendia separar o rei deles. Quando o esquema de conciliação falhou, sua oportunidade apareceu. Ele pediu a Malouet que o colocasse em comunicação com os ministros. Disse-lhe que estava seriamente alarmado, que os nobres pretendiam levar a resistência ao extremo e que sua confiança estava na Coroa. Prometeu, se o governo confiasse nele, que apoiaria sua política com todas as suas forças. Montmorin recusou-se a recebê-lo, mas Necker consentiu com relutância. Tinha um jeito de apontar o nariz para o teto, que não era conciliador, e recebeu o odiado visitante com um pedido de saber que propostas tinha a fazer. Mirabeau, roxo de raiva com o tratamento frígido do homem que viera salvar, respondeu que propunha desejar-lhe bom dia. Para Malouet, ele disse: "Seu amigo é um tolo e logo terá notícias minhas." Necker viveu para lamentar ter jogado fora tal chance. Na época, a entrevista apenas ajudou a persuadi-lo de que os comuns conheciam sua fraqueza e sentiam a necessidade de seu socorro.

Só então chegou-lhe o esperado apelo dos eclesiásticos. Quando foi visto que os nobres não podiam ser limitados por palavras justas, os comuns fizeram mais uma experiência com o clero. No dia 27 de maio enviaram uma numerosa e poderosa delegação para os exortar, em nome do Deus da paz e do bem-estar nacional, a não abandonar a causa da ação unida. O clero, desta vez, invocou a interposição do governo.

No dia 30, as conferências foram mais uma vez abertas e os ministros estiveram presentes. A discussão foi tão inconclusiva quanto antes e, em 4 de junho, Necker elaborou seu próprio plano. Ele propôs, em substância, uma verificação separada, com a Coroa decidindo em última instância. Era uma solução favorável às ordens privilegiadas, uma das quais havia apelado a ele. Necker queria o dinheiro deles, não seu poder. O clero concordou. Os comuns ficaram envergonhados sobre o que fazer, mas foram rapidamente aliviados, pois os nobres responderam que já haviam decidido simplesmente julgar seus próprios casos. Com esse ato, em 9 de junho, as negociações foram interrompidas.

A decisão foi tomada nos aposentos da duquesa de Polignac, amiga familiar da rainha, e causou uma ruptura entre a corte e o ministro no primeiro passo que ele havia dado desde a reunião da Assembleia. Até este ponto, a aristocracia era inteligível e consistente. Não fariam nenhum princípio de rendição até que soubessem até onde isso os levaria ou se fossem postos à mercê de uma maioria hostil sem qualquer garantia de direitos privados. Malouet ofereceu-lhes uma garantia, mas foi rejeitado por seus colegas de uma forma que alertou aos nobres para não confiarem demais.

Ninguém poderia dizer até que ponto o edifício do privilégio foi condenado a ruir, ou que cerne de propriedade feudal, embora garantido por contrato e receita, seria permitido permanecer. Os nobres se sentiam justificados em defender as coisas que eram suas por lei, por séculos de posse inquestionável, por compra e herança, por sanção do governo, pela vontade expressa de seus constituintes. Ao defender o interesse e a própria existência da classe que representavam, eles podem muito bem ter acreditado que agiram no espírito da verdadeira liberdade, que depende da multiplicidade de forças de contenção, e que estavam salvando o trono. Do compromisso de renunciar à isenção fiscal e submeter-se ao ônus igual da tributação, não recuaram e reclamaram o apoio do rei. Montlosier, que pertencia à sua ordem, declarou que o caso deles era bom e sua argumentação, ruim. Duas vezes eles deram ao inimigo uma vantagem. Quando viram o clero vacilar, resolveram, pela maioria usual de 197 a 44, que cada ordem possuía o direito de anulação, de modo que eles não cedessem mais ao voto separado dos três Estados do que ao voto unificado. Evidentemente, o país apoiaria aqueles que negassem o veto e estivessem prontos para anulá-lo, contra aqueles que não davam esperança de que algo fosse feito. Novamente, quando recusaram as propostas do governo, eles se isolaram e se tornaram um obstáculo. Haviam perdido o clero. Agora, repeliam o ministro. Nada foi deixado a eles, exceto suas esperanças no rei. Eles o arruinaram assim como a si próprios. Não procede o fato de que, porque apoiavam a monarquia, estavam seguros do monarca. E foi um erro de cálculo ainda mais grave pensar que um exército regular é mais forte do que uma turba indisciplinada, e que os turbulentos parisienses, a treze quilômetros de distância, não podiam proteger os deputados contra regimentos a cavalo e a pé, comandados pelos galantes cavalheiros da França, acostumados durante séculos a pagar o imposto de sangue, e agora lutando por sua própria causa.

Não havia mais nada a ser feito. As artes da paz se exauriram. Uma violação deliberada da legalidade poderia, por si só, cumprir o decreto nacional. O país estava cansado de táticas dilatórias e prolongada inação. A conciliação, tentada pelos comuns, pelo clero e pelo governo, foi em vão. Chegou-se ao ponto em que era necessário escolher entre a compulsão e a rendição, e os comuns deveriam empregar os meios ao seu alcance para vencer a resistência ou ir embora confessando que o grande movimento havia desmoronado em suas mãos e que o povo havia elegido os homens errados. A inação e o atraso não foram uma política, mas a preliminar de uma política. Era razoável dizer que eles tentariam todos os esforços possíveis antes de recorrer à agressão, mas não teria sentido dizer que começariam sem fazer nada e que depois continuariam sem fazer nada. Seu inimigo os acompanhava de antemão ao cometer erros. Eles podiam arriscar algo com menos perigo agora.

A vitória de fato foi assegurada pela deserção entre os nobres e o clero. Quase cinquenta dos primeiros, e certamente mais de cem dos segundos, estavam prontos para mudar. Em vez de serem iguais, as partes eram duas contra uma. Seiscentos comuns não podiam controlar o mesmo número de deputados privilegiados. Mas oitocentos deputados mais do que bastava para quatrocentos. Portanto, em 10 de junho, os comuns abriram o ataque e convocaram a guarnição. Mirabeau notificou que um dos deputados de Paris tinha uma importante moção a apresentar. O motor era mais importante do que o movimento, pois se tratava da aparição de Abade Sieyès, o mais original dos estadistas revolucionários, que, quinze dias depois, em seu discurso inaugural, derrubou a antiga monarquia da França. Era um novo membro, pois as eleições em Paris tinham sido adiadas, os quarenta deputados tomaram posse três semanas após a abertura e Sieyès foi o último deputado eleito. Ele se opôs à estagnação existente, acreditando que não havia nenhum dever para com os nobres que superasse o dever para com a França. Propôs que as outras ordens fossem formalmente convidadas a aderir e que a Câmara deveria continuar a se estabelecer, e a agir com as ordens, caso viessem, ou sem elas, caso se ausentassem. As declarações foram devidamente verificadas, e Sieyès então propôs que eles se declarassem Assembleia Nacional, o nome correto daquilo que afirmavam ser.

Apesar de Malouet, e mesmo de Mirabeau, em 17 de junho esta moção foi aprovada por 491 a 90. Todos os impostos passaram a depender da Assembleia. O amplo princípio com base no qual Sieyès agiu foi que os comuns eram realmente a nação. As altas classes não eram uma parte essencial dela. Não eram nem mesmo um crescimento natural e normal, mas uma excrescência ofensiva, uma quantidade negativa a ser subtraída, não a somar. Aquilo que não deveria existir não deveria ser representado. Os deputados do Terceiro Estado compareceram para o conjunto. Sozinhos bastavam para governá-lo, pois sozinhos eram identificados com o interesse comum.

Abade Sieyès não se preocupou com que seu convite fosse obedecido, pois a adesão das outras ordens poderia deslocar a maioria. Aqueles que possuíam a plenitude de poder eram obrigados a empregá-lo. Mais pela simplicidade axiomática do que pelo argumento sustentado, Sieyès dominou seus ouvintes.

CAPÍTULO V

O Juramento da Quadra de Tênis

Vimos que muito tempo foi gasto em negociações infrutíferas, as quais terminaram em um impasse – os comuns se recusando a agir, exceto em conjunto com as outras ordens, e os outros insistindo na ação separada que havia sido prescrita por suas instruções e pelo rei.

Os comuns alteraram sua política sob a influência de Sieyès, o qual aconselhou que eles não deveriam esperar pelos outros, e sim prosseguir em sua ausência. Em seu famoso panfleto, argumentou que eles, na verdade, eram a nação e portanto, tinham a razão ao seu lado. E sua teoria foi convertida em prática, porque agora parecia que eles não tinham apenas a razão, mas também o poder. Sabiam disso, pois o clero estava oscilando. Quinta-feira, 18 de junho, um dia após a proclamação da Assembleia Nacional, foi um festival. Na sexta-feira, o clero se dividiu sobre a questão da adesão. A proposta foi negativa, mas doze de seus opositores afirmaram que estariam do outro lado se a votação em comum se estendesse apenas à verificação dos retornos. A minoria imediatamente aceitou a condição, e assim se tornou a maioria. Outros, depois, aderiram e, às seis horas da tarde, 149 eclesiásticos registraram seus votos para os comuns. Esse 19 de junho é uma data decisiva, pois então os sacerdotes se uniram à Revolução. Os comuns, através de um ato questionável e audacioso, haviam se portado errado com todos quando o clero inferior abandonou a causa do privilégio e veio em seu socorro.

O *delfin* havia morrido recentemente, e a família real estava vivendo em retirada em Marly. Às dez horas da noite da votação, os arcebispos de Paris e Rouen chegaram lá, descreveram o evento ao rei, e o confortaram dizendo que os prelados, todos menos quatro, tinham permanecido fiéis à sua ordem.

Eles foram seguidos por um visitante muito diferente, a quem ele implorou ao rei para ouvir, pois ele era um homem destinado a ocupar os mais altos cargos de Estado sob muitos governos, para ser o principal ministro da república, do império e da monarquia, para predominar sobre os soberanos europeus em Viena, sobre os estadistas europeus em Londres, e ser universalmente temido, odiado e admirado como o político mais sagaz do mundo.

Talleyrand foi a Marly na calada da noite e implorou por uma audiência secreta do rei. Ele não era um dos favoritos na corte. Havia obtido a sé de Autun apenas a pedido do clero da França, e quando o papa o escolheu como cardeal, Luís impediu sua nomeação. Ele agora se recusou a vê-lo, e enviou-o para seu irmão. O conde d'Artois estava na cama, mas o bispo era seu amigo e foi admitido. Ele disse que era necessário que o governo agisse com vigor. A conduta da Assembleia foi ilegal, tola e arruinaria a monarquia a menos que os Estados-Gerais fossem dissolvidos. Talleyrand buscaria, com seus amigos, alguns dos quais foram com ele e estavam esperando abaixo, formar uma nova administração. A Assembleia, comprometida e desacreditada pela recente insurreição, seria rejeitada, uma nova seria eleita sob um direito de votação alterado[37], e uma demonstração suficiente de força evitaria resistências. Talleyrand propôs reverter a política de Necker, que ele achava fraca e vacilante, e que tinha jogado a França nas mãos de Sieyès. Com uma compreensão mais forte, ele pretendia restaurar a iniciativa real, a fim de realizar as mudanças constitucionais que a nação esperava.

O conde colocou suas roupas e levou o assunto para o rei. Ele detestava Necker com suas concessões e saudou a perspectiva de se livrar dele por um ministro de sua própria indicação tirada de seu próprio círculo. Ele voltou com uma recusa. Então Talleyrand, convencido de que a partir de agora era desvantajoso servir ao rei, avisou que cada homem deve ser autorizado a escolher por si mesmo; e o conde admitiu que ele estava certo. Eles lembrariam dessa entrevista após 25 anos de separação, quando um deles teria em mãos a coroa da França, que o outro, em nome de Luís XVIII, viria a receber dele[38].

O rei repeliu Talleyrand porque tinha acabado de tomar uma resolução importante. Chegou a hora que Necker esperava, o tempo para interpor com uma Constituição tão amplamente concebida, tão exatamente definida, tão

---
37. Isto é: nem todas as pessoas tinham poder de voto, apenas algumas. Logo, ao mudar quem poderia votar, eles poderiam alterar os resultados dessa nova eleição. (N. E.)

38. Após a queda de Napoleão Bonaparte, em 1814, o trono francês passou para o filho de Luís XVI, Luís Carlos – o Luís XVII. Após sua morte, em 8 de Junho de 1795, seu tio assumiria o trono, se tornando Luís XVIII, sendo posteriormente sucedido pelo conde d'Artois, renomeado Carlos X. (N. E.)

fielmente adaptada aos desejos deliberados do povo, que iria substituir e ofuscar a Assembleia, com seu perigoso tumulto e sua esterilidade prolongada. Ele havia proposto tal medida no início de maio, quando foi rejeitada, e ele não insistiu. Mas agora a política imprudentemente adiada era claramente oportuna. O conselho secreto veio de homens públicos liberais, incitando o perigo da crise, e a certeza de que a Assembleia logo se apressaria ao extremo. O próprio Mirabeau lamentou sua ação, e Malouet tinha motivos para esperar uma resistência mais forte ao argumento revolucionário e à repentina ascensão de Sieyès. A rainha em pessoa e homens influentes na corte suplicaram a Necker para modificar seu esquema constitucional; mas ele permaneceu inabalável, e o rei estava ao seu lado. Foi decidido que a medida abrangente destinada a distanciar e anular a Assembleia deveria ser proclamada a partir do trono na segunda-feira seguinte.

Esta foi a rocha que destruiu o ministério de Talleyrand e destruiu estruturas mais sólidas do que aquele fantasma infundado. O plano marca o ápice da carreira de Necker. Mas ele esqueceu de se comunicar com homens em quem ele poderia muito bem ter confiado, e o segredo foi fatal, pois foi mantido por doze horas a mais do que o necessário. Como os príncipes haviam recusado o uso de sua Escola de Equitação, havia apenas três edifícios dedicados aos Estados-Gerais, em vez de quatro, e os comuns, em razão de seus números, ocuparam o grande salão onde a cerimônia de abertura foi realizada, e que agora tinha que ser preparado para a sessão real.

Bem no início da manhã daquele sábado, 20 de junho, o presidente da Assembleia, o astrônomo Bailly, recebeu uma notificação do mestre de cerimônias de que o salão era procurado, a fim de estar preparado para segunda-feira, e que as reuniões dos cforam suspensas para aquele dia. Bailly não foi pego de surpresa, pois um amigo, que foi com os olhos abertos, tinha avisado do que estava acontecendo. Mas a Assembleia tinha sido formalmente adiada para aquele dia, os membros estavam esperando a reunião marcada, e a mensagem chegou tarde demais. Bailly considerou que fosse um insulto estudado, a resposta raivosa do governo e a penalidade da votação recente, e inferiu, erroneamente, como sabemos, que o discurso vindo do trono seria hostil. Portanto, Bailly deu toda a solenidade que pôde para a famosa cena que se seguiu. Aparecendo à frente dos deputados indignados, foi-lhe negada a admissão. A porta só foi aberta para que ele pudesse buscar seus papéis, e a Assembleia Nacional que representava a França encontrou-se, por comando real, parada do lado de fora na calçada, na hora fixada para suas deliberações.

Naquele instante, as dúvidas e divisões provocadas pela lógica predominante de Sieyès desapareceram. O moderado e o revolucionário sentiram o mesmo ressentimento, e tinha o mesmo sentimento de serem opostos a um poder que era insano. Houve alguns, e Sieyès entre eles, que propuseram que deveriam adiar até Paris. Mas uma casa foi encontrada na Quadra de Tênis vazia. Lá, com o objetivo de confundir projetos perigosos, e também para recuperar sua própria influência minúscula, Mounier assumiu a liderança. Ele propôs que deveriam vincular-se por juramento a nunca se separar até terem dado uma Constituição para a França; e todos os deputados imediatamente juraram, salvo um, que adicionou "Dissidente" ao seu nome, e que foi expulso por uma porta dos fundos por um estranho, a fim de salvá-lo da fúria de seus colegas. Esta ação dramática acrescentou pouco ao que havia sido feito três dias antes. Os deputados entenderam que uma Assembleia Constituinte deve ser única, que o poder legislativo tinha, para todos os efeitos, sido transferido para eles, e não poderia ser restrito ou restringido. Sua autoridade não deveria ser limitada por uma casa superior, pois ambas as casas superiores haviam sido absorvidas; nem pelo rei, pois eles não reconheciam nem sua sanção nem seu veto; nem pela própria nação, pois eles se recusaram, por seu juramento, a ser dissolvidos.

O verdadeiro evento da Quadra de Tênis foi unir todas as partes contra a coroa, e fazê-los adotar a nova política de mudança radical e indefinida, superando o que Sieyès havia feito. A má gestão da corte levou seus amigos para a vanguarda do movimento. O último defensor monarquista de medidas seguras tinha desaparecido pela porta dos fundos.

Malouet tinha licitado uma cláusula salvando o poder real; mas foi decidido não a colocar, para que não fosse recusada. Mirabeau, a cujos olhos o decreto do dia 17 implicava guerra civil, agora votou, relutantemente, com o resto.

Enquanto a Assembleia realizava sua reunião improvisada e informal em Versalhes, o rei sentou-se no conselho em Marly e deliberou sobre a proposta magnânima de Necker. Depois de um esforço, e com algumas concessões prejudiciais, o ministro levou seus principais pontos. Eles estavam recolhendo seus papéis e se preparando para dispersar, quando uma mensagem privada foi trazida ao rei. Ele saiu, pedindo que esperassem seu retorno. Montmorin virou-se para Necker e disse: "É a rainha, e tudo acabou." O rei voltou, e adiou o conselho para segunda-feira em Versalhes. E foi dessa forma que o relatório do que havia acontecido naquela manhã foi contado ao governo, e o entusiasmo da Quadra de Tênis frustrou as medidas ponderadas do ministro mais liberal da Europa. Pois era, na verdade, a rainha, e nesse breve intervalo foi decretado que a França, tão perto do objetivo naquele mês de junho, deveria passar por correntes de sangue durante os 25 anos mais terríveis da história das nações cristãs.

O conselho de ministros, que foi suspenso em consequência da reunião na Quadra de Tênis, foi até a nobreza, e restaurou em seu interesse os princípios do velho regime. Foi-se resolvido que o rei deveria rescindir os recentes atos da Assembleia; deveria manter inviolável a divisão das ordens, permitindo a opção de debate com os comuns apenas nos casos em que nem os privilégios nem a Constituição fossem afetados; que deveria confirmar direitos feudais e até mesmo imunidades fiscais, a menos que voluntariamente abandonados, bem como negar a admissão ao emprego público independentemente da classe. Os inimigos de Necker prevaleceram, e os antigos bastiões foram novamente instituidos, em favor da aristocracia.

Ainda assim, uma parte do grande esquema foi preservada, e as concessões por parte da Coroa eram tais que algumas semanas antes teriam sido saudadas com entusiasmo, e a lógica consistente das instituições livres exerceu uma virtude coercitiva que fez muitos pensarem que o discurso do rei de 23 de junho deveria ter sido aceito como a maior carta da França. Essa foi a opinião de Arthur Young; de Gouverneur Morris, que tinha dado os toques finais à Constituição americana; de Jefferson, o autor da Declaração da Independência; e depois até mesmo do próprio Sieyès.

Por conta disso, Necker vacilou até o último momento e na manhã de terça-feira se preparou para atender o rei. Seus amigos, sua família, sua filha, a maravilha da época, o fizeram entender que ele não poderia sancionar, em uma crise solene, um ato que revertia a metade essencial de sua política. Ele dispensou sua carruagem, retirou suas vestes da corte, e deixou o lugar vago para proclamar sua queda. Naquela noite, ele enviou sua demissão. Sua ausência significativa; a linguagem peremptória do rei; a revogação de seus decretos, que foi efetiva e imediata, enquanto as promessas compensatórias eram eventuais, e ainda não equivalentes a leis; a determinação declarada de identificar a Coroa com os nobres, atingiu a Assembleia com consternação. A remoção da questão constitucional da lista de matérias a serem debatidas separadamente foi, nas condições existentes de antagonismo, o fim do livre governo. E, de fato, a posição ocupada pelo rei era insustentável, porque a divisão de ordens em três Casas já tinha chegado ao fim. Na segunda-feira, 22, na Igreja de São Luís, 149 deputados eclesiásticos, encabeçados pelos arcebispos de Bordeaux e Vienne, haviam se juntado aos comuns. Era um passo que eles estavam legalmente autorizados e competentes para dar, e a Revolução agora tinha uma maioria não só de votos individuais, mas de ordens. Era uma esperança desamparada, portanto, separá-las por compulsão.

Luís XVI terminou declarando que estava determinado a realizar a felicidade de seu povo, e que se os deputados se recusassem a cooperar, ele o realizaria sozinho; e os cobrou que se retirassem. Os comuns estavam em sua própria casa, e, com a maioria do clero, eles retomaram seus assentos, incertos sobre o futuro. Sua incerteza foi, de uma vez, auspiciosamente aliviada. Dreux Brézé, o mestre de cerimônias, reapareceu, e enquanto trazia uma mensagem do rei, usava seu chapéu emplumado. Com gritos clamorosos, ele recebeu ordem de tirar o chapéu, ao que ele deu uma resposta tão insolente que seu filho, descrevendo a cena em público depois de muitos anos, recusou-se a repetir suas palavras. Assim, ao perguntar se tinham recebido a ordem do rei para partir, recebeu uma lição memorável. Mirabeau exclamou: "Sim, mas se formos expulsos, cederemos apenas à força". Brézé respondeu, corretamente, que não reconhecia Mirabeau como membro da Assembleia, e recorreu ao presidente. Mas Bailly subiu acima de Mirabeau, e disse: "A nação está reunida aqui, e não recebe ordens." Com estas palavras, o mestre de cerimônias, como se de repente consciente da presença de Sua Majestade, se retirou, andando de costas para a porta. Foi nesse momento que a velha ordem mudou e deu lugar para o novo. Sieyès, que possuía o bom dom de colocar uma vantagem aguçada em seus pensamentos, que havia começado sua carreira no Parlamento dez dias antes dizendo: "É hora de cortar as amarras", agora falou, e com excelente simplicidade definiu assim a posição: "O que vocês foram ontem, vocês são agora. Vamos passar para a ordem do dia". Desta forma, a monarquia, como uma força distinta de certa forma, não foi atacada, abolida ou condenada, mas passada. Agressão, abolição, condenação viriam a seguir, e já havia olhos penetrantes que viam, à distância, o primeiro brilho do machado. "O rei", disse Mirabeau, "tomou o caminho para o cadafalso".

A abdicação da prerrogativa, que o rei ofereceu em 23 de junho, foi longe; mas o povo exigiu rendição em relação aos privilégios. A Assembleia, submetendo-se ao raciocínio geométrico de Sieyès e à surpresa da Quadra de Tênis, o encurralou a uma aliança com os nobres, e ele ligou sua causa à deles. Ele optou por ficar ou cair com interesses diferentes dos seus, com uma ordem que era impotente para ajudá-lo, que não poderia fazer nenhum retorno de seu sacrifício em seu nome, que foi incapaz de se defender, e estava prestes a perecer por suas próprias mãos. O fracasso de 23 de junho ficou imediatamente aparente. A Assembleia, tendo demitido Dreux Brézé, não foi mais importunada. Necker consentiu em retomar o cargo, com uma popularidade muito maior. Sob a influência da declaração real, 47 nobres, sendo apenas uma parte da minoria liberal, foram para o lado dos comuns, e Talleyrand[39] seguiu à frente de 25 prelados. Então o rei cedeu. Ele instruiu os magnatas que resistiam a se juntar à Assembleia Nacional. Em termos muito sinceros e solenes, eles o avisaram que por tal rendição ele estava cedendo sua coroa. O conde d'Artois voltou a dizer que a vida do rei estaria em perigo se eles persistissem. Havia um jovem nobre subindo rapidamente as escadas da fama como um orador gracioso e impressionante, a quem mesmo este apelo a corações leais foi incapaz de mover. "Pereça o monarca", gritou cazalès, "mas não a monarquia!".

Luís sofreu a humilhação de revogar, em 27 de junho, o que havia promulgado cerimoniosamente no dia 23, porque havia um segredo fatal. Paris estava agitada, e o povo prometeu ficar ao lado dos deputados conforme a sua necessidade. Mas o que poderiam afetar, em Versalhes, o mestre de tantas legiões? Só então um motim eclodiu nos guardas franceses, o corpo mais disciplinado de tropas da capital, e traiu a chave dos conselhos ocos e instáveis do governo. O exército não era confiável. Necker suspeitava disso já em fevereiro. Na última semana de junho, os emissários ingleses, prussianos e venezianos relataram que a coroa fora desativada porque estava desarmada. Os regimentos em questão não serviriam contra os representantes nacionais. Foi resolvido recrutar grupos fiéis de suíços, alsacianos e valões. Dez regimentos estrangeiros, cerca de 30 mil homens no total, foram levados ao local. Eram a última esperança da realeza. Amigos confiáveis foram informados de que a rendição só duraria até que as guarnições fronteiriças pudessem ser levadas para Versalhes. D'Artois confidenciou a um desses amigos que muitas cabeças deveriam cair. E ele soltou o provérbio sinistro que se tornou histórico em outra tragédia: "Se você quer uma omelete, não deve ter medo de quebrar ovos".

---

39. Charles-Maurice de Talleyrand-Périgord (1754-1838), foi um dos homens mais controversos da política francesa, e ainda hoje considerado um dos mais habilidosos políticos que a Europa já teve. Entre suas funções de governo estão o de ministro dos Negócios Estrangeiros, diplomata oficial de Luís XVIII no Congresso de Viena, e também primeiro ministro da França entre julho de 1815 e setembro do mesmo ano.

Sua história é uma verdadeira epopeia. Ainda na juventude, em 1775, foi expulso do seminário católico por supostamente não seguir a regra do celibato, e mesmo assim, mais tarde, foi alçado ao posto de bispo de Autun por manter bom trânsito entre os clérigos franceses e a alta estima dos monarcas e seus conselheiros. Devido suas recusas a seguir e defender certos princípios doutrinais da Igreja Romana, foi excomungado pelo papa em 1791, logo após disse publicamente ter abandonado a fé católica.

Se tornou especialmente conhecido no mundo político europeu por ser uma espécie de camaleão político, conseguindo transitar entre as oposições políticas sem ser odiado pelos lados conflitantes. Foi o homem de confiança do rei Luís XVIII após a restauração da monarquia e um dos conselheiros políticos mais requisitados daquele momento. (N. E.)

CAPÍTULO VI

A Queda da Bastilha

Após a dramática intervenção do marquês de Brézé, o discurso do rei de 23 de junho nunca foi seriamente considerado pela Assembleia. No entanto, as concessões que fez ao espírito de progresso político satisfizeram observadores filosóficos, e não houve tempo na história inglesa em que mudanças tão extensas, que tenham procedido da Coroa, teriam falhado em conciliar o povo. Era uma crença comum naqueles dias, expressamente sancionada pelos economistas, que as liberdades secundárias, levadas longe o suficiente, valem mais do que títulos formais para o princípio do autogoverno. Uma delas é de uso diário e vantagem prática; a outra é do domínio da teoria, duvidosamente benéfico, e sem garantia de iluminação e justiça. Uma administração sábia, honesta e inteligente dá mais aos homens do que o reinado estabelecido de opinião incerta. Esses argumentos tinham mais peso com os filósofos do que com os deputados, pois já estava decidido que eles deveriam fazer a Constituição. Tudo o que o rei ofereceu, e muito mais, eles pretendiam tomar. Muito do que ele insistiu em preservar eles estavam resolvidos a destruir. A oferta, no seu melhor, foi invalidada pela totalidade[40]; pois os privilégios, as imunidades e os emolumentos de patente mais ofensivos deveriam ser perpetuados, e era contra esses que a força mais feroz do movimento revolucionário estava batendo. Para que pudessem ser abolidos, a nação ofereceu seu apoio incondicional, seu poder invencível, aos seus representantes.

Se a Assembleia, contente com a vantagem conquistada sobre o rei, tivesse se rendido incondicionalmente aos nobres e concordado, por algumas reformas políticas, com a degradação social da democracia, eles teriam traído seus eleitores. Sob essa consideração, eles foram obrigados a agir. Eles agiram

---

40. No original: *was vitiated by the alloy.* (N. E.)

também sobre o princípio, que não era novo, e que viera, de fato, de divinos medievais, mas que fora recentemente investido com autoridade universal, de que a lei não é a vontade do soberano que comanda, mas da nação que obedece. Era a própria medula da doutrina que obstrução da liberdade é crime, que autoridade absoluta não é uma coisa a ser consultada, mas uma coisa a ser removida, e que a resistência a ela não é um assunto de interesse ou conveniência, mas de obrigação sagrada. Cada gota de sangue derramada no conflito americano foi derramada em uma causa incomensuravelmente inferior à deles, contra um sistema mais legítimo de longe do que o de 23 de junho. A menos que Washington fosse um assassino, era seu dever [da Assembleia] se opor, se pudesse, por política, mas se precisasse, à força, à medida híbrida de concessão e obstinação que a Corte tinha levado contra as propostas de Necker. Essa vitória foi revertida, e o sucesso dos comuns estava completo. Eles haviam trazido as três ordens em uma; tinham obrigado o rei a retirar sua declaração e restaurar seu ministro desonrado; tinham exposto a fraqueza de seus opressores; e tinham o apoio da nação.

Em 27 de junho, na Assembleia unida, Mirabeau fez um discurso de triunfo e conciliação misturados, que foi seu primeiro ato de estadista. Ele disse que o discurso do trono continha grandes e generosas opiniões que provava a verdadeira liberalidade do rei. Ele desejava recebê-los com gratidão, sem as desvantagens impostas por conselheiros descuidados e respeitar os direitos justos da nobreza. Ele tomou o bem sem o mal, extricando Luís de seu emaranhado, e traçando a linha pela qual ele poderia ter avançado rumo a grandes resultados. "O passado", disse ele, "tem sido a história das bestas selvagens. Estamos inaugurando a história dos homens, pois não temos armas além da discussão, e nenhum adversário além do preconceito."

A vitória deles trouxe perdas, mas também danos para os comuns, e havia razões para pensar que o conselho de Sieyès, para deixar as outras ordens tomarem seu próprio curso separado, foi fundamentado em sabedoria. Seus oponentes, juntando-se sob compulsão, tinham os meios, bem como a vontade de prejudicá-los.

Para o clero, houve uma breve temporada de favores populares. Os padres camponeses, oriundos das populações rurais e ainda apegados às suas origens, compartilhavam muitos de seus sentimentos. O patrocínio do Estado era para os homens de bom berço; e um deles, o arcebispo de Aix, havia proclamado sua crença de que, se alguém fosse isento de impostos, deveria ser o leigo empobrecido, não o eclesiástico rico. Quando se arriscou que a Comissão da Constituição fosse eleita sem qualquer membro do clero nela, os comuns levantaram um grito de que deveriam ser introduzidos em sua correta proporção. Eles, em um espírito fraterno, recusaram. E o segundo Comitê, aquele que realmente elaborou o esquema, era composto de três religiosos para cinco leigos. Os nobres não se reconciliaram e se recusaram a se unir com homens de visões inglesas em um partido conservador. Para eles, a separação das ordens era uma máxima fundamental de segurança, que haviam herdado e que desejavam conservar. Olharam o debate em comum como provisório, como exceção, para ser corrigido o mais rápido possível. Eles também mantiveram a prática de se encontrar separadamente. Em 3 de julho, havia 138 presentes e no dia 11 ainda havia 80. Recusaram-se a votar nas divisões da Assembleia conjunta, porque suas instruções proibiam. O escrúpulo foi sincero, e foi compartilhado por Lafayette, mas outros queriam protestar, afirmando que a Assembleia não havia sido legalmente constituída. Portanto, em 7 de julho, Talleyrand se mobilizou para anular as instruções. Elas [as instruções] não poderiam ser autorizadas a controlar a Assembleia; não deviam influenciar os indivíduos. Os círculos eleitorais contribuem para uma decisão; eles não podem resistir a isso. Qualquer que seja o desejo original dos eleitores, o ato final pertencia ao legislativo. O próprio rei, em 27 de junho, havia declarado inconstitucional os mandatos imperativos. Mas os deputados, ao se declararem permanentes, se afastaram de seus eleitores. As instruções tornaram-se a única segurança de que a Constituição permaneceria dentro dos limites estabelecidos pela nação, a única garantia contra mudanças indefinidas. Eles, sozinhos, determinaram a linha de avanço e deram proteção à monarquia, propriedade, religião, contra a impetuosa disseminação de opinião e exigências do sentimento popular.

Sieyès, que não esperava nada de bom da cooperação das ordens que condenou, e que estimava mais um nobre ou prelado que não votou do que aquele que votou errado, insistiu que a questão não afetava a Assembleia, mas os círculos eleitorais, e poderia ser deixada a eles. Ele aprovou sua emenda por 700 a 28 votos.

Enquanto isso, o partido que havia prevalecido em 23 de junho e havia sucumbido no dia 27 estava trabalhando para recuperar a posição perdida. Luís tinha mantido os serviços de Necker, sem demitir os colegas que o confundiram. Ele lhe disse que não aceitaria a demissão, agora, mas que escolheria a hora para isso. Necker não tinha a agudeza de entender que ele seria demitido assim que seus inimigos se sentissem fortes o suficiente para dispensá-lo. Um rei que abandonou seus amigos e inverteu sua política aceita, pois não havia força na qual pudesse depender, era um rei com uma pequena confissão a fazer. Ele se tornou a ferramenta de homens que não o amavam e que agora o desprezavam.

Os recursos requisitados no momento crítico estavam, no entanto, ao alcance, e o esquema proposto ao conde d'Artois pelo astuto bispo algumas noites antes foi revivido por conspiradores menos capazes. Em 1º de julho, soube-se que um batalhão de 25 mil homens seria formado perto de Versalhes sob o comando do marechal de Broglie, um veterano que conquistou seus louros na Guerra dos Sete Anos, e logo a esplanada estava lotada de oficiais do norte e do leste, que se gabavam de terem afiado seus sabres e pretendiam fazer um trabalho curto nos advogados ambiciosos, nobres profanados e padres desastrados que estavam arruinando o país.

Ao adotar essas medidas, o rei não se considerava o autor da violência. Houve distúrbios em Paris e em Versalhes, o arcebispo de Paris havia sido agredido e obrigado a prometer que iria à Assembleia. O líder do outro lado, Champion de Cicé, arcebispo de Bordeaux, veio até ele, e suplicou-lhe para não ceder à facção, para não manter uma promessa extorquida por ameaças. Ele respondeu que tinha dado sua palavra e pretendia mantê-la.

Quarenta anos depois, Carlos X declarou que seu irmão havia subido no cadafalso porque, naquele momento, ele não subiu em seu cavalo. Na verdade, Luís acreditava que os deputados, isolados de Paris por batalhões visíveis, ficariam impressionados, que o exército de vacilantes seria acessível a influência, promessas, protestos e recompensas, que seria mais seguro coagir a Assembleia pela intimidação do que dissolvê-la. Ele se recusou a ouvir Talleyrand e ainda rejeitou a parte mais forte de seu esquema. Por uma gestão criteriosa, ele esperava que a Assembleia pudesse ser levada a desfazer seu próprio trabalho usurpador e injustificado, e que ele seria capaz de recuperar a posição que havia assumido em 23 de junho, o último dia em que sua política tinha sido a de um agente livre.

Necker não sabia mais do que os outros sobre o arranjo bélico. Em 7 de julho, trinta regimentos estavam concentrados. Outros mais estavam a poucos dias de marcha, e o marechal, cercado por funcionários ansiosos e apressados, vistoriou seus mapas do subúrbio de Paris em sua sede em Versalhes.

O perigo cresceu dia após dia, e era hora de a Assembleia agir. Eles estavam indefesos, mas contavam com o povo de Paris e com a desmoralização do Exército. Seus amigos tinham o comando do dinheiro, e grandes somas foram gastas na preparação dos cidadãos para um conflito armado, pois os capitalistas estavam do seu lado, olhando para eles de modo que evitassem a falência nacional que a corte e os nobres estavam trazendo. E o Palais Royal, a residência do duque de Orléans, era o centro de uma organização ativa. Uma vez que o rei tinha provado a si mesmo incompetente, indefeso e insincero, os homens tinham olhado para o duque como um príncipe popular do sangue, que também era rico e ambicioso, e poderia aproveitar para salvar o princípio da monarquia, que Luís havia desacreditado. Seus amigos se agarraram à ideia, e continuaram a conspirar em seu interesse depois que o resto do mundo tinha sido repelido pelos defeitos de seu caráter. Por um momento eles pensaram em seu filho, que foi dotado nesse quesito perigoso tão perfeitamente quanto o pai era impróprio, mas sua época viria em uma geração posterior.

Os principais homens da Assembleia sabiam de sua posição com precisão, e não exageraram o perigo em que estavam. Em 10 de julho, seu astuto conselheiro americano, Morris, escreveu: "Acho que a crise já passou sem ter sido percebida; e agora uma constituição livre certamente será o resultado". Ainda assim, havia 30 mil homens, comandados por um marechal da França, prontos para a ação. E vários regimentos de suíços, famosos pela fidelidade e valor, e destinados, na mesma causa, a se tornarem ainda mais famosos, foram reunidos em Paris sob besenval, o soldado de confiança da corte.

Em 8 de julho, rompendo a ordem do debate, Mirabeau se levantou e ação se iniciou – a ação que mudou a face do mundo, e os efeitos inextinguíveis que seriam sentidos por cada um de nós, até o último dia de nossas vidas. Ele dirigiu um discurso ao rei, avisando-o que, se ele não retirasse suas tropas, correria sangue nas ruas de Paris; e propôs que a preservação da ordem fosse mantida por uma guarda cívica. No dia seguinte, a Assembleia votou o discurso, e no dia 10 o conde de Clermont Tonnerre, à frente de um deputado, leu-o ao rei. Na manhã deste sábado, 11, sua resposta foi comunicada à Assembleia. Ele tinha tido três dias para apressar seus preparativos militares. Em Paris, os agitadores e organizadores empregaram o tempo para organizar suas contramedidas.

O rei se recusou a debandar as tropas que havia, com boa razão, reunido, mas estava pronto para se mudar, com a Assembleia, para alguma cidade a uma distância da capital perturbada. A mensagem real foi refutada com ironia, e os deputados, apesar de Mirabeau, resolveram não a discutir. Depois desse primeiro empurrão, Luís depôs a espada. Naquele dia, no conselho, notou-se que ele estava nervoso e inquieto; o Rei disfarçou sua inquietação fingindo dormir. No final, deixando um dos ministros de lado, ele lhe deu uma carta endereçada a Necker, que estava ausente. A carta continha sua demissão, com uma ordem de banimento.

Necker, que por alguns dias sabia que isso deveria ocorrer, estava jantando. Não disse nada à sua companhia, e saiu, como de costume, para um passeio. Então foi para a fronteira e não parou até chegar a Bruxelas. Dois cavaleiros que o seguiam, mantendo-se fora de vista, tinham ordens para prendê-lo se ele mudasse seu curso. Ele viajou até o Reno e para seu próprio país, a caminho de sua casa perto do lago de Genebra. No primeiro hotel suíço, encontrou a duquesa de Polignac. Ele a tinha visto em Versalhes, então a melhor amiga da rainha e o coração da intriga contra ele; ela estava agora arruinada e em exílio, a precursora da emigração. A partir dela e das cartas que rapidamente se seguiram, trocadas com a Assembleia, ele soube dos eventos que aconteceram desde sua queda, soube que era, por um momento delirante, mestre do rei, de seus inimigos e do país.

A notícia surpreendente que Necker ouviu nos "Três Reis", na Basileia, foi esta. Seus amigos tinham sido desonrados junto com ele, e o chefe do novo ministério era Breteuil, que tinha sido o colega de Calonne e Vergennes, e tinha gerido o caso do Colar de Diamantes. Ele havia dirigido a política daqueles que se opunham à Assembleia Nacional, mantendo-se no crepúsculo, até que medidas fortes e um homem forte foram clamadas. Ele agora se apresentou e propôs que os nobres se desprendessem em um órgão, protestando contra os métodos pelos quais os Estados-Gerais haviam sido afundados na Assembleia Nacional. Em um dia, trouxe 26 da minoria para seu lado. Alguns que permaneceram dariam um dia de trabalho leve para um homem de convicção e recursos. Mas resoluta como Breteuil era, a democracia parisiense agiu com ainda maior rapidez e decisão e com um objetivo não menos certeiro. No dia 12, soube-se que Necker tinha sido enviado para fora do país e que armamentos estavam nas mãos de homens que pretendiam empregá-los contra o povo. Paris estava em desordem, mas a classe média forneceu uma guarda cívica para sua proteção. Houve encontros entre as tropas e sangue foi derramado.

Novos homens começaram a aparecer e representavam as classes em ascensão. Camille Desmoulins, um jornalista retórico, com talento literário, mas não político, discursava para as pessoas no jardim do Palais Royal, e um dos fortes homens da história, Danton, mostrou que sabia como gerenciar e dirigir as massas.

O dia 13 foi um dia desperdiçado pelo governo, empregado, em Paris, em ocupada preparação. Os homens falavam de maneira selvagem em destruir a Bastilha, como um sinal que seria entendido. Na manhã de 14 de julho, um corpo de homens foi até Invalides e apreendeu 28 mil armas e alguns canhões. Na outra extremidade de Paris, a antiga fortaleza da Bastilha se erguia sobre o bairro dos operários e comandava a cidade. Sempre que as armas trovejavam de suas altas muralhas, a resistência acabava e as armas conquistadas eram inúteis.

A Bastilha não só ofuscava a capital, mas obscurecia o coração dos homens, pois era notória há séculos como instrumento e emblema da tirania.

Os cativos atrás de suas grades eram poucos e desinteressantes, mas o mundo inteiro sabia o horror de sua história, as vidas destruídas, as famílias arruinadas, os 3 mil túmulos desonrados dentro dos distritos, e a voz comum pedia sua destruição como sinal de libertação. Nas eleições, nobres e comuns exigiram que ela fosse demolida ao nível do chão.

Já no dia 4 de julho, Besenval recebeu a notícia de que ela seria atacada. Ele enviou um destacamento de suíços, que elevou a guarnição para 138 [homens], e não fez mais nada. Durante as horas da manhã, enquanto os invasores do Invalides distribuíam as armas e munições saqueadas, emissários penetraram na Bastilha, sob vários pretextos, para observar as defesas. Um visitante de boa fala foi levado para o topo das temidas torres, onde viu que as armas que se eriçavam nas ameias, as quais estavam além do alcance de atiradores e tinham Paris à sua mercê, tinham sido desmontadas e não podiam ser disparadas.

No meio do dia, quando se soube disso, o ataque começou. Foi dirigido pelos *Gardes Françaises*, que tinham sido os primeiros a amotinar-se e tinham sido dissolvidos, e agora eram a espinha dorsal do exército do povo. O cerco consistia em esforços para baixar a ponte. Depois de várias horas, as paredes maciças permaneciam inabaláveis, e o lugar estava tão seguro quanto antes da primeira descarga. Mas os defensores sabiam que estavam perdidos. Besenval não era o homem para resgatá-los lutando através de vários quilômetros de ruas. Eles não foram provisionados, e os homens pediram ao governador para fazer um acordo, antes que fosse obrigado a isso. Eles tinham derrubado acima de cem de seus agressores, sem perder um homem. Mas era claro que a perda de cem, ou de mil, não afetaria a determinação da multidão, ao contrário, isso poderia aumentar sua fúria. Delauney, em seu desespero, pegou um fósforo e queria explodir o paiol. Seus homens protestaram e falaram da terrível devastação que se seguiria à explosão. O homem que segurou a mão do comandante desesperado, e cujo nome era Bécard, merecia um destino melhor do que conheceu naquele dia, pois ele era um dos quatro ou cinco que foram massacrados. Os homens pediram para negociar, içaram a bandeira branca e obtiveram, com a honra de um oficial francês, uma promessa verbal de segurança.

Em seguida, os vencedores vieram em grande número pela ponte, tendo triunfado sobre um punhado de suíços e inválidos – triunfado também sobre treze séculos de monarquia e a mais longa linhagem de reis. Aqueles que tinham servido no exército regular libertaram tantos prisioneiros quanto podiam, levaram-nos para seus aposentos e deram-lhes suas próprias camas para dormir.

Os oficiais que conduziram o ataque irreal e receberam a rendição lastimável levaram o governador ao Hotel de Ville, lutando através de uma multidão assassina. Acreditava-se há muito tempo que Delauney tinha admitido as pessoas no primeiro tribunal, e depois as tinha perfidiosamente fuzilado. Em seus esforços, ele machucou um espectador, que por acaso era um cozinheiro. O homem, motivado, parece, menos pela animosidade do que pelo orgulho da habilidade profissional, sacou uma faca e cortou sua cabeça. Flesselles, o chefe do antigo município, nomeado pela Coroa, foi baleado logo depois sob suspeita de ter encorajado Delauney a resistir.

Dr. Rigby, um inglês que estava no Palais Royal, descreveu o que viu. Primeiro veio uma enorme multidão com as chaves da cidadela conquistada, com a inscrição: "A Bastilha foi tomada". A alegria era indescritível, e estranhos apertavam sua mão, dizendo: "Nós também somos homens livres, e nunca mais haverá guerra entre nossos países." Em seguida, veio outra procissão, também gritando e regozijando-se; mas os espectadores olhavam com horror, pois os troféus levados eram as cabeças dos homens assassinados. Pois a nação tinha se tornado soberana, e os soldados que se opuseram a isso eram reconhecidamente rebeldes e traidores. Os emissários estrangeiros ficaram impressionados com a ideia de que a vingança feita estava fora de todas as proporções frente à imensidão da coisa alcançada. Ao anoitecer, o marechal deu ordens para evacuar Paris. Besenval já estava em plena retirada, e a capital não estava mais na posse do rei da França.

Enquanto isso, a Assembleia Nacional, ciente da força do sentimento popular ao seu redor, estava calma em meio ao perigo. O papel deles estava diminuído, enquanto, à sua vista e aos seus ouvidos, a história estava sendo feita e feita por um poder superior ao seu. Na manhã do dia 14 eles elegeram a Comissão dos Oito que deveria elaborar a Constituição. Mounier e os amigos do modelo inglês ainda prevaleciam. À noite, sua chance tinha desaparecido, pois o modelo inglês inclui um rei.

No final do dia Noailles trouxe notícias autênticas do que ele tinha testemunhado, e a Assembleia soube, em silêncio agitado, que a cabeça do governador da inexpugnável Bastilha tinha sido exibida em um pique nas ruas de Paris. Lafayette assumiu a cadeira, enquanto o presidente correu com Noailles para o palácio. Eles não fizeram nenhuma impressão lá. Luís os informou de que ele tinha chamado suas tropas, e então foi para a cama, tranquilo, e persistentemente ignorando o que tinha ocorrido, e o que havia caído.

Mas pela manhã, quando a Assembleia se reuniu em desordem e estavam prestes a enviar mais uma delegação, descobriu-se que uma mudança havia ocorrido nas breves horas daquela noite memorável. Às duas horas, o rei foi despertado do sono por um dos grandes oficiais da casa. O intruso, La

Rochefoucauld, duque de Liancourt, não era um homem de talento, mas era universalmente conhecido como o mais benevolente e o mais beneficente dos nobres do reino. Ele fez seu mestre entender a verdade e seu significado, e, como na capital naquele dia, e em todas as províncias no dia seguinte, a autoridade do governo estava no fim. E quando Luís gradualmente acordou, exclamou: "Mas esta é uma grande revolta!" Liancourt respondeu: "Não, senhor, é uma grande revolução!". Com essas palavras históricas, o fiel cortesão separou o monarca de seus ministros e obteve o controle sobre ele nos dias decisivos que se seguiram. Guiado pelo duque, e com a presença de seus irmãos, mas sem as glórias cerimoniosas da realeza, Luís XVI foi à Assembleia e submeteu-se. Na solenidade patética da cena, os deputados esqueceram por um momento sua raiva justa e seu desprezo mais justo ainda, e o rei retornou ao palácio a pé, em uma procissão repentina de triunfo, amnésia e escoltada por toda a corte.

A luta tinha acabado, e o feitiço havia sido quebrado, e a Assembleia tinha que governar a França. De forma a restabelecer a ordem, uma vasta delegação foi ao Hotel de Ville, onde Lally Tollendal fez uma oração emocionante com fraternidade e alegria, aparecendo diante do povo coroado com flores.

Para consolidar o pacto entre Paris e Versalhes, Bailly, o primeiro presidente, foi colocado à frente da nova municipalidade eletiva, e o vice-presidente, Lafayette, tornou-se comandante da Guarda Nacional. Este foi o primeiro passo para aquela comuna exercer uma influência tão grande sobre as fortunas da França. Surgiu de necessidade, quando a ação do governo foi paralisada e o espaço que ocupava estava vazio.

A Guarda Nacional era uma invenção de grande importância, pois era o exército da sociedade distinto do exército do Estado, opinião em armas além da autoridade. Foi a classe média organizada enquanto força, contra a força acima e a força abaixo; protegeu a liberdade contra a Coroa, e a propriedade contra os pobres. Tornou-se desde então a defesa da ordem e a ruína dos governos, pois, como era a própria nação, ninguém foi ousado o suficiente para combatê-la. Diante do altar de Notre Dame, Lafayette fez o juramento de fidelidade ao povo, e não ao rei. Ele nunca demonstrou capacidade real para a paz ou a guerra; mas nas mudanças de uma longa vida ele foi fiel às primeiras convicções, impregnadas na facção de Washington.

Em seu retorno de Paris, a grande delegação relatou que as pessoas exigiram o retorno de Necker. Finalmente, o rei demitiu Breteuil e cobrou da Assembleia que se encarregasse de uma carta ao estadista banido. Seu banimento tinha durado cinco dias. Agora era a vez de seus inimigos. Na mesma noite, 16 de julho, os homens de intrigas perplexos foram para o exílio. O próprio Luís despachou seu irmão, para a segurança dele mesmo e da dinastia. Os outros seguiram. A rainha foi obrigada a demitir madame de Polignac, a quem ela confiava demais, e foi deixada sozinha entre seus inimigos. Esta foi a primeira emigração. Os demais nobres anunciaram que abandonavam a resistência, e a Assembleia estava finalmente unida. A luta foi perdida e vencida, e o vencedor reivindicava os despojos.

Mas a Assembleia não foi a vencedora, e pouco contribuiu para a mudança portentosa entre a demissão de Necker e o despacho do mensageiro da frota com sua revogação. Enquanto os deputados serviam a causa nacional falando, havia homens mais claros em Paris que tinham morrido por isso. A força que arriscou a vida e conquistou não estava em Versalhes. Foi Paris que manteve o poder derrubado, o poder de governar a si mesma, a Assembleia e a França. A predominância da capital foi o novo recurso que permitiu que a monarquia passasse para uma República.

O rei tornou-se um servo de dois mestres. Tendo se retratado diante de seu mestre em Versalhes, tornou-se necessário que ele se submetesse à nova e misteriosa autoridade no Hotel de Ville. Ele tinha cedido à democracia representativa. Ele deveria prestar o mesmo reconhecimento à democracia direta. Não era seguro deixar a fortaleza de Orléans inteiramente nas mãos deles. Entre o ministério que se foi e o ministério que estava por vir, Luís agiu segundo conselho de Liancourt.

No início de 17 de julho, ele fez seu testamento, ouviu a missa, recebeu a comunhão e partiu para visitar sua boa cidade. A rainha ficou para trás, com todas as suas carruagens prontas, a fim de que, ao primeiro sinal, ela pudesse fugir por sua vida. Na barreira, o olho do rei caiu, pela primeira vez, em inúmeros homens armados, que se alinhavam pelas ruas por quilômetros, usavam cores estranhas e não o tinham como seu líder. Nem a Guarda Nacional, nem a densa multidão atrás deles, proferiu um som de boas-vindas. Nenhuma voz foi levantada, exceto pela nação e seus deputados.

A paz feita entre o rei e a Assembleia não contava aqui. Todos os homens deveriam saber que havia uma autoridade distinta, à qual uma nova homenagem era devida, mesmo do soberano. No Hotel de Ville a homenagem foi prestada. Lá, o rei confirmou o novo prefeito, aprovou o que havia sido feito e mostrou-se ao povo com o novo *cockade*[41], concebido por Lafayette, para proclamar que o poder real que havia governado a França desde a conversão

---

41. Trata-se de um tipo de ornamentação bordada, usada no peito ou chapéu, como um broche, comumente feita de tecido. Algo como uma insígnia. (N. E.)

de Clóvis, não governava mais a França. Ele voltou para casa em meio a aclamações, reguladas pelo comandante da Guarda Nacional, como o foi o silêncio sombrio e ameaçador com que havia sido recebido.

Um novo reinado começava. O chefe da grande casa de Bourbon, o herdeiro de tanto poder e glória, sobre quem repousava a tradição de Luís XIV, era incapaz de exercer, sob controle ciumento, a medida estreita de autoridade que permaneceu. No momento não havia nenhuma. A anarquia na capital deu o sinal de anarquia nas províncias, e a anarquia naquele momento tinha um significado terrível.

Os deputados que vieram a Paris para compartilhar o entusiasmo do momento não perceberam o fato de que o exército vitorioso, que deu liberdade à França e poder à Assembleia, era em grande parte composto por assassinos. Seus crimes desapareceram na chama de suas realizações. O apoio deles ainda era necessário. Parecia muito cedo para insultar o patriota e o herói dizendo-lhe que ele também era um rufião. Assim, a multidão híbrida foi encorajada a acreditar que o massacre dos detestáveis era uma necessidade dos tempos críticos. O emissário russo escreveu no dia 19 que o povo francês exibia a mesma ferocidade de dois séculos antes.

No dia 22, Foulon, um dos colegas de Breteuil, e seu genro Berthier, também um alto funcionário, foram massacrados nas ruas de maneira premeditada. Nem Bailly, nem Lafayette com todos os seus companheiros, poderiam proteger a vida de um homem condenado. Contudo, um cavaleiro que havia desfilado com o coração de Berthier foi desafiado, quando ele voltou para o quartel, e apunhalado por um camarada.

Lally Tollendal levou o assunto à Assembleia. Seu pai [Thomas Arthur LallyTollendal] herdou os sentimentos de um jacobita exilado contra a Inglaterra hanoveriana. Ele estava em Falkirk com Charles Edward e atacou com a Brigada Irlandesa, a qual rompeu a coluna inglesa em Fontenoy. Durante a Guerra dos Sete Anos, ele foi comandante na Índia e guardou Pondicherry por dez meses contra Coote. Vindo para casa como prisioneiro, foi posto em liberdade condicional até ser julgado. Ele foi condenado à morte e seu filho, que não sabia quem ele era, foi levado para o local de execução, para que eles pudessem se encontrar pelo menos uma vez na Terra. Mas Lally se esfaqueou, e para que a justiça não fosse fraudada, ele foi trazido para morrer, com uma mordaça na boca para silenciar seu protesto, algumas horas antes do tempo.

A morte de Lally [pai] faz parte da longa acusação contra o judiciário francês, e seu filho se esforçou por anos para reverter a sentença. Ele veio para a Inglaterra, e entendeu nosso sistema melhor do que qualquer um de seus compatriotas. Portanto, quando Mounier, que não era orador, apresentou sua Constituição, foi Lally quem a expôs. Por sua eloquência emocional e enfática ganhou uma breve fama; no ano de Waterloo ele foi ministro de Estado, *in partibus*, em Ghent. Recebeu o título de Par da França e, quando morreu em 1830, seu nome desapareceu. Há poucos anos, um homem miserável, que ninguém conhecia e que não pediu ajuda a ninguém, morreu na miséria em um porão de Londres[42]. Era o filho de Lally Tollendal.

Diz-se que quando, em 22 de julho, ele denunciou as atrocidades em Paris, ele exagerou, falando de si mesmo, de seu pai, de seus sentimentos. Barnave, que era um homem de honra e já proeminente, ficou irritado com tal tom e exclamou: "Seria esse sangue, que eles derramaram, tão puro?".

Muito antes de Barnave expirar seu pecado no cadafalso, ele sentiu e reconheceu sua enormidade. Mas é por ele e por homens como ele, e não pelos expurgos das galés, que podemos entender o espírito da época. Dois homens, mais eminentes que Barnave, mostram isso ainda mais claramente. O grande químico Lavoisier escreveu a Priestley que se houvessem alguns excessos, eles estavam comprometidos pelo amor à liberdade, filosofia e tolerância, e que não havia perigo de tais coisas serem feitas na França por um motivo inferior. E esta é a visão de Jefferson sobre os massacres de setembro:

> Muitos culpados caíram sem julgamento, e com eles alguns inocentes. Estes eu lamento tanto quanto qualquer um. Mas foi-se necessário usar o braço do povo, uma máquina não tão cega como balas e bombas, mas cega até certo ponto, quando um prêmio tão grande foi ganho com tão pouco sangue inocente?

Há uma obra em doze volumes robustos, escrita para provar que tudo isso foi o resultado dos clássicos, e devido a Harmodius, Brutus e Timoleon.

Mas você[43] descobrirá que assassinato, aprovado e reconhecido, não é uma epidemia peculiar a qualquer momento, ou qualquer país, ou qualquer opinião. Não precisamos incluir nações de sangue quente do sul para defini-la como uma característica da monarquia moderna. Pode-se rastreá-lo nos reis da França, Francisco I, Carlos IX, Henrique III, Luís XIII, Luís XIV, nos

---

42. O que se sabe é que os filhos legítimos de Lally foram Trophime-Gérard (1751-1830), o marquês de LallyTollendal, e Henrietta (?-1836), que viveu e morreu em Madras, India. No entanto, os biógrafos de Thomas Arthur – ou o Conde de Lally, ou ainda o barão de Tollendal – são quase unânimes ao considerar que Lally provavelmente teve sim outros filhos, dessa forma, a afirmação de Acton soa crível, ainda que careça de fontes mais exatas. (N. E.)

43. Percebam que o autor está se referindo aos seus ouvintes, dado que esses textos são retirados de palestras onde, muito provavelmente, de fato tiveram diálogos e interações com o público. (N. E.)

imperadores Fernando I e II, em Elizabeth Tudor e Mary Stuart, em James e William. Ainda mais caso se considere uma classe de homens, não muito pior, de acordo com estimativa geral, do que seus vizinhos, isto é, os historiadores. Eles têm louvado e adulado[44] quase todos esses culpados ungidos. O homem forte com a adaga é seguido pelo homem mais fraco com a esponja. Primeiro, o criminoso que mata, em seguida, o sofista que defende o matador.

Os monarquistas perseguiram a mesma tradição através dos tempos revolucionários. Cérutti aconselhou que Mirabeau e Target deveriam ser removidos por veneno; Chateaubriand queria apunhalar Condorcet, e Malesherbes admirava-o por isso; o nome de Georges Cadoudal foi tido em honra, porque sua vítima pretendida era Napoleão; La Rochejaquelein entreteve o mesmo esquema e não fez segredo disso para o general Ségur. Adair os encontrou indignados em Viena, porque Fox se recusou a matar o imperador e o avisou da trama.

Aqueles que julgam a moralidade pela intenção ficaram menos chocados com os crimes de poder, onde a tentação é tão forte e o perigo tão leve, do que aqueles cometidos por homens que resistem à opressão. Com certeza, as melhores coisas que são amadas e procuradas pelo homem são religião e liberdade – elas, quero dizer, e não prazer ou prosperidade, não conhecimento ou poder. No entanto, os caminhos de ambas estão manchados de sangue infinito; ambas têm sido muitas vezes um apelo para o assassinato, e os piores entre os homens têm sido aqueles que alegam promover cada causa sagrada.

Não abra sua mente para a filtragem da doutrina falaciosa de que é menos infame assassinar homens por sua política do que por sua religião ou seu dinheiro, ou que a coragem para cumprir a ação é pior do que a covardia para desculpá-la. Não vamos desistir de condenar sem trégua ou remissão, não só Marat e Carrier, mas também Barnave. Porque pode haver matéria suspensa na vida de homens ilustres, de Guilherme, o Silencioso, e Farnese; de Cromwell e Napoleão, não devemos ser afastados da justiça em direção às ações, e ainda mais aos pensamentos daqueles que estamos prestes a estudar.

Dito isso, me esforçarei, no que está diante de nós, de modo a poupá-lo dos espetáculos degradantes e da severidade melancólica que nos agita e fatiga. O julgamento que eu peço está na consciência, não nos lábios, por nós mesmos, e não para exibição. "O homem", diz Taine, "é uma besta selvagem, carnívora por natureza e delicia-se com sangue." Esse discurso

---

44. No original: *hero-worship*. (N. E.)

cruel é tão confirmado pelos eventos que se amontam sobre nós quanto pela história régia ou cristã.

A Revolução nunca será inteligivelmente conhecida por nós até descobrirmos sua conformidade com a lei comum e reconhecermos que não é totalmente singular e excepcional, que outras cenas têm sido tão horríveis quanto estas, e muitos homens tão maus quanto.

CAPÍTULO VII

4 de Agosto

Chegamos hoje à data mais decisiva da Revolução, à queda do sistema social da França histórica e à substituição dos Direitos do Homem. Quando a Assembleia foi plenamente constituída, teve de regulamentar o seu procedimento. Sir Samuel Romilly, amigo de Dumont e ocasionalmente de Mirabeau, enviou um relato da prática do Parlamento britânico, com as formas incômodas, os obstáculos para a ação imediata, os artifícios para favorecer uma minoria e para tornar a oposição quase igual ao governo. Os franceses exigiam métodos mais rápidos. Eles tinham uma única Assembleia com uma comissão conhecida e bem definida, e o maior perigo naquele momento era obstrução e atraso. Cada membro obteve o direito de iniciativa e poderia apresentar uma moção por escrito. A Assembleia poderia, após debater, recusar-se a considerá-la; mas caso não fosse impedida no limiar, poderia ser discutida, votada e aprovada em 24 horas. A segurança para deliberação estava no Bureaux. A Assembleia foi dividida em trinta grupos, ou comitês, de quase quarenta membros cada, que se reuniam separadamente, a Assembleia pela manhã, o Bureaux à noite. Este plano garantiu uma discussão minuciosa e sincera, pois os homens falavam seus pensamentos genuínos onde não havia formalidade, nenhum repórter, nenhum estranho na galeria. O público excluído não gostava e suspeitava do Bureaux. O eleitorado, experimentando pela primeira vez a sensação de ter deputados trabalhando para fazer sua vontade, desejava observá-los, e insistiu no direito do mestre de cuidar de seu homem. A representação era nova; e para todos os leitores de Rousseau, de Turgot, ou de Mably, era um objeto de profunda desconfiança. O desejo de defender a supremacia do poder do representante sobre o representado, do constituinte sobre seu membro, era claramente parte da grande herança literária comum a todos eles. Como o mandato era originalmente imperativo, aquele que estava dando o mandato clamava o direito de ver sua execução. O exercício de poderes definidos e limitados, temporários e revogáveis, exigia escrutínio e controle direto.

O Bureaux não durou e seu desaparecimento foi um desastre. Um partido, como o termo é usado no vocabulário constitucional, ainda não fora desenvolvido, e nenhuma organização possuía o poder alternativo de apresentar ministros à Coroa. As principais linhas que dividiram opiniões vieram à tona nos debates de setembro, e a Assembleia decaiu em facções que eram geridas por seus clubes. O presidente ocupava o cargo por quinze dias, e cada nova eleição indicava o movimento de opinião, a posição dos partidos, o aumento das reputações. A Assembleia Unida honrou as ordens superiores. Os primeiros presidentes eram prelados e homens de patente. Das seis eleições, apenas uma caiu para um plebeu, até o final de setembro, quando o líder dos conservadores liberais, Mounier, foi escolhido, no que se provou ser um momento de perigo. Da mesma forma, os trinta presidentes do Bureaux eram, com pouca exceção, sempre tirados do clero ou da nobreza.

Como Mounier, com seus amigos, havia dominado a comissão constitucional de trinta, e agora era primordial na nova comissão de oito, havia alguma perspectiva de uma coalizão, pela qual, em troca de sua ajuda no transporte do modelo inglês, os nobres obteriam condições fáceis na liquidação dos privilégios. Essa é a situação parlamentar. Esse é o ponto de partida das transações que temos agora a seguir.

Durante os dias gastos em se fazer paz entre o rei, a Assembleia e a capital, as províncias dependiam de Paris para notícias, opiniões e orientação. Eles foram informados de que os parisienses se posicionaram como mestres da fortaleza real, expulsando a autoridade real; que o rei e a Assembleia tinham aceitado e aprovado a ação; que não havia ministério executivo, seja velho ou novo; e que a capital estava fornecendo sua própria segurança e administração. As cidades logo tiveram transtornos semelhantes e rapidamente os reprimiram. As cidades eram a sede da classe média, os protetores naturais da propriedade adquirida e defensores da ordem e segurança. Nos distritos rurais o processo de desintegração foi imediato, a recuperação espontânea foi lenta. Pois o país estava dividido entre os nobres ricos e seus dependentes que eram pobres. E a pobreza de uma classe foi, em última análise, devido a inúmeros dispositivos para aumentar a riqueza da outra. E agora não havia ninguém com autoridade sobre eles, ninguém para manter a paz entre eles.

O primeiro efeito da tomada da Bastilha, da obliteração da realeza, da suspensão do cargo ministerial, foi a ascensão da casa de campo contra o castelo, do camponês ferido contra o proprietário privilegiado, que, além de qualquer culpa própria, através do processo imemorial da história e pela carta real da lei, era seu inimigo perpétuo e inevitável. Os acontecimentos da semana entre 11 e 18 de julho proclamaram que a maneira autorizada de obter o que se queria era empregar a violência necessária. Se fosse minuciosa e rápida o suficiente, não haveria nenhuma resistência presente e nenhuma reclamação subsequente. E se houvesse algum excesso, como crueldade e retribuição, tinha-se certeza da anistia em razão da provocação intolerável e do sofrimento sofrido por tempo demais. O rei tinha aceitado sua própria humilhação como se tivesse o que era devido a ele. Ele não poderia fazer mais pelos outros do que por si mesmo. Sua breve aliança com a aristocracia foi dissolvida. Ele era impotente para defendê-los, como eles eram para si mesmo. Por seu ato formal de submissão à Assembleia em 16 de julho, eles reconheceram que sua causa foi perdida com a Bastilha. Eles esqueceram de fazer acordos com o inimigo em suas casas.

O aspecto terrível na Revolução Francesa não é o tumulto, mas o projeto. Através de todo o fogo e fumaça percebemos as evidências de organização calculista. Os promotores permanecem estudiosamente escondidos e mascarados; mas não há dúvida sobre sua presença, desde o início eles tinham sido ativos nos tumultos de Paris e estavam novamente ativos na ascensão provincial. Os remanescentes das altas classes formaram uma minoria poderosa em Versalhes, e se eles agissem como minorias poderosas, se entrassem em pactos e combinações, poderiam aliviar a perda da imunidade fiscal através da salvação dos privilégios sociais. O povo continuaria a ter mestres – mestres, ou seja, não seriam eles seus próprios autores. Eles estariam sujeitos a poderes instituídos anteriormente, enquanto o governo obtinha suas credenciais para o dia, e ainda haveria um órgão intermediário entre a nação e o soberano. A riqueza artificialmente constituída, por meio de leis que favoreçam sua acumulação em classe e desencorajando sua dispersão entre todos, continuariam a predominar.

A França poderia ser transformada à semelhança da Inglaterra, mas a própria essência do sistema inglês era a liberdade fundada na desigualdade. A essência do ideal francês era a democracia, ou seja, como na América, a liberdade fundada na igualdade. Portanto, era do interesse do partido democrático ou revolucionário que o próximo passo fosse dado conforme a forma do último, que a compulsão, que tinha respondido tão bem com o rei, deveria ser testada sobre os nobres, que os métodos aplicados em Paris deveriam ser estendidos às províncias, pois lá predominavam os nobres. Um golpe bem direcionado naquele momento favorecido e único, quando o país estava desgovernado, poderia alterar para sempre, e desde a sua fundação, toda a estrutura da sociedade. A liberdade tinha sido assegurada; igualdade estava ao alcance. A revolução política garantiu o rápido sucesso da revolução social. Tal oportunidade de suprimir a conciliação e varrer a ruína histórica nunca tinha sido conhecida na Europa.

Enquanto os poderes locais estavam dolorosamente se constituindo, havia um intervalo inestimável para a ação. O rei tinha dado lugar à classe média; os nobres sucumbiriam às classes inferiores e a democracia rural seria emancipada como a urbana. Esta é a segunda fase desse reinado de terror que, como diz Malouet, começou com a Bastilha. A experiência mostrou a eficácia de atacar castelos em vez de pessoas, e as fortalezas do feudalismo foram atacadas quando a fortaleza do absolutismo tinha caído.

Diz-se que um deputado, Duport, um magistrado do parlamento de Paris, tinha quatrocentos mil francos para gastar de forma a levantar o país contra os nobres no momento exato de sua fraqueza. O dinheiro era pouco necessário, pois fizeram com que os rebeldes acreditassem que estavam agindo em obediência à lei. Uma de suas vítimas escreveu, em 3 de agosto, a Clermont Tonnerre, que eles estavam realmente arrependidos de se comportar dessa maneira contra bons mestres, mas foram compelidos por ordens imperativas do rei. Ela acrescenta que sete ou oito castelos em sua vizinhança foram atacados por seus vassalos, todos acreditando que o rei assim desejava. As cartas e documentos eram o principal objeto de pilhagem e destruição, pois acreditava-se que as reivindicações que não podiam ser autenticadas não poderiam ser aplicadas. Muitas vezes o castelo em si foi queimado com os pergaminhos que continha, e alguns dos proprietários pereceram.

Os distúrbios se espalharam em muitas partes da França. Um distrito a leste e sudeste do centro sofreu mais. Essas províncias continuavam há muito tempo sendo partes do Império; e veremos daqui em diante o que isso implicou. Os camponeses do leste da França levantaram-se em armas para derrubar as antigas instituições da sociedade, as quais os camponeses do oeste deram suas vidas para restaurar.

Rumores de toda essa desolação logo penetraram na Assembleia, e em 3 de agosto foi oficialmente relatado que propriedades estavam à mercê de gangues de bandidos, que nenhum castelo, nenhum convento, nenhuma fazenda estava segura. Um comitê se moveu para declarar que nenhum pretexto poderia justificar a recusa em pagar as mesmas dívidas feudais de antes. Duport propôs que a moção fosse enviada de volta ao Bureaux. A Assembleia não chegou a nenhuma conclusão. Na verdade, a coisa proposta era impossível. Os comuns, que agora prevaleciam, não puderam, depois de três meses, reinstituir, mesmo que provisoriamente, os encargos que eram odiosos, que suas Instruções[45] condenaram, e que todos sabiam ser incapazes de serem defendidos. Houve tempo para providenciar: a crise agora os encontrou despreparados. A corte aconselhou os nobres que nada poderia salvá-los além de uma rápida rendição. Eles também foram informados, por Barère, que alguns de seus amigos pretendiam mover a abolição do privilégio fiscal e feudal. Eles responderam que fariam isso sozinhos. Virieu, que depois desapareceu, durante o cerco de Lyon, disse a um amigo: "Há apenas dois meios de acalmar uma população animada, simpatia e força. Não temos força. Esperamos ter sucesso por simpatia." Eles sabiam que o tempo precioso tinha sido perdido e resolveram que a rendição deveria ser tão ampla quanto meritória. Não era para ser a reparação de queixas práticas, mas o estabelecimento completo do novo princípio, a igualdade.

Em uma conferência realizada na noite de 3 de agosto, foi acordado que o autossacrifício da antiga aristocracia da França e a instituição em seu lugar de uma sociedade absolutamente democrática deveria ser feito pelo duque d'Aiguillon, o dono de vastos domínios, que estava prestes a perder vários milhares [de francos] por ano. Mas em 4 de agosto o primeiro a falar foi Noailles, e então d'Aiguillon, seguido por um deputado da Bretanha. "Vocês não podem reprimir a violência", disse o bretão, "a menos que removam a injustiça que é a causa disso. Se querem proclamar os Direitos do Homem, comecem com aqueles que são mais flagrantemente violados". Eles propuseram que os direitos dados ao Estado deveriam ser cedidos incondicionalmente e que os direitos dados ao povo deveriam ser concedidos em troca de compensação. Eles imaginaram que a distinção foi fundada em princípio; mas ninguém nunca averiguou a linha divisória entre o que era propriedade e o que era abuso. A falta de definição permitiu aos proprietários, posteriormente, tentar a recuperação de muito terreno discutível e envolveu, após longa disputa, a perda final de todos.

O programa foi excessivamente complicado e exigiu anos para ser realizado. Os nobres ganharam o dia com sua demanda para serem compensados; mas Duport já havia proferido as palavras ameaçadoras: "A injustiça não tem o direito de subsistir, e o preço da injustiça não tem direito de subsistência." A imensidão da revolução, que essas mudanças implicavam, tornou-se enfim aparente. Pois significava que a liberdade, que era conhecida somente sob a forma de privilégio, foi, portanto, identificada com igualdade. Os nobres

---

45. As "Instruções" dos parlamentares dos Estados-Gerais, e depois da Assembleia Geral, eram as demandas e ordens populares que seus eleitores haviam os exortado a representar nessas reuniões e debates. (N. E.)

perderam sua jurisdição; a corporação dos juízes perdeu o direito de manter o cargo por compra. Todas as classes foram admitidas em todos os empregos. Quando o privilégio caiu, as províncias perderam-no, bem como as ordens. Uma após outra, Dauphiné, Provença, Bretanha, Languedoc, declararam que renunciavam aos seus direitos históricos e não compartilhavam nenhum, exceto aqueles que eram comuns a todos os franceses. A servidão foi abolida, e no mesmo princípio, o de que todos poderiam estar no mesmo nível ante à lei, a justiça foi declarada gratuita.

Lubersac, bispo de Chartres, amigo e patrono de Sieyès, moveu a abolição das leis de caça, o que significava o direito de se manter na terra de outro homem. Foi um direito que necessariamente seguiu o movimento daquela noite, mas levou os homens a dizer que o clero doou generosamente o que pertencia a outra pessoa. Foi então proposto que o dízimo devia ser comutado, e o clero mostrou-se tão zeloso quanto os leigos para realizar em seu próprio detrimento a doutrina que impôs tantos sacrifícios.

A França da história desapareceu em 4 de agosto, e a França da nova democracia tomou seu lugar. A transferência de bens da alta classe para a inferior foi considerável. A renda dos camponeses aumentou cerca de 60%. Ninguém se opôs à tremenda perda nem argumentou para diminuí-la. Cada classe, reconhecendo o que era inevitável e reconciliada com isso, desejava que fosse visto o quão voluntária e sinceramente outra se rendia. Ninguém queria dar tempo para que outros os lembrassem da inconsistência, reserva ou omissão, no expurgo que haviam se comprometido a fazer. Em sua competição, havia pressa e desordem. Uma característica da época era ser pouco inteligente em questões relacionadas à Igreja, e eles não sabiam até onde o clero foi afetado pelo princípio nivelador, ou que, ao tocar o dízimo, eles estavam colocando uma avalanche em movimento. Em um momento, Lally, muito alarmado, tinha passado uma nota ao presidente implorando-lhe adiar, pois os deputados estavam perdendo a cabeça. O perigo surgiu, como foi visto depois, quando o duque du Chatelet propôs o resgate do dízimo.

Os nobres acordaram no dia seguinte com algumas dúvidas de que tinham ido longe demais, e com algum ciúme do clero, que havia perdido menos e que tinha contribuído para suas perdas. Em 7 de agosto Necker compareceu à Assembleia e expôs a falta de dinheiro e a necessidade de um empréstimo, pois a redistribuição de bens em 4 de agosto não contou nada para o lucro imediato do Tesouro. Mas o clero, competindo com seus rivais em generosidade, havia admitido o direito da nação de aplicar propriedade da Igreja aos usos do Estado.

No dia seguinte, o marquês de Lacoste propôs que a nova dívida fosse paga com os fundos do clero e que o dízimo fosse simplesmente abolido. Ele expressou um desejo de que nenhum eclesiástico fosse perdedor, e que o clero paroquial recebesse um acesso de renda. O clero não ofereceu resistência, e tornou impossível para outros resistirem. Ofereceram-se para levantar um empréstimo em nome do Estado, mas considerou-se que isso lhes daria uma posição de influência indevida e não teria satisfeito os nobres, que viam o caminho para recuperar do clero a perda que tinham sofrido. Neste debate, o Abade Sieyès fez seu discurso mais famoso. Ele não teve nenhum sentimento por seus irmãos, em lugar disso, pretendia que o dízimo deveria enriquecer o Estado. Em vez disso, ele estava prestes a ser devolvido à terra, e os proprietários receberiam uma soma de quase três milhões por ano, divididos de tal forma que os mais ricos receberiam em proporção à sua riqueza. Tal ato indenizaria os leigos. Não eles, mas o clero, agora suportaram a acusação de 4 de agosto. Havia um deputado que ficaria trinta mil francos mais rico por ano após toda a transação. Os proprietários que compraram suas propriedades sujeitas ao dízimo não tinham direito de recebê-lo. À medida que todo esse argumento foi ouvido com impaciência, Sieyès proferiu palavras que não acrescentaram pouco à sua estatura moral: "Eles imaginam que eles podem ser livres e ainda não serem justos!". Ele tinha sido, por três meses, o personagem mais importante da nação. Estava destinado, depois de anos, e sob condições estranhamente alteradas, a ser mais uma vez o ditador da França. Mais de uma vez, sem favor público, mas pelo mero poder do pensamento político, ele governou as fortunas do Estado. Ele nunca mais possuiu o coração do povo.

A Assembleia considerou uma boa barganha restaurar o dízimo para a terra, e o clero sabia tão bem que eles não tinham amigos que, em 11 de agosto, solenemente renunciaram à sua reivindicação. Desta forma, a Assembleia começou a despojamento da Igreja, o que foi a causa primitiva do Reinado do Terror e da Guerra Civil.

Todas essas coisas são um episódio. O negócio da Assembleia, a partir do final de julho, era a Constituição. O primeiro passo para isso foi definir os direitos para os quais ela existe. Tal declaração, sugerida pela América, havia sido exigida pelos eleitores em várias das instruções, e tinha sido fielmente reproduzida por Mounier, em 9 de julho. No dia seguinte, parecia que Lafayette já tinha conseguido o documento exigido. Outro texto foi produzido, dez dias depois, por Sieyès, e outro por Mounier, que foi uma revisão do texto de Lafayette. Vários outros saíram logo depois.

Em 27 de julho, o arcebispo de Bordeaux, ao estabelecer o esboço das novas instituições, observou que era necessário baseá-las em princípios definidos e fixos. No mesmo dia, Clermont Tonnerre trouxe adiante sua análise das ideias disponíveis contidas nas instruções. Ele foi imediatamente para o cerne da questão. Algumas instruções, segundo ele, contemplavam não mais do que a reforma das instituições existentes, com a manutenção do controle da tradição e da cadeia histórica. Outros conceberam um sistema totalmente novo de leis e governo. A distinção entre os dois foi esta: alguns exigiam um código de princípios que deveriam ser o guia na elaboração da Constituição, enquanto outros não desejavam tal assistência, mas pensavam que era possível unir passado e futuro. O principal conflito foi entre a autoridade da história e os Direitos do Homem. A Declaração foi o sinal daqueles que pretendiam resgatar a França dos antepassados que lhe deram tirania e escravidão como herança. Seus oponentes eram homens que estariam satisfeitos com um bom governo, no espírito de Turgot e dos reformadores iluminados de seu tempo, que poderiam ser felizes caso fossem prósperos, e que nunca arriscariam a prosperidade e a paz na busca da liberdade.

Aqueles que imaginavam que a França possuía uma Constituição submersa, a qual poderia ser extraída de seus anais, contaram com uma tarefa difícil. Lanjuinais desejava navegar por um farol e dirigir a política de 1789 por uma carta de 864. Havia uma razão especial, menos grotesca do que a arqueologia de Lanjuinais, que fez os homens avessos à Declaração. A liberdade, foi dito, consiste no reinado da vontade nacional, e a vontade nacional é conhecida pelo costume nacional. A lei deve brotar do costume e ser regida por ele, não por uma teoria independente e individual que desafia o costume. Você precisa declarar a lei, não a criar, e só se pode declarar o que a experiência lhe dá. O melhor governo criado pela razão é menos livre do que um governo pior deixado de herança pelo tempo. De maneira muito sutil, as ideias que chegaram ao poder em outros dias e evoluíram a grande força da nacionalidade estavam trabalhando contra um sistema que era para ser novo e universal, renunciando à influência tanto do tempo quanto do lugar. A batalha foi travada contra os homens do passado, contra uma história que era um registro ininterrupto da derrota e frustração da liberdade. Mas a declaração de direitos era mais precisa ainda contra os perigos do lado oposto, aqueles que vinham mais do que aqueles que saíam. As pessoas estavam muito decididas a não serem mais oprimidas pela monarquia ou pela aristocracia, mas não tinham experiência ou aviso de opressão pela democracia. As classes eram inofensivas, mas havia o novo inimigo, o Estado.

Nenhum europeu sabia qual segurança poderia ser necessária ou fornecida para o indivíduo a partir da vontade coletiva do povo. Eles estavam protegidos do governo por autoridade ou por minoria, mas tornaram a maioria irresistível, e o plebiscito, uma tirania.

Os norte-americanos estavam cientes de que a democracia poderia ser fraca e pouco inteligente, mas também que poderia ser despótica e opressiva. E eles descobriram a maneira de limitá-la pelo sistema federal, que sofre por não existir em lugar nenhum em sua plenitude. Eles privaram seus governos estaduais dos poderes que foram enumerados e o governo central dos poderes que estavam reservados. Assim como os romanos sabiam como a monarquia se tornaria inócua ao ser dividida, os norte-americanos resolveram o problema de forma mais astuta ao dividir a democracia em duas.

Muitos franceses estavam convencidos de que o federalismo seria a política realmente liberal para eles. Mas a noção foi imediatamente deixada de lado por Mounier, e não obteve nenhuma audiência. E a divisão de poderes, pela qual ele substituiu, foi rejeitada por sua vez. Eles não admitiriam que uma força deveria ser verificada e equilibrada por outra. Eles não tinham recursos, além de princípios gerais, para abolir o passado e garantir o futuro. Ao declará-los, criaram uma autoridade ideal sobre o governo e a nação e estabeleceram uma segurança contra os defeitos da Constituição e o poder dos futuros governantes. Os opositores da Declaração lutaram contra a proposta de adicionar uma declaração de deveres. A ideia foi apresentada pelos mais sábios dos deputados, Camus Jansenista, e o clero o apoiou com energia. A Assembleia decidiu que um sistema de direitos pertencia à política e um sistema de deveres à ética, e rejeitou a moção na manhã de 4 de agosto, por 570 a 433 [votos].

Esta foi a divisão decisiva sobre a questão dos Direitos do Homem. Depois de alguns dias, absorvida pela crise da aristocracia, a cansada e distraída reunião voltou-se da excitação dos fatos e interesses para a discussão da teoria. Uma nova comissão de cinco foi nomeada para revisar o trabalho da comissão de oito, que tratava de toda a Constituição.

Em 17 de agosto, Mirabeau informou o esquema deles. Seu coração não estava nele, e ele se ressentia da intrusão de dificultar generalidades e moralidades na difícil ciência experimental de governo. Ele aconselhou que a Constituição deveria ser resolvida primeiro, que o guia deveria seguir em vez de preceder. A Assembleia rejeitou as propostas de suas comissões e todos os planos que foram apresentados pelas celebridades. A mais notável destas foi por Sieyès, e foi recebida de modo favorável, mas a votação final foi tomada em uma composição menos ilustre, que não tinha o nome do autor. O texto selecionado era menos filosófico e profundo e despertou ecos menos distantes do que seu rival, porém era mais curto, mais dócil e pensava-se envolver menos postulados duvidosos e menos consequências formidáveis. Entre os dias 20 e 26 de agosto, foi ainda mais resumida e reduzida de 24 proposições para a dimensão moderada de 17. Essas omissões de um documento que tinha sido preferido por concorrentes muito notáveis são a chave para as intenções da Assembleia Nacional e nossa base de interpretação.

O esquema original incluía uma Igreja do Estado. Isso não foi adotado. Distinguia a desigualdade dos homens da igualdade de direitos. Isso foi considerado evidente e supérfluo. Derivava os direitos mútuos dos homens de seus deveres mútuos, e essa definição terrestre também desapareceu, deixando o caminho aberto para uma causa maior. O código adotado era escasso e mal composto, e Bentham encontrou um prazer maligno em rasgá-lo em pedaços. É, no geral, mais espiritual do que aquele em que foi fundado, e que geralmente segue e insiste com maior energia sobre os direitos primitivos, anteriores ao Estado e distante dele, que nenhuma autoridade humana pode conferir ou recusar. É a proclamação triunfante da doutrina de que as obrigações humanas não são todas atribuídas a contratos, ou a interesses, ou à força.

A Declaração dos Direitos do Homem começa com um apelo ao céu e os define na presença e sob os auspícios de Deus Todo-Poderoso. O Preâmbulo implica que nossos deveres em relação a Ele constituem nossos direitos em relação à humanidade e indica a origem divina do Direito, sem afirmá-la. A Declaração enumera os direitos universais, que vêm da natureza, não dos homens. São quatro: liberdade, propriedade, segurança e autodefesa. As autoridades são constituídas, e leis são feitas, de forma que essas posses originais, essenciais e supremas de toda a humanidade possam ser preservadas.

O sistema de garantias é tão sagrado quanto os direitos que protege. Esse é o direito de contribuir por meio de representantes à legislação e tributação, tolerância religiosa, liberdade da imprensa. Como os direitos são iguais, o poder de os garantir deve ser igual. Todos os homens têm uma participação na representação, todos os iguais são admissíveis ao cargo, todos devem ser tributados na mesma proporção. A lei é a mesma para todos. O princípio da igualdade é a ideia sobre a qual a Declaração mais sinceramente insiste. O privilégio tinha acabado de ser derrubado, e o dever de fornecer meios indiretos para evitar sua recuperação era a ocupação da hora. Para que isso possa ser garantido, todos os poderes devem ser concedidos pelo povo e nenhum deve ser exercido pelo povo. Eles só agem através de seus agentes. O agente que exerce o poder é responsável e é controlado pela autoridade soberana que o delega. Certos corolários parecem seguir o sufrágio restrito, a tributação progressiva e uma Igreja estabelecida – eles são difíceis de conciliar com a igualdade tão profundamente concebida. Mas isso não é explícito. Questões relativas à educação, pobreza, revisão, não são admitidas entre os fundamentos e são deixadas para futuras legislações. A passagem mais singular é aquela que ordena que nenhum homem possa ser molestado por suas opiniões, mesmo religiosas. Parece que a tolerância era aquela parte do dogma liberal para o qual os deputados estavam menos preparados.

A Declaração foi aprovada, em 26 de agosto, após um debate apressado, e sem mais resistências. A Assembleia, que havia abolido o passado no início do mês, tentou, no final, instituir e regular o futuro. Estas são suas obras permanentes, e a herança perpétua da Revolução. Com elas, uma nova era surgiu sobre a humanidade.

No entanto, esta única página de impressão, a qual supera bibliotecas, e é mais forte que todos os exércitos de Napoleão, não é obra de mentes superiores, e não tem nenhuma marca da garra do leão. O carimbo da clareza cartesiana está sobre ela, mas sem a lógica, a precisão, a minuciosidade do pensamento francês. Não há indicação nela de que a liberdade é o objetivo, e não o ponto de partida, de que é uma faculdade a ser adquirida, não um capital para investir ou que depende da união de inúmeras condições, as quais abraçam toda a vida do homem. Portanto, é justa a indicação por aqueles que dizem que é defeituosa, que seus defeitos têm sido um perigo e uma armadilha.

Era certo que a tentativa deveria ser feita, uma vez que a extinção do privilégio envolvia uma declaração de direitos. Quando aqueles que eram exclusivos e desiguais foram abandonados, foi-se necessário definir e insistir naqueles que eram iguais e de propriedade de todos. Depois de destruir, os franceses precisaram reconstruir e basear sua nova estrutura em princípios desconhecidos da lei, não familiares ao povo, absolutamente opostos à lição de sua história e a toda a experiência das eras em que a França tinha sido tão grande. Não poderiam repousar em tradições, interesses ou qualquer força persistente de gravitação. A menos que a ideia que deveria governar o futuro fosse impressa com uma extrema distinção na mente de todos, eles não entenderiam as consequências de tanta ruína e tal mudança irrevogável e estariam à deriva sem uma bússola. O país que tinha sido tão orgulhoso de seus reis, de seus nobres e de suas correntes, não poderia aprender sem ensinar que o poder popular pode ser contaminado com o mesmo veneno que o poder individual.

CAPÍTULO VIII

Os Debates Constitucionais

Q uando a Assembleia aprovou os Direitos do Homem, eles agiram em harmonia pela última vez. O acordo sobre os primeiros princípios não envolvia acordo na política, e ao aplicá-los à Constituição, uma semana depois, a fissura entre as partes apareceu.

Da Quadra de Tênis ao grande debate constitucional, os moderados, que podem ser chamados também de liberais, eram predominantes. Mounier era seu estrategista, Clermont Tonnerre e Lally Tollendal eram seus oradores, Malouet era seu discreto conselheiro. Eles esperavam, através da divisão de poderes e da multiplicação de controles, tornar seu país tão livre quanto a Inglaterra ou os Estados Unidos. Desejavam controlar os representantes de três maneiras: através de uma Segunda Câmara, do veto real e do direito de dissolução. Seu sucesso dependia do apoio dos ministros e de conservadores reconciliados. Enquanto para eles, a Constituição era um meio de regular e conter a vontade nacional, para seus rivais era um instrumento para realizar a vontade popular, e eles estavam subindo ao poder na crista da onda.

Os democratas se recusaram a resistir ao povo, os quais governavam-se legitimamente, seja pela divisão de poderes inglesa ou pela norte-americana. Ainda havia pouca concentração da classe trabalhadora nas cidades, pois a era industrial mal havia amanhecido e era difícil entender que o Terceiro Estado continha interesses divergentes e o material de um conflito vindouro. Os dirigentes do partido democrático eram Duport, Lameth e Barnave, ajudados às vezes por Sieyés, às vezes por Talleyrand, e por seu inimigo jurado Mirabeau.

Os nobres, fracos enquanto estadistas, possuíam dois poderosos debatedores: Cazalès, que fazia os homens se lembrarem de Fox, mas que, quando não estava em suas pernas, tinha pouco dele; e Maury, mais tarde cardeal e arcebispo de Paris, um homem cujo caráter estava abaixo de seus talentos. Contando com quase um terço da Assembleia, e mantendo o equilíbrio, estava em poder dos nobres montar uma Constituição como a de 1814.

Agora temos que considerar como essas três partes agiram naquele setembro agitado e o que, em consequência, aconteceu.

As cinco semanas de 27 de agosto a 1º de outubro foram ocupadas com os debates constitucionais. Foram mantidos dentro de limites estreitos determinados pelos Direitos do Homem, os quais declararam que a nação transmite todos os poderes e não exerce nenhum. Em ambos os lados havia homens que estavam impacientes com essa restrição e que a interpretavam de formas contrárias. Alguns desejavam a segurança de que a vontade nacional deveria sempre prevalecer, através de seus agentes; os outros, que eles deveriam ser capazes de obstruí-la. Eles lutaram por uma construção ampliada e se esforçaram para quebrar a barreira, na direção republicana ou monarquista.

A discussão foi aberta por uma escaramuça com o clero. Eles observaram a omissão significativa de uma Igreja estatal na Declaração de Direitos e temiam que fossem despojados e a Igreja, desestabelecida. O entusiasmo da primeira hora esfriou. Um após o outro, os eclesiásticos tentaram obter o reconhecimento do catolicismo. Cada vez que a tentativa era repelida, o clero entrava rapidamente no temperamento que foi confessado por Maury quando ele disse: "A medida proposta seria capaz deixar a Constituição viver: nós votamos contra ela."

O esquema da Comissão foi produzido em 31 de agosto, e foi explicado por Lally em um discurso que está entre as melhores composições da época. Ele insistiu na divisão do Legislativo, e na unidade do Executivo, como o essencial de um governo livre. No dia seguinte, Mirabeau falou do mesmo lado. Ele disse que o perigo não era da Coroa, mas dos representantes, pois eles podem excluir estranhos e debater em segredo, como a lei inglesa permite, e estes podem declarar-se permanentes e escapar de todo o controle. Através do rei, o público possui os meios de mantê-los sob controle. Ele é seu aliado natural contra deputados usurpadores e a possível formação de uma nova aristocracia. A legislatura goza apenas de um mandato temporário. O representante perpétuo do povo é o rei. É errado negar-lhe os poderes necessários para o interesse público. É o aparecimento parcial de uma visão que foi expandida por Napoleão.

Mounier defendeu seu plano em 4 de setembro. Não houve grande variedade de opiniões em vários pontos. Foi praticamente admitido que não poderia haver governo sem Parlamento, que ele deve se reunir anualmente, que seus atos exigem o consentimento régio, que ele será eleito indiretamente, por distritos iguais e um direito de votação por propriedade moderado[46]. Mounier ainda cedeu que a Constituição não estava sujeita ao veto régio, que os ministros não deveriam ser membros da Assembleia, que a Assembleia, e não o rei, deveria ter a iniciativa de propor leis, e que ela deveria ter o direito de recusar suprimentos. O verdadeiro problema em questão era se os representantes do povo deveriam ser verificados por uma câmara superior, pelo poder de dissolução do rei, e por um veto absoluto ou temporário.

Mounier tinha amigos particulares entre seus oponentes, e eles abriram uma negociação com ele. Eles estavam preparados para aceitar suas duas câmaras e seu veto absoluto. Eles exigiram, em troca, que o Senado tivesse apenas um veto suspensivo sobre os atos dos representantes, que não houvesse direito de dissolução, que as convenções fossem realizadas periodicamente, de forma a rever a Constituição. Essas ofertas eram um sinal de fraqueza. O Partido Constitucional ainda estava em ascensão, e em 31 de agosto o bispo de Langres, o principal defensor de uma Câmara dos Lordes, foi escolhido presidente por 499 a 328. Se a divisão da legislatura em duas fosse assegurada por uma maioria, então o acordo proposto era unilateral, e os democratas teriam levado muito mais do que deram. Mounier, contando com o apoio daqueles cujo interesse era que ele deveria ter sucesso, rejeitou a oferta. Ele já tinha sido forçado, pela deserção de amigos, a abandonar muito do que ele teria desejado manter, e o plano que ele trouxe para a frente muito se assemelhava àquele sob o qual a França mais tarde prosperou.

No entanto, o fracasso dessa negociação é uma data fatal na história constitucional. Com mais direcionamento e um melhor conhecimento da situação, Mounier poderia ter salvado metade das garantias de que dependia. Ele perdeu todas. As coisas as quais se recusou a abrir mão na conferência foram rejeitadas pela Assembleia, e as ofertas que ele tinha rejeitado não foram feitas novamente. Quando a legislatura foi limitada a dois anos, o direito de dissolução perdeu seu valor. O direito de revisão não teria causado mudanças mais rápidas do que realmente se seguiu; pois seguiram-se catorze constituições em 86 anos, ou uma revisão fundamental a cada seis ou sete anos. Por fim,

---

46. Um dos crivos aviltados para o direito ao voto era a necessidade de obtenção de propriedades. (N. E.)

o veto do Senado não tinha base de argumento, até que se decidisse como o Senado deveria ser composto.

A ruína desastrosa da causa foi provocada pela falta de gerenciamento e não pelo excesso de conservadorismo. Mounier se inclinou a uma casa hereditária de pares; e isso, depois de 4 de agosto, não era mais algo a ser pensado. Mas ele sabia da dificuldade e, mesmo relutante, cedeu. Também atribuiu importância indevida ao veto absoluto; mas esse não foi o ponto em que a conferência terminou. Ele foi apoiado por Lafayette, o qual temia tanto quanto ele a extinção do poder real, e às vezes por Mirabeau, a quem ele detestava. Mesmo Sieyès estava disposto a ter duas câmaras e até três, desde que fossem, na realidade, uma câmara, deliberando em três divisões, mas contando todos os votos em comum. Ele também propôs que deveria haver uma renovação de um terço de cada vez; de modo que haveria três graus da infusão popular e de proximidade à Mãe Terra.

Mounier, com alguns de seus amigos, merece ser lembrado entre os homens, não tão comuns quanto dizem, que amavam a liberdade sinceramente; quero dizer, que desejavam, não para qualquer bem que pudesse fazer a eles, mas por si mesma, por mais árduo, ou caro, ou perigoso que sua abordagem pudesse ser. Eles subordinaram os meios à finalidade e nunca consideraram formas condicionais como uma emanação de princípios eternos. Tendo assegurado os Direitos do Homem, eles olharam com alarme para a legislação futura, a qual não poderia melhorar, e poderia colocá-los em perigo. Eles desejavam que a Assembleia Constituinte vinculasse e barrasse seus sucessores na medida do possível; pois ninguém jamais falaria com tanta autoridade quanto a voz genuína de todo o povo.

Por uma boa fortuna extraordinária, a nação, desta vez, havia respondido sabiamente. Era certo que as coisas nem sempre sairiam tão bem. A nação tinha paixões; tinha preconceitos; era grosseiramente ignorante; não foi desinteressada; e foi desmoralizada por uma tradição maligna. Os franceses estavam acostumados ao poder irresponsável. Eles não eram propensos a consentir que o poder em suas mãos deveria ser inferior ao que havia sido exercido sobre eles, ou a admitir que um povo inteiro não está acima da lei à qual ele obedece. Esperava-se que eles se esforçassem através da legislação para diminuir essas garantias para a minoria e para a causa mais fraca, as quais foram nomeadas pelos Direitos do Homem. As opiniões estavam mudando rapidamente, e haviam se tornado mais favoráveis à violência, mais complacentes com o crime. Apareceu o rascunho de um projeto dos Direitos do Homem no qual o redator declarou que, pela lei da natureza, um homem pode fazer o que quiser na busca da felicidade, e, para escapar da opressão, pode oprimir, aprisionar e destruir.

O homem que escreveu rapidamente adquiriu, dessa forma, uma ascensão temerosa sobre o povo e foi capaz de desafiar a polícia e os governos e assembleias, pois era o início de Marat. As listas de proscrição foram circuladas; cartas ameaçadoras, enviadas aos deputados; e Paris, no final de agosto, preparava-se para marchar sobre Versalhes, expulsar seus membros detestáveis, e, quando eles deixaram de ser invioláveis, para colocá-los em julgamento. Estes foram os primeiros frutos da liberdade, e a recompensa dos liberais. Nenhum homem pode dizer em que país tais atitudes permaneceriam sem efeito. Na França acreditava-se que a coragem cívica muitas vezes deixava a desejar. De Serre, o grande orador da Restauração, uma vez afirmou, da tribuna, que a maior parte dos representantes sempre foi sólida. Ele foi interrompido por um clamor furioso, e desafiado por seu público a dizer se ele incluía a Convenção, que, por maioria, condenou o rei à morte. Sua resposta, muito famosa na história parlamentar, foi: "Sim, até mesmo a Convenção. E se não tivessem deliberado sob punhais, teríamos nos poupado do mais terrível dos crimes."

A oposição apresentou uma frente unida, mas foi arrendada por muitos estágios de gravitação em direção à democracia. Também estavam, geralmente, ansiosos para estabelecer a liberdade política, mesmo através dos maiores sacrifícios. Pela liberdade, eles queriam, em primeiro lugar, libertação de causas conhecidas e habituais de opressão. É verdade, podem existir outras [causas]; mas eram menos claras e menos certas. Toda a experiência europeia proclamou que o executivo constantemente domina o legislativo, mesmo na Inglaterra. Era absurdo supor que todas as forças que, durante séculos, ajudaram a construir o absolutismo, tinham sido destruídas em dois meses. Elas renasceriam novamente das raízes, e o conflito seria constantemente renovado.

A salvação parecia estar no princípio de que todo o poder é derivado do povo e que nenhum pode existir contra o povo. A vontade popular pode ser expressa por determinadas formas; ela não pode ser presa por obstáculos. Sua ação pode ser adiada; mas não interrompida. É o mestre supremo de todos, sem responsabilidade ou isenção e sem limite que não esteja previsto nos Direitos do Homem. Os limites lá definidos são suficientes, e a liberdade individual não precisa de mais proteção. A desconfiança da nação não se justificava pela forma como havia escolhido e instruído seus deputados.

Ao estudar esse grupo de homens públicos, homens a quem o futuro pertence, somos forçados a admitir o elemento de caráter nacional. Nenhuma filosofia é mais barata ou mais vulgar do que aquela que traça toda a história através da diversidade de tipo e mistura etnológica, e que está sempre apresentando o grego venal, o pérfido siciliano, o espanhol orgulhoso e indolente, o suíço econômico, o francês vaidoso e vivaz. Mas é verdade que, na França, a liberdade da imprensa representa um poder que não é familiar para aqueles que conhecem suas forças e fraquezas, que tiveram a experiência de Swift, Bolingbroke e Junius. Maury disse uma vez: "Temos uma imprensa livre: temos tudo." Em 1812, quando Napoleão viu o grande exército cruzando o Neman para invadir a Rússia e assobiou a melodia de Malbrook, ele interrompeu sua melodia para exclamar: "E ainda assim tudo o que não é igual às canções de Paris!". Chateaubriand, depois, disse que, com a liberdade da imprensa, não havia nenhum abuso que ele não se comprometeria a destruir. Pois ele escreveu em francês como nunca havia sido escrito, e o magnífico rol de suas frases chamou a atenção de seus compatriotas com força convincente. Quando, em 1824, ele foi demitido do Ministério das Relações Exteriores, seu amigo, o editor do *Journal des Débats*, chamou o primeiro-ministro Villèle e avisou-o: "Nós derrubamos seu antecessor e seremos fortes o suficiente para derrubá-lo." Villèle respondeu: "Você conseguiu contra ele com a ajuda do monarquismo: você não pode ter sucesso contra mim, exceto com ajuda da revolução." Ambas as profecias se tornaram realidade. A aliança de Chateaubriand com o jornal acabou com o ministério em 1827, e a monarquia em 1830.

Em setembro de 1789, a liberdade da imprensa tinha apenas quatro meses, e o reinado da opinião estava se iniciando no continente. Eles imaginavam que era uma força invencível e uma garantia completa para os direitos do homem. Ela era inestimável caso garantisse os direitos sem enfraquecer o poder, como os outros artifícios do liberalismo. Eles pensaram que quando os homens estavam a salvo da força acima deles, não precisavam se salvaguardar da influência ao seu redor. A opinião encontra seu próprio nível, e um homem se rende facilmente e não indelicadamente ao que o cerca diariamente. A pressão dos iguais não deve ser confundida com a perseguição vinda de superiores. É certo que a maioria, por graus, deve absorver a minoria. O trabalho de limitação da autoridade tinha sido realizado pelos Direitos do Homem. O trabalho de criação de autoridade foi relegado à Constituição. Desta forma, homens de opiniões variadas estavam unidos na conclusão de que os poderes emanados do povo não deveriam ser desnecessariamente divididos.

Além de Sieyès, que encontrou ideias, e Talleyrand, que encontrou expedientes, vários grupos foram, na época, associados ao partido que era administrado por Duport. Havia alguns dos juristas mais eminentes, ansiosos para reformar os muitos sistemas de leis e costumes que prevaleciam na França, que se tornaram os legisladores de assembleias sucessivas, até que completaram seu código sob Napoleão. De todos os inimigos do velho regime monárquico, eles eram os mais metódicos e consistentes. Target, o líder do Bar de Paris, era seu político mais ativo. Quando soube de um plano para colocar as finanças em ordem, ele disse: "Se alguém tem tal plano, deixe-o imediatamente ser sufocado. É a desordem das finanças que coloca o rei em nosso poder". Os economistas eram tão sistemáticos e definitivos quanto os advogados, e eles também tinham muito para destruir. Através de Dupont de Nemours suas teorias obtiveram influência duradoura.

Havia dois ou três futuros girondinos que ensinavam que o povo pode ser mais confiável do que os representantes e que estavam prontos para ratificar a Constituição, e até mesmo para decidir sobre a adoção de leis, através do voto popular. E havia dois homens, ainda não distintamente divididos destas suas futuras vítimas, que foram mais longe em oposição aos Direitos do Homem, e em direção à confusão dos poderes. Aos seus olhos, a representação e a delegação eram traição à verdadeira democracia. Como o povo não podia governar diretamente a si mesmo, o princípio exigiu que se o fizesse o mais próximo possível, por meio de um controle perpétuo sobre os delegados. A votação parlamentar deve ser constantemente colocada em harmonia com o desejo do eleitorado, através da imprensa, das galerias e da multidão. Agir conscientemente em oposição ao poder delegante era uma quebra de confiança. A população de Paris, sendo a maior parcela do poder soberano, expressa sua vontade de maneira mais segura do que os deputados em segunda mão. Barère, que era um destes, propôs um plano engenhoso pelo qual todas as leis que aprovavam fossem suspensas até depois das próximas eleições, quando o país se pronunciava sobre elas por mandato imperativo. Assim, ele se livrou do veto régio e da dissolução.

Robespierre não suspenderia a lei, mas a deixou para a próxima legislatura corrigir ou revogar os erros da última. Ele argumentou que os poderes precisam ser verificados proporcionalmente ao perigo que apresentam. Agora, o perigo de um poder não representativo excede o de um poder que representa, e está mais bem familiarizado com as necessidades e desejos da massa. Uma nação governa a si mesma, e tem uma única vontade, não duas. Se o todo não governar a parte, a parte governará o todo. Robespierre concebeu que era hora de constituir poderes suficientes para conquistar o inimigo exterior, bem como o interior; um para a segurança nacional, e um para o progresso nacional, e a elevação dos pobres às custas das minorias que os oprimiram.

Ele se encontra no final da escala, e a ideia de liberdade, à medida que ela atravessa os vários conjuntos de pensamento, é transformada na ideia de força. De Sieyès a Barnave, de Barnave a Camus, de Camus a Buzot, e de Buzot, o girondino, a Robespierre, o jacobino que matou os girondinos, nós percorremos a longa linhagem da possível política; mas as transições são finamente sombreadas, e a lógica é contínua.

Na segunda semana de setembro, a Constituição de Mounier foi derrotada pela união dessas forças. A questão principal, a instituição de um senado, não foi seriamente debatida. Temia-se que seria o refúgio das classes derrotadas, e não era defendido nem por essas próprias classes. Eles não estavam dispostos a deixar que uma nova aristocracia se erguesse de suas ruínas; e suspeitavam que o governo daria a preferência a essa minoria de nobres que o foram até então e que eram renegados aos olhos do resto. Sentiu-se que uma única câmara seria mais forte em resistência ao executivo do que duas e que o tempo poderia chegar para um senado, quando a aristocracia caída tivesse deixado de lutar e a Coroa fosse reconciliada com sua condição reduzida.

No dia 9 de setembro, o presidente da Assembleia, La Luzerne, bispo de Langres, foi levado por insultos à renúncia. No dia seguinte, a Assembleia aprovou a Câmara única por 499 a 89, os nobres se abstiveram.

Em 11 de setembro, a divisão decisiva ocorreu. Mounier insistiu no direito ilimitado de veto. O debate foi contra ele. Foi admitido do seu próprio lado que o rei teria, mais cedo ou mais tarde, que ceder. Os outros concordaram que o rei poderia resistir até que duas eleições tivessem decidido a favor da medida vetada. Ele pode rejeitar o desejo de uma legislatura e até mesmo de duas; ele daria lugar ao terceiro. Os próprios ministros não puderam insistir no veto absoluto em preferência à suspensiva, assim definida. Uma carta do rei foi enviada à Assembleia, para informá-los de que ele estava satisfeito com o veto temporário. Mounier não permitiu que a carta fosse lida, de modo que não influenciasse os votos. Ele [Mournier] foi derrotado por 673 a 325 votos. Os conservadores o abandonaram quando ele defendeu a Câmara Superior; e agora o rei os abandonou quando defendeu os direitos da Coroa. Foi um desastre esmagador e final. Pois ele caiu, mantendo a causa da aristocracia contra os nobres, e a causa da prerrogativa contra o monarca. Os democratas triunfaram por 410 votos em um dia, e 350 no outro. A batalha pela Constituição sobre o modelo inglês foi travada e perdida.

Em 12 de setembro, Mounier e seus amigos se retiraram do Comitê. Um novo foi eleito de uma vez pela maioria vitoriosa. Neste ponto crítico foi realizado um Conselho secreto, no qual os monarquistas aconselharam o rei a se refugiar nas províncias. Luís se recusou a ouvi-los. A maioria, exaltada pelo sucesso, agora pediu que ele sancionasse os decretos de 4 de agosto. Sua resposta, datada de 18 de setembro, é elaborada com habilidade incomum. Ele adotou o argumento de Sieyès sobre a supressão do dízimo. Disse que uma grande renda seria concedida à terra, e que os ricos, que deveriam contribuir mais, receberiam, pelo contrário, mais. Pequenos proprietários lucrariam pouco, enquanto aqueles que não cederam nenhuma terra seriam agora multados, para o pagamento do clero. Em vez de aliviar a nação, aliviaria uma classe às custas de outra, e dos ricos às custas dos pobres.

A Assembleia insistiu que a abolição do feudalismo fazia parte da Constituição e deveria receber uma sanção incondicional. Mas eles prometeram dar a mais respeitosa atenção às observações do rei, sempre que os decretos chegassem a ser concluídos pela legislação. A sanção real foi dada no dia seguinte. Em meio à Assembleia, fez-se uma concessão considerável. Eles resolveram, em 21 de setembro, que o veto suspensivo deveria se estender por duas legislaturas. Os números de votos foram de 728 a 224.

A nova Comissão, nomeada no dia 15, demorou uma quinzena para concluir seu estratagema, sobre os princípios adotados de que deveria haver uma Câmara, nenhuma dissolução e um poder de retardar a legislação sem a prevenir. No dia 29 foi apresentado à Assembleia por seu relator, Thouret. A voz era a voz de Thouret, mas a mão era a mão de Sieyès. Nessa conjuntura, ele augurou o mal da Revolução e se arrependeu de sua parte nela. Sua Declaração de Direitos tinha sido passada. Sua proposta de restaurar o crédito nacional pela rendição do dízimo havia sido rejeitada. Sua partição da Assembleia, juntamente com a renovação parcial, que era favorável ao executivo, por nunca permitir que o novo parlamento se levante, como um gigante rejuvenescido, de uma eleição geral, não havia encontrado apoio. Restou que ele compusesse a máquina de trabalho para sua doutrina essencial, que a lei é a vontade dele que obedece, não dele que comanda. Para isso, o Abade Sieyès aboliu as províncias históricas e dividiu a França em departamentos. Seriam oitenta, além de Paris. E como foram projetados para ser o mais parecido possível a um quadrado de cerca de 72 quilômetros, diferem amplamente em população e propriedade. Eles deveriam ter uma média de nove deputados cada: três considerando a unidade espacial, que era invariável; três, mais ou menos, relativo à população; e novamente três, mais ou menos, de acordo com a quantia que o departamento contribuia para a renda nacional. Desta forma, território, população e riqueza foram representados igualmente.

Os deputados seriam eleitos em três graus. Os contribuintes, em suas assembleias primárias, escolheriam os eleitores para a Comuna, que era a unidade política, e um quadrado de cerca de 24 quilômetros; os eleitores da Comuna enviariam seus representantes para o departamento, e estes elegeriam o deputado. Aqueles que não pagaram impostos não eram reconhecidos como participantes da preocupação nacional. Como mulheres e menores, eles gozavam do benefício do governo, mas como não eram independentes, não possuíam poder como cidadãos ativos. Por um processo paralelo, foram formadas assembleias para a administração local, com o princípio de que o direito de exercer o poder prossegue de baixo e o exercício real do poder, de cima.

Esta é principalmente a medida que constituiu a França de hoje; e quando se tornou lei, em dezembro, a parte principal da nova Constituição foi concluída. Foi obra desses dois meses, de 4 de agosto a 29 de setembro. A promulgação final veio dois anos depois. Nenhum instrumento legislativo falhou tanto quanto este produto da sabedoria da França em sua primeira Assembleia Parlamentar, pois durou apenas um ano.

Muitas coisas ocorreram, no meio tempo, o que tornou o projeto construtivo de 1789 impróprio para atender às tempestades de 1792. As finanças do Estado foram arruinadas; o clero e o partido clerical tinham sido conduzidos para a oposição violenta; o exército foi quase dissolvido; e a guerra eclodiu quando não houve uma força disciplinada no comando do governo. Depois de Varennes, o rei era praticamente inútil na paz, e inviável em tempos de perigo e invasão; não apenas por causa da degradação de sua captura e de sua limitação ao trono, mas porque, no momento de sua fuga, ele havia declarado sua hostilidade às instituições que administrava.

A ideia central no plano de 29 de setembro, a ideia de pequenas províncias e grandes municípios, nunca foi apreciada e adotada. Sieyès colocou a unidade na Comuna, que foi o nome que ele deu a cada uma das nove divisões de um departamento. Ele pretendia que houvesse apenas 720 desses distritos autogovernados na França. Em vez de 720, a Assembleia criou 44 mil, tornando a Comuna não maior que a paróquia e transformando o sistema administrativo em pó. A sabedoria política da aldeia foi substituída pela de uma cidade ou distrito de 35 mil habitantes.

A explicação do resultado desastroso se encontra tanto na corte quanto no legislativo, e tanto na legislação que se seguiu quanto na política do momento em que foram determinadas as grandes questões, e com a qual estamos lidando. Nenhuma constituição monárquica poderia ter sucesso, depois de Varennes; e o que estamos falando, objeto do memorável conflito entre Mounier e Sieyès, não é idêntico ao que falhou. O repúdio ao modelo inglês não causou a rápida passagem da Constituição de 1791 para a República. No entanto, o esquema que prevaleceu mostra defeitos que devem suportar sua parcela de culpa. A ciência política exige que os poderes sejam regulados pela multiplicação e divisão. A Assembleia preferia ideias de unidade e simplicidade.

A velha política dos parlamentos franceses quase sugeriu um tribunal de revisão; mas essa noção, ainda não vislumbrada pela Suprema Corte dos Estados Unidos, ocorreu a Sieyès muito tempo depois. Um senado eficaz poderia ter sido fundado nas assembleias provinciais; mas as antigas províncias estavam condenadas, e as novas divisões ainda não existiam ou estavam escondidas nos mapas da maçonaria.

O poder não foi realmente dividido entre o legislativo e o executivo, pois o rei não possuía nenhum recurso contra a maioria da Assembleia. Não havia senado, nenhuma iniciativa, nenhuma dissolução, nenhum veto efetivo, nenhuma dependência do judiciário ou do elemento federal. Esses não são defeitos de igual importância, mas juntos, eles subverteram tal princípio de divisão que é útil para a estabilidade e essencial para a liberdade.

A reprovação recai não apenas sobre aqueles que carregavam as várias medidas, mas também sobre a minoria que se opôs. Mounier encorajou a suspeita e o ciúme dos ministros, separando-os da Assembleia, e negando ao rei, ao propor que prerrogativa de propor leis é deles. Ele atribuiu ao veto absoluto uma importância que ele não possui e frustrou todas as chances de uma Segunda Câmara, permitindo que se soubesse que teria preferido torná-la hereditária. Isso foi demais para os homens que tinham acabado de se alegrar com a queda da aristocracia. De modo a excluir a intervenção do rei, em favor de um veto suspensivo, ele aceitou o argumento de que a Constituição estava apenas nas mãos da Assembleia. Quando Luís levantou uma objeção justa contra os decretos de 4 de agosto, este argumento foi voltado contra ele, e a Coroa sofreu um sério revés.

O erro intelectual dos democratas desaparece diante do erro moral dos conservadores. Eles recusaram uma segunda câmara porque temiam que ela fosse usada como recompensa para aqueles entre eles cuja deserção, em parte, deviam sua derrota. E como não queriam que a Constituição fosse firmemente estabelecida, eles não votariam em meias certezas que provavelmente a salvariam. Os revolucionários foram capazes de contar com sua ajuda contra os liberais.

A palavra de ordem veio do palácio, e a vergonha de sua política recai sobre o rei. No final de setembro, um de seus nobres lhe disse que estava cansado do que via e que estava indo para seu próprio país. "Sim", disse o rei, levando-o de lado, "as coisas vão mal, e nada pode melhorar nossa posição senão o excesso do mal". Por conta disso, Royer Collard, o famoso Doctrinaire[47], disse, mais tarde, que todos os partidos da Revolução eram honestos, exceto os conservadores.

Desde o final de agosto, os agitadores de Paris, que administraram a multidão no interesse de uma mudança dinástica, direcionaram uma pressão sustentada contra Versalhes. Thouret, um dos principais advogados da Assembleia, que foi eleito presidente em 1º de agosto, recusou a honraria. Ele tinha sido avisado de sua impopularidade e deu lugar a ameaças. Cedendo à corrente que, como disse Mirabeau, submerge aqueles que resistem, ele foi para o outro lado e logo se tornou um de seus líderes. A experiência desse homem considerável é um exemplo da mudança que se estabeleceu e que foi frequente entre os homens sem convicção individual ou a força de caráter que pertence a ele.

A tendência descendente era tão claramente manifesta, a lição ensinada pela violência bem-sucedida contra o rei e a aristocracia foi tão resolutamente aplicada à Assembleia, que políticos muito sérios buscavam os meios de impedir o movimento. Volney, que não era orador, mas que era o mais eminente dos deputados no departamento de cartas, fez a tentativa em 18 de setembro. Ele propôs que deveria haver novas eleições para um parlamento que não deve consistir em ingredientes heterogêneos, mas em que os interesses de classe devem ser desconsiderados e desconhecidos. Também pontuou que deveria representar a igualdade. Eles o lembraram do juramento de não se separar até que a França fosse um Estado constitucional, e o protesto foi ineficaz. Mas, na França intelectual, não havia homem mais perfeitamente identificado com a filosofia reinante do que o homem que proferiu este grito de alarme.

Em 2 de outubro, os primeiros capítulos da Constituição estavam prontos para o parecer real. Eles consistiam nos Direitos do Homem, e das medidas fundamentais adotadas no decorrer de setembro. Mounier, o novo presidente,

---

47. Foi um movimento sociopolítico liderado por Pierre Paul Royer-Collard (1763-1845), movimento esse que visava a conciliar os ideais monárquicos e as demandas jacobinas. Collard acreditava que a ordem social demandada pelos tradicionalistas poderia se coadunar com a liberdade política clamada pelos jacobinos, caso houvesse boa vontade e empenho da Assembleia recém instituída. Para Collard, a monarquia deveria ser restituída sem os privilégios que possuía antes de sua queda, bem como os jacobinos deveriam ceder espaço político para aqueles que ansiavam lutar pelos ideais monarquistas através dos meios parlamentares. Collard tentou, assim, emplacar uma visão política moderada na polarizada e violenta França do pós-revolução, abstendo-se desde o início de quaisquer endossos às posições jacobinas ou tradicionalistas, sendo considerado desde então um centrista clássico. (N. E.)

levou ao rei os artigos pelos quais sua causa havia sido trazida à sua queda. Luís comprometeu-se a enviar sua resposta; e de Mounier não veio nenhuma palavra pedindo. Ambos imaginavam que o atraso era possível, e ainda poderia ter serventia. A maré fluiu tão lentamente em maio, que eles não puderam perceber a torrente de outubro. No dia da audiência do mais liberal de todos os monarquistas, o descanso diante deles foi medido por horas.

Durante todo o mês de setembro, em Paris, Lafayette à frente das forças de ordem, e as forças do tumulto controladas pelo Palais Royal, tinham se observado, esperando por uma luta mortal. Havia ameaças frequentes de marchar em Versalhes, seguido por mensagens tranquilizadoras do general de que ele havia apaziguado a tempestade. À medida que aumentava, ele fez-se cada vez mais o árbitro do Estado. O governo, ressentido com este protetorado, julgou que o perigo de ataque deveria ser evitado, não pela fidelidade duvidosa e pela capacidade mais duvidosa do comandante da Guarda Nacional, mas pelos recursos diretos da Coroa. Eles convocaram o regimento de Flandres, que era reconhecidamente leal, e em 1º de outubro marcharam, com a força de mil homens[48]. Os oficiais, em sua chegada, foram convidados por seus companheiros em Versalhes para uma ceia festiva no teatro. Os homens foram admitidos e dirigidos para beberem à saúde do rei; e no meio de uma cena de entusiasmo apaixonado, o rei e a rainha apareceram. A manifestação que se seguiu significou mais do que o respeito frio e decente com que os homens consideram um funcionário com poderes delegados e não irrevogáveis. Foi fácil captar a nota de devoção pessoal e lealdade e a religião do cavaleiro nos gritos desses monarquistas armados e animados. Os administradores de Paris tiveram sua oportunidade, e resolveram de uma vez executar a trama que haviam premeditado há muito tempo.

Enquanto o Executivo, que sozinho defendia a divisão dos poderes e o princípio da liberdade, estava diariamente perdendo terreno nas mãos de seus inimigos, de seus amigos, e por si só, um brilho de esperança visitava os distritos desamparados da corte. Necker havia informado à Assembleia que não poderia obter um empréstimo, e pediu um aumento muito grande da tributação direta. Ele foi ouvido com impaciência, e Mirabeau, que falou por ele, não deixou nenhuma impressão. Em 26 de setembro ele fez outro esforço, e ganhou o triunfo supremo de sua carreira. Em um discurso que estava evidentemente despreparado, ele desenhou um quadro terrível da falência que se aproximava; e enquanto ele terminava com as palavras "Estes perigos

---

48. No original: *a thousand strong*. (N. E.)

estão diante de vocês, e vocês deliberam!", a Assembleia, convulsionada com emoção, passou o voto em unanimidade, e Necker foi salvo. Ninguém sabia que poderia haver tal poder no homem.

Nos dezoito meses de vida que lhe restaram, Mirabeau sofreu muitas vicissitudes de influência e favorecimento; mas ele foi capaz, em uma emergência, de dominar os partidos. A partir daquele dia, a corte sabia o que ele era e o que ele poderia fazer; e eles sabiam como seu espírito imperioso desejava servir à causa régia, e atualmente veremos quem tentou lisonjeá-lo e conquistá-lo quando foi tarde demais – e quem o repeliu quando ainda poderia ter dado tempo.

Chegamos ao ponto em que a primeira parte da Revolução termina, e o cativeiro do monarca está prestes a começar. Os eventos dos próximos dois dias, 5 e 6 de outubro, formam um drama completo e coerente, que não suportará repartições, e deve ocupar toda a nossa atenção.

CAPÍTULO IX

A Marcha para Versalhes

A Revolução Francesa foi aprovada, inicialmente, pelo julgamento comum da humanidade. Kaunitz, o estadista mais experiente da Europa, declarou que duraria muito, talvez para sempre. Falando com menos cautela, Klopstock disse: "Vejo gerações esmagadas na luta, vejo talvez séculos de guerra e desolação, mas finalmente, no horizonte remoto, vejo a vitória da liberdade. Mesmo em São Petersburgo, a queda da Bastilha foi saudada com alegria frenética. Burke começou aplaudindo. Ele não quis ouvir Tom Paine, que tinha sido o inspirador de uma revolução, e que lhe assegurou que os Estados-Gerais levariam a outro. Ele disse, depois, que os Direitos do Homem tinham aberto seus olhos; mas na Casa Holland[49] eles acreditavam que a mudança veio alguns dias antes, quando a Igreja foi atacada. Os americanos não estavam longe da opinião de Burke. No meio do verão, Jefferson pensou que tudo o que era necessário tinha sido obtido. Franklin se alarmou com os eventos de julho. Washington e Hamilton ficaram desconfiados logo depois.

Pois os decretos de setembro foram dirigidos não apenas contra o modelo inglês, mas ainda mais contra o americano. A Convenção de 1787 construiu um sistema de títulos que visava salvar a União do poder da democracia

---

49. Holland House, ou Casa Holland, é o nome de uma casa de campo histórica inglesa que passou por diversos proprietários. A conexão com o texto vem do fato do local ter sido um "centro do pensamento Whigg", o que quer dizer que os Whiggs costumavam fazer muitas reuniões na propriedade, a ponto de torná-la uma espécie de sede do pensamento da corrente liberal inglesa. Presumivelmente, o autor ao mencionar a Casa Holland, menciona que as mentes que circulavam pelo local emitiram a opinião que se encontra no texto. (N. E.)

descontrolada. A Assembleia Nacional varreu resolutamente todas as seguranças. Nada além da Coroa foi deixado que poderia impedir a operação direta da vontade popular, ou que poderia tornar a divisão de poderes uma realidade. Portanto, o Partido Liberal olhou para o rei tanto quanto o Conservador, e desejou tanto quanto eles, e até mais do que eles, forticar a sua mão. A teoria dos liberais exigia uma legislatura dividida. Tendo perdido isso, eles caíram sobre Montesquieu, e aceitaram a divisão dos poderes no legislativo, executivo e judiciário. Essas sutilezas teóricas eram ininteligíveis para o povo da França. Homens que eram tão veementes a favor do rei em outubro quanto tinham sido veementes contra ele em junho, pareciam-lhes traidores. Eles não podiam conceber que a autoridade que os oprimiu por tanto tempo, e que exigia tal esforço para derrotar, deveria agora ser confiável e aumentada. Eles não podiam convencer-se de que seus verdadeiros amigos eram aqueles que de repente tinham ido até o antigo inimigo e opressor, cujos próprios adeptos habituais pareciam não mais apoiá-lo.

A opinião pública foi levada à Assembleia para manter a repressão da monarquia que começou em 23 de junho. À medida que a Coroa passou sob o controle da Assembleia, ela tornou-se mais dependente dos círculos eleitorais, especialmente daquele eleitorado que tinha a opinião francesa, e no qual o espírito democrático estava concentrado. Após o mês de agosto, o fato dominante foi a crescente pressão de Paris sobre Versalhes. Em outubro, Paris colocou a mão em sua presa. Por algumas semanas, a ideia de escapar tinha sido entretida. Trinta e dois dos principais monarquistas da Assembleia foram consultados, e aconselharam que o rei deveria deixar Versalhes e se refugiar nas províncias. O ministro Breteuil e o embaixador austríaco, Mercy tinham a mesma opinião e eles traziam a rainha consigo. Mas Necker estava do outro lado.

Em vez de fugir, se decidiram pela defesa e trouxeram o regimento Flandres, cujo coronel era um deputado da esquerda. Pela manhã, o conde d'Estaing, que comandava em Versalhes, soube com alarme que havia sido decidido omitir a saúde da nação. O emissário prussiano escreve que os oficiais da guarda, que ainda não haviam adotado o tricolor, demonstraram o maior desprezo por isso. Não foi necessário exagero para representar a cena de forma leve e odiosa para o público. Quando madame Campan chegou em casa e descreveu com admiração o que ela tinha acabado de ver, Beaumetz, um deputado e amigo de Talleyrand, tornou-se muito grave e se despediu, para que ele pudesse decidir se não deveria emigrar imediatamente. Testemunhas hostis relataram os detalhes à imprensa no dia seguinte, e foi declarado, figurativa ou literalmente, que os Guardas Reais haviam pisoteado as cores nacionais sob os pés. Marat veio perguntar, e Camille Desmoulins diz que ele correu de volta para Paris fazendo tanto barulho quanto todas as trombetas do último dia.

O banquete tinha sido realizado em uma quinta-feira. No domingo, 4 de outubro, Paris estava agitada. O insulto à nação, a convocação de tropas, a fuga projetada, como era suposto, para a fortaleza de Metz, foram levados a significar guerra civil, para a restauração do despotismo. No Palais Royal, os agitadores falaram em ir a Versalhes, de modo a punir os guardas insolentes. Na noite de domingo, um distrito da cidade, o Cordeliers, que era governado por Danton, estava pronto para marchar. Os homens de outros distritos não estavam tão prontos para a ação, ou tão zelosos para vingar o novo *cockade*. Era necessário mais do que o vago rumor de Metz, ou mesmo do que a indignação simbólica, para carregar a população inteira.

Havia fome entre os 800 mil habitantes de Paris, no interregno entre o milho do ano passado que estava esgotado e a nova colheita que ainda não estava moída. Ninguém, diz Dumont, poderia se perguntar se tanto sofrimento levou ao tumulto. O sofrimento deveu-se à pobreza mais do que à escassez, mas Lafayette afirmou que mais de £2000 por semana eram pagos aos padeiros, ou aos moleiros, para criar descontentamento ao diminuir a oferta de suprimentos. Havia pessoas que achavam que o dinheiro gasto dessa forma despertaria indignação contra a Assembleia incompetente e inativa. Após dezesseis dias no decorrer de setembro, as padarias tinham que ser vigiadas pelas tropas. As famílias nobres reduzidas estavam fechando seus estabelecimentos, e 200 mil passaportes foram emitidos para a pretensos emigrantes nos dois meses seguintes à queda da Bastilha.

O principal infrator, responsável pela subsistência, era o município da capital, e sua sede foi o primeiro objeto de ataque. Na manhã de segunda-feira, uma multidão de mulheres animadas entrou no Hotel de Ville. Elas queriam destruir os montes de papéis, pois toda aquela escrita não lhes fazia bem. Elas apreenderam um padre, e começaram a enforcá-lo. Tocaram o sinal de alerta, trazendo todos os batalhões treinados e todas as bandas esfarrapadas da cidade para a Place de Grève. Levaram várias centenas de mosquetes e alguns canhões inúteis, buscaram tochas, para que pudessem queimar o edifício até o chão. Era a sede do corpo de governo eleito do município, mas as massas estavam se conscientizando de que elas não eram o Terceiro Estado, que havia um conflito de interesse entre propriedade e trabalho, e começaram a desabafar sua raiva ainda inarticulada sobre a classe média acima deles.

Presentemente apresentei que essas heroínas revolucionárias, companheiras de tricô da futura guilhotina, não estavam todas enfurecidas ou implacáveis. Parcelas de cédulas bancárias que elas levaram foram trazidas de volta, o padre foi deixado desatado, as tochas que deveriam ter iluminado a conflagração foram extintas sem dificuldade. Elas foram facilmente convencidas de que a esfera de ação própria era Versalhes, com sua Assembleia, a qual era capaz de fazer tudo, e não fez nada pelos pobres. Desempenharam o papel genuíno de mães cujos filhos estavam famintos em suas casas esquálidas, e assim se deram ao luxo de motivos que não compartilhavam nem entendiam; a ajuda de uma ponta de diamante, contra a qual nada podia suportar. Foi este primeiro destacamento de mulheres invasoras que permitiu a liderança de Stanislas Maillard.

Maillard era conhecido por toda a cidade como um conquistador da Bastilha. Mais tarde, ele adquiriu uma celebridade mais sinistra. Mas naquele 5 de outubro, como o controlador calculista do tumulto desgrenhado, ele deixou naqueles que o viram uma impressão de força incomum. Enquanto ele reunia seu exército na Champs Elysées, e os recrutadores foram enviados pelas ruas, um emissário do Hotel de Ville apressou-se a avisar o governo de Versalhes. Ele foi capaz de anunciar que a Guarda Nacional estava vindo.

Lafayette apareceu tarde na cena e não fez nada para dificultar a expedição de Maillard. Ele achava o perigo desprezível e acreditava que havia recursos em Versalhes o suficiente para pará-lo, embora houvesse 7 ou 8 mil mulheres e algumas centenas de homens entre eles. Necker e Mounier, presidente da Assembleia, confirmam o fato.

Quando a notícia contra o que eles deveriam estar preparados alcançou os ministros, o rei estava atirando, a alguns quilômetros de distância, e nada poderia ser feito sem ele. A rainha foi encontrada no Trianon, que ela nunca mais viu. Um oficial que veio a pé de Paris contou ao rei sobre seu perigo. Ele recusou seu nome, mas afirmou que não havia nenhum homem no serviço que tivesse maior razão para reclamar. Um mensageiro montado chegou a mando do ministro do Interior, e Luís subiu em seu cavalo e galopou para Versalhes. As ruas já estavam lotadas de pessoas desordenadas, e tiros foram disparados enquanto ele passava.

As estradas de Paris para Versalhes cruzam o Sena em três pontos, e os oficiais gerais que estavam no ministério declararam que poderiam ser defendidas com as tropas que estavam à mão. St. Priest, o Ministro do Interior, aconselhou o rei a encontrar o exército de Paris em Sèvres, e ordenar que batesse em retirada. Caso eles se recusassem, ele pensou que poderiam ser derrotados.

Necker era contra lutar, e dois colegas importantes estavam com ele. Ele estava pronto para levar o rei a Paris, vendo as objeções, como sempre fez a todas as propostas, mas esperando que a opinião pública, estimulada pela presença da corte, que não era vista lá há gerações, sustentaria a Coroa contra a Assembleia. Ele tinha tido essa opinião desde o início e se recusou a ser responsável por uma guerra civil. Luís, incapaz de decidir, foi consultar a rainha. Ela seria mandada embora, com seus filhos, caso houvesse uma batalha. Declarou que permaneceria se o rei permanecesse e não permitiria que ele incorresse em perigos dos quais não compartilhava. Essa resolução tornou impossível para ele adotar um curso viril ou espirituoso. O Conselho se separou sem decidir nada.

Enquanto isso estava ocorrendo, entre três e quatro da tarde Maillard chegou a Versalhes com sua coluna de mulheres. Sua qualidade se deteriorou pelos recrutas feitos no caminho, e houve uma grande adesão da ferocidade. Além das mulheres que seguiram Maillard do Hotel de Ville, algumas das quais acreditavam que a fome é causada pelo mau governo e que pode ser apaziguada pelo bom [governo], outras exibiram os aventais em que pretendiam levar a rainha para Paris, pouco a pouco. E havia um grupo, mais significativo do os demais, que estava bem abastecido com dinheiro, para ser distribuído entre os soldados do regimento flamengo, e que realizou o seu trabalho efetivamente.

Maillard, que havia evitado a depredação por sinal, foi direto para a Assembleia, e foi admitido com uma delegação de seus seguidores. Eles chegaram em um momento de emoção. O rei havia aceitado os dezenove parágrafos da Constituição, com a condição de que ele mantivesse o poder executivo não diminuído. Ele tinha adiado os Direitos do Homem até que se saiba como eles foram afetados pelas partes da Constituição ainda a serem aprovadas. A resposta não foi contra assinada por um ministro; e os deputados enxergaram nisso uma tentativa de reivindicar o direito de modificar as leis fundamentais. Eles trouxeram à tona as imprudências do jantar de boas-vindas, e argumentaram que deveria haver um complô.

Mirabeau nunca esteve em uma posição mais difícil. Ele se agarrou à monarquia, mas não ao rei. Ele estava pronto para servir o conde da Provença, ou mesmo o cuque de Orléans, mas não um executivo fraco; e ele julgou que, no decorrer dos eventos, logo não haveria rei para servir. Através de seu amigo La Marck ele tentou aterrorizar a corte, e induzi-los a aceitar seus serviços. La Marck havia representado para a rainha o imenso valor da ajuda de tal homem, e a rainha tinha respondido, decisivamente, que ela esperava que eles nunca caíssem tão baixo a ponto de precisar da ajuda de Mirabeau.

Ele defendeu a resposta do rei no terreno que ele havia defendido antes, que a Declaração deveria seguir a Constituição, e não a preceder. Falando da cena no jantar dos oficiais, ele disse que o rei era inviolável – o rei, e nenhuma outra pessoa. A alusão era tão clara que os monarquistas foram reduzidos ao silêncio. A Assembleia decidiu que o rei deveria ser solicitado a dar seu parecer favorável, incondicionalmente. Antes da deputação ter saído, Maillard entrou na Assembleia.

Mirabeau havia recebido uma notificação antecipada do ataque pretendido por um grande corpo de parisienses, e havia aconselhado Mounier a adiar a tempo. Mounier imaginou que Mirabeau estava com medo, e disse que todo homem deve morrer em seu posto. Quando Maillard apareceu com algumas mulheres, ele permitiu que ele falasse. Como orador das mulheres que ele havia trazido do Hotel de Ville, Maillard pediu pão barato, denunciou a fome artificial e a Guarda Real. Quando repreendido por Mounier por usar o termo "cidadãos", ele fez um ponto muito eficaz ao dizer que qualquer homem que não se orgulhasse de ser um cidadão deveria ser expulso imediatamente. Mas ele admitiu que não acreditava em todas as imputações que foram feitas por seus seguidores; e obteve um aplauso da Guarda Real ao exibir um chapéu regimental com o *cockade* tricolor.

A Assembleia cedeu e enviou Mounier à frente de uma delegação de modo a convidar a atenção do rei para as demandas de seus súditos aflitos. Enquanto os deputados, com algumas das mulheres, estavam na chuva, esperando os portões serem abertos, uma voz na multidão exclamou que não havia falta de pão nos dias em que tinham um rei, mas agora que eles tinham 1.200, estavam famintos. Para que houvesse alguns cuja animosidade não era contra o rei, mas contra os eleitos do povo.

O rei admitiu de uma vez tudo o que Mounier pediu por seus companheiros estranhos, e eles foram embora contentes. Então seus amigos lá fora caíram sobre eles, e os acusaram de ter aceitado subornos, e novamente tornou-se evidente que duas correntes haviam se juntado, e que algumas foram honestamente pelo pão, e algumas não. Aqueles que haviam obtido a ordem do rei para o provisionamento de Paris, e estavam satisfeitos, voltaram para trazê-la para o Hotel de Ville. Eles foram enviados para casa em uma carruagem real. Maillard foi com eles. Foi plenamente compreendido que, com toda a sua violência e crueza, ele havia desempenhado bem um papel difícil.

Mounier permaneceu no Palácio. Ele não estava ansioso para revisitar a cena de sua humilhação, onde mulheres vociferantes ocuparam os bancos, pedindo o jantar e se empenharam em bajular o presidente. Ele desejou que o rei aceitasse os Direitos do Homem, sem esperar pela delegação nomeada da Assembleia. Embora eles fossem em parte seu trabalho, ele não estava mais casado com eles na forma como se posicionavam, e pensava, como Mirabeau, que eram um impedimento. Mas uma crise havia chegado, e essa questão poderia ser entregue, de modo a salvar a própria existência da monarquia. Ele esperou durante muitas horas agitadas, e voltou depois das dez da noite para descobrir que o bispo de Langres, revoltado com a cena diante dele, havia adiado a Assembleia. Mounier imediatamente os convocou, por batida de tambor. Ele tinha outras coisas para falar além dos Direitos do Homem, pois sabia que um invasor mais formidável do que Maillard com sua escolta de amazonas estava se aproximando.

Nas últimas semanas de setembro, Lafayette lançou sua influência ao lado daqueles que pretendiam fortalecer o executivo. Ele havia contido seus homens quando eles ameaçaram ir apoiar a Assembleia Nacional. Ceder a esse movimento seria reconhecer a derrota, e a perda de popularidade e poder disponíveis. Quando ele veio ao Hotel de Ville e descobriu que seu exército estava decidido a ir, ele se opôs ao projeto, e manteve sua posição por muitas horas. Os homens que ele comandava não estavam interessados por si mesmo a respeito da cota diária de alimentos. Sua raiva estava com a Guarda Real, e seu propósito era tomar o lugar deles. Então haveria menos perigo de resistência aos decretos ou de fuga para as províncias.

Lafayette não podia aparecer diante do rei em sua liderança sem evidente hostilidade e revolta; pois o temperamento deles era ameaçador, e ele estava rapidamente perdendo o controle. Por atraso e adiamento, ele ganhou algo. Em vez de chegar como um assaltante, ele veio como um libertador. Quando protestou, seus soldados disseram que sua intenção não era ferir o rei, mas que ele deveria obedecer ou abdicar. Eles fariam de seu general o regente; mas caso se recusasse a encabeçá-los, tirariam sua vida. Disseram-lhe que ele tinha comandado tempo suficiente, e que agora deveria seguir. Ele não cedeu até o tumulto crescer às alturas, e a tensão em sua autoridade começar a quebrar.

No início da tarde, os observadores que acompanharam a marcha das mulheres das raras torres de igreja relataram que haviam atravessado o Sena sem oposição. Sabia-se, portanto, que a estrada estava aberta, que a aproximação do exército estaria sob a cobertura do contingente que o havia precedido, que não havia perigo de colisão.

Por volta das quatro horas, Lafayette enviou uma mensagem ao Hotel de Ville – pois seus homens não permitiriam que saísse de vista – que era hora de lhe enviarem suas ordens, pois não ele não conseguiria impedir a partida. Elas foram levadas até ele, onde estava sentado em uma sela na Place de Grève, e ele as leu com uma expressão de extremo alarme. As ordens continham tudo o que a ambição poderia desejar, pois os quatro pontos em que ele foi orientado a insistir fizeram dele o ditador da França. Mas foi acrescentado que as ordens foram dadas porque ele as exigiu. Lafayette nunca produziu esse documento; e ele deixou para os comissários enviados com ele para instar a única exigência em que ele estava interessado, o estabelecimento da corte em Paris.

Ele começou por volta das cinco horas, com quase 20 mil homens. Da barreira pela qual deixou Paris, enviou uma nota a lápis para tranquilizar o governo quanto às suas intenções. Foi uma marcha de sete horas. Na passagem do Sena, ele enviou um oficial com mais explicações, e declarou que estava sendo obrigado e teria voltado se a ponte tivesse sido mantida através da força. Antes de chegar a Versalhes ele parou seus homens, e os fez fazer o juramento de fidelidade ao rei e à Assembleia.

A notícia de sua vinda tinha sido recebida com terror. Um homem, vestido como um operário, que estava em marcha com os outros, correu à frente para o Palácio, e foi imediatamente admitido. Foi o futuro Duque de Richelieu, duas vezes primeiro-ministro, em anos vindouros. O que ele disse sobre o humor dos homens adicionou mais alarme. Outro Conselho foi realizado, no qual a maioria era a favor da fuga. "Senhor", disse St. Priest, "se você for a Paris, pode lhe custar sua coroa". "Essa sugestão", disse Necker, "pode custar sua cabeça". Ninguém duvidava que a fuga significasse guerra civil. Mas St. Priest levou seu ponto de vista, e partiu a cavalo para preparar Rambouillet para a família real. Como ele sabia que a decisão era a mais grave que poderia ser tomada, e que as palavras de Necker eram provavelmente verdadeiras, ele diminuiu o ritmo para uma caminhada, e foi ultrapassado por sua esposa. A partir dela, ele soube que a decisão perigosa havia sido revertida, e que o rei permaneceria em Versalhes. Sua entrevista com a delegação de mulheres teve um sucesso momentâneo, e provocou gritos de *"Vive le Roi!"*. Necker recuperou o terreno perdido, com a ajuda de Liancourt, quem primeiro trouxe o rei para Paris no verão. As carruagens, que estavam prontas, foram guardadas. Mais tarde, elas foram novamente chamadas, mas desta vez foram paradas pelo povo.

A confusão do conselho foi tal que um dos ministros depois declarou que, se o duque de Orléans tivesse aparecido e pressionado suas exigências, ele teria obtido tudo. Diz-se que os gestores de seu partido viram isso, e mostraram-lhe sua oportunidade, durante o pânico que precedeu Lafayette.

Afirma-se até que o trouxeram para a porta da câmara do conselho, e que ele vacilou, com a regência ao alcance de sua mão. Quando a Guarda Nacional chegou, suas chances desapareceram.

Lafayette nunca foi capaz de provar a cumplicidade do duque no crime daquela noite. Quando o duque lhe perguntou que provas ele tinha, ele respondeu que se ele tivesse provas ele o teria enviado para julgamento; mas que ele tinha razões suficientes para suspeitar que ele deveria deixar o país. Por três vezes o duque, encorajado à força por Mirabeau, recusou-se a ir. Por três vezes o general insistiu, e o duque partiu para a Inglaterra. Mirabeau exclamou que ele não o teria como lacaio. Um longo inquérito foi realizado mas não terminou em nada. Um homem que melhor conhecia esses tempos, Roederer, assegurou mais tarde a Napoleão que, caso tenha havido uma conspiração orleanista, o próprio Orléans não estava nela.

As mulheres que invadiram Versalhes foram seguidas por grupos de homens da mesma descrição daqueles que cometeram as atrocidades que se seguiram à queda da Bastilha. À medida que a noite caía, eles se tornaram formidáveis, entraram em escaramuças com a guarda e tentaram entrar no Palácio. No início, quando seus capitães pediram ordens para dispersar a multidão, Luís, contra o conselho de sua irmã, respondeu que ele não faria guerra contra mulheres. Mas os homens estavam armados, e eram evidentemente perigosos. O comando, em Versalhes, estava nas mãos de Charles Henri Hector d'Estaing, o almirante da guerra americana, que neste momento crítico não mostrou capacidade. Ele se recusou a deixar seus homens se defenderem, e ordenou que se retirassem. St. Priest ficou impaciente. Muito dependia de terem reprimido o motim sem esperar para serem resgatados pelo exército de Paris. Ele convocou o almirante para repelir a força com força. D'Estaing respondeu que esperou as ordens do rei. O rei não deu nenhuma. O ministro então disse: "Quando o rei não dá ordens, um general deve julgar e agir por si mesmo." Mais uma vez o rei ficou em silêncio. Mais tarde, no mesmo dia, ele adotou as palavras de St. Priest, e as fez suas. Ele disse que o conde d'Estaing deveria ter agido por sua própria responsabilidade. Nenhuma ordem é necessária para um homem de espírito, que entende seu dever. Era o desejo constante de Luís XVI estar nas mãos de homens mais fortes, que saberiam como salvá-lo, apesar de si mesmo.

Mounier obteve seu [do rei] parecer não qualificado para os Direitos do Homem, e instou-o a aproveitar o momento para se refugiar em alguma província fiel. Era o curso perigoso, mas honroso, e havia esperança de que a Assembleia, ao seu lado, evitaria um início de guerra. Ele transmitiu a mensagem real à Assembleia, em uma sessão noturna, muito obstruída pela presença contínua dos visitantes de Paris. Só então Lafayette chegou, com sua força esmagadora. Ele assegurou Mounier e seus amigos que os homens que ele comandava agora seriam fáceis de satisfazer. Mas ele não disse nada sobre o propósito real de sua presença lá. Da Assembleia ele passou para o rei. Deixando seus vinte mil homens para trás na escuridão, ele apareceu no portão do Palácio, acompanhado apenas pelos comissários do Hotel de Ville.

Os suíços atrás das grades avisaram-no para refletir o que ele estava prestes a fazer. Pois ele estava entrando em um lugar lotado de homens apaixonadamente animados contra o general revolucionário, que, quer ele veio para salvar ou destruir, não era mais um súdito, mas um mestre. O general disse-lhes para deixá-lo entrar. Quando ele passou, uma voz gritou: "Lá vai Cromwell." Lafayette ficou parado e respondeu: "Cromwell não teria vindo sozinho. Madame de Staël o assistiu quando ele entrou na presença real. Seu semblante, ela disse, era calmo. Ninguém nunca viu de outra forma. Luís o recebeu com uma sensação de alívio, pois sentia que estava seguro. Naquele momento, o soberano realmente tinha perecido, mas o homem estava seguro. A linguagem de Lafayette era respeitosa e satisfatória. Ele deixou para seus companheiros o desagradável dever de impor termos, e eles expuseram ao rei o objeto desta estranha interposição da classe média em armas. Ele respondeu que já havia sancionado os Direitos do Homem, que o ministro providenciaria com o município o provisionamento de Paris, que ele próprio confiaria sua pessoa à custódia da Guarda Nacional. A quarta, e única questão essencial, a transferência da corte para Paris, ficou instável. Era para ser o trabalho reservado para o dia seguinte. Foi-se enviada uma mensagema ao Hotel de Ville que estava tudo bem.

Lafayette, segurando a questão em suas mãos, não traiu nenhuma impaciência, e absteve-se de insistência desnecessária. Seus homens empreenderam a linha externa de defesa, mas o próprio Palácio foi deixado para a Guarda Real. O rei não percebeu imediatamente a posição, e tentou combinar a velha ordem com a nova. Durante o resto da noite houve um comando dividido e uma responsabilidade incerta. Entre Lafayette do lado de fora e D'Estaing dentro, havia uma porta desprotegida.

O general acreditava que ele tinha feito o suficiente, e iria facilmente reunir os frutos maduros na parte da manhã. Tendo informado o presidente da Assembleia, ainda ostensivamente sentado, que a ordem foi restaurada, ele foi para casa dormir. Ele teve um dia longo e difícil. Seu descanso estava destinado a ser curto. Antes do amanhecer, um pequeno grupo de rufiões, do tipo que a Revolução forneceu como um instrumento adequado para conspiradores, fez seu caminho pela entrada do jardim no Palácio. Aqueles que visavam a vida do rei se depararam com uma sala de guarda cheia de soldados adormecidos, e se retiraram. O verdadeiro objeto do ódio popular era a rainha, e aqueles que vieram atrás dela não foram tão facilmente afastados de seu projeto. Dois homens de guarda que dispararam contra eles foram arrastados para a rua e massacrados e a cabeça deles, levada como troféu para o Palais Royal. Seus companheiros fugiram por segurança para o interior do palácio. Mas um guarda, que foi colocado na porta de Maria Antonieta, ficou de pé, e seu nome, Miomandre de Sainte Marie, vive como uma palavra do dia a dia. Uma das senhoras da rainha, cuja irmã deixou um registro da cena, foi acordada pelo barulho e abriu a porta. Ela viu a sentinela, seu rosto fluindo de sangue, segurando uma multidão na baía. Ele a instou para salvar a rainha e caiu, com a perderneira de um mosquete alojada em seu cérebro. Ela imediatamente trancou a fechadura, despertou a rainha, e apressou-a, sem parar para se vestir, para o aposento do rei.

A Guarda Nacional de Paris, que estava lá fora, não tinha protegido as duas primeiras vítimas; mas depois interferiu, e os *Gardes Françaises*, que tinham sido os primeiros amotinados, e haviam se tornado o núcleo sólido do exército parisiense, derramaram-se no palácio. Como eles tinham feito sua expedição do dia anterior para nenhum outro propósito a não ser afastar as tropas reais e tomar seu lugar, ninguém poderia dizer qual seria a reunião das duas forças, e os homens do rei barricaram-se contra os recém-chegados. Mas um oficial lembrou aos *Gardes Françaises* do dia em que os dois regimentos resistiram aos ingleses, lado a lado, e o deles tinha sido resgatado pelos *Gardes du Corps*. Então eles gritavam: "Lembre-se de Fontenoy", e os outros responderam ao desafio e tiraram a barricada da porta.

No momento em que Lafayette apareceu, despertado de sono prematuro, seus homens eram mestres do palácio, e estavam entre a família real e a multidão furiosa de assassinos perplexos. Ele manteve os guardas capturados seguros; mas embora estivesse no comando supremo, não restaurou a ordem do lado de fora. O último dos quatro pontos que ele tinha sido instruído a obter, a remoção da corte para sua custódia nas Tulherias e sua própria elevação permanente para uma posição superior ao trono, ainda não havia sido concedida. Até que isso fosse resolvido, a lealdade de suas forças foi contida. Ninguém foi preso. Homens cujas mãos estavam vermelhas com o sangue de Varicourt e Miomandre foram autorizados a desafiar a justiça, e uma multidão furiosa foi deixada por horas sem abuso sob as janelas do rei. O único grito que restava para eles levantarem era "Paris", e a tempo de realizar o seu trabalho. O rei não conseguiria escapar, pois Lafayette segurava todos os portões. Ele não pôde resistir, pois Lafayette comandava todos os soldados. O general nunca pressionou o ponto. Ele foi cauteloso demais para comparecer ao conselho onde o assunto foi considerado, como se a liberdade de escolha ainda existisse. Desta vez, Necker fez o que queria, e ele se apresentou e anunciou às pessoas reunidas que a corte estava prestes a se mudar para Paris. Luís, que tinha vagado, indefeso e silencioso entre sua cadeira e a varanda, finalmente falou, e confirmou o fato.

Naquele momento de triunfo, Lafayette mostrou-se um homem de instinto e ação. A multidão tinha servido suficientemente ao seu propósito; mas suas próprias paixões não foram apaziguadas, e a rainha personificava a eles todas as forças antagônicas e impopulares. A submissão do rei foi uma conclusão precipitada: já a reconciliação da rainha nem tanto. Ele perguntou a ela: "Quais são as intenções de Sua Majestade?". Ao que ela respondeu: "Eu sei o meu destino. Eu tenho a intenção de morrer aos pés do rei." Então Lafayette levou-a para a frente, diante da tempestade, e, como nenhuma palavra podia ser ouvida, ele respeitosamente beijou sua mão. A população viu e aplaudiu. Sob seu protetorado, a paz foi feita entre a corte e a democracia.

Em todas essas transações, que determinaram o futuro da França, a Assembleia não teve participação. Eles não tinham nenhuma iniciativa e nenhum conselho. Seu presidente não soube como evitar a irrupção das mulheres, ele os havia fornecido pão, e tinha sido incapaz de mudar suas ideias até a Guarda Nacional chegar. Depois das duas da manhã, quando soube que tudo estava quieto no Palácio, ele suspendeu a sessão. No dia seguinte, ele propôs que eles assistissem ao rei em um corpo, mas Mirabeau não permitiria que fosse feito. Cem deputados deram uma escolta fútil para a família real, e a Assembleia seguiu logo depois. O poder estava passando deles para o povo disciplinado de Paris, e além deles e de seu comandante: para os homens que gerenciavam as massas. Seu reinado durou de 16 de julho a 6 de outubro.

Levou sete horas para trazer a família real de Versalhes para Paris, a um passo de caminhada, cercada pelas mulheres vitoriosas, que gritaram: "Trazemos o padeiro, a esposa do padeiro e o filho do padeiro". E eles estavam certos. Os suprimentos tornaram-se abundantes; e a mudança repentina encorajou muitos a acreditar que a escassez não tinha sido devido a causas econômicas.

CAPÍTULO X

Mirabeau

A transferência do governo para Paris, a qual degradou e obscureceu o rei, imediatamente fez da rainha a pessoa mais importante do Estado. Esses dias de outubro são uma época em seu caráter, bem como em sua vida, e devemos voltar nossos pensamentos para ela, que tinha tanta influência e tanta tristeza, e que além de todas as mulheres da história europeia, exceto uma, encantou e entristeceu a humanidade. Ela tinha se mostrado inferior à sua posição durante os anos de sua prosperidade e tinha desonrado a si mesma, mesmo aos olhos de sua mãe, por sua parte na demissão de Turgot. A Corte estava cheia de histórias prejudiciais ao seu bom nome, e a calúnia do colar de diamantes mostrou tão claramente o que um príncipe da Igreja achava que ela era capaz, apostando sua existência em sua crença, que sua própria irmã suspeitava dela, e elas permaneceram distantes por muito tempo. Sua frivolidade não foi controlada pela religião; mas um ou dois anos antes de seus infortúnios começarem, ela se tornou mais séria; e quando eles estavam prestes a acabar, um padre encontrou seu caminho para a prisão, e ela estava preparada para morrer. No início, a rainha era temida como a influência mais iliberal perto do trono, e o Parlamento de Paris a denunciou como a promotora oculta da opressão. Nos dias decisivos de junho de 1789, ela induziu Luís XVI a sacrificar para a causa da aristocracia as reformas oportunas que poderiam ter recuperado sua fortuna. A emigração a deixou para enfrentar sozinha a vingança do povo. A experiência fantástica de outubro, quando viu a morte tão perto, e que foi feita de forma a sentir tão intensamente o ódio que ela inspirou, a deixou sóbria em um momento de leviandade em sua vida, e resgatou qualidades maiores. Foi nesse dia que começou a lembrar aqueles ao seu redor de quem ela era filha. Ignorante como era e apaixonada, nunca poderia se tornar uma conselheira segura. Mas ela adquiriu decisão, vigor e autocontrole, e foi capaz às vezes de fortalecer a mente vacilante de seu marido. Corajosa demais para ter medo, ela recusou no início a ajuda oferecida de Mirabeau e, quando tarde demais, ela inclinou seu orgulho para pedir pela ajuda, agiu com os olhos abertos, sem confiança ou esperança. Para as forças crescentes do dia, para a ideia que poderia tê-la salvado, a ideia de um governo unindo as melhores propriedades de uma monarquia com as melhores propriedades de uma república, ela não tinha simpatia nem compreensão. No entanto, ela não estava casada com as máximas que haviam feito a grandeza de sua raça, e a inimizade dos príncipes e dos *emigrés* a salvou das paixões do velho regime. Condé falou dela como democrata; e ela teria ficado feliz em trocar as instituições de 1791 por algo como a Constituição britânica como ela existia naqueles dias Tory[50]. Ela pereceu através de sua insinceridade mais do que através do desejo tradicional de poder. Quando o rei foi decapitado, o príncipe bispo de Bamberg e Würzburg, conhecido como o mais sagaz e iluminado entre os prelados do império, foi ouvido dizer: "Deveria ter sido a rainha". Nós que enxergamos mais longe podemos permitir a retribuição que se abateu sobre as loucuras e erros da rainha para prender nosso julgamento.

A negociação de Maria Antonieta com Mirabeau, e o memorável esforço de Mirabeau para restaurar o trono constitucional são as características centrais no período agora diante de nós.

Com a remoção compulsória para Paris, a democracia tornou-se preponderante. Foram reforçados pelo apoio da anarquia organizada lá fora e pelo desaparecimento de seus principais adversários dentro. Mounier foi o primeiro a ir. A indignação em Versalhes tinha ocorrido enquanto ele presidia, e ele renunciou ao seu assento com indignação. Tentou despertar sua própria província contra a Assembleia, a qual havia traído seu mandato, e renunciado seus eleitores; mas Dauphiné, a casa e a base de sua influência, o rejeitou, e ele foi para o exílio. Seu exemplo foi seguido por Lally Tollendal e muitos homens moderados, que se desesperaram com seu país e que, ao declinarem mais responsabilidades, ajudaram a precipitar o mal que previram.

A causa constitucional, já oposta pelos conservadores, estava agora abandonada pelos liberais. Malouet permaneceu em seu posto. Ele tinha sido menos proeminente e menos ansioso do que Mounier, e ele não era tão facilmente desencorajado. A esquerda foi agora capaz de realizar em todos os departamentos do Estado sua interpretação dos Direitos do Homem. Eles eram governados principalmente por duas ideias: desconfiavam do rei como

---

50. Partido Conservador britânico. (N. E.)

um malfeitor, condenado pelo pecado imperdoável do absolutismo, a quem era impossível sujeitar a muita limitação e controle; e foram convencidos de que as garantias para a liberdade individual que são necessárias sob um governo pessoal são supérfluas em uma comunidade popular conduzindo seus assuntos por discussão, compromisso e ajuste, em que a única força é a opinião pública. As duas visões tendiam ao mesmo resultado prático – fortalecer o poder legislativo, que é a nação, e enfraquecer o poder executivo, que é o rei. Impedir essa tendência foi o último esforço que consumiu a vida de Mirabeau. O perigo que ele temia não era mais o poder do rei, mas a fraqueza do rei.

A velha ordem das coisas tinha caído, e os costumeiros caminhos e forças foram abolidos. O país estava prestes a ser governado por novos princípios, novas formas e novos homens. Toda a assistência que a ordem deriva do hábito e da tradição, da conexão local e do crédito pessoal, foi perdida. A sociedade teve que passar por um intervalo perigoso e caótico, durante o qual a necessidade suprema era de uma administração vigorosa. Essa é a ideia estadista que detinha Mirabeau, e a qual o guiou consistentemente através do curso muito tortuoso e aventureiro de seus últimos dias. Ele não tinha ciúmes do executivo. Os ministros deveriam ser escolhidos na Assembleia, deveriam liderar a Assembleia e serem controlados por ela; e então não haveria motivo para temê-los e restringir sua ação. Essa foi uma ideia não aprendida com Montesquieu, e geralmente repudiada pelos teóricos da separação de poderes. Era familiar para Mirabeau por sua experiência na Inglaterra, onde, em 1784, ele tinha visto o país vir em apoio ao rei contra o parlamento. Daí ele reuniu a concepção de um rei patriota, de um rei como o verdadeiro delegado obrigatório da nação, na verdade de um imperador incipiente. Se seus esquemas tivessem chegado a alguma coisa, é provável que seu monarca democrático poderia ter se tornado tão perigoso quanto qualquer soberano arbitrário poderia ser, e que sua administração teria se mostrado um obstáculo tão grande ao governo parlamentar quanto a administração francesa sempre foi desde Napoleão. Mas seu propósito na época era sinceramente político e legítimo, e ele empreendeu sozinho a defesa dos princípios constitucionais. Durante o mês de setembro, Mirabeau levantou a questão de um Ministério parlamentar, tanto na imprensa quanto na Assembleia. Ele preparou uma lista de homens eminentes para os vários escritórios, atribuindo a si mesmo um lugar no Gabinete sem pasta. Era um plano para fazer dele e Talleyrand mestres do governo. Os ministros da época não confiavam nele, e não tinham nenhum desejo de abrir caminho a ele, e quando, em 6 de novembro, propôs que os ministros fossem ouvidos na Assembleia Nacional, o arcebispo de

Bordeaux instigou Montlosier e Lanjuinais a se oporem a ele. Ambos eram homens de alto caráter, tinham algumas realizações; e em sua aversão por ele, por sua evidente autobusca, eles carregavam uma moção proibindo os deputados de assumir o cargo. Nesta votação, de 7 de novembro, que excluiu permanentemente Mirabeau dos conselhos do rei, o executivo foi privado de autoridade. É um dos atos decisivos da Assembleia Constituinte, pois arruinou a monarquia constitucional.

Mirabeau foi obrigado a confiar em uma dissolução como a única perspectiva de melhora. Ele sabia que a votação era tanto devido ao seu próprio nome ruim quanto a uma antipatia deliberada da prática inglesa. A questão para ele agora era se ele poderia realizar, através da Corte, o que era impossível através da Assembleia. Ele imediatamente elaborou um artigo, exortando o rei a se colocar à frente da Revolução, como seu moderador e guia. O conde de Provença recusou-se a apresentar seus planos ao rei, mas recomendou-o para o papel de um conselheiro secreto. Só então ocorreu um evento, que é misterioso até hoje, mas que teve o efeito de aproximar Mirabeau das relações com o irmão do rei. No Natal, o marquês de Favras foi preso, e foi-se descoberto que ele era um agente confidencial do príncipe, que o havia contratado para levantar um empréstimo para um propósito que nunca foi divulgado – alguns disseram, para levar o rei para uma fortaleza fronteiriça, outros suspeitavam de um esquema de contrarrevolução. Pois a lei eleitoral excluiu os ignorantes e os indigentes do direito ao voto, limitando os direitos de cidadania ativa àqueles que pagavam uma quantia muito moderada em impostos. Era óbvio que essa exclusão, ao confinar o poder à propriedade, criou a matéria-prima para o socialismo no futuro. Algum dia, uma mão hábil pode ser colocada sobre a multidão excluída reunida em Paris, para derrubar o governo da classe média[51]. A Assembleia Constituinte corria o risco de ser invadida, e estava necessariamente com suspeitas.

Através do conselho de Mirabeau, o conde da Provença imediatamente fez uma declaração pública de sentimentos revolucionários sólidos, e repudiou Favras. Seu discurso, proferido no Hotel de Ville, foi bem recebido e ele se

---

51. No original: *For the electoral law excluded the ignorant and the indigent from the franchise, limiting the rights of active citizenship to those who paid a very moderate sum in taxes. It was obvious that this exclusion, by confining power to property, created the raw material for Socialism in the future. Some day a dexterous hand might be laid on the excluded multitude congregated at Paris, to overthrow the government of the middle class.*

Esse trecho parece um tanto quanto desconexo do restante do parágrafo; no entanto, se encontra tanto no original quanto aqui usamos para traduzir a obra (Macmillan na Co., 1910), como em outras reedições recentes, como a do Liberty Found, de 2000, baseada na edição de Oxford de 1965; e também a de 2019 da Outlook Verlag, da Alemanha, baseada na mesma edição de 1910 que aqui traduzimos. Assim sendo, mantivemos o trecho sem remanejamento, tal como se encontra no original e nas referidas edições (N. E.)

levantou em favor popular. Enquanto isso, seu infeliz confederado foi julgado por traição contra a nação e considerado culpado. Favras perguntou se, em uma confissão completa e explícita, sua vida seria poupada. Disseram-lhe que nada poderia salvá-lo. O juiz exortou-o a morrer em silêncio, como um homem corajoso. O padre que o ajudou mais tarde declarou que tinha salvado a vida do conde da Provença. Favras sofreu seu destino com bravura, mantendo seu segredo até o fim. A evidência que teria comprometido o príncipe foi levada, e nenhum historiador a viu. Os documentos fatais foram restaurados a ele quando se tornou rei, através da filha do homem que os escondeu.

Durante algumas semanas, o conde da Provença foi ambicioso por poder e permitiu que Mirabeau o apresentasse como uma espécie de primeiro-ministro, ou por uma posição análoga à de cardeal-sobrinho na Roma do século XVII. Ele tinha habilidade, cautela e, naquele momento, popularidade; mas também era irresoluto, indolente e vaidoso. Se algo pudesse ser feito dele, estava claro que o parceiro ativo seria Mirabeau. O rei e a rainha não o amavam ou confiavam nele, e com tal confederado em seu cotovelo ele poderia se tornar formidável. Necker elaborou um plano pelo qual seu esquema foi facilmente frustrado. O rei apareceu diante da Assembleia, sem preliminares, e entregou uma declaração inesperada de política, adotando todo o trabalho da Revolução, tanto quanto tinha ido, e elogiando em particular a recente divisão das províncias em departamentos.

Cada passo, até aquele dia, tinha sido tomado relutantemente, debilmente, sob coerção. Cada concessão tinha sido uma derrota e uma rendição. Em 4 de fevereiro, sem pressão imediata, Luís deliberadamente assumiu a liderança do movimento. Foi um ato, não de fraqueza, mas de política, não uma ferida recebida e adquirida, mas um golpe dado. A Assembleia respondeu ao imediatamente fazer o juramento cívico para manter a Constituição. Como esse instrumento ainda não existia, ninguém poderia dizer o que a demonstração envolveria. Foi adotado em prol de comprometer o remanescente das ordens privilegiadas que cederam sob protesto.

O irmão aristocrático de Mirabeau jogou fora sua espada, dizendo que não havia mais nada para um cavalheiro fazer, quando o rei abandonou seu cetro. O próprio Mirabeau ficou indignado com o que chamou de pantomima; pois disse que os ministros não tinham o direito de exibir sua própria responsabilidade por trás do trono inviolável. Ele viu que seu patrono foi engenhosamente deixado de lado e encalhado, e ele concebeu que seus próprios cálculos profundos estavam perplexos. No entanto, a perspicácia que ele raramente queria falhou com ele naquele momento. Pois a reconciliação do povo com o rei, o executivo triunfando em sua popularidade, guiando a Revolução ao seu objetivo, foi a reprodução exata de suas propostas e foi emprestada de seus manifestos.

O significado disso foi sentido imediatamente pelos conselheiros estrangeiros da rainha. Mercy Argenteau, que tinha sido embaixador austríaco durante todo o reinado e que era um amigo fiel e inteligente, sugeriu que se eles sinceramente aceitassem a política, que eles fariam bem em levar o político com ela, que o conde da Provença poderia ser melhor desabilitado ao depreciar seu apoiador, e que a magia não está na varinha, mas na mão que a acena. A rainha hesitou, pois Mirabeau a ameaçou nos últimos dias em Versalhes, e ainda não havia sido provado que ele não estava preocupado com a tentativa de assassiná-la. Ela declarou que nada a induziria a vê-lo, e desejou alguém que pudesse aceitar gerenciá-lo, e ser responsável por sua conduta. Mercy, independentemente dos escrúpulos da rainha, chamou La Marck, o qual estava em sua casa na Bélgica, opondo-se ao Imperador e promovendo uma república federal, e que, em consequência, não era a favor de Maria Antonieta. La Marck era íntimo de Mirabeau, e o mantinha com dinheiro de bolso. Ele empreendeu a negociação, com pouca esperança de um resultado lucrativo; e em sua casa Mercy e Mirabeau tiveram uma reunião secreta. Eles se separaram bem satisfeitos um com o outro. Mirabeau aconselhou que o rei deveria deixar Paris, e o conselho deu frutos. Mercy não declarou as intenções da Corte, e Mirabeau continuou a agir à sua maneira, tratando com Lafayette por dinheiro ou embaixada, e atacando o clero, com cuja causa Luís XVI foi cada vez mais identificado. A este intervalo pertence a famosa cena em que ele exclamou que do lugar onde estava era possível ver a janela da qual um rei da França disparou sobre seus súditos protestantes. Maury, não percebendo a armadilha, limitado a seu assento, exclamou: "Besteira! Não é visível daqui."

Quando ele fez esse discurso, está claro que Mirabeau não estava se esforçando para garantir confiança na Corte; e por algumas semanas na primavera a negociação pegou fogo. Finalmente, La Marck convenceu a rainha de que seu amigo havia sido falsamente acusado do crime de outubro, e o rei propôs que ele deveria escrever suas opiniões. Ele rejeitou peremptoriamente o conselho de La Marck de que os Ministros deveriam ficar sabendo do segredo. Ele jurou a Mercy que pretendia em breve trocá-los por homens que pudessem cooperar com Mirabeau; mas ele estava decidido a não se colocar de uma vez irrevogavelmente no poder de um homem no qual ele não tinha confiança, e que era apenas o tema de um experimento. Consequentemente, o primeiro objeto de ataque de Mirabeau foi o Ministério, e as forças do rei foram divididas. A posição era falsa de ponta a ponta, mas essa hostilidade a Necker serviu para disfarçar a realidade. Em 10 de maio de 1790, ele elaborou um papel que La Marck levou para a rainha, e que imediatamente teve o efeito de fazer com que a Corte se tornasse zelosa para completar o acordo. La Marck perguntou a Mirabeau quais eram suas condições. Ele respondeu que ficaria feliz com mil francos por ano, se suas dívidas pudessem ser perdoadas; mas ele temia que fossem pesadas demais para esperar por isso. No inquérito, descobriu-se que a dívida era um pouco mais de oito mil. Luís XVI ofereceu-se para pagá-las, dar-lhe três mil por ano, enquanto a Assembleia durasse, e mais 1 milhão de francos quando quer que ela chegasse ao fim.

Desta forma, ambas as partes estavam seguras. Mirabeau não poderia desempenhar um papel falso sem perder não apenas sua renda, mas uma eventual soma de quarenta mil francos. O rei não poderia afastá-lo sem desperdiçar a quantia considerável paga aos seus credores. O arcebispo de Toulouse empreendeu a delicada tarefa de lidar com eles; e ao conviver com seu devedor, uma estranha intimidade surgiu entre os dois.

Mirabeau, animado com a alegria de sua libertação, esqueceu toda a prudência e precaução. Ele assumiu uma casa da cidade e uma casa de campo; comprou livros e fotos, carruagens e cavalos, e deu jantares em que seis criados esperavam por seus convidados. Depois de alguns meses ele quis dinheiro, e mais foi dado sem perguntas. O governo propôs finalmente comprar-lhe uma anuidade, com um quarto do capital que deveria receber devido à dissolução; mas a intenção não foi realizada. Toda a soma que Mirabeau recebeu do rei, até sua morte, foi de cerca de doze mil francos. Em troca, entre 1º de junho e 16 de fevereiro, ele escreveu 51 notas para a corte discutindo os acontecimentos do dia, e expondo, por graus, vastos esquemas de política. Quando as notas vieram a ser conhecidas, meio século atrás, elas somaram incomensuravelmente à sua fama, e há pessoas que comparam seus preceitos e prescrições com os últimos dez anos de Mazarin e o início do Consulado, com os primeiros seis anos de Metternich ou os primeiros oito de Bismarck, ou, em um plano diferente, com a administração inicial de Chatham.

Mirabeau, orgulhoso de sua nova posição contou com essa correspondência para resgatar seu bom nome. Ele foi pago para ser de sua própria opinião. O rei tinha ido até ele; ele não tinha mudado nada em seus pontos de vista para atender aos desejos do rei. Seu propósito foi a consolidação da monarquia representativa sobre as ruínas do absolutismo. Ao rei em aliança com privilégio ele foi implacavelmente em opinião. Ao rei despojado dessa cumplicidade ele era um amigo convencido e ardente.

A oportunidade de provar sua fé foi fornecida pelo capitão Cook. Em sua última viagem, o navegador visitou a ilha que desde então recebeu o nome de seu tenente Vancouver e navegou para Nootka Sound, onde, em seu relatório, ele chamou a atenção do governo. Três ou quatro anos antes, os espanhóis estiveram lá, e tinham tomado posse formal, e os russos, espalhando-se para o sul ao longo da costa, reconheceram o direito deles, e se retiraram. Mas o lugar era muito ao norte das regiões que eles realmente ocupavam; e os aventureiros ingleses, com a sanção do Governo, se estabeleceram lá, e abriram um comércio de peles com a China. Depois de um ano ou dois, os espanhóis entraram em vigor, e os levaram, com seus navios e suas cargas; e reivindicando toda a costa do Pacífico, do Cabo Horn ao Alasca, pediram aos ministros ingleses que punissem seus compatriotas intrometidos. Equiparam também uma frota de quarenta navios de linha, assegurando ao *chargé d'affaires* britânico que era apenas para a proteção contra a Revolução. Pitt não foi embalado por essas garantias nem pela entrega dos navios confiscados. Havia autorizado o processo dos comerciantes com a intenção de resistir à reivindicação espanhola além dos limites de ocupação efetiva. Ele então exigiu reparação, e equipou uma frota superior àquela com a qual Nelson esmagou as marinhas combinadas da França e da Espanha. Sob o tratado de 1761, a Espanha exigiu o apoio da França. Se os franceses se armassem, como os espanhóis estavam se armando, havia razões para esperar que a Inglaterra, em uma pergunta tão duvidosa, ouvisse os termos; e se a França se recusasse a manter um compromisso manifesto, a Espanha estaria livre para procurar novos amigos. O imperador sustentou o apelo. Seria bom para ele se a Inglaterra fosse desviada das preocupações da Europa Oriental, e se a França estivesse ocupada no Ocidente. Os ministros franceses admitiram sua obrigação e começaram a se armar.

Em 14 de maio, logo após a primeira negociação entre Mirabeau e a Corte, o assunto chegou à Assembleia. Era uma crença comum que a guerra fortaleceria o executivo. Os líderes democráticos repudiaram o Pacto da Família, e se ressentiam de uma aliança que não era nacional, mas dinástica e da mesma essência das coisas que eles estavam varrendo. Eles enviaram mensagens pacíficas para a embaixada britânica, e reivindicaram para a assembleia representativa o direito de pronunciar sobre paz e guerra.

Mirabeau, ao contrário de muitos outros, considerava uma guerra europeia como um perigo para o trono. Mas ele estava se preparando para a guerra civil, e pretendia proteger o exército e a marinha do lado real. Ele exigiu para o rei o direito exclusivo de declarar guerra e fazer as pazes. Esse é o princípio sob uma constituição onde os deputados fazem os Ministros. Na França, os ministros foram excluídos do parlamento e o princípio não se aplicava. Barnave respondeu Mirabeau, e o derrotou. Em 22 de maio, no argumento constitucional mais poderoso que já proferiu, Mirabeau insistiu que, se a decisão final dependesse da Assembleia, ela poderia agir apenas na proposição da Coroa. Na legislação, o rei não tinha iniciativa. Mirabeau estabeleceu a iniciativa real em paz e guerra. Foi o primeiro fruto do pacto secreto. O novo aliado provou não só que era capaz e forte, mas que era fiel. Pois ao pedir mais do que ele poderia obter, tinha incorrido, no momento, em uma grande perda de crédito. O excesso de seu monarquismo inusitado fez dele um objeto de suspeita a partir daquele dia. De forma a recuperar o terreno, ele emitiu uma versão alterada de seu primeiro discurso; mas outros imprimiram os dois textos em colunas paralelas e expuseram a fraude. Ele tinha prestado um serviço importante, e foi feito a um custo sério para si mesmo. O evento consolidou a aliança, e garantiu sua posição com o rei.

A Assembleia votou uma declaração solene, de que a França nunca faria guerra pela conquista ou contra a liberdade. Depois disso, a Espanha tinha pouco a esperar, e Pitt tornou-se desafiador. As negociações duraram até outubro. A Assembleia nomeou um Comitê de Relações Exteriores, no qual Mirabeau predominou, lançando toda a sua influência do lado da paz, e ganhando a gratidão e o ouro da Inglaterra. Finalmente, o temperamento amotinado da frota de Brest resolveu a questão.

A grande aliança Bourbon foi dissolvida, e Pitt devia um triunfo significativo ao espírito revolucionário e à influência moderadora de Mirabeau. Sua defesa da prerrogativa merecia uma recompensa, e ele foi recebido em uma audiência secreta por Maria Antonieta. A entrevista ocorreu em St. Cloud, em 3 de julho. O estadista não confiava em seus novos amigos, e instruiu o sobrinho que o levou, disfarçado, até a porta dos fundos, para buscar a polícia se ele não reaparecesse em três quartos de hora. A conversa foi satisfatória, e Mirabeau, enquanto beijava a mão da rainha, declarou com cavalheiresco fervor que a monarquia fora salva. Ele falou sinceramente. O comediante e enganador não era o astuto e inescrupuloso intrigante, mas a filha inexperiente da Imperatriz-rainha. Ela nunca acreditou na verdade dele. Quando ele continuou a trovejar contra a direita, o rei e a rainha balançaram a cabeça e repetiram que ele era incorrigível. A última decisão que eles tomaram em sua vida foi rejeitar seus planos em favor do que os trouxe a Varennes. Mas com o passar do ano, eles não puderam deixar de ver que o *free-lance* sofisticado e doador de conselhos desprezados era a força individual mais prodigiosa do mundo, e que a França nunca tinha visto alguém como ele. Todos percebem isso agora, pois seu talento e recursos aumentaram rapidamente, uma vez que ele foi mantido por um propósito definitivo, e um contrato que ele nunca poderia dar ao luxo de quebrar. A imprensa hostil sabia de sua visita a St. Cloud três dias depois do ocorrido, e fingiu saber por quantos milhões ele havia vendido a si mesmo. Eles eram imprudentes demais para obter crença, mas estavam muito perto da verdade; e o segredo de sua correspondência era conhecido ou adivinhado por pelo menos vinte pessoas.

Com esta espada pairando sobre ele, com esta corda em volta do pescoço, no outono e inverno de 1790, Mirabeau subiu a uma ascensão na qual ele superou todas as partes. Ele começou suas anotações por uma tentativa de minar os dois homens que estavam em seu caminho. Lafayette era forte demais para ele. No primeiro aniversário da Bastilha ele recebeu uma ovação. Quarenta mil Guardas Nacionais se reuniram de todas as partes da França para a festa da Federação. Em um altar erguido no Champ de Mars, Talleyrand celebrou sua última missa, e a França sancionou os feitos de Paris. O rei estava presente, mas toda a demonstração foi para o herói de dois hemisférios, em seu corcel branco. Em novembro, um novo Ministério tomou posse, composto por seus partidários. Mirabeau tentou uma coalizão, mas Lafayette não sentiu a necessidade de sua amizade. Ele disse: "Eu resisti ao rei da Inglaterra em seu poder, ao rei da França em sua autoridade, ao povo em sua raiva; eu não vou ceder a Mirabeau."

Necker era menos tenaz no cargo, e em vez de consentir com uma questão crescente dos *assignats*, renunciou, por sua honra, e aposentou-se obscuramente. Mirabeau triunfou. Ele se opôs aos *assignats* no início, embora Clavière os defendesse em seu jornal. Ele havia agora mudado de atitude. Ele não apenas afirmou que as terras da Igreja seriam garantias adequadas para o papel, tornando-o equivalente ao ouro, mas ele estava disposto a deixar que o dinheiro da compra devesse ser pago em *assignats*, sem usar os lingotes de forma alguma. Mas o casco fendido apareceu quando ele assegurou ao rei que o plano que ele defendia fracassaria e envolveria a França em ruínas. Ele quis dizer que arruinaria a Assembleia, e permitiria que o rei a dissolvesse. O mesmo propósito maquiavélico o guiou nas questões da Igreja. Ele era no fundo um liberal em questões de consciência, e achava que tolerância era um termo fraco demais para os direitos inseparáveis da religião. Mas ele queria que o juramento constitucional fosse imposto com rigor, e que os sacerdotes deveriam ser encorajados a recusá-lo. Ele se recusou a dar uma promessa de que a Assembleia não interferiria na doutrina, e se preparou para levantar as questões do celibato e do divórcio, a fim de agravar a irritação. Ele propôs restaurar a autoridade através da guerra civil; e o caminho para a guerra civil era a falência e a perseguição. Enquanto isso, o tribunal de inquérito o vingou de difamações ligadas ao ataque a Versalhes; como presidente do Comitê Diplomático, ele era o árbitro da política externa; Necker e todos os seus colegas, menos um, haviam caído perante a ele; foi eleito presidente dos jacobinos em novembro, e quando pediu licença de ausência, a Assembleia, sobre a moção de Barnave, pediu-lhe para não se ausentar. Montmorin, o único membro do Ministério de Necker que permaneceu em seu posto, fez aberturas para ele, e eles chegaram a um acordo. A mais notável de todas as notas para o rei é aquela que registra a conversa de ambos. Eles concordaram em um plano de ação unida. Mirabeau então elaborou a 47ª nota, que é um tratado de gestão constitucional e intriga, e divulga seus projetos, salvo em sua última fase, no Natal de 1790.

Mirabeau nunca se desviou das convicções fundamentais de 1789, e teria se tornado um republicano se Luís tivesse se voltado para os *emmigrés* reacionários. Mas ele desejava que o rei se retirasse para alguma cidade provincial, de modo que não estivesse sob poder da Assembleia, e pudesse ser capaz de dispersá-la, apoiado pela crescente raiva do país. Enquanto isso, a opinião era para ser trabalhada e despertada através de todos os instrumentos. Ele se propôs vigorosamente a formar um partido central entre os vários grupos de deputados. Montmorin estava em contato amigável com alguns deles, e ele tinha o comando do dinheiro. Mirabeau trabalhou para trazer outros. Uma noite, ele teve uma longa conferência com Malouet, a quem deslumbrou, e que influenciou um certo número de votos.

Por outro lado, a ação de Montmorin estendeu-se a Barnave. Parecia razoável supor que uma combinação que alcançasse de Barnave à esquerda para Malouet à direita seria forte o suficiente para recuperar seus erros, ou para quebrá-los, em conjunto com a Corte.

No final de janeiro de 1791, Mirabeau tornou-se presidente pela primeira vez, e ocupou a cadeira com dignidade e distinção imprevistas. Ele havia alcançado o cume de sua carreira. Logo nesse momento, as tias do rei anunciaram a partida delas para Roma. Havia muito descontentamento, porque, caso pudessem ser detidas, seria mais fácil manter o rei em Paris. Mirabeau fez a Assembleia achar que a interferência com as princesas seria desprezível. Duas vezes elas foram paradas em seu caminho, e duas vezes liberadas. Todos viram o que isso implicava, e Paris estava agitada. Um tumulto eclodiu no jardim das Tulherias, o qual Mirabeau, convocado da mesa, apaziguou imediatamente. Ele estava confiante em sua força e, quando a Assembleia discutiu medidas contra a emigração, ele jurou que nunca obedeceria a um corpo culpado de ditado inquisitorial. Ele suprimiu os murmúrios da esquerda exclamando: "*Silence aux trente voix!*" ["Silêncio às trinta vozes!"] Esta foi a data de sua ruptura com os democratas. Era 28 de fevereiro, e ele deveria jantar com o Duque d'Aiguillon. Quando chegou, a porta foi fechada em seu rosto. Pelo conselho de La Marck, ele foi naquela noite para os jacobinos, na esperança de separar o clube dos líderes. Mas ele tinha mostrado sua mão, e seus inimigos sabiam como empregar sua oportunidade. Duport e Lameth o atacaram com extrema violência, visando sua expulsão. A discussão não foi relatada. Mas três dos presentes concordam que Mirabeau parecia estar desconcertado e horrorizado com a força do caso contra ele, e sentou-se com a transpiração escorrendo pelo rosto. Sua resposta foi, como de costume, um sucesso oratório; mas ele não levou seu público com ele, e foi para casa desanimado. A matriz jacobina se manteve intacta.

Em 4 de março, Lorde Gower escreveu que o poder governante estava passando para Mirabeau. Mas no mesmo dia ele mesmo jurou a La Marck que tinha calculado mal, e estava perdendo coragem. No dia 25 houve um debate sobre a Regência, no qual ele falou com cautela, e de maneira dissimulada. Naquele dia, o embaixador novamente escreveu que Mirabeau havia mostrado que somente ele estava apto para o poder. Então chegou o fim. Tissot, encontrando-o logo após a cena com os jacobinos, pensou que ele parecia um homem moribundo. Ele estava afundando sob excesso de trabalho combinado com excesso de dissipação. Quando ele protestou com o irmão por ficar bêbado, o outro respondeu: "Por que me condena do único vício que você não se apropriou?". Foi-se mais tarde lembrado, quando surgiram suspeitas, que ele teve vários ataques de doença durante aquele mês de março. No dia 26 ele foi trazido para Paris de sua vila em uma condição alarmante. Os interesses de La Marck estavam preocupados com um debate sobre propriedade mineral que foi fixado para o dia seguinte. Fortificado com uma boa dose de tokay[52], Mirabeau falou repetidamente. Foi a última vez. Ele voltou para seu amigo e disse: "Sua causa está ganha, mas eu estou perdido." Quando seu perigo se tornou conhecido, parecia que nada tinha ocorrido para diminuir a confiança do público ou manchar o brilho de sua

---

52. Tokay é um vinho de origem húngara, feito com a chamada "podridão nobre". É considerado um dos melhores vinhos do mundo. É atribuída a Luís XV a frase que permanece sendo o slogan da bebida: "Vinho dos Reis, o Rei dos Vinhos" (N. E.).

fama. A multidão que se reunia na rua tornou quase impossível se aproximar de sua porta. Ele ficou satisfeito ao saber que Barnave tinha ligado e gostou de ouvir quanto sentimento era demonstrado pelo povo de Paris. Após uma consulta, realizada em 1º de abril, ele decidiu morrer e assinou seu testamento. Talleyrand lhe fez uma longa visita, e trouxe consigo um discurso sobre a lei da herança, que ele leu na Assembleia antes que os restos mortais de seu amigo estivessem frios, mas que não merecia a honra, sendo, como cerca de trinta de seus discursos, o trabalho de um estranho. A presença de Talleyrand, com quem ele havia brigado, foi bem-vinda a Mirabeau, que, embora não fosse um crente, não queria que se pensassem que ele tinha rejeitado os consolos da religião. O pároco veio, mas, sendo informado da presença do prelado, foi embora, e um relatório se espalhou que o pecador moribundo havia recebido as ministrações de um eclesiástico mais espiritual do que o bispo de Autun.

Mirabeau nunca soube o quão pouco os personagens reais que ele serviu estimavam seus conselhos; e morreu acreditando que sozinho poderia ter salvado a monarquia e que ela pereceria com ele. Caso ele tivesse sobrevivido, disse que teria dado problemas a Pitt, pois houve uma mudança em sua política externa. Em 28 de janeiro ele ainda falava da eterna fraternidade da Inglaterra; mas em março ele estava pronto para chamar a frota, no interesse da Rússia, e só foi impedido pelo ataque do qual morreu. Se ele apoiou a Inglaterra contra a Espanha, ou a Rússia contra a Inglaterra, seu apoio foi pago em ouro. Para seus confederados, sua doença era uma temporada de terror. Caso um inimigo disfarçado de credor fizesse com que selos fossem colocados em seus papéis, uma descoberta deveria ter ocorrido que arruinaria muitas reputações e prejudicaria muitas vidas. Ele se agarrou aos documentos secretos sobre os quais pretendia que sua fama descansasse. No dia de sua morte, quando foram depositados com La Marck, o secretário que os transcreveu se esfaqueou. Na manhã de sábado, 2 de abril, não havia esperança, e Mirabeau pediu ópio. Ele morreu antes da prescrição ser feita. Vários médicos que fizeram o exame *post mortem* acreditavam que havia marcas de veneno; mas quando foram avisados de que tanto ele quanto os Reis seriam destruídos, mantiveram a paz.

Odioso como era, e condenado a falhar, ainda era a figura suprema da época. Tocqueville, que escreveu o melhor livro, ou um dos dois melhores livros sobre o assunto, olhando para o resultado permanente, descreve a Revolução como tendo continuado e concluído o trabalho da monarquia ao intensificar a unidade do poder. É mais verdadeiro dizer que o espírito original e essencial do movimento foi a descentralização – tirar do governo executivo e dar às autoridades locais. O executivo não podia governar, porque era obrigado a transmitir ordens a agentes que não eram seus, que não foram nomeados, descartados, nem controlados por ele. O rei foi privado do poder administrativo, assim como foi privado do poder legislativo. Essa desconfiança, razoável no velho regime, deveria ter cessado, quando os ministros nomeados pelo rei foram deputados apresentados pela Assembleia. Essa foi a ideia através da qual Mirabeau teria preservado a Revolução de se degenerar através do excesso de descentralização, caindo em tirania. Como ministro, ele poderia ter salvado a Constituição. Não é para o descrédito da Assembleia que o horror que sua vida inspirou tornou sua genialidade ineficiente, e que os trabalhos deles falharam porque o consideraram ruim demais para o poder.

Se Mirabeau for julgado pelo teste da moral pública, o único padrão de conduta política sobre o qual os homens podem esperar concordar, o veredicto não pode ser duvidoso. Sua política final era uma grande intriga, e ele se esforçou para fazer o mal de modo que o bem pudesse vir. A coisa é um pouco menos vergonhosa para o fundador do centro de esquerda do que para Maury e seus colegas inescrupulosos da direita. Não houve em momento algum uma perspectiva de sucesso, pois ele nunca teve o rei ou a rainha junto consigo.

A resposta é diferente se o julgarmos por um teste puramente político, e perguntarmos se ele desejava poder para o todo ou liberdade para as partes. Mirabeau não era apenas um amigo da liberdade, que é um termo a ser definido, mas um amigo do federalismo, que tanto Montesquieu quanto Rousseau consideravam como a condição da liberdade. Quando falava confidencialmente, dizia que não havia outra maneira em que um grande país como a França pudesse ser livre. Se nisso ele foi sincero, e acredito que foi sincero, ele merece o grande lugar que ocupa na memória de seus compatriotas.

CAPÍTULO XI

Abade Sieyès e a Constituição Civil

Antes de chegar ao conflito entre a Igreja e o Estado, com o qual se fecha a legislação de 1790, devo falar de um homem memorável, muito além de Mirabeau na história do pensamento político e da ação política, e que é o representante mais perfeito da Revolução. Quero falar do Abade Sieyès. Como padre sem vocação, ele se empenhou com estudos seculares, dominou e meditou sobre os escritores, políticos, economistas e filósofos franceses e ingleses da época. Aprendendo com muitos, ele se tornou o discípulo de nenhum, e foi completamente independente, olhando além do horizonte de seu século, e mais longe do que seus próprios favoritos, Rousseau, Adam Smith e Turgot. Ele entendeu a política como a ciência do Estado como deveria ser e repudiou o produto da história, que são as coisas como elas são. Nenhum americano jamais entendeu mais firmemente o princípio de que a experiência é uma professora incompetente na arte governante. Ele resolutamente deu as costas ao passado, e se recusou a ser constrito pelos preceitos de homens que acreditavam na escravidão e na feitiçaria, na tortura e na perseguição. Considerava a história um estudo enganoso e inútil, e sabia pouco de seus exemplos e avisos. Mas ele tinha certeza de que o futuro deveria ser diferente e que poderia ser melhor. No mesmo espírito desdenhoso, ele rejeitou a religião como o legado acumulado da infância, e acreditava que ela restringiu o progresso ao depreciar objetos terrestres. No entanto, ele teve a confiança de Lubersac, bispo de Tréguier, e depois de Chartres, que o recomendou ao clero de Montfort como seu deputado.

Sieyès preferiu concorrer pelo Terceiro Estado em Paris, onde foi eleito o último de todos os candidatos. Um de seus tratados preliminares circulou em trinta mil cópias, e prontamente o tornou famoso, pois era tão rico em consequências quanto as 95 teses de Wittenberg. Sua filosofia acerca da história consistia em uma ideia. Bárbaros tinham vindo da Alemanha sobre o povo da Gália civilizada e imperial, subjugando-o e roubando-o, e os descendentes da raça invasora eram agora os nobres feudais, os quais ainda detinham poder e lucro e continuaram a oprimir os nativos. Esta identificação do nobre privilegiado com a conquista dos francos era de data mais antiga; e neste século[53] foi feita a chave-mestre da história moderna. Quando Thierry descobriu o segredo do nosso desenvolvimento nacional nas observações de Wamba, o Tolo, a Gurth, sob os carvalhos de Sherwood, ele nos aplicou uma fórmula familiar aos seus compatriotas; e Guizot sempre definiu a história francesa como uma perpétua luta entre nações hostis até o século XVIII fazer o bem ao que foi feito de errado no século V.

Certa ou errada, a teoria de Sieyès foi adotada por seus sucessores mais eruditos, e não deve ser imputada à ignorância. Seu argumento é que a verdadeira nação consistia na massa de homens que não desfrutavam de privilégios e que eles tinham um pedido de indenização e represália contra aqueles que tinham tido o privilégio de oprimi-los e despojá-los. O Terceiro Estado era igual aos três estados juntos, pois os outros não tinham o direito de serem representados. Como o poder exercido de outra forma do que por consentimento, o poder que não emana daqueles para cujo uso existe, é uma usurpação, as duas primeiras ordens devem ser consideradas malfeitoras. Elas devem ser reprimidas, e os meios de fazer mal tirados delas.

Embora Sieyès não tenha escrito bem nem falado bem, no entanto, dentro de quinze dias de seu discurso inaugural, ele havia derrotado a antiga ordem das coisas na França. A corte, a igreja e a nobreza tinham caído diante da imposição coerente de suas ideias. Ele logo perdeu sua confiança na Assembleia, conforme ela caía sob o controle de forças intrometidas, e recuou em uma atitude de reserva e desconfiança. Muitas de suas medidas foram adotadas, mas ele considerou que elas eram estragadas no processo, e que os homens que buscavam aplausos populares eram avessos à instrução.

Sieyès era essencialmente um revolucionário, porque ele defendia que a opressão política nunca pode estar certa, e que a resistência à opressão nunca pode estar errada. E ele era um monarquista, não como acreditando

---

53. Ou seja, século XIX. (N. E.)

no direito proprietário das dinastias, mas porque a monarquia, justamente limitada e controlada, é uma das muitas forças que garantem a liberdade que é dada pela sociedade e não pela natureza. Ele era um liberal, pois achava a liberdade o fim do governo, e definia-a como aquela que faz os homens mais completamente mestres de suas faculdades, na esfera mais ampla de ação independente. Ele também era um democrata, pois revisaria a Constituição uma vez a cada geração; e descreveu a lei como a vontade estabelecida daqueles que são governados, e a qual aqueles que governam não têm participação em criar. Mas ele era menos democrata do que um liberal e planejou provisões científicas contra os erros da nação soberana. Ele sacrificou a igualdade recusando o voto daqueles que não pagavam impostos, e preferia um elaborado sistema de eleição indireta e filtrada. Ele quebrou a maré direta de opinião através de sucessivas renovações, evitando a dissolução. De acordo com sua doutrina, a verdadeira vontade nacional provém do debate, não da eleição, e é apurada por uma operação intelectual refinada, não por aritmética grosseira e óbvia. O objetivo é aprender não o que o país pensa, mas o que pensaria caso estivesse presente na discussão realizada por homens em quem confiava. Portanto, não há mandato imperativo, e o deputado governa o constituinte. Ele atenuou a democracia através de outro instrumento notável. Os americanos transformaram os guardiões da lei em observadores do legislador, dando ao judiciário o poder de preservar a Constituição contra o legislativo. Sieyès inventou um corpo especial de homens com o propósito, chamando-os de júri constitucional, e constando não com juízes, pois suspeitava daqueles que haviam administrado a antiga lei da França, mas com a elite de políticos veteranos.

Assim, embora todo o poder emane apenas da nação, e muito pouco possa ser delegado a um monarca hereditário e irresponsável, ele pretendia restringir seu exercício em todos os pontos, e garantir que nunca seria precipitado, ou violento, e que as minorias deveriam ser ouvidas. Em seu poder sustentado de pensamento consistente, Sieyès se assemelha a Bentham e Hegel. Seu voo é baixo, e lhe falta graça e distinção. Ele parece ter emprestado seus departamentos de Harrington, a unidade destilada do poder de Turgot, o domínio da massa de contribuintes sobre a classe improdutiva acima deles, a partir da noção de que o trabalho é a única fonte de riqueza, o que era comum a Franklin e Adam Smith. Mas ele é profundamente original, e embora muitos escritores modernos sobre política o excedam em genialidade, eloquência e conhecimento, nenhum se iguala a ele em invenções e recursos. Quando saiu da vida pública, durante a Assembleia Legislativa, atuou como conselheiro dos girondinos. Portanto, ele se tornou odioso para Robespierre que, após a queda de Danton, se voltou contra ele, e exigiu a Barère ver do que ele poderia ser acusado. Pois, disse ele, Sieyès tinha mais a responder como inimigo da liberdade do que qualquer um que tenha caído sob a lei.

Os nervos do abade nunca se recuperaram das impressões daquela época. Quando adoeceu, quarenta anos depois, e ficou febril, ele mandou avisar ao porteiro que ele não estava em casa, caso Robespierre aparecesse. Ele ofereceu algumas ideias para a Constituição de 1795, as quais não encontraram apoio. Ele esperou pacientemente até sua hora chegar, e recusou um assento no Diretório. Em 1799, quando as coisas estavam na pior das hipóteses, ele voltou da embaixada em Berlim, assumiu o comando, e prestou serviço eminente. Ele não tinha desejo de poder. "O que eu quero", disse ele, "é uma espada." Por um momento ele pensou no duque de Brunswick e no arquiduque Charles; por fim ele fixou-se em Joubert, e o enviou para lutar contra Suworow na Itália. Caso ele tivesse voltado para casa coroado com a vitória, o remanescente da Assembleia Nacional deveria ter sido convocado de modo a colocar a filha de Luís XVI no trono de seu pai.

Em Novi, durante a primeira ação, Joubert caiu, e Moreau comandou a retirada. Sieyès agora se empenhou nele. Moreau ainda não era o vencedor de Hohenlinden. Sua ascensão era duvidosa, e ele hesitou. Eles estavam conferindo juntos quando chegou a notícia de que Bonaparte tinha escapado do Egito, e logo estaria em Paris. Sieyès exclamou, bastante imprudentemente "Então a França está salva!" Moreau retrucou: "Eu não sou desejado. Esse é o homem para você." No início Bonaparte se encontrava reservado, e levou tanto tempo para sentir o caminho que Sieyès, que era o chefe do governo, o chamou de um sujeito insolente que merecia ser baleado. Talleyrand os uniu, e eles logo chegaram a um acordo. A conspiração de Brumaire teria falhado no momento decisivo, se não fosse pelo abade. Pois Bonaparte, quando ameaçado com a ilegalidade, perdeu a cabeça, e Sieyès calmamente lhe disse para expulsar os deputados hostis. Daí o soldado, obedecendo ao homem de paz, sacou sua espada e os expulsou.

Todos agora se voltavam ao grande legislador de 1789 para a Constituição do momento. Com oportunidades incomparáveis de observação, ele tinha esquemas maduros e bem-considerados para o governo da França, nas linhas da [Constituição] que foi rejeitada em 1795. Ele se recusou a escrever qualquer coisa, mas consentiu em ditar, e suas palavras foram anotadas por Boulay de la Meurthe, e foram publicadas muito tempo depois, em um volume do qual não há cópia em Paris ou em Londres.

O que eu acabei de dizer lhe dará uma visão mais favorável de Sieyès do que você pode encontrar nos livros. O abade não era um homem de mente superior, e ele não tinha amigos em seu próprio país. Alguns não gostam dele porque ele era um padre, alguns porque ele era um padre despojado. Ele é odiado pelos monarquistas como um revolucionário, e pelos republicanos como um renegado. Falei dele como um pensador político, não como escritor, orador ou administrador. O sr. Wentworth Dilke e o sr. Buckle[54] apontaram algo mais do que manchas no caráter de Burke. Mesmo que muito do que dizem seja verdade, não hesitarei em reconhecê-lo como o primeiro intelecto político de sua época. Desde que falei de Sieyès pela primeira vez, certos jornais vieram à tona tendendo a mostrar que ele era tão perverso quanto o resto deles. Eles não afetariam meu julgamento sobre o mérito dele como pensador.

Desta forma oracular, surgiu a Constituição de 1799, e não foi culpa dele que ela se degenerou sob as fortes mãos de Napoleão. Ele nomeou os três cônsules, recusando-se a ser um ele mesmo, e passou para a obscuridade cerimoniosa como presidente do Senado.

Quando o imperador brigou com seus conselheiros mais capazes, ele se arrependeu de ter renunciado à ajuda de tal auxiliar. Ele o achava incapaz de governar, pois isso requer espada e esporas; mas admitiu que Sieyès muitas vezes tinha ideias novas e luminosas, e poderia ter sido útil para ele, ultrapassando todos os ministros do império. Talleyrand, que não gostava de Sieyès, e não generosamente o repreendeu com cobiça, falou dele a Lorde Brougham como o único estadista da época. O melhor legado político da Revolução tem sido seu trabalho. Outros destruíram, mas ele era um construtor, e fechou em 1799 a era que havia aberto dez anos antes. Na história da doutrina política, onde quase todos os capítulos ainda não foram escritos, nenhum será mais valioso do que aquele que irá mostrar o que é permanente e progressista nas ideias que ele originou.

~

Era a função da Assembleia constituinte reformular as leis em conformidade com os Direitos do Homem, abolir toda a sobrevivência do absolutismo, cada herança da tradição inorgânica, que era inconsistente com elas. Em todos os departamentos de Estado eles eram obrigados a criar ruínas, removê-las, e a levantar uma nova estrutura de suas fundações. A transição do reinado

---

54. DILKE. *Papers of a Critic*. [S. l.: s. n.], s. d. vol. 2. p. 309-384; BUCKLE. *History of Civilization*. ROBERTSON, J. M. (ed.) [S. l.: s. n.], s. d. p. 258-269.

da força para o reinado de opinião, do costume ao princípio, levou a uma nova ordem através da confusão, incerteza e suspense. A eficácia do sistema que se aproxima não foi sentida no início. Os soldados, que logo formaram o melhor exército já conhecido, fugiam assim que viam um tiro ser disparado. As finanças prósperas da França moderna começaram com a falência. Mas em uma das divisões da vida pública a Revolução não só fez um mau começo, mas continuou, passo a passo, para um fim ruim, até que a guerra civil, a anarquia e a tirania, arruinariam sua causa. A maioria do clero foi fiel às novas ideias, e em algumas ocasiões decisivas, 19 de junho e 4 de agosto, promoveram sua vitória. Muitos prelados eram reformadores iluminados, e até Robespierre acreditava que o clero inferior era, em grande parte, democrático. No entanto, a Assembleia, por uma série de medidas hostis, cuidadosamente estudadas, e há muito perseguidas, os transformou em inimigos implacáveis, e assim fez a Revolução ser odiosa para grande parte do povo francês.

Essa mudança de frentes gradual, mas determinada, improvável no início, e evidentemente não política, é a verdadeira causa do desastroso conflito no qual o movimento de 1789 veio à ruína. Caso não houvesse um estabelecimento eclesiástico com o qual lidar, pode ser que o desenvolvimento da teoria jacobina, ou a lógica do socialismo, teria levado ao mesmo resultado. Como era, eram causas secundárias da catástrofe que se seguiria. Que existia um fundo de animosidade ativa contra a Igreja, em uma geração ensinada por Voltaire, Diderot, Helvétius, Holbach, Rousseau e Raynal, ninguém poderia duvidar. Mas nos homens de influência mais imediata, como Turgot, Mirabeau e Sieyès, o desprezo era mais visível do que o ressentimento; foi em graus lentos que a força total da aversão predominou sobre o sentimento liberal e a profissão tolerante. Embora a tendência liberal tivesso sido mais forte, e convicções tolerantes mais distintas, havia muitas razões que tornaram inevitável uma colisão entre a Igreja e as ideias predominantes. A Igreja galicana[55] tinha sido intimamente associada com toda a ordem das coisas que a Assembleia, a todo custo, foi resoluta em destruir. Durante três séculos, a partir do tempo em que se tornaram absolutos, os reis franceses tinham desfrutado de toda a patronagem superior. Tal prerrogativa não poderia ser deixada à Coroa quando se tornasse constitucional, e era evidente que novos métodos para a nomeação de padres e prelados, que uma mudança penetrante no sistema de lei eclesiástica, seriam concebidos.

---

55. Trata-se de uma espécie de guinada da Igreja Católica na França, onde a instituição concedeu maiores poderes de influência ao rei sobre os assuntos da Igreja, fugindo um pouco da influência da diplomacia de Roma e do próprio papa. (N. E.)

Duas coisas, principalmente, fizeram a memória da monarquia ser odiosa: guerra dinástica e perseguição religiosa. Mas as guerras terminaram na conquista da Alsácia, e no estabelecimento de reis franceses na Espanha e Nápoles. O ódio da perseguição permaneceu; e se nem sempre foi atribuído à influência do clero, foi em grande parte devido a eles, e eles tentaram renová-lo até a véspera da Revolução. A redução do poder real certamente modificaria seriamente a posição dos homens sobre os quais o poder do rei, em seu excesso, tinha tanto confiado, e que tinham feito tanto para levantar e sustentá-lo. As pessoas passaram a acreditar que a causa da liberdade exigia não a emancipação, mas a repressão do sacerdócio. Estes foram motivos subjacentes; mas o sinal foi dado por interesses financeiros. O clero, sendo uma ordem privilegiada, como os nobres, estavam envolvidos no mesmo destino. Com os nobres, na mesma noite de 4 de agosto, eles renderam o direito de tributar e de não serem tributados.

Quando o princípio da isenção foi rejeitado, os economistas calcularam que o clero devia 100 milhões em atrasos. Seus dízimos foram abolidos, com uma promessa de redenção. Mas isso os proprietários não sofreriam, e ganharam em grande parte com a transação. Seguiu-se que o clero, em vez de uma ordem poderosa e rica, tinha que se transformar em funcionários assalariados. Sua renda foi cobrada sobre o Estado; e uma vez que as taxas de sobrepeliz[56] foram abolidas com o dízimo, os serviços do pároco aos seus paroquianos eram gratuitos. Não era para os padres serem perdedores, e a barganha era ruim para o público. Envolvia uma despesa de pelo menos 2 milhões por ano, numa época em que faltavam os meios para pagar o credor nacional. As consequências eram óbvias. O Estado, tendo se comprometido a remunerar o clero inferior a partir de uma receita em queda, tinha um motivo poderoso para se apropriar do que restou da propriedade da Igreja quando o dízimo foi perdido. Esse recurso era abundante para o propósito. Mas estava concentrado nas mãos do alto clero e das ordens religiosas – ambos sob a proibição da opinião, assim como nobres ou corporações. Sua riqueza limparia as dívidas do clero, pagaria todos os seus salários e anuidades, e fortaleceria o crédito público. Após a primeira espoliação, no mês de agosto, essas consequências se tornaram claras para todos, e a secularização da propriedade da Igreja foi uma conclusão inevitável.

---

56. Vestimenta eclesiástica feita de tecido leve e branco, usado sobre a batina durante costumeiros ritos sacramentais. O autor faz referência às taxas que eram pagas aos párocos das igrejas inglesas por determinados serviços religiosos tais quais: casamentos, funerais, batismos, consagrações etc. (N. E.)

Em 10 de outubro, Talleyrand apresentou uma moção de forma que ela fosse apropriada pelo Estado. Ele calculou que após uma ampla doação do clero, haveria um excedente presente e crescente de £ 2.000.000 por ano. Foi difícil para o clero resistir à moção, após o acordo de agosto, de que o Estado deveria prever para eles. O arcebispo de Paris entregou o dízimo a ser disposto pela nação; e depois adicionou os vasos e ornamentos de ouro e prata, ao valor de vários milhões. Béthizy, bispo de Usez, havia declarado a propriedade da Igreja um presente da nação, que só a nação poderia recordar. Maury, vagamente argumentando, admitiu que a propriedade é produto da lei; a partir da qual prosseguiu que estava sujeita a modificação por lei. Foi instado em resposta que a propriedade corporativa é criada por lei, mas não a privada, pois o indivíduo tem seus direitos de natureza. O clero reclamou que as concessões de agosto foram aplicadas à sua destruição em novembro, mas sofreram com a mudança de frente. Boisgelin, arcebispo de Aix, propôs um arranjo prático e estadista. Como o crédito da Igreja era melhor do que o crédito do Estado, ele se ofereceu para adiantar £ 16.000.000 como um empréstimo ao Governo sobre a segurança da propriedade da Igreja, que assim se tornaria impossível para a Assembleia adulterar. O Estado seria resgatado de suas dificuldades atuais; a Igreja garantiria o gozo de sua riqueza para o futuro.

Ao restaurar as finanças e a autoridade do governo, acreditava-se que este plano garantiria o sucesso da Revolução e evitaria o colapso que já ameaçava. Necker, por um momento, ficou fascinado. Mas sua esposa o lembrou que este pacto estabeleceria o catolicismo para sempre como a Igreja do Estado na França, e ele interrompeu a conferência. A moção de Talleyrand foi alterada e reproduzida de forma atenuada; e em 26 de novembro de 1789, 568 votos a 346 decidiram que os bens do clero estavam à disposição da nação. Em 19 de dezembro foi decidido que a soma de 16 milhões deveria ser levantada com a venda do novo imóvel nacional, para ser a base para uma emissão de dinheiro em papel. Esse foi o início dos *assignats* que prestaram serviço de sinalização monetária, e caíram rapidamente após dois anos[57]. Ficou evidente que havia mais sendo trabalhado abaixo da superfície do que o propósito financeiro. Havia o desejo de separar uma organização poderosa, desarmar o episcopado aristocrático, e vincular o padre individual à Revolução. Portanto, Malouet não obteve nenhuma reação quando insistiu que eles estavam assumindo a

---

57. No original: *That was the beginning of the assignats that rendered signal service at first, and fell rapidly after two years.* (N. E.)

manutenção não só do sacerdócio, mas dos pobres; e que nenhum excedente estaria disponível enquanto houvesse um francês faminto.

Em agosto de 1789, um comitê de questões da Igreja havia sido nomeado, e em fevereiro, como não chegava a um acordo, seus números foram aumentados, e a minoria foi aumentada. Depois disso, eles relataram contra as ordens religiosas. O monasticismo vinha diminuindo há algum tempo, e os monges caíram, em poucos anos, de 26 mil para dezessete mil. Nove ordens religiosas desapareceram ao longo de doze anos. Em 13 de fevereiro de 1790, o princípio de que o direito civil apoiava a regra contra os monges foi abandonado. Membros de ordens monásticas deveriam partir livremente se quisessem, e permanecer se quisessem. Aqueles que optaram por sair foram receber uma pensão. A posição dos que permaneceram foi regulamentada em uma série de decretos, adversos ao sistema, mas favoráveis ao preso. Foi só após a queda do trono que todas as ordens monásticas foram dissolvidas, e todos os seus edifícios foram apreendidos.

Quando as propriedades da Igreja se tornaram propriedade do Estado, o comitê elaborou um esquema de distribuição. Chamavam-na de Constituição Civil do Clero, ou seja, a regulação das relações entre Igreja e Estado sob a nova Constituição.

O debate começou em 29 de maio, e a votação final foi realizada em 12 de julho. O primeiro objetivo era economizar dinheiro. Os bispos eram ricos, numerosos e não eram populares. Aqueles entre eles que haviam sido escolhidos pela própria Igreja para sua recompensa suprema, o chapéu de cardeal – Rohan, Loménie de Brienne, Bernis, Montmorency e Talleyrand – eram homens notoriamente de má reputação. Aqui, então, a Comissão propôs a economia, reduzindo o número em cinquenta, e sua renda para mil por ano. Cada um dos departamentos, que haviam acabado de ser criados, se tornaria uma diocese. Não havia arcebispos. Isso não era economia, mas teoria. Ao colocar todos os bispos no mesmo nível, eles baixaram o papado. Pois os jansenistas influenciaram a Assembleia, e os jansenistas suportaram, por um século, perseguição, e aprenderam a olhar com aversão tanto sobre o papado quanto para a prelazia, sob a qual haviam sofrido, e haviam crescido menos avessos ao presbiterianismo. À medida em que tiravam o patrocínio do rei, não o transferiram para o Papa, que era um soberano mais absoluto do que o rei, e além de ser um estrangeiro, eles encontraram a dificuldade pelo princípio da eleição, que tinha sido defendida por altas autoridades, e tinha desempenhado um grande papel em tempos anteriores. O bispo deveria ser escolhido pelos eleitores departamentais, o pároco pelos eleitores do distrito, e isso deveria ser feito na Igreja, após a missa. Presumiu-se, mas não ordenado, que os eleitores de outras denominações seriam, assim, excluídos. Mas em Strasburg um bispo foi eleito por uma maioria protestante. Em conformidade com a opinião de Bossuet, o direito de instituição foi tirado de Roma.

Era o cargo do rei negociar com o papa; e ele poderia ter salvo a Revolução, a monarquia limitada, e sua própria vida, se tivesse negociado sabiamente. As novas dioceses, as novas receitas, foram posteriormente aceitas. A negação da instituição papal estava no espírito do galicanismo; e o princípio da eleição tinha uma grande tradição a seu favor, e precisava de salvaguardas. Vários bispos preferiram a conciliação, e desejaram que a medida fosse discutida em um Conselho Nacional. Outros exortaram o Papa a não fazer concessão. Luís XVI mal pediu que ele produzisse algo, e quando ficou claro que Roma queria ganhar tempo, em 24 de agosto ele deu sua sanção. Ao mesmo tempo, resolveu fugir, contando com descontentamento provincial e agitação clerical para restaurar seu trono.

Em 27 de novembro, a Assembleia determinou a aplicação da aceitação da Constituição Civil. Todo eclesiástico que portasse uma promoção ou exercesse funções públicas era obrigado a fazer um juramento de fidelidade à Constituição da França, sancionada pelo rei. Os termos incluíam implicitamente a medida relativa à Igreja, que agora fazia parte da Constituição, e que a grande maioria dos bispos havia rejeitado, mas Roma não. As cartas vieram de Roma que foram suprimidas, e após o decreto de novembro e sua sanção pelo rei em 26 de dezembro, o papa permaneceu oficialmente em silêncio.

Em 4 de janeiro de 1791, os deputados eclesiásticos foram convocados para fazer o juramento prescrito. Não foram permitidas condições ou limitações, Mirabeau em especial incitando rigor, na esperança de reação. Quando a Assembleia se recusou a fazer uma declaração formal de que não pretendia interferir no domínio exclusivo da religião, a grande maioria dos deputados eclesiásticos recusou o juramento. Cerca de sessenta abraçaram-no incondicionalmente, e a proporção fora das portas era quase o mesmo. Em quarenta e cinco departamentos sabemos que havia 13.426 clérigos em conformidade. Seguiu-se que havia 23 mil em toda a França, ou um terço do total, e não o suficiente para o serviço de todas as igrejas. A questão agora era se a Igreja da França seria um episcopal ou uma Igreja presbiteriana. Quatro bispos fizeram o juramento prescrito; mas apenas um deles continuou a agir como bispo de uma das novas sés. Talleyrand recusou sua eleição em Paris, e estabeleceu seu mitre e o hábito eclesiástico. Antes de se aposentar, consagrou dois bispos constitucionais, e instituiu Gobel em

Paris. Ele disse, depois, que, se não fosse por ele a Igreja Constitucional Francesa teria se tornado presbiteriana, consequentemente democrática, e hostil à monarquia.

Ninguém poderia ser mais violentamente contra o monarquismo do que alguns dos prelados eleitos, tais como Fauchet, bispo de alvados, o qual agiu com os girondinos e pereceu com eles, ou Grégoire, o bispo de Blois. Grégoire foi o mais evidente, e ainda é o mais conhecido do clero constitucional. Ele era um homem de sérias convicções, e de tanta sinceridade quanto é compatível com a violência. Com muita informação geral, ele era um escritor impreciso, e apesar da coragem que ele manifestou ao longo do Reinado do Terror, um orador pouco impressionante. Ele rapidamente se ateve às doutrinas de um liberalismo elementar, e após a queda dos Terroristas ele foi ativo na restauração da religião e no estabelecimento da tolerância. Ele esteve ausente, em uma missão, e não votou pela morte do rei; mas expressou sua aprovação, e desonrou seus últimos anos ao a esconder e negar. Gobel, o bispo de Paris, era muito inferior a Grégoire. Na esperança de salvar sua vida, ele renunciou ao seu cargo sob a Convenção, depois de ter oferecido sua retratação ao papa por £ 12.000. Por um tempo, acreditava-se que o clero das duas igrejas poderia coexistir amigavelmente, e uma pensão moderada foi concedida aos que não fizeram o juramento. Mas houve desordem e derramamento de sangue em Nîmes e em outras partes da França, e foi visto que a Assembleia, através de sua legislação eclesiástica, havia criado o motivo e o maquinário para a guerra civil. O clero que não havia feito o juramento passou a ser considerado traidor e rebelde, e a multidão não os sofreria para celebrar a missa na única igreja que lhes restou em Paris. Bailly disse que quando a lei fala a consciência deve ser silenciosa. Mas Talleyrand e Sieyès insistiram no princípio da tolerância, e conseguiram fazer com que a fórmula fosse adotada pela Assembleia. Ele não foi observado, e foi totalmente desconsiderado pela segunda legislatura.

A Constituição Civil feriu a Revolução não apenas criando uma forte corrente de sentimento hostil no país, mas levando o rei a buscar proteção da Europa contra seu povo. O esquema de negociação que levou à guerra geral em 1792, tendo sido adiado pela desunião entre os poderes e pela extrema cautela do imperador Leopoldo, começou em meio à crise religiosa no outono de 1790. O problema para nós é descobrir por que a Assembleia Nacional, e o comitê que a guiou, não reconheceram que suas leis estavam violando o sistema estabelecido da Igreja, seja galicana ou romana, que estavam em flagrante contradição com os primeiros princípios da Revolução; e por que, naquela imensa explosão de sentimento liberal, não havia espaço para a liberdade religiosa. Eles acreditavam que não havia nada no esquema que o papa não seria capaz de consentir, a fim de evitar males maiores, se a diplomacia do rei fosse conduzida sabiamente. O que foi concedido por Pio VII para Bonaparte poderia ter sido concedido por Pio VI para Luís XVI. O julgamento dos divinos italianos foi, em muitos casos, favorável ao decreto da Assembleia Nacional, e o Colégio de Cardeais não foi unânime contra ele. Suas opiniões encontraram seu caminho para Paris, e foram compradas por agentes romanos. Quando a Concordata de 1801 foi concluída, Consalvi se alegrou por ter feito tão bem, pois estava capacitado, se necessário, a fazer concessões ainda maiores. Os canonistas revolucionários foram convencidos de que o papa, caso rejeitasse as propostas do rei, estaria agindo como o instrumento do partido aristocrático, e seria governado por vantagem calculada, não pela consciência. A tragédia de Chénier de Carlos IX estava sendo encenada, e reviveu as piores cenas de intolerância fanática. O ódio que despertou não foi aliviado pela linguagem de Pio VI, na primavera de 1791, quando, tarde demais para influenciar os acontecimentos, condenou a Constituição Civil. Pois ele condenou a liberdade e a tolerância; e os revolucionários foram capazes de dizer que não poderia haver paz entre eles, e que Roma era o adversário irreconciliável dos primeiros princípios sobre os quais eles se posicionaram. A anexação dos domínios papais na França foi proposta, em maio de 1791, quando a rejeição da Constituição Civil se tornou conhecida. Foi descartada no início, e adotada em 14 de setembro. Veremos, mais tarde, que o conflito assim instituído entre a Revolução e a Igreja apressou a queda do trono, a perseguição e a guerra civil.

Tenho apontado repetidamente para o ciúme do executivo como uma fonte de malícias fatais. Este é o maior exemplo do dano que ele fez. Que o patrocínio não poderia ser deixado nas mãos do rei, como o foi pelo Concordata de Leão X, era absolutamente óbvio; mas caso tivesse sido dado ao rei, agindo através de ministros responsáveis, então grande parte da dificuldade e do perigo teria sido superado, e o arranjo que cresceu a partir do Concordata de Napoleão teria sido antecipado. Essa ideia foi constantemente rejeitada e, ainda mais estranho, a ideia do não estabelecimento e separação quase passou despercebida. Uma geração mais tarde, sob a influência de exemplos americanos e irlandeses, uma escola de liberais surgiu entre os católicos franceses, que eram tão distintos dos galicanos como dos ultramontanos, e possuíam a solução para a perpetuação da Igreja e do Estado. Para nós, o grande fato é que a Revolução não produziu nada do tipo, e foi à ruína pelo seu fracasso em lidar com o problema.

CAPÍTULO XII

A Fuga para Varennes

A consequência direta das leis eclesiásticas foi a fuga do rei. Desde a época de sua remoção para Paris, em outubro de 1789, homens começaram a estudar os meios pelos quais ele poderia ser resgatado, e seus ministros estavam prontos, com os passaportes necessários. Durante o verão de 1790, que ele passou em St. Cloud, vários planos foram propostos, e constantemente rejeitados. A rainha se opôs a eles, ela disse: "O que o rei pode fazer, longe de Paris, sem discernimento, ou espírito, ou ascensão? Não diga mais nada sobre isso." Mas uma mudança ocorreu sobre eles em 24 de agosto, quando a Constituição Civil foi sancionada. Assim que foi votada em julho, Mirabeau informou Luís XVI que ele se comprometeu a transportá-lo, publicamente, para Rouen, ou Beauvais, ou Compiègne, onde ele estaria fora de alcance, e poderia dissolver a Assembleia e proclamar um melhor sistema de leis constitucionais. A guerra civil inevitavelmente se seguiria; mas Mirabeau acreditava que a guerra civil levaria à restauração da autoridade, caso o rei se colocasse nas mãos do Marquês de Bouillé, o comandante geral em Metz. Bouillé adquiriu uma alta reputação por seu sucesso contra os ingleses nas Índias Ocidentais, e ele a aumentou neste momento através da energia com a qual suprimiu um motim na guarnição de Nancy. Pelo serviço prestado ao Estado e pela causa da ordem, recebeu, sob pressão de Mirabeau, os agradecimentos da Assembleia. O rei implorou-lhe para que cuidasse de sua popularidade, pois ele estava reservado para coisas maiores. Esta é a primeira intimação do segredo; e é confirmada pela Princesa Elizabeth, dentro de uma semana da sanção dada à Constituição Civil. Mas, embora, naquele mês de setembro, Luís XVI tenha começado a meditar sobre a saída de Paris, e aceito o general proposto a ele, o rei não adotou o resto do esquema que o tornaria dependente de Mirabeau. Naquele momento, seu motivo mais forte era o desejo de ser libertado do emaranhado religioso; e ele esperava restaurar a Igreja à sua posição perdida sob a condição de comprar os *assignats* com a propriedade das ordens suprimidas. Foi calculado que a Igreja seria capaz de salvar o crédito público através de um sacrifício de 40 milhões, ou arruinar o investidor revolucionário ao o recusar. Portanto, o rei não aceitaria as propostas de Mirabeau, o qual não era o homem para executar uma política favorável à influência do sacerdócio. Ela foi empenhada por um político diferente.

Breteuil, o rival de Necker, era o homem preferido à Mirabeau. Ele estava vivendo em Soleure como o reconhecido chefe dos monarquistas que serviram ao rei, e que se recusou a seguir os príncipes e os emigrados e seu principal intrigante, Calonne. Breteuil foi agora consultado. Ele aconselhou o rei a partir em segredo e a se refugiar em uma fortaleza fronteiriça entre regimentos fiéis, ao alcance dos apoios austríacos. Desta forma Breteuil, não Mirabeau, seria mestre, e a restauração teria sido a favor do velho regime, não da monarquia constitucional. Em apenas um ponto os dois conselheiros concordaram: Breteuil, como Mirabeau, recomendou Bouillé como o homem de ação. Sua resposta foi trazida pelo bispo de Pamiers, um prelado do século XVIII, do tipo mundano, o qual foi depois selecionado para ser o ministro das finanças caso Brunswick tivesse conquistado. Em 23 de outubro, o bispo foi enviado a Metz para iniciar Bouillé.

Na questão de talento e renome, Bouillé foi o primeiro homem no exército como a emigração o deixou. Ele serviu de maneira relutante sob a nova ordem, e pensou em fazer-se uma nova carreira na Rússia. Mas era ambicioso, pois sempre teve sucesso, e o emissário do rei e de Breteuil abriu um futuro tentador. Ele propôs três alternativas. O rei deveria escolher entre Valenciennes, que seria a viagem mais segura e rápida; Besançon, ao alcance dos suíços amigáveis, os quais estavam sob acordo para fornecer uma grande força sob demanda; e Montmédy, uma pequena cidade fortificada perto da fronteira, e não muito longe de Luxemburgo, que era a mais forte das fortalezas imperiais. Tudo isso apontava claramente para Montmédy. Besançon estava tão longe que havia tempo para ser ultrapassado e Valenciennes não estava no território de Bouillé. Nada poderia ser feito antes da primavera, pois o imperador ainda não era mestre de suas províncias revoltadas, e uma longa correspondência foi realizada entre o general em Metz, e o conde Fersen em Paris, que atuou por Luís XVI e controlou tudo. No Natal, Bouillé enviou seu filho mais velho a Paris para organizar detalhes com ele.

Durante os primeiros meses de 1791, que foram os últimos de sua vida, a ascensão de Mirabeau subiu tão rapidamente que o rei vacilou entre ele e Breteuil. Em fevereiro, La Marck apareceu em Metz, de forma a dispor o plano mais ousado de Mirabeau diante do soldado em cuja espada sua consumação dependeria. Bouillé prontamente preferiu este ao de Breteuil, e estava pronto para realizá-lo. Mas Fersen estava tão confiante em se comprometer a forjar a partida de Paris à noite e em segredo, ele estava tão resoluto e calmo, que dissuadiu todas as dúvidas, e no início de março anunciou que o rei tinha finalmente decidido para Montmédy. Sua hesitação tinha acabado, e Mirabeau foi rejeitado. Luís XVI não poderia ter tomado seu conselho sem entregar seu próprio objeto principal, a restauração da Igreja Galicana. Era a essência da política de Mirabeau sacrificar o sacerdócio. Seus últimos conselhos foram dados em 23 de fevereiro, cinco semanas antes de morrer. Ele aconselhou que o rei, ao sair, deveria ser forçado pelo povo a ir para casa; ou melhor ainda, que uma multidão deveria ser reunida na corte das Tulherias para impedi-lo de sair. Ele esperava que tal indignação causasse à Assembleia assegurar uma maior liberdade de movimento, o que serviria ao seu propósito no momento oportuno.

A oportunidade foi encontrada em 18 de abril, quando soube-se que a família real estava se mudando para St. Cloud. A páscoa estava próxima; e na Páscoa, o rei da França costumava receber a comunhão em público. Mas Luís não podia receber comunhão. Ele era responsável pela Constituição Civil que havia sancionado, e pela cisma que estava começando. Com isso em sua consciência, ele foi obrigado a abster-se, pois as pessoas de outra forma infeririam que nem ele nem o padre que o absolveu viram algo para se arrepender na tempestade crescente. Portanto, de forma a evitar escândalos, era bom estar fora do caminho no momento. A família real foi parada em sua própria porta, como Mirabeau desejava. Por mais de uma hora eles se sentaram na carruagem, gritados e insultados pela multidão, Lafayette em vão se esforçando para limpar o caminho. Quando eles voltaram ao palácio, a rainha indiscretamente disse àqueles ao redor deles: "Vocês devem admitir agora, senhores, que não somos livres. O caso da fuga foi reforçado pelos eventos daquele dia, exceto aos olhos de alguns que, conhecendo a sugestão de Mirabeau, suspeitavam de uma comédia, e se perguntavam quanto o rei havia pagado para que uma multidão uivando pudesse chamá-lo de porco gordo em sua cara.

O imperador não podia mais recusar ajuda à sua irmã sem a censura da crueldade. Ele foi agora solicitado a mover tropas perto o suficiente da fronteira de forma a justificar que Bouillé formasse um acampamento em frente a Montmédy, e coletasse suprimentos suficientes para o núcleo de um exército real. Ele também foi solicitado a adiantar uma quantia para as primeiras despesas. Leopoldo, que mal conhecia Maria Antonieta, mostrou extrema reserva. Suas mãos não estavam livres no leste. Ele simpatizava com grande parte do trabalho da Revolução; e não lamentava ver a França enfraquecida, mesmo que por medidas as quais ele desaprovava. Sua linguagem foi desanimadora por toda parte. Ele não prometeria nada até que eles conseguissem escapar; e ele acreditava que eles não poderiam escapar. A rainha resolveu descobrir se a grosseira indignidade a que ela havia sido submetida tinha causado alguma impressão amolecedora em seu irmão; e o conde de Durfort foi enviado para procurá-lo em seus domínios italianos, com amplas credenciais. O agente não foi sabiamente escolhido. Ele encontrou Leopoldo em Mântua, conferenciando com o conde d'Artois, e caiu nas mãos de Calonne. Em seu retorno, ele produziu um artigo em vinte e um parágrafos, elaborado por Calonne, com as respostas do imperador, mostrando que Leopoldo invadiria a França no verão, com cem mil homens, que a família real aguardava sua vinda, e que, de fato, ele havia aceitado o programa dos emigrados.

A rainha foi convencida de que seria assassinada se permanecesse em Paris enquanto as forças de seu irmão entravam na França. Ela acreditava que os emigrados a detestavam; que estavam preparados para sacrificar seu marido e a ela mesma por sua própria causa; e que caso a política deles triunfasse, os novos mestres seriam piores que os antigos. Ela escreveu a Mercy que isso se tornaria uma escravidão intolerável. Ela resolveu incorrer no maior risco em vez de dever sua libertação a d'Artois e seus seguidores. Maria Antonieta estava certa em sua estimativa de sentimento no campo de emigrados. Gustavo III falou por muitos quando disse: "O rei e a rainha, pessoalmente, podem estar em perigo, mas isso não é nada para um perigo que ameaça todas as cabeças coroadas."

Após a prisão deles em Varennes, Fersen ficou espantado com a alegria indecente dos franceses em Bruxelas, dos quais muitos juraram sua satisfação de que o rei e a rainha foram capturados. Pois o plano orquestrado com Bouillé era servir a monarquia, não a aristocracia. Em sua apaixonada resistência ao partido de d'Artois, Condé e Calonne, a rainha se sentiu a campeã do monarquismo popular. Na linguagem da época, ela apoiava uma contra-constituição, eles uma contrarrevolução. Havia uma questão pessoal também. A rainha contou com Breteuil para salvá-la de Calonne, a quem ela suspeitava ter adulterado o confessor do rei de forma a descobrir segredos da Corte. Quando ela viu a resposta de Mântua, ela imediatamente conheceu sua mão. Se essa era a política do irmão dela, era hora de correr pela liberdade. O jugo jacobino poderia ser suportado, não o jugo dos emigrados. Breteuil avisou-os para não perderem tempo, caso fossem escapar do cativeiro para seus amigos. Quando Maria Antonieta resolveu que fugir com o risco de captura seria melhor do o resgate por tais mãos, ela conhecia apenas metade da verdade. O documento trazido de Mantua por Durfort era uma falsificação. Ele governou a história por cem anos, e o texto genuíno só foi publicado em 1894. E sabemos agora que Calonne, por trás das costas do conde d'Artois, forjou a resposta que atraiu o rei e a rainha para o seu destino. Em 9 de junho, Mercy escreveu que eles foram enganados. Em seu terror e incerteza, eles fugiram. O primeiro motivo de Luís XVI foi o horror de ferir uma religião que era dele. Quando assinou o decreto impondo o juramento ao clero, que começou a perseguição, ele disse: "Pelo menos, não é por muito tempo".

As eleições para a próxima Assembleia foram marcadas para 5 de julho. Caso a primeira Assembleia fosse autorizada a realizar seu trabalho, tudo o que tinha sido feito para desacreditar uma das partes e conciliar outra, todos os frutos das intrigas caras de Mirabeau, seria perdido. A determinação final que os enviou ao longo da estrada para Varennes foi a traição eclodida em Mantua. Eles atravessaram o corredor polonês[58] para a floresta de Argonne pela causa da monarquia limitada, de forma a escapar da revolução e reação. Esse foi o espírito em que Mirabeau pediu a partida, e ao qual Bouillé veio para o resgate; e foi isso que fez a rainha odiosa para os nobres expatriados. Mas não era a política de Breteuil. Ele se recusou a contemplar qualquer coisa, exceto a restauração da coroa ininterrupta. A posição era ambígua. Forças contrárias estavam agindo por enquanto em combinação. Entre o estadista reacionário e o general constitucional, não havia segurança no caráter do rei.

O cálculo sobre o qual a fuga para Montmédy foi realizada não foi, por si só, irracional. Havia um partido forte na Assembleia com o qual era possível negociar. No distrito de Rhone, ao longo do Loire, em partes do oeste e sul da França, centenas de milhares dos homens mais intrépidos da Terra estavam prontos para morrer pelo altar e pelo trono. Mas eles não estavam dispostos a expor-se por um príncipe em cujas mãos a melhor das causas estava fadada ao fracasso, e cujo último ato como rei foi trair seus fiéis defensores. Instigada por Bouillé, a rainha pediu ao seu irmão que emprestasse alguns regimentos para agir com as forças reais como auxiliares em caso de resistência. Ela desejou trinta mil homens. Esse é o fato significativo que justifica o chefe dos correios

---

58. No original: *run the gauntlet*. (N. E.)

de St. Ménehould e os patriotas de Varennes. A expedição a Montmédy foi um primeiro passo em direção à guerra civil e a invasão estrangeira. Isso é o que estes homens vagamente entenderam quando pararam os fugitivos.

Para a gestão da jornada, nem sempre foi dado o melhor conselho. Em vez de duas carruagens leves, o partido real insistiu em viajar em uma grande, a qual Fersen prontamente ordenou. A rota por Rheims teria sido melhor, porque Varennes estava fora da estrada do correio. Mas Varennes era a preferida sob o aspecto de que Rheims era a cidade da coroação, e o rei poderia ser reconhecido. O caminho mais curto para Montmédy passava por território belga; mas pensava-se perigoso cruzar a fronteira. Foi instado que uma exibição militar na estrada levaria a problemas, mas foi decidido que era necessário além de Châlons. O conselho de Bouillé nem sempre foi sólido, mas houve um ponto em que se mostrou fatal rejeitá-lo. Ele desejava que os viajantes fossem acompanhados por um oficial experiente, que ele sabia ser magistral, energético e rápido em uma emergência. O rei pensou em vários, mas a rainha não estava inclinada a ter um estranho na carruagem. Mas ela pediu por três oficiais capazes, a serem empregados como mensageiros, acrescentando que eles não precisam ser extraordinariamente inteligentes. Nessas palavras, a próxima história é contada. Os três mensageiros responderam fielmente demais à qualificação especificada.

A partida havia sido marcada para a segunda semana de junho. Bouillé ainda esperava um movimento entre os imperialistas, e pediu um adiamento. No dia 16, ele foi informado de que a família real começaria [as movimentações] à meia-noite do dia 20. Ele tinha enviado um de seus coronéis, o duque de Choiseul, para Paris para as últimas instruções. Os cavalos de Choiseul deveriam buscar o rei em Varennes, e ele deveria entretê-lo em sua casa em Montmédy. Ele detinha o comando do mais distante destacamento da cavalaria na estrada entre Montmédy e Châlons, e era seu dever fechar atrás da carruagem real, de forma a evitar perseguição, e reunir todos os destacamentos na estrada, conforme o rei passasse. Ele teria chegado ao fim da viagem com pelo menos 400 homens. Suas últimas ordens foram para transportar o rei através da fronteira, caso Bouillé caísse. A grande abadia de Orval estava a apenas alguns quilômetros de distância, e pensava-se que, no último momento, poderia ser mais segura do que o solo hostil da França.

Choiseul não era equiparado à parte difícil que ele tinha que realizar. Ele partiu para o cargo na segunda-feira à tarde, carregando consigo um bâton federal, que pertencia ao seu tio, e ao cabeleireiro da rainha, Léonard. Pois quinta-feira foi a solene festa de Corpus Christi, quando uma missa militar seria celebrada no campo, e, na presença do exército montado, Bouillé seria feito marechal da França. A rainha não poderia ser autorizada a aparecer em tal função sem a ajuda do artista, e ele foi apressado, muito contra sua vontade, sem uma palavra de explicação. A irmã do rei aprendeu no mesmo dia o que estava diante dela. Houve uma ideia de mandá-la com as crianças, ou com a condessa da Provença. A princesa, que era eminentemente boa, e nem sempre graciosa, não gozava da confiança da rainha. Ela foi uma das que consideravam a concessão como uma rendição de princípios, e na fenda entre os príncipes e Maria Antonieta ela não estava do lado da conciliação. Provença veio para o jantar, e os irmãos se encontraram pela última vez. Naquela noite, seus caminhos se separaram, levando um à guilhotina, e o outro ao trono que seria ainda elevado por Napoleão acima de todos os tronos da Terra. O conde e a condessa de Provença começaram ao mesmo tempo que o resto, e chegaram à Bélgica em segurança.

Fersen, dirigindo assuntos com habilidade e premeditado, cometeu um erro. Dois atendentes das crianças reais foram levados, em uma carruagem contratada, para Claye, a segunda etapa na estrada leste, e foi o motorista que soube, em seu retorno, para que lado os fugitivos tinham ido.

Quando todos estavam na cama, e as luzes estavam apagadas, a família real saiu por uma porta que não estava em uso, e entrou no coche. A última a vir foi a rainha, que tinha ficado assustada ao conhecer Lafayette. Mais tarde, ela perguntou-lhe se ele a tinha reconhecido. Ele respondeu que se ele a tivesse conhecido não uma vez, mas três vezes, ele nunca poderia tê-la reconhecido, depois do que ela lhe disse no dia anterior; pois ela havia dito que eles não iriam embora. Bailly, que estava em casa, doente, havia se alarmado com os persistentes rumores de partida, e pediu a Lafayette para redobrar suas precauções. Após uma última inspeção, o general assegurou ao prefeito que Gouvion estava de guarda, e nenhum rato poderia escapar. Os jornalistas, Marat e Fréron, também foram avisados. Fréron foi para as Tulherias tarde da noite, e satisfez-se que tudo estava quieto. Ninguém tomou conhecimento de um cocheiro, conversando e levando rapé com um camarada, ou adivinhou que era o coronel dos suecos reais, que naquela hora construiu um renome eterno. Eram meia-noite quando a rainha chegou; e o homem, que tinha feito seu coração bater em anos mais felizes, montou a caixa e foi embora para a escuridão. Seu segredo era conhecido, e seus movimentos tinham sido observados por olhos atentos. A guardiã do guarda-roupa era íntima do general Gouvion. Ela o avisou a tempo, e havia comunicado a alguns sobre a rainha, e que sabia o que estava acontecendo. O alarme foi dado às duas da manhã, mas, de modo que ela não

163

pudesse ser comprometida, foi dado por maneiras tortuosas. Um viajante de Marselha foi despertado em seus alojamentos por uma voz amigável. Ele se recusou a se levantar, e foi dormir novamente. Algumas horas depois, o visitante voltou, e prevaleceu com o dorminhoco. Ele veio do palácio e relatou que o rei tinha ido embora. Eles levaram a notícia para um dos deputados, que se apressou para Lafayette, enquanto o homem do palácio desapareceu. Lafayette, assim que ele estava vestido, conferiu com o prefeito e com o presidente da Assembleia, Beauharnais, o primeiro marido da imperatriz Josephine, e eles o persuadiram de que nada poderia evitar a guerra civil, a não ser a captura do rei. Logo em seguida Lafayette escreveu uma ordem declarando que Luís tinha sido levado, e pedindo a todos os bons cidadãos para trazê-lo de volta. Ele acreditava que muito tempo havia sido perdido, mas nada menos do que isso, que era um mandado de prisão, teria apaziguado a raiva das pessoas por sua falta de vigilância. Ele despachou seus oficiais, principalmente para Lille. Um deles, Romeuf, a quem direcionou para seguir a estrada para Valenciennes, foi parado por uma multidão, e levado perante a Assembleia. Lá ele recebeu uma nova comissão, com autoridade para fazer do rei um prisioneiro. Enquanto saía, depois de tanto atraso, soube que os fugitivos tinham sido vistos na estrada para Meaux, e que tinham doze horas de vantagem.

Há muito nessas transações que é estranhamente suspeito. Lafayette não se decidiu que havia algo a ser feito até que outros o pressionassem. Ele mandou todos os seus homens pelas estradas erradas, enquanto Baillon, o emissário da Comuna, bateu na pista imediatamente. Ele disse a Romeuf que era tarde demais, de modo que seu dia de cavalgada pesada era apenas uma formalidade. Romeuf, que era filho de um de seus inquilinos, entrou em muitas dificuldades, e não deu o esporão ao seu cavalo até que a notícia tivesse quatro horas. Em Varennes, ele jurou que nunca tinha a intenção de ultrapassá-los, e os oficiais do rei acreditaram nele. Gouvion, segundo no comando da guarda, sabia por qual porta o partido real pretendia sair, e garantiu à Assembleia que tinha vigiado sobre ela, com vários oficiais, a noite toda. Luís até autorizou a madame de Tourzel a trazer Gouvion com ela, caso ela o encontrasse a caminho da carruagem. Burke mais tarde acusou Lafayette de ter permitido a partida, de modo que pudesse lucrar com a prisão. Críticos menos apaixonados duvidaram se o companheiro de Washington estava preparando uma regência, ou considerou que o caminho mais seguro para uma república é por meio de um trono vago.

A carruagem que estava esperando além dos portões tinha sido ordenada por uma senhora russa, Madame de Korff, que era cúmplice fervorosa de Fersen.

Ela forneceu não só o carro, mas £ 12.000 em dinheiro, e um passaporte. Como ela exigiu outro para sua própria família, o ministro russo solicitou a Bailly. O prefeito recusou, e ele foi obrigado a perguntar a Montmorin, fingindo que o passaporte que ele tinha acabado de dar tinha sido queimado por engano. Os números e a descrição foram registrados, mas o destino foi Frankfurt. Conforme os viajantes abandonaram a estrada de Frankfurt em Clermont, a última etapa antes de Varennes, este foi um erro transparente. Meia hora tinha sido perdida, mas a primeira etapa, Bondy, foi alcançada à uma e meia. Aqui Fersen, que havia sentado ao lado de seu cocheiro, florescendo o chicote, desceu, e a família que ele tinha se esforçado tanto para salvar saiu de sua proteção. Ele queria levá-los até o fim, e pediu a Gustavo licença para viajar com o uniforme da guarda sueca. Mas Luís XVI não permitiu que ele permanecesse, e subestimou o valor de tal escolta. Fersen pegou a estrada norte e chegou à Bélgica sem dificuldades. No inverno seguinte, ele estava novamente nas Tulherias. Como conselheiro político, ele foi infeliz, pois ele foi um dos envolvidos na proclamação de Brunswick que custou ao rei sua coroa.

Os viajantes seguiram seu caminho sem abuso até Châlons, e lá, quando eles estavam prestes a encontrar seus soldados fiéis, eles imaginaram que o perigo tinha acabado. Na realidade, o mal já estava feito, e por sua própria culpa seu destino foi selado. Como eles estavam certos de serem perseguidos, a segurança dependia da celeridade. O ponto de perigo era Varennes, pois um bom cavaleiro a toda velocidade poderia andar 234 quilômetros em menos de treze horas, e chegaria lá perto das nove da noite, caso ele saísse no primeiro alarme. Calculou-se que a família real, a doze quilômetros por hora, chegaria a Varennes entre oito e nove. A margem era tão estreita que não havia tempo a perder. O rei achou suficiente chegar aos postos avançados de Bouillé antes que ele pudesse ser ultrapassado, e eles seriam encontrados em um estágio além de Châlons. De modo a garantir a reunião era necessário manter o tempo. As horas foram precisamente determinadas; e como o acordo não foi observado, os soldados eram inúteis. Antes de Châlons quatro horas haviam sido perdidas – não por acidente, como diz a lenda monarquista, pois Valory, o batedor, testemunhou que levou apenas alguns minutos para reparar. Bouillé sabia a causa desprezível de sua própria ruína e de tanta tristeza, mas nunca a revelou. Quando veio para a Inglaterra ele enganou os questionadores, e exigiu um juramento de seu filho de que ele manteria o segredo miserável por meio século. O jovem Bouillé era fiel à sua palavra. Em 1841 ele confidenciou a um amigo que a história contada na época era verdadeira, e que o rei parou algumas horas em Étoges, durante um jantar cedo na casa de Chanilly, um oficial de sua família, cujo nome aparece em seu testamento. Quando as pessoas viram no que isso resultou, houve uma generosa conspiração de ocultação, que confundiu a posteridade, até que a história de Bouillé foi contada.

Em Pont de Somme-Vesle, treze ou catorze quilômetros além de Châlons, Choiseul estava no comando. Seus homens foram mal recebidos em St. Ménehould, e sua presença perturbou o povo do campo. Ninguém acreditava na pretensão de que tantos cavaleiros eram necessários a fim de proteger a passagem do tesouro, e eles começaram a suspeitar que o tesouro era a própria rainha, fugindo para a Áustria. Choiseul se alarmou; pois caso o rei chegasse no meio da sedição, o pior poderia ser esperado. Ele tinha sido positivamente instruído de que o rei passaria às duas e meia. Fersen tinha dito que ele poderia confiar nisso, e que havia um mensageiro cavalgando uma hora à frente. Quando deu três horas, sem qualquer sinal de rei ou mensageiro, Choiseul resolveu se afastar, esperando que sua partida aliviasse a comoção e garantisse uma passagem segura. Ele enviou Léonard para a frente, com instruções para os oficiais no comando em St. Ménehould, Clermont, e Varennes, que tudo parecia ter acabado para o dia, e que ele estava começando a se juntar a Bouillé; e depois de mais algum tempo observando, ele se retirou com todos os seus homens. Por causa disso Bouillé mais tarde exigiu que ele fosse julgado por corte marcial.

Havia sido previamente acordado que se o rei não aparecesse em Bondy até duas e meia da manhã, o mensageiro que o precedia deveria seguir em frente e avisar os oficiais de que não havia mais nada a ser feito. Como nenhum mensageiro fez sua aparição à tarde, era certo que os fugitivos tinham saído de Paris, onde o perigo residia. Caso Choiseul acreditasse ser necessário mover seus homens, ele deveria deixar um oficial da equipe, Goguelat, para esperar a vinda do rei, e para ser seu guia. Mas Choiseul levou Goguelat com ele, não deixando nenhum guia; e em vez de manter a estrada alta, de modo a bloqueá-la em um ponto mais distante, ele saiu para as estradas laterais, e não reapareceu até que tudo acabou em Varennes. Seu erro é flagrante, mas foi devido à loucura mais trágica de seu mestre. Pouco tempo depois de ter abandonado seu posto, o rei chegou, e passou sem obstáculos. Mais uma vez, ele mudou de cavalos sem resistência na cidade postal[59] seguinte, que era St. Ménehould, e foi para Clermont en Argonne. Alguns dos espectadores pensaram que o tinham reconhecido sob seu disfarce, e o mais barulhento entre eles era Drouet, que,

---

59. Trata-se de uma cidade criada para o funcionamento integral dos serviços de correio. Muito comuns até meados do século XIX. (N. E.)

como chefe dos correios, tinha acabado de ter uma briga com um dos oficiais, e estava no perigoso humor de um homem que tem seu temperamento para recuperar. O conselho da cidade se reuniu, e ao ouvir os motivos de sua suspeita, encarregaram-no de seguir os viajantes e parar sua fuga. Eles não duvidavam que Luís estivesse prestes a se jogar nos braços da Áustria. Não era sua primeira intenção, pois ele esperava tomar uma posição em Montmédy, mas a perspectiva de ação efetiva em solo francês tinha diminuído.

O comando de Bouillé foi reduzido. Ele não podia confiar em seus homens; e Leopold não se mexeu. A base do esquema tinha desmoronado. Seja dentro da fronteira ou além dela, o sucesso implicava em uma invasão austríaca. O plano de Bouillé, desde o seu início, não tinha outra finalidade; e foi executado sob condições que colocaram Luís mais completamente nas mãos do calculista imperador. Tornou-se cada vez mais evidente que seu destino não era o acampamento de Montmédy, mas a abadia de Orval em Luxemburgo. Os homens de St. Ménehould que resolveram impedir sua fuga agiram sob vaga suspeita, mas não podemos dizer que, como franceses, agiram de forma errada. Eles não tinham certeza, e nenhuma autoridade; mas enquanto eles deliberavam um cavaleiro perseguidor cavalgou para a cidade, trazendo o que eles queriam. Um oficial da Guarda Nacional, Baillon, o qual havia saído de Paris no início do dia, com ordens de Bailly e Lafayette, e tomou o caminho certo. Ele foi adiado por duas horas por um encontro com M. de Briges, um dos homens do rei, a quem ele conseguiu prender. Para economizar tempo, ele enviou um novo cavaleiro, em um cavalo fresco, para deter os fugitivos, e este mensageiro de Châlons trouxe a notícia para St. Ménehould, não muito tempo depois que a carruagem tinha rodado para longe.

Quando Drouet iniciou a cavalgada que fez a sua boa fortuna, ele sabia que era o rei, e que Paris não queria que ele escapasse. Uma hora tinha sido perdida, e ele encontrou seus carteiros voltando de Clermont. Com eles, soube que o mensageiro tinha dado a palavra Varennes, e não Verdun. Por um atalho, através da floresta, ele chegou bem a tempo. Enquanto isso, St. Ménehould estava fervendo; o comandante foi preso, e suas tropas foram impedidas de montar. Um homem, Lagache, tendo sido avisado pela filha de seu anfitrião de que o tesouro do baú do exército havia evaporado e que a verdade estava solta, pulou em seu cavalo e abriu um caminho através da multidão com uma pistola em cada mão[60].

---

60. No original: *One man, Lagache, warned by the daughter of his host that the treasure for the army chest had evaporated and the truth was out, sprung on his horse and opened a way through the crowd with a pistol in each hand.* (N. E.)

Drouet contou a história à Assembleia Nacional mais a seu favor, alegando ter reconhecido a rainha que ele tinha visto em Paris; e o rei por sua semelhança com um *assignat*. Mais tarde, ele recusou toda a responsabilidade direta, e disse que seguiu a carruagem em consequência de ordens encaminhadas de Châlons, não por sua própria iniciativa ou conjectura. Quando ele deu a segunda versão ele era um prisioneiro entre os austríacos, e o interlocutor antes de quem ele estava era Fersen. Em tal momento, até mesmo um homem da fortaleza de Drouet poderia muito bem ter estendido um ponto no esforço de rechaçar o ódio. Portanto, a história registrada por Fersen não suplantou a tradição popular. Mas é confirmado por Romeuf, que diz, claramente, que o chefe dos correios de St. Ménehould foi avisado pela mensagem enviada por Baillon. O testemunho de Romeuf, contido nos protocolos da Assembleia, onde o vi, foi omitido no *Moniteur*, a fim de que nada pudesse desfigurar a lenda do viajante incauto, da nota traiçoeira, e do patriota provincial vigilante, que era o ídolo do momento como o homem que havia preservado seu país da invasão e da guerra civil.

Clermont, como as outras cidades dos correios, estava agitado pela presença da cavalaria, e depois que o rei seguiu sua jornada, as autoridades despacharam um mensageiro para despertar Varennes. Passando pelo grupo real a toda velocidade, ele gritou algo que eles não entenderam, mas que os fez pensar que foram detectados. Ele foi substituído pela energia superior e capacidade de Drouet, e não desempenha nenhum papel na aventura. Havia um oficial em Clermont que conhecia seus propósitos; mas seus homens o abandonaram, e ele chegou a Varennes sozinho. Em Varennes, os dois homens em segredo, o filho mais novo de Bouillé e Raigecourt, estavam com os cavalos, no extremo mais distante da cidade, sobre a ponte, sem vigiar. Eles contavam com Goguelat e com Choiseul, com D'Andouins que comandava em St. Ménehould, e com Damas em Clermont, e acima de tudo no mensageiro prometido, que deveria cavalgar uma hora a frente para avisá-los a tempo. Mas eles não esperavam nenhum aviso naquela noite. Se havia alguma vigilância neles, ela foi colocada para dormir por Léonard, que tinha passado uma hora antes com a carta fatal de Choiseul. O rei foi preso a algumas centenas de metros de sua pousada, e eles não estavam cientes de nada. Quando souberam, eles galopavam na estrada para Stenay, onde sabiam que o general estava mantendo vigília ansiosa. Drouet passou pela carruagem perto da entrada da cidade, onde os mensageiros estavam brigando com os postilhões e olhando no escuro em busca de reforços. Com a ajuda de meia dúzia de homens que estavam terminando seu vinho na pousada, ele barricou a ponte.

Lá o passaporte do rei o traiu, pois foi feito para Frankfurt, e Varennes não estava na estrada para Frankfurt. O grupo foi, portanto, detido e teve que passar a noite na casa de Sauce, oficial municipal e dono de uma mercearia, enquanto os tambores batiam, o alarme tocava, a cidade era despertada com o grito de fogo, e mensageiros foram enviados para trazer guardas nacionais de todos os cantos. No início, Sauce enganou o rei sobre uma garrafa de vinho, e então o introduziu a um companheiro viajado da cidade, que o identificou. Uma cena de emoção se seguiu, e cidadãos leais seguraram seu soberano em seus braços. Eles falaram em escoltá-lo até Montmédy, com cem homens, e Luís XVI, pronto para acreditar neles, declarou que ficaria contente com cinquenta. À medida que a noite passava, vários oficiais se reuniram: Choiseul e Goguelat, depois de sua longa viagem de Pont de Somme-Vesle; o conde de Damas de Clermont; e finalmente Deslon, um capitão de cavalaria alemão em quem Bouillé especialmente confiava. Os homens de Choiseul, e alguns dos aquartelados em Varennes, eram fiéis, e pensava-se que era possível limpar a rua. Instado pela rainha, Damas queria tentar, e muito depois ele assegurou a um amigo inglês que lamentava não ter liderado a investida, desafiando o otimismo do rei, e de sua relutância em ser salvo pela espada. Ele disse a Deslon em alemão: "Monte e ataque!". Mas Deslon viu que era tarde demais. Goguelat ameaçou cortar sua saída, e desceu do cavalo por um tiro de pistola.

Drouet era o mestre da situação. Foi ele quem gerenciou os soldados hesitantes e os habitantes da cidade hesitantes. Às cinco da manhã, Romeuf e Baillon chegaram, com a ordem de Lafayette, e o decreto da Assembleia soberana. Não havia mais ilusão sobre prosseguir a viagem, e toda a esperança do rei era que ele pudesse ganhar tempo para Bouillé entregá-lo. Bouillé estava em Stenay, a 32 quilômetros de distância. Ele passou a noite observando a estrada, com o braço no freio do cavalo. Muito depois de cada subsídio possível para o atraso, seu filho veio com as notícias de Varennes. As trombetas despertaram os alemães reais, mas seu coronel era hostil, e horas preciosas foram perdidas. Bouillé deu todo o seu dinheiro aos seus homens, disse-lhes que tipo de expedição eles estavam, disse-lhes que seu rei era um prisioneiro, e levou-os para o resgate. Era depois das nove quando atingiu a altura que contempla o vale do Aire abaixo. Os cavalos estavam cansados, a ponte estava barricada, os vaus eram desconhecidos. Tudo estava quieto em Varennes, e o rei já estava a quilômetros de distância na estrada para Clermont. Era o fim de um sonho brilhante, e de uma carreira que tinha sido notada por um sucesso invariável.

Conforme o homem infeliz, que tinha perdido o prêmio por tão pouco, virou a cabeça de seu cavalo na direção do exílio, ele disse ao seu filho: "Você ainda elogia minha boa sorte?". Naquela noite, ele atravessou a fronteira com um grupo de oficiais e seus homens dispararam contra ele quando ele passou. Ele emitiu uma declaração furiosa e compôs uma defesa de sua conduta, dizendo que ninguém havia permanecido em seu posto, exceto ele mesmo. Mas ele sabia que o rei e a constituição foram perdidos porque ele não esteve no local, e tinha postado homens inexperientes onde sua própria presença era necessária. Ele não conseguiu recuperar seu equilíbrio, e tornou-se tão imprudente e violento quanto o resto. Os emigrados não confiavam nele, e não lhe relegaram nenhuma parte ativa na invasão do ano seguinte. Sua fama ficou grande entre os ingleses que lutaram contra ele nas Índias Ocidentais, e Pitt ofereceu-lhe o comando em São Domingo, o qual o duque de Portland o obrigou a renunciar.

Luís XVI foi trazido de volta a Paris por uma multidão insolente e feroz, e olhou para trás com gratidão às civilizações equivocadas de Sauce. A viagem durou quatro dias, durante os quais o cabelo da rainha ficou grisalho. Três deputados, enviados pela Assembleia, se reuniram com a lastimosa procissão no meio do caminho, e tomaram conta da família real. O rei imediatamente assegurou-lhes que ele tinha a intenção de permanecer em Montmédy e lá rever a Constituição. "Com essas palavras", disse Barnave, "salvaremos a monarquia." Latour Maubourg recusou sua vez na carruagem real, no apelo de que suas pernas eram muito longas para ficarem confortáveis, e aconselhou o rei a empregar o tempo na domesticação de seus companheiros. O conselho em parte deu frutos, pois fizeram de Barnave um amigo. Nada poderia ser feito de Pétion, que afirma em sua narrativa que a princesa se apaixonou por ele. O General Dumas assumiu o comando, e, postando cavalaria em uma das pontes, conseguiu levar os cavalos a um trote, e ultrapassou a multidão.

Quando chegaram à floresta de Bondy, o Hounslow Heath[61] da França, um bando de rufiões da capital fez um ataque determinado, e afastados com dificuldade. Finalmente, Lefebvre, o futuro marechal duque de Dantzick, encontrou-os com uma companhia de granadeiros. Como havia perigo nas ruas estreitas de Paris, Lafayette levou-os através da Champs Elysées. Havia sido espalhada a mensagem de que nem um sinal de ódio ou de honra deveria

---

61. Trata-se de um lugar descampado perto da cidade de Londres. Por ser um campo aberto e plano, foi usado para diversas funcionalidades ao longo dos séculos, de base militar oficial até um aeródromo, mais recentemente. (N. E.)

ser dado, e um cavaleiro cavalgou na frente, comandando o silêncio. A ordem foi obedecida de maneira mal-humorada. Um dia antes desta cena fúnebre, o emissário prussiano escreveu para casa que o rei poderia ser poupado, por motivos políticos, mas que nada poderia salvar a rainha. Eles haviam chegado ao terraço das Tulherias quando houve uma corrida e uma luta, na qual Dumas perdeu seu chapéu, seu cinto e sua bainha, e quase teve suas roupas arrancadas de suas costas. Um grupo de deputados veio em seu auxílio, e nenhum sangue foi derramado. Uma carruagem veio depois, com Drouet visível em alta e triunfante. Ele recebeu uma doação de £ 1200, e foi eleito para a Convenção no ano seguinte. Feito prisioneiro pelos prussianos, ele impressionou Goethe por sua frieza na adversidade. Os austríacos o levaram para o cerco de Maubeuge, e ele foi trocado pela filha do rei. Na conspiração comunista de Babeuf ele quase perdeu a vida, e por um tempo viveu em uma caverna, no subsolo. Napoleão lhe deu a Legião de Honra, fez dele subprefeito de São Ménehould, e foi seu convidado quando visitou Valmy. Nos Cem Dias Drouet foi novamente um deputado, e então desapareceu de vista e mudou seu nome. Quando morreu, em 1824, seus vizinhos souberam com surpresa que tinham vivido com o sinistro criador da tremenda tragédia.

CAPÍTULO XIII

Os Feuillants e a Guerra

Terça-feira, 21 de junho, o dia em que a partida do rei ficou conhecida, foi o maior dia da história da Assembleia. Os deputados foram tão rápidos em atender aos perigos da situação, estavam tão calmos, suas medidas eram tão abrangentes, que imediatamente restauraram a confiança pública. No meio do dia, o tumulto nas ruas estava apaziguado, e os embaixadores ficaram surpresos com a tranquilidade de Paris. Escreveram para casa que todas as partes deixaram de lado suas brigas, e combinaram em um esforço sincero para salvar o Estado. Essa foi a aparência das coisas na superfície e no momento. Mas a Direita não teve participação em atos que eles consideraram uma usurpação de poderes, calculados para substituir a monarquia, e para fazer a crise servir como a transição para uma República. Quase trezentos deles assinaram um protesto, declarando que não participariam mais das deliberações. Seu líder, Cazalès, foi embora para Coblenz, e foi friamente recebido como um homem que tinha rendido muito às opiniões parlamentares, cujos serviços tinham sido infrutíferos, e que se arrependeu tarde demais.

A fuga do rei, ao mesmo que rompeu o Partido Conservador, convocou o Partido Republicano para a existência. Pois Luís XVI havia deixado para trás um manifesto, meditado durante muitos meses, incitando os defeitos da Constituição, e denunciando tudo o que havia sido efetuado desde que ele sofreu violência em Versalhes. Muitos outros, além do imperador, estavam cientes dos defeitos, e desejavam sua alteração. Mas a renúncia de tanto que ele havia sancionado, tanto que ele tinha solenemente e repetidamente aprovado, o expôs à reprovação da duplicidade e da falsidade. Ele não só foi submetido à ignomínia de captura e exposição como foi considerado a partir de agora como um perjúrio detectado. Se o rei nunca mais pudesse ser confiável, as perspectivas da monarquia eram sem esperança. O partido de Orléans não ofereceu nenhum substituto, pois seu candidato estava desacreditado. Começou-se a ser dito que era melhor reconhecer de uma vez o inevitável do que deixar que fosse estabelecido através de violência, após uma luta na qual mais do que a monarquia seria posta em perigo, e que traria à tona o mais desumano da população. Para nós, que sabemos o que o próximo ano traria, a força e a autenticidade do argumento são aparentes; mas não conseguiu impressionar a Assembleia Nacional. Pouco menos do que trinta membros compartilhavam dessas opiniões, e nem Barère nem Robespierre estavam entre eles. O reduto do novo movimento foi o Clube dos Cordeliers. O grande corpo do partido constitucional permaneceu fiel à causa, e se aproximaram mais. Lameth e Lafayette apareceram aos jacobinos de braços dados; e quando o general foi atacado por negligência na guarda das Tulherias, Barnave efetivamente o defendeu. Esta foi a origem dos Feuillants, a última organização a favor da manutenção da monarquia. Eles estavam decididos a salvar a Constituição alterando-a na direção de um executivo fortalecido, e para seu propósito era necessário restaurar o rei. Caso sua fuga tivesse sido bem-sucedida, teria sido proposto abrir negociações com ele, pois ele teria o poder de mergulhar a França em guerras externas e domésticas. Ele era mais formidável na fronteira do que na capital. Malouet, o mais sensato e o mais respeitado dos monarquistas, deveria ter sido enviado para negociar, em nome da Assembleia, de modo que, por conselhos moderadores, o derramamento de sangue pudesse ser evitado, e o essencial da Revolução assegurado. Mas, na segunda noite, um cavaleiro cansado puxou a rédea na entrada, e o alvoroço alegre do lado de fora informou os deputados antes que ele pudesse desmontar que ele veio com a notícia do rei. Ele era o médico de Varennes, e tinha sido enviado ao amanhecer para saber o que a cidade deveria fazer com seus prisioneiros.

O rei, deixando de ser um perigo, tornou-se uma vergonha. Ele não poderia ser imediatamente substituído no trono. Sem pré-julgar o futuro, foi decidido que ele seria detido nas Tulherias até que a Constituição, concluída e revisada, fosse submetida a ele para seu parecer favorável livre. Assim, por dez semanas, ele foi detido. A Assembleia governava e legislava sem referência à sua sanção; e o *interregnum*[62] era tão prolongado que a monarquia nunca

---

62. Um período no qual um governo atuante é suspenso, especialmente entre reinados e regimes sucessivos. "Interregno", em português. (N. E.)

poderia se recuperar. Quando, em setembro, Luís XVI retomou sua função régia, ele não era mais um elemento integral no Estado, mas uma inovação e um experimento. No dia em que, diante dos legisladores, ele prometeu fidelidade à sua Constituição, parecia natural para eles, na presença de majestade manchada e diminuída, sentar-se e usando chapéu. Os triúnviros, que haviam frustrado Mirabeau, começaram imediatamente após sua morte a sustentar a causa real em segredo. Montmorin chamou Lameth antes de ele estar no topo, e começou a negociação. Barnave frequentava a casa de Montmorin, mas tomava sempre o cuidado de vir acompanhado, a fim de evitar um suborno. Sua jornada de dois dias na companhia real confirmou-o em seu projeto. Tendo reduzido a prerrogativa quando foi excessiva, eles a reviveram quando ela se tornou fraca demais, e o rei não podia mais inspirar alarme. Eles se comprometeram a elaborar adereços para o trono danificado. "Se não Luís XVI", disse Lafayette, "então Luís XVII." "Se não este rei", disse Abade Sieyès, "encontre-nos outro. Este era o sentimento predominante.

Quando um ataque foi feito ao rei no Clube Jacobino, todos os deputados presentes, com exceção de seis, se separaram em um corpo, e fundaram um novo clube nos feuillants. Em 15 de julho, em um discurso que foi considerado o mais belo discurso na França desde Mirabeau, Barnave teve um voto esmagador a favor da monarquia. Ele disse que o movimento revolucionário não poderia ir mais longe tomar propriedades. Ele temia o governo dos pobres sobre os ricos; pois a filosofia política de Barnave consistia na soberania da classe média – governo por esse tipo de propriedade que depende do trabalho constante, integridade, previsão e autonegação, excluindo pobreza e opulência. Derrotados nos jacobinos e na Assembleia, os republicanos prepararam uma manifestação sobre o Champ de Mars, onde uma petição foi assinada para o destronamento do rei. A Assembleia, temendo uma renovação das cenas em Versalhes, encomendou Bailly e Lafayette para dispersar a reunião. Em 17 de julho, uma colisão se seguiu, tiros foram disparados, e vários peticionários foram mortos. Os jacobinos, por enquanto, foram esmagados. Robespierre, Marat, até Danton, se ofuscaram, e esperavam que os feuillants seguissem com sua vitória. Parecia impossível que homens que tinham a resolução de derrubar seus mestres, o povo de Paris, e eram capazes de determinar as leis, fossem tão fracos em espírito, ou tão míopes, a ponto de jogar fora sua vantagem e retomar uma disputa em igualdade de condições com adversários conquistados e feridos.

Os feuillants foram predominantes, e mantiveram sua posição até que os girondinos os derrubaram em 18 de março. Era a regra do clube deles admitir ninguém além de cidadãos ativos, pagadores de impostos e possuidores do direito ao voto. As massas foram assim entregues aos jacobinos. Por sua energia no Champ de Mars, 17 de julho, Lafayette e seus novos amigos despertaram o ressentimento de um partido vingativo; e quando eles não se aproveitaram do terror que inspiraram, o terror partiu, e o ressentimento permaneceu. Foi acordado que Malouet deveria impor emendas à Constituição. Os feuillants deveriam se opor, e, em seguida, jogar em suas mãos. Mas Malouet foi abandonado por seus amigos, o acordo não foi realizado, e a revisão falhou na Assembleia. Os Comitês propuseram que o famoso decreto de 7 de novembro, pelo qual nenhum deputado poderia aceitar o cargo, deveria ser revogado. A exclusão foi mantida, mas os ministros foram autorizados a comparecer e responder por seus departamentos. Nenhuma outra alteração importante foi realizada, e nenhuma tentativa séria foi feita para ajustar e harmonizar as cláusulas votadas durante dois anos apressados. Várias reformas foram em vão apresentadas; e indicam, bem como o entendimento repentino entre Malouet e Barnave, que os deputados tinham pouca fé no trabalho que tinham realizado. Eles estavam cansados disso. Eles não estavam mais na crista da onda, e seu poder tinha passado para os clubes e para a imprensa. Eles estavam prestes a desaparecer. Por uma aliança profana entre Robespierre e Cazalès, os membros da Assembleia Nacional eram inelegíveis para o Legislativo que se seguiria. Nenhum dos que elaboraram a Constituição deveriam ter uma parte na aplicação dela. Os verdadeiros governantes da França foram condenados à extinção política. Portanto, o poder que os feuillants adquiriram, por sua gestão muito hábil da situação produzida pela fuga do rei, não poderia durar; seus oponentes radicais tinham tempo ao seu lado, e eles tinham lógica.

    Luís XVI, depois de sua degradação, era um rei impossível. E os republicanos tinham uma futura maioria na reserva, sempre que a classe excluída fosse restaurada ao direito de voto que tinha desfrutado em 1789, antes da igualdade ser uma lei fundamental, e o que os Direitos do Homem lhes permitiam reivindicar. E agora o incidente de Varennes forneceu aos inimigos do trono um novo argumento. A incompetência miserável de Luís tornou-se evidente para todos, e para a própria rainha. Ela não hesitou em tomar o seu lugar, e quando as pessoas falavam da Corte, era a rainha que eles queriam dizer. A fuga, e a política que levou a ela, e que foi renovada pelo fracasso, foi a política de depender da ajuda externa, especialmente a do imperador. A rainha era o elo e a negociadora-chefe. E o objetivo que ela perseguiu era restringir o povo francês, por meio da influência do imperador sobre os poderes, seja pelo humilhante desfile de tirania em um congresso, ou por invasão. Isso é o que ela acreditava ser contrição, e o senso de independência nacional foi adicionado ao motivo da liberdade política para tornar a Corte impopular. As pessoas denunciaram a cabala austríaca, e a rainha como seu centro. Acreditava-se que ela queria governar não só através da autoridade real restaurada, mas através da autoridade real restaurada por opressores estrangeiros. A Revolução foi confrontada com a Europa. Começou seu trabalho por insurreição, e teve que completar seu trabalho através da guerra. O início das complicações europeias foi a fuga para Varennes.

No início de setembro, a Constituição foi apresentada a Luís XVI. Os portões foram abertos. Os guardas que eram seus carcereiros foram retirados. Ele era ostensivamente um homem livre. Se ele decidisse aceitar, sua aceitação seria voluntária. O imperador, Kaunitz, Malherbes, aconselhou-o a aceitar. Malouet preferiu, como de costume, um curso médio criterioso. Burke foi por recusa. Ele disse que o acedo significava destruição, e depois pensou que estava certo, pois o rei concordava e foi destruído. Burke não foi ouvido. Ele havia se tornado o conselheiro de Coblenz, e grande como suas reivindicações foram sobre a gratidão de rei e rainha, ele foi contado entre as fileiras de seus inimigos. Mercy, que transmitiu sua carta, ainda em exposição nos arquivos da França, implorou que ela não influenciasse a decisão. Após dez dias de reflexão descontraída, mas sem hesitação real, pois tudo tinha sido arranjado com Lameth e Barnave, os líderes da maioria, Luís XVI deu sua sanção à Constituição de 1791, que duraria até 1792, e a Assembleia Nacional foi dissolvida. Delinquentes políticos, incluindo os cúmplices de Varennes, receberam uma anistia.

Por direito à imensa mudança que fizeram no mundo, por sua energia e sinceridade, sua fidelidade à razão e sua resistência ao costume, sua superioridade ao sórdido desejo de aumento do poder nacional, seu idealismo e sua ambição de declarar a lei eterna, os Estados-Gerais de 1789 são os mais memoráveis de todas as assembleias políticas. Eles limparam a história da França, e com 2.500 decretos estabeleceram o plano de um novo mundo para os homens que foram criados no velho. Suas instituições pereceram, mas sua influência persistiu; e o problema de sua história é explicar por que um esforço tão genuíno para o mais alto dos bens terrestres falhou tão deploravelmente. Os erros que arruinaram seu empreendimento podem ser reduzidos a um. Tendo colocado a nação no lugar da Coroa, eles a investiram com o mesmo poder sem licenças, não levantando salvaguardas e nenhum remédio contra a opressão de baixo, assumindo, ou acreditando, que um governo verdadeiramente representando o povo não poderia fazer nada de errado. Eles agiram como se a autoridade, devidamente constituída, não precisasse de verificação, e como se não fossem necessárias barreiras contra a nação. A noção comum entre eles, de que a liberdade consiste em um bom código civil, uma noção compartilhada por liberais tão famosos quanto Madame de Staël, explica a facilidade com que tantos revolucionários se voltaram para o Império. Mas a terrível convulsão que se seguiu tinha uma causa pela qual eles não eram responsáveis. Na violenta contradição entre a nova ordem das coisas na França e o mundo inorgânico ao seu redor, o conflito era irreprimível. Entre os princípios franceses e a prática europeia não poderia haver conciliação nem confiança. Cada um era uma ameaça constante para o outro, e a explosão da inimizade só podia ser contida por sabedoria e política incomuns.

A dissolução do Partido Liberal na Inglaterra indica o que se poderia esperar nas monarquias continentais onde não havia liberais. Veremos atualmente que foi sobre esta rocha, na natureza das coisas, que a Revolução foi despedaçada. O mais sábio dos estadistas que viram os dias malignos, Royer Collard, afirmou muito tempo depois que todas as partes da Revolução eram honestas, exceto os monarquistas. Ele quis dizer que a Direita fez o mal com premeditação e desígnio. Na surpreendente repulsa que se seguiu ao retorno de Varennes, e que desenvolveu os feuillants, estava dentro do poder dos conservadores dar vida à monarquia constitucional. Esse foi o momento de sua deserção. Eles teriam dado muito para salvar um rei absoluto: eles deliberadamente abandonaram o rei constitucional ao seu destino.

Os 1.150 homens que tinham sido a primeira escolha da França agora saem de nossa vista. Os 720 deputados da Assembleia Legislativa eram nomes novos e geralmente obscuros. Nobres, clérigos e conservadores não reapareceram, e seu lugar foi tomado pelos feuillants, que, na antiga Assembleia, teriam pertencido à Esquerda. O centro de gravidade mudou muito na direção revolucionária. A Constituição estava feita. A discussão dos princípios acabou, e a disputa não era por doutrinas, mas pelo poder. Os oradores não têm a mesma originalidade ou força; não são inventores da ciência política; não são os pioneiros da humanidade. No corpo docente literário, mas não na política, eles superam seus antecessores, e são lembrados por sua eloquência, não pela arte do estadismo.

Reinhard, um viajante alemão que se juntou a um grupo de novos deputados a caminho de Paris, caiu sob seu charme, e resolveu testar a sua sorte com um país prestes a ser governado por tais homens. Enquanto ele se tornou embaixador e ministro das Relações Exteriores, seus amigos foram cortados em seus auges, pois eles eram os deputados que vieram de Bordeaux, e deram o nome de seu departamento para o partido da Gironda.

Por seus talentos parlamentares, eles rapidamente obtiveram a liderança da nova Assembleia; e como eles tinham poucas ideias e nenhuma tática, eles permitiram que Sieyès dirigisse seu curso.

Robespierre, através do Clube Jacobino, que agora recuperou grande parte do terreno que havia perdido em julho, tornou-se o gerente da extrema esquerda, que gradualmente se separou de Brissot e dos girondinos. O ministério estava nas mãos dos feuillants, que foram guiados por Lameth, enquanto Barnave era o conselheiro secreto da rainha. Ela seguiu seus conselhos com aversão e desconfiança, olhando para ele como um inimigo, e desejando jogar fora a máscara, e mostrar-lhe como ele tinha sido enganado. Como ela não conseguia entender como os mesmos homens que haviam pressionado a monarquia desejavam sustentá-la, ela desempenhou um papel duplo e desprezível. As táticas dos conselheiros feuillants trouxeram uma vivificação do sentimento popular em favor da Corte, o que parecia inconcebível na época da prisão. Rei e rainha foram aplaudidos nas ruas, e no teatro o grito "Vida longa ao rei!" silenciou o grito "Vida longa à nação!". Isso foi em outubro de 1791, antes de a Assembleia Legislativa ter se dividido em partidos ou encontrado uma política.

Quando a Assembleia convocou os emigrados para retornar até o mês de janeiro, o rei concordou plenamente com a política, embora não com a pena. Mas quando uma Comissão relatou o temperamento do clero, e descreveu as artimanhas que estavam se formando nas províncias entre os sacerdotes das duas seções, e as severas medidas de repressão que foram decretadas contra os não jurados[63], ele interpôs um veto. A Primeira Assembleia havia desatado o clero, deixando-lhes uma pensão. A Segunda, considerando-os como agitadores, resolveu proceder contra eles assim como contra os emigrados. Luís XVI, ao resistir à perseguição, foi apoiado pelos feuillants. Mas a Assembleia não era dos feuillants, e o veto iniciou seu afastamento do rei. Um novo ministro foi imposto a ele. O conde Narbonne de Lara era a figura mais brilhante na nobreza da França, e viveu para cativar e deslumbrar Napoleão. Talleyrand, que achava a situação sob a Constituição desesperadora, indicou seu amigo; e Madame de Staël, a rainha da sociedade constitucional, obteve para ele o Ministério da Guerra. A nomeação de Narbonne foi um golpe para os feuillants, que ainda desejavam reformar as instituições, e que eram resolutos a favor da paz. Ao mesmo tempo, Lafayette deixou seu comando da Guarda

---

63. Aqueles clérigos e religiosos que se abstiveram de prestar juramento de fidelidade incondicional à Constituição Francesa. (N. E.)

Nacional, e foi candidato para suceder Bailly no cargo de prefeito. Mas Lafayette ordenou a captura da família real, e não poderia ser perdoado. A rainha obteve a eleição de Pétion em vez de Lafayette; e por trás de Pétion estava Danton. O que os feuillants perderam foi adicionado aos girondinos, ainda indistintos dos jacobinos; e como os feuillants se posicionavam a favor de duas câmaras, da paz, e de um executivo independente de uma Assembleia única vetando seus decretos, a política de seus oponentes era trazer o rei para a sujeição ao Legislativo, derrubar o clérigo descontente e fazer da emigração uma causa para a guerra.

O novo ministro, Narbonne, foi aceito como ministro da Guerra, enquanto seu colega feuillant no Ministério das Relações Exteriores, Delessart, era obstinadamente pacífico. Em 14 de dezembro, Luís XVI foi ao Legislativo e anunciou que insistiria que os emigrados não deveriam receber nenhum incentivo além da fronteira. Foi o primeiro ato de hostilidade e desafio, e mostrou que o rei estava se separando com seus amigos feuillants. Mas Delessart estragou o efeito retendo o bilhete do imperador por dez dias, e comunicando-o então com precauções.

※

Leopoldo II foi um dos mais astutos e cautelosos dos homens. Ele sabia esperar e ceder. Ele não tinha nenhum desejo de que seu cunhado se tornasse poderoso novamente, e ele não lamentava que a França fosse incapacitada por dissidência civil. Mas ele não podia abandonar sua irmã sem desonra; e ele tinha medo do contágio dos princípios franceses na Bélgica, a qual ele havia reconciliado e pacificado com dificuldade. Além disso, uma ação conjunta nos assuntos franceses, ação essa que poderia eventualmente ser bélica, era um meio de encerrar a longa inimizade com a Prússia e obter um substituto para a aliança familiar com a França, que havia se tornado inútil. Portanto, ele estava preparado, caso tivessem escapado, para arriscar a guerra por sua restauração, e induziu o agente prussiano a assinar um compromisso que ia além de suas instruções.

Quando a notícia desastrosa chegou a ele vinda de Varennes, Leopoldo apelou aos poderes, elaborou uma aliança com a Prússia, e juntou-se à declaração de Pilnitz, pela qual a França foi ameaçada com a ação combinada de toda a Europa, a menos que o rei fosse restaurado a uma posição digna de reis. A ameaça não implicava perigo, porque estava condicionada à unanimidade dos Poderes. Havia um poder no qual havia a certeza do não consentimento. A Inglaterra esperava por uma oportunidade de lucrar com os problemas franceses. Já havia sido seriamente proposto por Bouillé, com a aprovação de Luís XVI, a compra de ajuda de George III através da rendição de todas as colônias da França. Por isso, Leopoldo achou que não arriscava nada por fazer uma demonstração, a qual os emigrados aproveitaram ao máximo para alarmar e irritar o povo francês. Mas quando o rei aceitou livremente a Constituição, o manifesto de Pilnitz caiu no chão. Se ele estava satisfeito com sua posição, não poderia ser o dever dos Poderes desperdiçar sangue e tesouro na tentativa de alterá-lo. A melhor caminho era que as coisas deveriam se estabelecer na França. Então não haveria excitação se espalhando para a Bélgica, e nenhuma razão pela qual outros príncipes deveriam ser menos facilmente satisfeitos do que o próprio Luís XVI. "O rei", disse Kaunitz, "o rei, bom homem, nos ajudou a superar nossa dificuldade ele mesmo. E tem mais, quando sua popularidade foi reavivada, o que parecia uma maravilha após os eventos de junho; quando vetou livremente atos que ele desaprovava; e parecia estar agindo em pleno acordo com um partido poderoso e ainda dominante, o governo imperial esperava que a crise tivesse acabado. E esse era o estado das coisas em outubro e novembro.

Os emigrados, conscientes de sua repulsa em Pilnitz, fizeram com que fosse seu negócio desenganar o imperador, e trazê-lo de volta ao esquema de intervenção. Os Bourbons espanhóis estavam com eles, e tinham chamado de volta seu embaixador, e equipado uma frota no Mediterrâneo. Gustavo da Suécia estava ansioso para invadir a França com um exército sueco para ser transportado em navios russos e pago em piastres mexicanos, e com Bouillé ao seu lado. Catarina II deu todos os incentivos para que as potências alemãs se envolvessem com a França, e a deixassem lidar descontroladamente com a Polônia e a Turquia. O primeiro a emigrar tinha sido o conde d'Artois e seus amigos, que conspiraram contra Necker e a nova Constituição. Eles fugiram, porque suas vidas estavam em perigo. Outros se seguiram, após a ascensão dos camponeses e a espoliação de agosto. À medida que as coisas se tornaram mais agudas, e a resolução de reivindicações feudais foi realizada com hostilidade inseparável, o movimento se espalhou para a nobreza inferior. Após a ruptura com o clero e a secularização da propriedade da Igreja, os prelados foram para o exílio e foram seguidos por seus amigos. No inverno de 1790-1791 eles começaram a se organizar no rio Reno, e a negociar com alguns dos poderes menores, especialmente a Sardenha, para uma invasão. As chegadas posteriores não foram bem-vindas, pois eram homens que aceitaram o governo constitucional. O objetivo dos verdadeiros emigrados era a restauração da antiga ordem, dos antigos princípios e instituições, não sem reforma, mas sem subversão. Esse foi o vínculo entre eles, e a base na qual eles procuraram a ajuda de príncipes absolutos. Eles negaram que o próprio rei, contorcendo-se nas garras da democracia, tinha o direito de alterar as leis fundamentais. Alguns dos melhores, mais capazes e mais honrados homens se juntaram às suas fileiras, e foram instruídos e inflamados pelo maior escritor do mundo, que havia sido o melhor dos liberais e o mais puro dos estadistas revolucionários, Edmund Burke. Não era como um reacionário, mas como um liberal que havia bebido ao sucesso de Washington, que tinha se vestido em azul e bege, que tinha se alegrado com a rendição britânica em Saratoga, que tinha elaborado o discurso para os colonos, o qual é o melhor documento do Estado na língua [inglesa], que ele lhes disse que era legal invadir seu próprio país e derramar o sangue de seus compatriotas.

Os emigrados de todos os graus de opinião estavam unidos em sua antipatia à rainha e na depreciação do rei, e queriam substitui-lo declarando seu irmão Regente. Eles esperavam salvar os dois; mas pensavam mais em princípios do que em pessoas, e não deveriam ser desviados de seus projetos considerando o que poderia acontecer em Paris. Quando o imperador falou do perigo que sua irmã e seu marido estavam correndo, Castelnau respondeu: "O que importa, desde que a autoridade real seja preservada na pessoa de d'Artois?". Eles não só se recusaram a obedecer Luís XVI, como assiduamente o comprometeram, e proclamaram que ele quis dizer o contrário do que disse, tornando impossível uma reconciliação entre ele e seu povo. Até seus irmãos o desafiaram quando, nesse extremo, ele pediu-lhes para voltar. A política dos emigrados foi ampliar o significado do que foi feito em Pilnitz; e como eles convenceram a posteridade de que era o anúncio de um pretenso ataque, foi fácil convencer seus contemporâneos em casa. A linguagem da ameaça estava presente, e a França acreditava estar em perigo. O quão pouco os príncipes em questão consideravam dar seguimento a isso, permaneceu um segredo.

A democracia francesa poderia ter encontrado sua vantagem no desaparecimento de tantos nobres; mas como eles estavam trabalhando, com efeito aparente, para envolver o país com seus vizinhos, foram feitas tentativas de obrigar seu retorno, primeiro por uma tributação tripla, depois por confisco, e finalmente, em 9 de novembro, ameaçando de morte aqueles que não retornassem. O clero não jurado estava associado com os emigrados na mente pública como inimigos e conspiradores, os quais eram os mais perigosos por terem permanecido em casa. A Primeira Assembleia havia provocado hostilidades na fronteira; a Segunda provocou hostilidades em casa. A primeira havia deixado padres não jurados com uma pensão e o uso de igrejas paroquiais onde sucessores não haviam sido nomeados. A Assembleia Legislativa decretou, em 29 de novembro, que em todos os casos em que parecia bom para as autoridades, eles poderiam ser privados de suas pensões e mandados embora. A grande insurreição do Ocidente foi causada por esta política. Era religiosa e não política, e foi apaziguada pelo retorno dos sacerdotes.

O chefe do partido de guerra na Assembleia era Brissot, que tinha fama de conhecer países estrangeiros, e que prometeu certo sucesso, já que nenhum poder realmente formidável estava pronto para entrar em campo. Enquanto isso, ele se esforçou para isolar a Áustria, e Ségur foi enviado para Berlim, Talleyrand para Londres, de forma a cercar a França com seus aliados naturais. O texto de Brissot era a fraqueza e a divisão de outros países; o primeiro homem que adivinhou os recursos prodigiosos e a energia invencível da França foi o declamatório Provençal Isnard. Ele falou em 29 de novembro, e este foi o seu argumento profético: o povo francês exibiu as mais altas qualidades na guerra quando foram tratados como escravos por mestres despóticos; não havia medo de que eles tivessem se degenerado ao se tornarem homens livres; apenas deixe-os lutar em razão de princípios, não pela política de Estado, e a força que se encontra dentro deles transformaria o mundo. Hérault de Séchelles divulgou o motivo político do partido de guerra. Ele disse que um conflito estrangeiro seria desejável por razões internas. Isso levaria a medidas de precaução mais fortes do que o tempo de paz admitiria, e mudanças impossíveis seriam então justificadas pelo apelo da segurança pública. É a primeira sombra lançada pelo reinado de terror vindouro. Mas nem a violência dos girondinos nem a intriga dos emigrados foram a causa que mergulhou a França na guerra que seria a mais terrível de todas as guerras. A verdadeira causa foi a determinação de Maria Antonieta de não se submeter à nova Constituição. No início, ela desejava que a França fosse intimidada por um congresso dos Poderes Unidos[64]. Ela avisou seus amigos no exterior para não serem levados pelo escárnio de seu entendimento com os estadistas feuillants; e quando Leopoldo tratou a Constituição aceita de uma maneira séria, como uma libertação de seus compromissos, ela o acusou de traí-la. Em 8 de setembro, pouco antes de aceitar, Luís XVI escreveu, em segredo, que não pretendia tolerar nenhuma autoridade na França além da sua e que desejava recuperá-la por ajuda estrangeira.

---

64. Por vezes o autor faz uso da palavra "Poderes" para se referir a países poderosos da Europa. (N. E.)

A ideia de um Congresso armado persistiu até o final de novembro. Mas durante a semana de 3 a 10 de dezembro, o rei e a rainha escreveram aos Poderes, desejando-lhes que não considerassem seus atos oficiais, implorando-lhes que resistissem às exigências que fizeram em público e fizessem guerra, e assegurando-lhes que a França seria facilmente subjugada e intimidada. Eles esperavam, com essa traição, recuperar seu poder indiviso. Todas essas cartas foram inspiradas, quase ditadas, por Fersen.

Quando Leopold começou a ver mais claramente o que sua irmã queria dizer, ele modificou sua política pacífica. Em 25 de outubro, ele fala em aumentar a autoridade real por uma contrarrevolução na França. No dia 17 de novembro, ele convida a Prússia para ajudá-lo com vinte mil homens. Em 10 de dezembro, ele denuncia a anexação pela França dos domínios alemães na Alsácia. Em conformidade com essa mudança gradual, Kaunitz tornou-se mais rígido e deixou claro que qualquer ataque ao Eleitorado de Tréveris, pela proteção que ele deu aos bélicos emigrados, seria resistido pelas forças imperiais. Cada passo foi tão curto quanto possível. A transição da paz para a guerra, de protesto inútil para desafio vigoroso, foi lenta e gradual. Começou no final de outubro, quando o verdadeiro significado da aceitação da Constituição se tornou conhecido, mas até o mês de janeiro a mudança não foi decisiva, e o tom ainda era ambíguo. Em 3 de janeiro, uma carta da rainha finalmente animou o imperador. Em seu caminho, este apelo havia convertido Mercy, e Mercy, em 7 de janeiro, escreveu uma carta que obrigava Kaunitz a ceder. Kaunitz ficou preocupado com a ideia da aliança francesa e da rivalidade com a Prússia. Ele riu do Sr. Burke e da teoria do contágio. Ele desejava perpetuar uma conjuntura que paralisou a França, através da rivalidade entre o rei e a democracia. Restaurar o poder do rei em casa era aumentá-lo no exterior. Kaunitz estava disposto a deixar que fosse mantido em xeque pelo legislativo; mas chegou um momento em que ele percebeu que o progresso da oposição, dos jacobinos, como os homens indiscriminadamente os chamavam, havia transferido o centro de gravidade. O que havia sido derrubado no Monarca subiu novamente na Segunda Assembleia, e o poder da nação, a nação unida com seus representantes, começou a aparecer.

Kaunitz, embora não tivesse olho para tais coisas, finalmente se alarmou, e decidiu que a maneira de diminuir a França era ajudar o rei da França. Em 5 de janeiro, após a carta da rainha de 16 de dezembro ter sido recebida, ele declarou que a Áustria apoiaria o Eleitorado de Tréveris, e repeliria a força à força, caso fosse atacado pelo acolhimento dos emigrados. Ao mesmo tempo, Leopoldo se decidiu em uma aliança ofensiva com a Prússia. Ele explicou sua mudança de política através das cartas que lhe mostraram a verdadeira ideia da rainha. Em 16 de janeiro, Kaunitz ainda acreditava que os outros Poderes se recusariam a cooperar. Mas a Prússia estava disposta a aceitar a nova aliança, caso a Áustria abandonasse a nova Constituição polonesa de 3 de maio. Leopoldo pagou o preço estipulado. Em 7 de fevereiro, ele desistiu dos poloneses, de modo que estivesse forte contra a França. Já em 25 de janeiro, Kaunitz deu o passo decisivo, passando da defesa para o ataque. Ele não fala mais da liberdade de ação do rei. Ele exige a restituição do território papal em Avignon, anexado em consequência da ação do Papa contra as leis eclesiásticas. Ele exige que os príncipes alemães tenham seus domínios alsacianos devolvidos a eles, e que não haveria invasão aos domínios imperiais. E em termos gerais ele requeria a restauração da monarquia. Mais uma vez escreveu, no mesmo espírito bélico e desafiador, em 17 de fevereiro, quando a assinatura prussiana havia sido recebida, e quando ele esperava ajuda inglesa para a preservação da Bélgica. Enquanto isso, Simolin, o ministro russo que tinha sido útil na aquisição do passaporte fatal, chegou a Viena com um último apelo da rainha. Naquela época, ela não sentia que suas vidas estavam em perigo, mas seu poder. Ao fiel Fersen, ela escreveu que esperava que o inimigo atacasse em casa, de forma que os franceses, em seu terror, pudessem rezar para que o rei intercedesse.

Kaunitz, tendo despachado seu ultimato sobre os motivos internacionais do conflito, recusou-se a interferir nos assuntos internos. Mas Simolin se encontrou com Leopoldo no dia 25, e então o imperador admitiu o que seu chanceler negou, que a causa era a causa comum de todas as cabeças coroadas. Com essas palavras significativas, ele sai do palco. Cinco dias depois, estava morto.

Cada passo em frente dado pela Áustria agravou o sentimento bélico na legislatura francesa. Mas Delessart, através de quem o governo se comunicou com potências estrangeiras, atenuou tudo e evitou provocações. Mesmo a nota do dia 17, que foi entregue em Paris no dia 27, não produziu nenhuma comoção imediata. Mas Narbonne pensou que a hora tinha chegado para levar em prática sua política de guerra, pois a maioria estava agora com ele. Ele ameaçou renunciar a menos que Bertrand se aposentasse, o qual era o candidato do rei entre os seis ministros; e ele só retirou sua ameaça devido à instância de Lafayette e dos outros generais que estavam no comando. Luís, indignado com esta intriga, não descartou Bertrand, mas Narbonne. Os girondinos, em resposta, fizeram o *impeachment* de Delessart, que foi enviado para a prisão, em 10 de março, e onde morreu em setembro. O ministro feuillant renunciou. Robespierre, que adivinhou os cálculos da Corte e temia que a guerra pudesse fortalecer o braço que carregasse a bandeira, resistiu ao temperamento bélico, e carregou os jacobinos consigo. Nesta questão, girondinos e jacobinos se separaram em partidos distintos. Os girondinos inclinaram-se a uma República inevitável, porque desconfiavam do rei; mas aceitavam a Constituição, e não rejeitavam um rei sob baixa pressão, tal como havia sido inventado pelos liberais. Eles foram convencidos de que, em caso de guerra, Luís faria intrigas com o inimigo, seria detectado, e estaria à sua mercê. "É bom que sejamos traídos", disse Brissot, "porque então destruiremos os traidores". E Vergniaud, cuja dignidade e nível elevado da linguagem fizeram dele um clássico, apontou para as Tulherias e disse: "O terror tem muitas vezes sido emitido daquele palácio em nome de um déspota. Deixe-o entrar, hoje, em nome da lei". Eles suspeitavam, e suspeitavam verdadeiramente, que a nota ameaçadora de Viena foi inspirada em Paris. Eles formaram um novo ministério, com Dumouriez no Ministério das Relações Exteriores. Dumouriez deu à Áustria um prazo fixo para renunciar à sua política de coagir a França através de um acordo de Poderes; e como Kaunitz se manteve firme, e manteve suas declarações anteriores de política, em 20 de abril Luís declarou guerra contra o sobrinho de sua esposa, Francisco, rei da Hungria. Maria Antonieta triunfou, através de sua influência sobre sua própria família. Formalmente, não foi uma guerra pela sua libertação, mas uma guerra declarada pela França, que poderia ser voltada para sua vantagem. De forma a ser útil para ela, deveria ser mal sucedida; e de modo a garantir a derrota, ela entregou ao Tribunal de Viena o plano de operações adotado no Conselho no dia anterior.

CAPÍTULO XIV

Dumouriez

Como a guerra foi mais frequentemente uma causa de eventos políticos do que uma consequência, será conveniente acompanhar o progresso dos assuntos militares até a queda de Dumouriez, adiando a catástrofe da monarquia para a próxima semana.

Em 17 de fevereiro de 1792, Pitt informou à Câmara dos Comuns que a situação da Europa nunca havia proporcionado tal garantia de paz contínua. Ele ainda não reconhecia o perigo que estava presente na nova Constituição francesa. Sob essa Constituição, nenhum governo poderia ser considerado legítimo a menos que visasse a liberdade e derivasse seus poderes da vontade nacional. Todo o resto é usurpação; e contra a autoridade usurpada, a insurreição é um dever. Os Direitos do Homem haviam sido destinados à aplicação geral, e não eram mais especificamente franceses do que uma tabela de tabuada. Eles não foram fundados em caráter nacional e história, mas na Razão, que é a mesma para todos os homens. A Revolução foi essencialmente universal e agressiva; e embora essas consequências de seu princípio original tenham sido assiduamente reprimidas pela Primeira Assembleia, elas foram proclamadas pela Segunda, e incitaram os Poderes ameaçados a intervir. Além dessa causa inflamada, os motivos do conflito internacional estavam incertos. O imperador instou o caso de Avignon, a lesão dos potentados alemães que tinham posses na Alsácia, a cumplicidade da França nos problemas belgas e a necessidade de harmonia europeia, enquanto os franceses negaram os fundamentos da política europeia.

Dumouriez ofereceu retirar as tropas francesas da fronteira, caso a Áustria não enviasse mais reforços, mas naquele momento a rainha enviou a notícia da intenção de um ataque a Liége. A oferta parecia dúbia e envenenou a disputa. Maria Antonieta despachou Goguelat, o homem que não esteve em seu posto na fuga para Varennes, a fim de implorar intervenção. Ela também deu a

Mercy suas noções a respeito de um manifesto austríaco; e nesta carta, datada de 30 de abril, não há sinal de alarme, e nenhuma sugestão ainda de que a França possa ser intimidada pelo uso de ameaças exorbitantes. Dumouriez, que desejava a guerra com a Áustria, esforçou-se para separar a Prússia da aliança. Ele convidou o rei para arbitrar na disputa da Alsácia, e prometeu deferência ao seu prêmio. Ele propôs que a prerrogativa fosse ampliada, os príncipes indenizados, os emigrados permitidos a retornar. Frederic William não se comoveu com esses avanços. Ele se baseou na anexação da Alsácia e da Lorena para compensar ambos os aliados, e esperava ter sucesso, porque seu exército era o mais ilustre de todos os exércitos da Europa. Ele queria restaurar os emigrados, que o apoiariam contra a Áustria, e eles o procuraram de modo a estabelecer a ordem da sociedade que havia caído. "É melhor perder uma província", disseram eles, "do que viver sob uma constituição".

O exército aliado era comandado pelo duque de Brunswick, o príncipe mais admirado e popular de sua época. Sua própria celebridade o desabilitou. Muitos anos atrás, o marechal Macmahon disse a um oficial, desde então no alto comando em Berlim, que um exército é melhor quando é composto por soldados que nunca cheiraram pólvora, de oficiais experientes não comissionados, e de generais com sua reputação a fazer. Brunswick tinha feito sua reputação sob o grande rei, e ele temia comprometê-la. A falta de empreendimento o tornou impróprio para sua posição, embora ninguém duvidasse de sua capacidade. Na França, pensaram nele para o comando de seus exércitos, e até mesmo para um posto ainda mais alto. Apesar dos desastres que estou prestes a descrever, os prussianos acreditaram nele, e ele foi novamente seu líder quando conheceram Napoleão. O exército que ele liderou através do Reno ficou aquém do número estipulado de 35 mil homens. Francisco, o novo imperador, não cumpriu seus compromissos, e entrou na expedição com conselhos divididos.

Kaunitz, que tinha 82 anos de idade, e conhecia os assuntos da Europa melhor do que qualquer outro homem, condenou a política de seu novo mestre. Ele alegou que eles não sabiam pelo que iriam lutar; que Luís nunca havia explicado quais mudanças na Constituição o satisfariam; que nada poderia ser esperado do descontentamento, e nada poderia ser feito por um sistema que estava extinto. Em 2 de agosto, ele renunciou ao cargo, e deu lugar a homens que especularam sobre o desmembramento da França, e esperavam ver uma monarquia encolhida no norte e uma república confederada no sul.

A soma total da força reunida para a invasão era de cerca de oitenta mil homens, dos quais metade eram prussianos. Quando eles foram reunidos no

Reno, tornou-se necessário explicar ao povo francês porque eles estavam vindo, e o que pretendiam fazer. O quartel-general estava em Frankfurt, quando um emissário confidencial de Luís XVI, Mallet du Pan, apareceu no local. Mallet du Pan não era nem um escritor brilhante como Burke, De Maistre e Gentz, nem um pensador original e construtivo como Sieyès; mas ele era o mais sagaz de todos os políticos que assistiram ao curso da Revolução. Como um republicano genebrino, ele abordou o estudo dos assuntos franceses sem nenhum preconceito em relação à monarquia, aristocracia ou catolicismo. Um liberal no início, como Mounier e Malouet, ele se tornou tão hostil quanto eles; e seu testemunho, que tinha sido esclarecido e sábio, tornou-se sombrio e monótono quando sua causa foi perdida, até que os estadistas austríacos com quem ele correspondia cansaram de suas ideias estreitas. Ele se estabeleceu na Inglaterra, e lá morreu. Como ele não era um homem propenso a propor algo tolo, ele foi ouvido com atenção. Ele propôs que os aliados declarassem que estavam em guerra contra o jacobinismo, não contra a liberdade, e não fariam termos de paz até que o rei recuperasse seu poder legítimo. Caso ele fosse ferido, infligiriam uma terrível vingança.

Enquanto o texto de Mallet estava sendo manipulado pela diplomacia europeia em Frankfurt, Maria Antonieta, agindo através de Fersen, perturbou seus conselhos. A rainha entendeu como controlar sua caneta, e reprimir a linguagem da emoção. Mas depois de 20 de junho ela não podia duvidar que outro ultraje, um mais violento, estava sendo preparado, e que os republicanos visavam a morte do rei. Os termos em que ela proferiu sua crença se sobrepunham ao conselho do sóbrio genebrino. "Salve-nos", escreveu ela, "se ainda é tempo. Mas não há um momento a perder". E ela exigiu uma declaração de intenção tão incrível que esmagaria a audácia de Paris. Montmorin e Mercy estavam convencidos de que ela estava certa. Malouet, o único entre os políticos monarquistas, esperava que à medida que ela propôs faria mais mal do que bem. Fersen, a quem suas súplicas foram dirigidas, empregou um emigrado chamado Limon para elaborar um manifesto igual à ocasião, e Limon, com credenciais de Mercy, submeteu sua composição aos soberanos aliados. Ele anunciou que os republicanos seriam exterminados, e Paris destruída. Burke já havia escrito:

> Se algum dia um príncipe estrangeiro entrar na França, ele deve entrar como se adentrasse em um país de assassinos. O modo de guerra civilizada não será praticado; nem os franceses, que agem no sistema atual, têm o direito de esperar por isso.

O próprio Mallet du Pan declarou que não deveria haver misericórdia perniciosa, e que a humanidade seria um crime. Na realidade, a diferença entre seu tom e o fanático que o substituiu não era ampla.

O manifesto, que proveio da rainha, o qual tinha a sanção de Fersen, de Mercy e de Bouillé, foi imediatamente aceito pelo imperador. Os prussianos introduziram algumas alterações, e Brunswick assinou em 25 de julho. Sua mente o traiu na época, e ele se arrependeu depois de não ter morrido antes de colocar a mão nisso. Mercy, quando já era tarde demais, queria colocar outra declaração em seu lugar. Os ministros prussianos não sofreriam com o texto a ser publicado em Berlim. Eles permitiram que o autor caísse na pobreza e na obscuridade. Ele tinha agido no espírito dos emigrados.

Em 27 de julho, os príncipes emitiram uma declaração própria, no sentido de que não só Paris deveria sofrer a extremidade da lei marcial, mas todas as cidades para as quais o rei poderia ser levado caso fosse removido da capital. Breteuil, embora tenha reclamado que os invasores exibiam uma clemência intolerável, desaprovou a segunda proclamação. Mas Limon exigiu a destruição de Varennes, e os emigrados esperavam que ações mais severas fossem infligidas à população à medida que avançassem. A ideia de empregar ameaças tão terríveis a ponto de inspirar terror a uma distância de 480 quilômetros foi fatal para aqueles que a sugeriram; mas o perigo era imediato, e as consequências da inação eram certas, pois os agressores destinados pelas Tulherias estavam em marcha, de Toulon a Brest. Não era tão certo que o rei seria incapaz de se defender. O manifesto era um recurso desesperado em uma causa perdida, e não está claro que palavras mais sábias e mais moderadas teriam feito melhor. O texto só foi publicado em Paris em 3 de agosto. Os aliados estavam longe demais para que suas ameaças fossem tratadas seriamente, e não são responsáveis por consequências que já estavam preparadas e eram esperadas. Mas seu manifesto fortaleceu as mãos de Danton, assegurou o triunfo das seções violentas, e sugeriu o uso para o qual o terror pode ser colocado em revoluções. Contribuiu para a queda da monarquia, e ainda mais para o massacre dos monarquistas três semanas depois. A arma forjada por homens incapazes de empregá-la foi adotada por seus inimigos, e serviu a causa que pretendia destruir.

A Declaração uniu o povo francês contra seus autores. Os republicanos a quem ameaçava e denunciavam tornaram-se os líderes nomeados da defesa nacional, e a causa da República tornou-se identificada com a segurança da nação. A fim de resistir à invasão, e para preservar Paris do destino de Jerusalém, o exército se entregou à facção dominante. O elemento monarquista desapareceu de suas fileiras. Lafayette fez uma última tentativa de defender a Constituição, mas seus homens o repeliram. Ele foi para o território imperial, e foi detido na prisão como o autor culpado da Revolução. Dumouriez sucedeu ao seu comando, e aderiu ao novo governo. Dos 9 mil oficiais ao serviço do rei, 6 mil renunciaram e, na maior parte, emigraram. Seus lugares eram preenchidos por novos homens. Em 1791, 100 mil voluntários foram alistados, e gozavam do privilégio de eleger seus próprios oficiais. Isso se tornou a força popular, e os recrutas preferiram-na à linha, onde a disciplina era mais severa e os comandantes eleitos eram desconhecidos. Os homens que agora subiram das fileiras provaram-se melhores soldados profissionais do que os cavalheiros que substituíram. O talento não falhou em trilhar o seu caminho. Aqueles oficiais voluntários de 1791 e 1792 incluíram a maioria dos homens que a longa guerra elevou à eminência. Dezessete dos vinte e seis marechais de Napoleão estavam entre eles.

Em 19 de agosto, quatro meses após a guerra ter sido declarada, os aliados entraram na França pela linha de Mosela. Havia um exército francês à sua esquerda em Metz, e outro à sua direita ao longo da cadeia de fortalezas de Vauban, com um intervalo indefeso entre eles. De modo a ampliar a lacuna, eles cercaram Longwy, o lugar fortificado mais próximo, e tomaram-no, após uma resistência fraca, em 24 de agosto. Quando a notícia se espalhou houve um momento de alarme, e o Conselho de Defesa propôs se retirar da capital. Danton declarou que queimaria Paris ao invés de abandoná-la ao inimigo. Lavergne, que fez uma defesa tão pobre em Longwy, foi depois condenado à morte. Ele estava desanimado com o desastre, mas sua esposa gritou que ela pereceria com ele, e os juízes concederam sua oração. Ela se esforçou para dar-lhe conforto e coragem ao longo do caminho, e eles foram guilhotinados juntos.

A partir de Longwy os prussianos avançaram sobre Verdun, que se rendeu em 2 de setembro, após um dia de bombardeio, e não havia uma única muralha entre eles e a capital. Alguns quilômetros além de Verdun, as estradas a oeste atravessaram Argonne, uma faixa de colinas arborizadas baixas perfuradas em cinco lugares por estreitos desfiladeiros, fáceis de defender. Depois veio o campo aberto de Champagne, e o vale do Marne, levando, sem um obstáculo natural ou artificial, a Paris.

No dia 7 de setembro, Pitt escreveu que esperava que Brunswick em breve alcançasse seu objetivo. Não havia inimigo em sua frente, enquanto, em seu flanco, Dumouriez se agarrava às suas fortalezas fronteiriças, persuadido de que iria impedir a invasão caso ameaçasse os austríacos em Bruxelas, onde eles estavam enfraquecidos pela recente insurreição e guerra civil. O governo francês rejeitou seu audacioso projeto, e ordenou que ele se mudasse para Châlons, e cobrisse o coração da França. Em Sedan, Dumouriez podia ouvir tiros pesados à distância, e sabia que Verdun estava sendo atacada e não poderia resistir. Ele rapidamente mudou seu plano, adiando a Bélgica, mas não por muito tempo, e caiu de volta nas passagens da floresta que ele estava prestes a tornar tão famosa. "Eles são a Termópila da França", disse ele, "mas quero fazer melhor que Leônidas".

Brunswick, atrasando sua marcha incômoda por dez dias, enquanto Breteuil organizou uma nova administração em Verdun, deu tempo para os franceses fortalecerem sua posição. Antes de seguir em frente, ele apontou no mapa o lugar onde ele pretendia parar no dia 16, e os homens ouviram pela primeira vez o nome histórico, Valmy. No dia 14, Clerfayt, junto com os austríacos, forçou um dos passes, e virou para a esquerda francesa. Ao anoitecer, Dumouriez evacuou sua Termópila mais rapidamente do que se tornou um Leônidas rival, e estabeleceu-se através da grande estrada para Châlons, em frente ao desfiladeiro ao sul da Argonne, que se estende entre Clermont e St. Ménehould, onde Drouet cavalgou em perseguição ao rei. Sua infantaria encontrou soldados prussianos e fugiu. 10 mil homens, ele escreveu, foram colocados em vôo por 1500 hussardos.

Napoleão disse, em Santa Helena, que ele acreditava ser mais ousado do que qualquer general que já viveu, mas ele nunca teria ousado manter a posição que Dumouriez assumiu. Ele estava em desvantagem numérica, 3 para 1. Ele tinha sido superado, e expulso de sua rapidez pelos generais mais empreendedores; e seus recrutas se recusaram a enfrentar o inimigo. Ele nunca perdeu a confiança em si mesmo, pois o tempo perdido em Verdun lhe deu a medida de seus oponentes. Ele convocou Kellermann, com o exército de Metz, e Beurnonville, com 10 mil homens, de Lille, e eles chegaram, bem a tempo, no dia 19. Beurnonville, quando seu telescópio lhe mostrou um exército regular em ordem de batalha, alarmou-se e caiu para trás, pensando que deve ser Brunswick. Provou-se ser Dumouriez; e na manhã de 20 de setembro ele estava à frente de 53 mil homens, com os aliados se reunindo à sua frente. Os prussianos tinham atravessado a floresta pelo passe que ele havia abandonado, e quando se viraram para enfrentá-lo, eles ficaram de costas para a grande planície Catalaunian, que era atravessada pela estrada para Paris. Eles estavam há um mês na França, e tinham encontrado nenhuma resistência. Lafayette havia desertado. O colapso militar era tão evidente que o coronel da infantaria, enquanto marchava para fora de Longwy, se jogou no rio, e o governador de Verdun estourou seus miolos.

O sucesso de Clerfayt no dia 14, e a fuga do dia seguinte, aumentaram as esperanças dos alemães, e eles escreveram no dia 19 que estavam manobrando o inimigo, e estavam certos de destruí-lo, se ele fosse precipitado o suficiente para esperar seu ataque. De sua prisão em Luxemburgo Lafayette instou-os a seguir, e insinuou que Dumouriez poderia ser induzido a se unir com eles para o resgate do rei.

Portanto, na manhã de 20 de setembro, quando a névoa subiu sobre o exército francês disposto nas colinas baixas diante deles, houve alegria no campo prussiano, e os batalhões que haviam sido treinados em Potsdam, sob os olhos do grande rei, para a admiração da Europa, receberam pela primeira vez o fogo republicano. Eram 34 mil. Kellermann se opôs a eles com 36 mil homens, e 40 armas contra 58. Logo parecia que as coisas não estavam indo como os invasores esperavam. Os soldados franceses não se assustaram com os canhões. Beurnonville foi até um de seus regimentos e disse-lhes para se deitarem, de forma a dar passagem para o tiro. Eles se recusaram a obedecer enquanto ele se expunha a cavalo. Depois que foi dado o tempo permitido para que a artilharia produzisse seu efeito no nervo republicano, a infantaria prussiana se preparou para atacar. Gouvion St. Cyr, o único general de seu tempo que Napoleão reconheceu como seu igual, acreditava que os franceses não teriam sustentado um combate direto. Mas a palavra para avançar nunca foi dada.

O segredo da guerra, disse Wellington, é descobrir o que está acontecendo do outro lado da colina. Quando Brunswick cavalgou sobre o campo alguns dias depois, um oficial da equipe perguntou-lhe por que ele não tinha seguido em frente. Ao que respondeu: "Porque eu não sabia o que estava por trás da colina". Ali se encontrava a reserva de Dumouriez de 16 mil homens. Ele tinha enviado para a frente quantos fossem necessários para preencher a linha de Kellermann, e deixou para seu colega a parte para a qual ele estava equipado. Por sua conduta naquele dia, Kellermann foi nomeado marechal do império e duque de Valmy, mas o mundo inteiro estava ciente de que o evento era devido ao cérebro do homem em segundo plano. Quando os franceses perderam 300 homens sem vacilar, os prussianos cessaram de disparar, e romperam o engajamento. Sua perda foi de apenas 184. No entanto, esta ação de terceira categoria e medíocre é contada, com Waterloo e Gettysburg, entre as batalhas decisivas da história, e Goethe não foi o único homem lá que sabia que a cena diante dele era o início de uma nova época para a humanidade. Com 36 mil homens e 40 armas, os franceses haviam detido o avanço da Europa, não por táticas hábeis ou pelo toque do aço, mas pelo efeito moral de sua solidez quando encontraram o melhor dos exércitos existentes. A nação descobriu que o continente estava à sua mercê, e a guerra começada em favor da salvação da monarquia tornou-se uma guerra para a expansão da República. Ela foi fundada em Paris, e consolidada em Valmy. No entanto, nenhum evento militar foi menos decisivo. Os franceses se mantiveram firmes porque ninguém os atacou, e não foram atacados porque se mantiveram firmes. Os prussianos sofreram uma derrota estratégica, embora não tática. Ao se retirar para seu acampamento, eles renunciaram aos propósitos para os quais foram à guerra, a província que ocupavam, e o prestígio de Frederico. Eles não possuíam mais a vantagem dos números, e sem números superiores não poderia haver avanço para Paris.

O objeto da invasão era inatingível à força, mas algo poderia ser conseguido através de negociações, caso fossem empreendidas antes que a força houvesse falhado definitivamente. Eles estavam perdendo pesadamente, por doenças e escassez, enquanto recrutas franceses estavam chegando. Dessa forma, Dumouriez desejava tempo. O secretário do rei tinha sido capturado, e ele enviou-o com propostas, indicando que o avanço pretendido sobre Paris era inviável, e que a Prússia tinha mais interesses em comum com a França do que com a Áustria. Frederic William imediatamente entregou as exigências originais. Ele não fez nenhuma estipulação, agora, sobre o futuro governo da França ou o tratamento dos emigrados. Ele apenas exigiu que Luís XVI fosse restaurado, de tal forma que possa parecer bom para a França, e que a propaganda da revolução deveria se encerrar. Essa propaganda foi uma das armas pelas quais os franceses envergonharam e colocaram em xeque os campeões do absolutismo europeu, e era óbvio que receberia incentivo de seu sucesso em Valmy. E foi um ponto de honra falar pelo monarca preso. Mas isso havia se tornado uma coisa vã. Dumouriez produziu um jornal com o decreto da nova Assembleia abolindo a monarquia. Era difícil dizer o que os aliados estavam fazendo agora em solo francês. "Só faça algo pelo rei", disse Brunswick, "e nós iremos." Os austríacos ficariam satisfeitos se ele fosse apenas um estatutário. Kellermann prometeu que a paz poderia ser obtida se ele fosse enviado de volta para as Tulherias. Era tarde demais. O príncipe, em cujo nome os aliados invadiram a França, era agora um refém no poder de seus inimigos; tudo o que eles poderiam obter era uma promessa de não levar a revolução para países estrangeiros. Sua posição ficou mais perigosa a cada dia, e Dumouriez ficou mais forte.

No final de setembro, Frederic William abandonou Luís ao seu destino. Ele contribuiu para sua destronação ao entrar na França, e contribuiu para sua execução ao deixá-la. Ele sentiu que não tinha merecido uma humilhação tão prodigiosa. Caso os austríacos tivessem se juntado como prometeram com cem mil homens, a marcha sobre a capital teria sido concebível com comandantes energéticos. E o rei poderia justamente dizer que ele tinha favorecido esquemas espirituosos, e estaria perplexo com o comandante-chefe vacilante. Ele tentou, ao distribuir indícios de neutralidade, escapar sem mais perdas. Dumouriez calculou que cada ataque faria com que os aliados ficassem cada vez mais próximos, e se absteve de molestá-los. No início de outubro, eles evacuaram a província conquistada, e recuaram para o Reno, perseguido por alguns tiros aleatórios, enquanto Dumouriez apressou-se a Paris, para ser saudado como o salvador de seu país.

A invasão de 1792 despertou um leão na espreita, e os franceses, após sua defesa fácil e vitoriosa, partiram para o ataque. Enquanto os invasores estavam parados, fracos demais para avançar e orgulhosos demais para se retirar, a conquista da Europa começou. O rei da Sardenha, como sogro do conde d'Artois, se jogou na política contrarrevolucionária e no esquema a fim de atacar Lyon. De todos os monarcas europeus, desde o assassinato de Gustavo, ele era o mais hostil. Um exército sob o comando de Montesquieu ocupou Saboia e Nice sem resistência, e o povo prontamente adotou o novo sistema. Uma semana depois, Custine tomou a margem esquerda do Reno, onde territórios seculares e eclesiásticos diminutivos, sem coesão, eram uma presa fácil. A Declaração de Direitos, disse governador Morris, provou ser tão eficaz quanto as trombetas de Josué. Mentz caiu, em 21 de outubro, e Custine ocupou Frankfurt e reabasteceu seu baú militar[65]. Esta excursão no meio do império não foi autorizada pela política do Estado. A ideia já estava tomando forma de que a segurança da França exigia o defensável e o histórico ou, como eles chamavam de uma maneira não científica, a fronteira natural do Reno, e que o grande conflito com a Áustria deveria ser transferido para a Itália. A Alemanha era uma nação de homens armados, e era melhor ser deixada em paz. Na Itália, os austríacos teriam apenas seus próprios recursos para a

---

65. Local onde era guardado o dinheiro usado para manter um exército funcionando, pagamento de soldos, compras de suprimentos etc. (N. E.)

guerra. Seu ponto mais vulnerável era o principado distante da Bélgica, tão distante de Viena e tão perto de Paris.

Dumouriez estava agora em liberdade para entregar o golpe pelo qual ele esperava parar a invasão, como Cipião afastou Hannibal da Itália ao desembarcar na África. Ao levar a guerra nessa direção, ele ocuparia os imperialistas, e não incitaria o ressentimento da Prússia. O país havia sido pacificado há pouco tempo, e apresentava a característica incomum de que tanto conservadores quanto liberais eram patrióticos e rebeldes. Como um lugar onde o desafeto ajudaria a guerra, seria lá que o processo de revolução europeia começaria adequadamente. Em 19 de outubro, Dumouriez assumiu o comando de setenta mil homens, na região que ele havia mantido antes de sua marcha de flanco para a Argonne. Um de seus tenentes era o aventureiro peruano Miranda, cuja missão era aplicar o movimento na Europa para o resgate da América espanhola. O outro era conhecido como príncipe Egalité, sênior, cujo maravilhoso futuro já estava previsto tanto por Dumouriez quanto por Danton.

Durante as operações em Champagne, os austríacos iniciaram o cerco a Lille, e na virada da maré eles se retiraram através da fronteira e tomaram uma posição forte em Jemmapes, na frente de Mons, com 13 mil homens. Clerfayt, novamente, estava em seu comando; e quando, em 6 de novembro, ele viu o exército francês se aproximando, quase quarenta mil homens, e, assim como Nelson na hora na hora de sua morte, ele apareceu em todas as suas estrelas e rendas de ouro, de modo que seus homens, ao vê-lo, poderiam ganhar ânimo. Ele foi derrotado, e na noite seguinte, no teatro de Mons, Dumouriez foi aclamado pelos patriotas flamengos[66]. Uma semana depois ele estava em Bruxelas, e antes do fim do mês, era o mestre da Bélgica. A Holanda estava indefesa, e ele propôs conquistá-la, mas Antuérpia já estava no poder dos franceses, e seu governo temia que a Inglaterra viesse em defesa dos holandeses. Eles o orientaram a marchar sobre Colônia e completar a conquista do Reno.

Por um decreto de 19 de novembro, a Convenção ofereceu simpatia e ajuda a todas as pessoas que deram um golpe pela liberdade; mas o problema da anexação logo apareceu, e foi prometido que a guerra seria continuada, de modo que as necessidades financeiras da França poderiam ser supridas, às custas das populações que os exércitos franceses anexaram. Essas coisas ofenderam o sentido político, se não o sentido moral de Dumouriez. Ele ficou alienado da Convenção; e conforme a Inglaterra entrou em guerra por causa da morte do rei, não havia consideração da política de proteção da

---

66. "Flamengo" é o gentílico para as pessoas nativas da região de Flandres, na Bélgica. (N. E.)

Holanda. A invasão foi realizada, mas imediatamente falhou. Os austríacos, sob o duque de Coburgo, que naquele dia fundou as grandes fortunas de sua casa, voltaram em vigor, e deram batalha em Neerwinden, perto dos campos de Landen e de Ramillies. Aqui, em 18 de março, Clerfayt esmagou a ala esquerda de Dumouriez, e recuperou as províncias belgas tão repentinamente quanto as havia perdido quatro meses antes.

Dumouriez já havia decidido tratar com os imperialistas para uma ação comum contra os regicidas. Cinco dias após sua derrota, ele informou Coburgo que, com seu apoio, ele lideraria seu exército contra Paris, dispersaria a Convenção e estabeleceria uma monarquia constitucional sem os emigrados. Ele prometeu que a maior parte de sua força o seguiria. Os voluntários eram jacobinos, mas os regulares tinham ciúmes dos voluntários, e obedeciam ao general. Enquanto ele sentia o seu caminho, oficiais hostis o observavam, e relatavam o que estava acontecendo no campo do novo Wallenstein. Duas vezes os jacobinos tentaram evitar o perigo. Eles convidaram Dumouriez para Paris, de forma que ele pudesse encabeçá-los e dominar a maioria girondina, e empregaram homens para assassiná-lo. Por fim, enviaram o ministro da Guerra, acompanhado por quatro deputados, para prendê-lo. Era para ter havido um quinto, mas ele não chegou a tempo, e sua ausência salvou a França. Pois Dumouriez capturou os enviados da Convenção, e os entregou a Coburgo, para serem reféns pela vida da rainha. O delegado que não apareceu foi Carnot. Depois disso, Dumouriez foi abandonado por seus homens, e fugiu para o lado austríaco. Ele sobreviveu por trinta anos e se tornou um dos mais astutos observadores da carreira de Napoleão, e ainda foi o correspondente confidencial de Wellington sobre a arte que entendiam tão bem. O futuro "rei dos franceses", que seguiu com ele, permaneceu fiel ao seu chefe durante as estranhas vicissitudes de suas vidas; e na Restauração ele pediu que fosse feito um marechal. "Como você pode pensar", foi o comentário orgulhoso de Dumouriez, "que eles se esqueceram de Argonne?".

Em 20 de junho do ano seguinte, Louis Philippe se dirigiu até a cidade, vindo de Twickenham, para saber as notícias dos Países Baixos. Seus filhos ainda conhecem o local onde ele encontrou seu antigo comandante gesticulando na calçada em Hammersmith, e aprendeu com ele como a grande guerra, que começou com sua vitória em Valmy, tinha terminado sob Napoleão em Waterloo.

CAPÍTULO XV

A Catástrofe da Monarquia

Os cálculos dos girondinos foram justificados pelo evento. Quatro meses após a declaração de guerra o trono tinha caído, e o rei estava na prisão. Ao lado de Dumouriez, os principais membros do novo ministério foram o genebrino Clavière, um dos conselheiros de Mirabeau, e o promotor dos *assignats*; Servan, um oficial meritório, mais conhecido por nós como um historiador militar meritório; e Roland, cuja esposa compartilhou, em menor escala, da influência social e celebridade intelectual de Madame de Staël.

Dumouriez, o ministro das Relações Exteriores, é uma das grandes figuras da Revolução. Ele era excessivamente inteligente em vez de grande, agradável e abundante em recursos, não apenas calmo diante do perigo, como um comandante deveria ser, mas firme e alegre quando a esperança parecia perdida, e pronto para encontrar os veteranos de Frederico com voluntários indisciplinados, e oficiais que eram o remanescente do exército real. Sem princípio ou convicção, ou mesmo escrúpulos, ele não tinha a desumanidade dos revolucionários dogmáticos. Ao rei, a quem desprezava, disse: "Muitas vezes o desagradarei, mas nunca vou enganá-lo." Ele não era cúmplice da conspiração para comprometê-lo e arruiná-lo através da guerra, e o teria salvado, caso o mérito e a recompensa tivessem sido dele. Ele não começou bem nem nas artes da guerra nem da paz. Ele empregou toda a sua diplomacia, todo o seu dinheiro do serviço secreto, na empreitada para tornar a Prússia neutra. Nada prevaleceu sobre a indignação dos prussianos com a política francesa, e seu desprezo pelas forças armadas francesas. Os oficiais receberam ordens para se prepararem para uma marcha a Paris, e foram informados em particular que seria um mero desfile. O primeiro encontro com os austríacos em solo belga confirmou essa persuasão, pois os franceses se viraram e fugiram, e assassinaram um de seus generais.

O crédito de Dumouriez foi abalado, e os líderes girondinos, que não podiam confiar nele para fazer a próxima campanha se voltar em função da execução de seus esquemas, reviveram a questão do clero. Em 27 de maio, Vergniaud apresentou um decreto colocando os não jurados à mercê das autoridades locais, e ameaçando-os com expulsão arbitrária como inimigos públicos em tempos de perigo nacional. Caso o rei fosse sancionado, ele seria isolado e humilhado. Caso o rei vetasse, eles teriam os meios de levantar Paris contra ele, sem esperar pelas adversidades da guerra ou pela cooperação de Dumouriez. Madame Roland escreveu uma carta ao rei, e seu marido assinou, em 10 de junho, descrevendo que era para a segurança dos próprios sacerdotes que eles deveriam ser enviados para fora do caminho do perigo. Roland, orgulhoso da composição, a enviou para os jornais. O ministério girondino foi imediatamente demitido. Dumouriez permaneceu, tentou formar uma administração sem os colegas girondinos, mas não conseguiu superar a resistência do rei ao ato de banimento. Em 15 de junho, ele renunciou ao cargo, e assumiu um comando na fronteira. A maioria na Assembleia ainda era fiel à Constituição de 1791, e se opunha a novas mudanças; mas a rejeição de seu decreto contra o clero monarquista os alienou no momento crítico. Luís XVI havia perdido terreno com seus amigos; ele havia irritado os girondinos; e havia perdido os serviços do último homem que era forte o suficiente para salvá-lo.

Em 15 de junho, um alto funcionário na administração do departamento estava em Maubeuge, em uma visita a Lafayette. Seu nome era Roederer, e vamos encontrá-lo novamente. Ele subiu alto sob Napoleão, e é um daqueles a quem devemos nosso conhecimento do caráter do imperador, bem como dos eventos que estou prestes a relatar. Sua entrevista com o general foi interrompida por uma mensagem de Paris. Lafayette foi chamado; e Roederer, na sala ao lado, ouviu as exclamações alegres dos oficiais. A notícia foi a queda do ministério girondino; e Lafayette, de modo a fortalecer as mãos do rei, escreveu à Assembleia protestando contra as tendências iliberais e inconstitucionais do momento. Sua carta foi lida no dia 18. Um novo ministério vinha se formando, consistindo em feuillants e homens amigáveis a Lafayette, um dos quais, Terrier de Montciel, gozava da confiança do rei. Do lado da oposição estavam os girondinos, irritados e alarmados com sua queda do poder, os jacobinos mais intransigentes, Pétion à frente da Comuna, e atrás de Pétion, o verdadeiro mestre de Paris, Danton, cercado por um grupo de seus partidários, Panis e Sergent na polícia, Desmoulins e Fréron na imprensa, líderes da população, como Santerre e Legendre, e acima de todos eles, o soldado alsaciano, Westermann.

Com Danton e seus seguidores chegamos ao estágio mais baixo do que ainda pode ser chamado de conflito de opinião e chegamos à cobiça e à vingança nuas, ao instinto brutal e à paixão medonha. Todos esses elementos estavam muito próximos da superfície em fases anteriores da Revolução. Neste ponto eles estão prestes a prevalecer, e o homem de ação se coloca para a frente no lugar de teóricos em disputa. Robespierre e Brissot eram políticos que não se encolheram diante de crimes, mas estes estavam a serviço de alguma forma do sistema democrático. Mesmo Marat – o mais medonho de todos, que exigia não só o massacre, mas a tortura, e cuja ferocidade era revoltante e grotesca – era obediente a uma lógica própria. Ele adotou simplesmente o estado da natureza e o contrato primitivo, no qual milhares de seus contemporâneos acreditavam. Os pobres concordaram em renunciar aos direitos da vida selvagem e à prerrogativa da força, em troca dos benefícios da civilização; mas ao encontrar o pacto rompido do outro lado, descobrindo que as classes mais altas governavam em seu próprio interesse, e os deixaram à miséria e à ignorância, eles retomaram as condições de existência bárbara perante a sociedade, e eram livres para pegar o que eles precisavam, e para infligir que punição eles escolheram sobre os homens que tinham feito um lucro em cima de seus sofrimentos. Danton era apenas um homem forte, que desejava um governo forte no interesse do povo, e em seu próprio. Na questão da doutrina, ele se importava com pouco além do alívio dos pobres ao tributar os ricos. Ele não tinha simpatia com o partido que estava se reunindo em segundo plano, cujo objetivo não era apenas reduzir as desigualdades, mas instituir a igualdade real e o nível social. Havia espaço além para desenvolvimentos mais extremos da lógica da democracia; mas a maior mudança no mundo moderno foi feita por Danton, pois foi ele quem derrubou a Monarquia e fez a República.

Quando Luís XVI demitiu seus ministros, Danton exclamou que havia chegado a hora de instaurar o terror, e em 20 de junho ele cumpriu sua ameaça. Era o aniversário da Quadra de Tênis. Uma demonstração monstruosa foi organizada, de modo a plantar uma árvore da liberdade ou para apresentar uma petição – na realidade, para intimidar a Assembleia e o rei. Havia uma expectativa de que o rei perecesse no tumulto, mas nada definitivo foi resolvido, e nenhum assassino foi designado. Bastava que ele cedesse, abandonasse seus sacerdotes e recebesse seus ministros da população. Isso era tudo o que os girondinos precisavam e eles não concordariam com nada diferente. O rei teria que escolher entre eles e seus confederados temporários, os cordeliers[67]. Caso ele cedesse, seria poupado, caso resistisse, seria morto. Não era para ser entendido que ele resistiria e ainda sairia vivo. O rei compreendeu a alternativa diante dele, fez sua escolha e se preparou para morrer. Depois de colocar sua casa em ordem, ele escreveu, no dia 19, que estava farto do mundo.

Luís XVI não tinha capacidade de elaborar uma política ou vigor para persegui-la, mas ele tinha o poder de compreender um princípio. Ele sentiu, finalmente, que o chão sob seus pés era firme. Ele não ficaria mais à deriva, não procurou nenhum conselho, e não admitiu indagações perturbadoras. Se ele caísse, cairia pela causa da religião e dos direitos de consciência. O nome adequado para os direitos da consciência é liberdade, e, dessa forma, ele era fiel a si mesmo, e estava prestes a acabar como ele havia começado, no caráter de um rei liberal e reformista. Quando a manhã chegou, houve um momento de hesitação. Os rebeldes pacíficos perguntaram o que aconteceria se os guardas atirassem neles. Santerre, que estava à sua frente, respondeu: "Marchem, e não tenham medo; Pétion estará lá. Eles apresentaram sua petição, arquivada perante a Assembleia, e rumaram para o palácio. Não era para ser pensado que, depois de terem sido admitidos pelos representantes da nação, um poder inferior negaria-lhes acesso. Uma barreira atrás da outra cedeu, e eles se derramaram na sala onde o rei os esperava, no recesso de uma janela, com quatro ou cinco guardas na frente dele. Eles o protegeram bem, pois embora houvesse homens na multidão que o atacaram com espada e pique, ele estava intocado. Seu grito era que ele deveria restaurar Roland e revogar seu veto, pois este era o ponto em comum entre os girondinos e seus associados violentos. Legendre leu um discurso insultante, no qual ele chamou o rei de traidor. A cena durou mais de duas horas. Vergniaud e Isnard apareceram depois de algum tempo, e sua presença era uma proteção. Finalmente Pétion entrou, suportado no alto sobre os ombros dos granadeiros. Ele assegurou à multidão que o rei executaria a vontade do povo, quando o país mostrou que

---

67. *Clube dos Cordeliers*, ou também *Sociedade dos Amigos dos Direitos do Homem e do Cidadão*, foi um grupo social de relativa importância no pós-revolução francesa; com confessas aspirações políticas, congregava pessoas de pouca capacidade financeira e minorado prestígio social. Fundada em 27 de abril de 1790, entre seus sócios encontravam-se mendicantes, mulheres, artesãos, comerciantes e alfaiates, cujo passe para participar das reuniões eram pagos com aproximadamente 500 gramas de pão.
    A missão principal do clube era vigiar criticamente a atuação da Assembleia Nacional, bem como elaborar propostas opositoras às defendidas pelos partidários do poder vigente. Após a queda dos girondinos, seus dirigentes se viram divididos entre as diversas facções políticas que foram gestadas; e, em 24 de março de 1794, os líderes do clube foram condenados pelo Tribunal Revolucionário e, logo após, guilhotinados. (N. E.)

concordava com a capital; ele lhes disse que eles tinham cumprido seu dever, e então, com artes lenientes, os mandou embora.

Essa humilhação tentadora marca o momento mais elevado no reinado de Luís XVI. Ele tinha permanecido lá, com o quepe vermelho da liberdade em sua cabeça cheia de pó, não só destemido, mas alegre e sereno. Ele tinha estado em poder de seus inimigos e tinha pacientemente os desafiado. Ele não fez nenhuma rendição e nenhuma concessão enquanto sua vida foi ameaçada. Os girondinos não foram chamados de volta, e o movimento falhou. No momento, o efeito foi prejudicial para o partido revolucionário, e útil ao rei. Ficou claro que a ameaça e a indignação não o comoveriam, e que era necessário mais do que as medidas sem convicção da gironda.

A indignação de 20 de junho foi uma resposta contundente à carta de Lafayette do dia 16, e chegou a hora de mais do que a escrita de cartas. Sua carta tinha sido bem recebida, e a Assembleia tinha ordenado que fosse impressa. Os girondinos, fingindo que não poderia ser autêntica, impediram uma votação sobre a questão de enviá-la aos departamentos. Ele poderia contar com a maioria feuillant, no ministério composto por seus partidários, em sua popularidade com a Guarda Nacional. Como ele estava à frente de um exército, seu conselho ao rei para adotar uma política de resistência implicava que ele daria suporte a ela. Ele agora escreveu mais uma vez, que nunca poderia manter seu terreno contra os prussianos a menos que houvesse uma mudança no estado das coisas na capital. Na manhã de 28 de junho, logo após sua carta, ele compareceu à Assembleia e denunciou os semeadores de desordem que estavam desorganizando o Estado. Tendo obtido um voto de aprovação, por 339 a 234, apelou à Guarda Nacional para que continuassem ao seu lado contra os jacobinos. Ele convocou uma reunião de seus amigos, mas a influência da Corte fez com que ela fracassasse, e foi obrigado a voltar ao seu acampamento, não tendo conseguido nada. Ele idealizou mais uma chance. Lafayette agora apresentou seu colega, o general Luckner, que era incompetente, mas, não sendo um político, não recebia desconfiança, e eles estavam juntos para resgatar o rei e trazê-lo para uma cidade de refúgio.

Os revolucionários poderiam agora colocar seus planos sem medo do exército. Eles convocaram *fédérés*[68] dos departamentos para o aniversário de 14 de julho, e foi combinado que homens robustos deveriam ser enviados de Brest e Marselha para estarem sob suas ordens quando eles dessem o golpe final. Não se poderia confiar em Paris. O fracasso por lá havia sido completo. Em

---

68. Guarda Nacional Francesa, especialmente atuante no verão de 1792. (N. E.)

21 de junho, e no dia 25, os cordeliers tentaram renovar, com melhor efeito, o ataque que havia sido confundido por um propósito dividido no dia 20. Mas seus homens não se moviam. O ministro, Montciel, deu ordens para que os departamentos não enviassem *fédérés* para Paris, e ele conseguiu parar todos, menos alguns mil. Nada poderia ser feito até que os contingentes dos portos chegassem. A crise foi adiada, e algumas semanas de julho foram gastas em guerra parlamentar. Aqui os girondinos tinham a liderança; mas os feuillants eram a maioria na Assembleia, enquanto os jacobinos eram supremos em Paris. Os girondinos foram conduzidos para uma política tanto tortuosa quanto fraca. A República daria poder a um de seus inimigos, já que a Monarquia o deu ao outro. Tudo o que podiam fazer era aumentar a pressão hostil sobre o rei, na esperança de levá-lo a um acordo com eles. Oscilaram entre ataque aberto e negociação secreta e ofertas de defesa.

Luís XVI estava inclinado a aceitar um esquema para sua libertação que havia sido arranjado por seus ministros em conjunto com os generais. Ele deveria ter sido levado para Compiégne, ao alcance do exército. Mas o exército significava Lafayette, e Lafayette só concordaria em restaurar o rei como o chefe hereditário de uma comunidade, que deveria reinar, mas não deveria governar. A rainha se recusou a reinar sob tais condições, ou ser salva por tais mãos. A segurança para ela estava no poder, não em limitações ao poder. A coisa sagrada era a antiga Coroa, não a nova Constituição. Lally Tollendal veio da Inglaterra, conferiu com Malouet e Clermont Tonnerre, e estimulou-a a consentir. Morris, cuja apta caneta havia colocado a Constituição americana em forma final cinco anos antes, ajudou-os a elaborar um esquema alterado de governo a ser proclamado quando eles estivessem livres. Mas a força de vontade e a paixão mais forte da rainha prevaleceram. Quando tudo foi precisamente combinado, e as tropas suíças estavam em marcha para o encontro, o rei revogou suas ordens, e em 10 de julho o ministério feuillant renunciou, e os girondinos viram o poder mais uma vez ao seu alcance. Eles haviam denunciado veementemente o rei como a causa de todos os problemas do Estado, e em 6 de julho o ataque havia sido interrompido por um momento por uma cena de emoção, quando o bispo de Lyon obteve uma manifestação de sentimento unânime na presença do inimigo.

Em 11 de julho, a Assembleia aprovou uma votação declarando o país em perigo, e no dia 22 isso foi proclamado, ao som de canhões. Foi um chamado às armas, e colocou o poder ditatorial nas mãos do governo. Diferentes planos foram propostos para manter esse poder distinto do executivo, e a ideia que mais tarde se desenvolveu o Comitê de Segurança Pública passou a ser familiar. Em 14 de julho o aniversário da Bastilha e da Federação de 1790 foi celebrado no Champ de Mars; o rei subiu ao altar, onde jurou fidelidade à Constituição, com o coração pesado; e as pessoas o viram em público pela última vez até vê-lo no cadafalso. Foi perto do final de julho, quando os girondinos viram que o rei não os aceitaria de volta, e que o risco de uma insurreição jacobina, tanto contra eles quanto contra o trono, estava se aproximando rapidamente. Sua última cartada foi uma regência, a ser dirigida por eles em nome do delfim. Vergniaud sugeriu que o rei convocasse quatro membros conspícuos da Assembleia Constituinte ao seu Conselho, sem cargo, para compensar a obscuridade de seus novos ministros. Naquele momento, a declaração de Brunswick tornou-se conhecida, algumas das 48 seções em que o povo de Paris deliberou exigiram a destronização do rei, e os marselheses[69], chegando no dia 30, em quinhentos ou seiscentos homens, tornaram possível realizá-lo.

Esses eventos, coincidindo quase em um dia, transmitiram energia da Assembleia para o município e dos girondinos aos jacobinos, que tinham o município em suas mãos, e detinham o maquinário que trabalhava as seções. Em uma carta escrita para ser colocada diante do rei, Vergniaud afirmou que era impossível dissociá-lo dos aliados que estavam armados para seu bem, e cujo sucesso seria tão favorável à sua autoridade. Esse foi o argumento ao qual nenhum monarquista poderia responder. O país estava em perigo, e a causa do perigo era o rei. A Constituição havia se partido em 20 de junho. O rei não poderia se dedicar à manutenção de um sistema que o expôs a tal tratamento, e permitiu que seus adversários se livrassem de todas as forças de uma maneira que o deixasse à mercê do mais insolente e mais infame da ralé. Ele não tinha os instintos de um déspota, e teria sido facilmente feito, contente com alterações razoáveis. Mas o limite das mudanças que ele procurava era desconhecido, instável, inexplicável, e ele foi identificado simplesmente com a inversão da Constituição que ele foi obrigado por juramento de realizar.

A rainha, uma pessoa mais importante do que seu marido, estava mais abertamente comprometida com a reação. O fracasso da grande experiência levou-a de volta ao absolutismo. Assim como ela repudiou os emigrados em 1791, então ela agora repudiou os constitucionalistas, e optou por perecer antes do que dever sua salvação à sua ajuda detestada. Ela procurou libertação apenas para os estrangeiros lentamente convergindo para a Mosela. Seus

---

69. Gentílico da cidade de Marselha. Faz referência aqueles soldados que foram chamados dessa cidade, alguns parágrafos atrás. (N. E.)

agentes haviam excluído uma alusão salvadora à liberdade constitucional no manifesto dos Poderes; e ela ditou as ameaças de vingança aos habitantes de Paris.

O próprio rei tinha chamado os invasores. Seu enviado, escondido no uniforme de um major prussiano, andou ao lado de Brunswick. Seus irmãos estavam entrando na França com a pesada bagagem dos inimigos, e Breteuil, o agente em quem ele confiava mais do que seus irmãos, estava se preparando para governar, e o fez em setembro, as províncias que ocupavam, sob o abrigo de suas baionetas. Para ele, o golpe estava prestes a cair – não por sua segurança, mas por sua autoridade plenária. O propósito dos soberanos aliados, e dos emigrados que os motivaram, foi confessado. Eles estavam lutando pela restauração incondicional, e tanto como invasores quanto como absolutistas, o rei era seu cúmplice. O país não poderia fazer guerra com confiança, se o poder militar estivesse nas mãos de traidores. O rei poderia protegê-los dos horrores com os quais foram ameaçados por sua conta, não como chefe do executivo, mas como refém. Ele era um perigo em seu palácio; ele seria um segurança na prisão. Tudo isso era óbvio na época, e o efeito que tinha era desabilitar e desarmar os amigos do rei constitucional, de modo que não foi oferecida resistência quando o ataque veio, embora tenha sido o ato de uma parcela muito pequena da população. Os girondinos não exibiam mais uma política distinta, e pouco difeririam de seus antigos associados, de junho, exceto pelo seu desejo de suspender o rei, e não o destronar. A pergunta final, quanto à monarquia, regência ou república, era ser deixada à Convenção que viria a seguir. Pétion foi convencido de que em breve seria o Regente da França. Ele recebeu uma grande quantia da Corte; e foi por confiança nele, e em alguns homens menos conspícuos, que o rei e a rainha permaneceram obstinadamente em Paris. No último momento, Liancourt lhes ofereceu um refúgio na Normandia, mas Liancourt era um liberal da Constituinte, e, portanto, imperdoável. Maria Antonieta preferiu confiar em Pétion e Santerre.

No início de agosto, a seção mais revolucionária de Paris decidiu que o rei deveria ser deposto. A Assembleia rescindiu a votação. Então o povo dessa e de algumas outras secções fizeram com que soubessem que executariam seu próprio decreto, a menos que a própria Assembleia o tornasse desnecessário e realizado legalmente o que seria feito pelo ato do povo soberano, substituindo todos os poderes e ficando acima da lei. O tempo era para ser permitido até 9 de agosto. Caso o rei ainda estivesse no trono na noite daquele dia, o povo de Paris soaria o alarme contra ele.

Em 8 de agosto, a Assembleia chegou a uma votação sobre a conduta de Lafayette ao abandonar seu exército em tempo de guerra de modo a ameaçar seus inimigos em casa. Ele foi justificado por 406 votos a 224. Foi a última aparição do Partido Liberal. Quatrocentos deputados, a maioria de todo o corpo, mantiveram-se fora do caminho no momento do perigo, e permitiram que os girondinos e o remanescente republicano prosseguissem sem eles. A absolvição de Lafayette proclamou a determinação de não destronar o rei. A gironda não tinha remédio constitucional para suas ansiedades. O próximo passo seria dado pela democracia de Paris, e sua vitória seria um grave perigo para os girondinos e um triunfo para a facção revolucionária extrema. Até este momento eles tinham lutado pela maestria; eles agora teriam que lutar pela existência. Eles aceitaram o que era inevitável. Após a fuga dos feuillants, a Gironda, agora supremos na legislatura, capitularam à revolução que temiam, e apareceram sem iniciativa ou política.

Em 9 de agosto, os líderes jacobinos resolveram seu plano de ação. Seus partidários em cada seção deveriam eleger três comissários para atuar com a Comuna para o bem público, e fortalecer e, se necessário, eventualmente substituir, o município existente. Cerca de metade de Paris os enviou, e eles se reuniram durante a noite no Hotel de Ville, à parte do corpo legal. Na ciência política da época, o eleitorado suspendeu as autoridades constituídas e retomou todos os poderes delegados. Os vereadores revolucionários, que agora vieram à frente, são os autores das atrocidades que afligiram a França durante os dois anos seguintes. Eram criaturas de Danton. E como agora entramos na companhia de malfeitores e na Câmara dos Horrores, devemos ter isso em mente, que nossas próprias leis punem o menor passo em direção ao governo absoluto com a mesma pena suprema que o assassinato; de modo que, moralmente, a diferença entre os dois extremos não é grave. Os agentes são ferozes, e os líderes não são melhores; mas ao mesmo tempo são influenciados por convicções republicanas, tão respeitáveis quanto as dos emigrados. A função desta comuna suplementar não era liderar a insurreição ou direcionar o ataque, mas desativar a defesa; pois o comandante da Guarda Nacional recebeu suas ordens do Hotel de Ville, e ele era um soldado leal.

As forças da Revolução não eram esmagadoras. Os homens de Marselha e Brest tinham a intenção de lutar, assim como alguns vindos dos departamentos. Mas quando o sino tocou das igrejas logo após a meia-noite, os combatentes de Paris se reuniram lentamente, e o evento pode ser duvidoso. A munição foi fornecida às forças insurgentes do Hotel de Ville, mas não à Guarda Nacional. É extremamente perigoso, disse Pétion, opor uma força pública a outra. Nas

Tulherias havia menos de mil mercenários suíços, que tinham certeza de cumprir seu dever; cem ou duzentos cavalheiros, vindo para defender o rei, e vários milhares de Guardas Nacionais, de fidelidade e valor incertos. Pétion mostrou-se no palácio, e na Assembleia, e depois não foi visto mais. Por uma feliz inspiração, ele induziu Santerre a prendê-lo, com uma guarda de quatrocentos homens para protegê-lo dos perigos da responsabilidade. Ele mesmo conta a história, e é mau o suficiente para se gabar de sua engenhosidade. Mas se o prefeito era um traidor e um covarde, o general comandante, Mandat, sabia do seu dever, e estava decidido a fazê-lo. Ele se preparou para a defesa do palácio, e havia grande probabilidade de que seus homens lutassem. Se o fizessem, eram fortes o suficiente para repelir o ataque. Portanto, no início da manhã de 10 de agosto, Mandat foi convocado por seus superiores legais para o Hotel de Ville. Ele apareceu diante deles, fez seu relatório, e foi levado para o comitê revolucionário sentado separadamente. Ele declarou que tinha ordens para repelir a força à força, e que seria feito. Eles exigiram que ele assinasse uma ordem retirando metade da Guarda Nacional do lugar que eles estavam para defender. Mandat se recusou a salvar sua vida por um ato de traição, e por ordem de Danton ele foi morto a tiros. Ele estava em flagrante insurreição contra o próprio povo e a cumplicidade constituiu autoridades em resistência ao seu mestre. Neste primeiro ato de derramamento de sangue, a defesa do palácio foi privada de metade de suas forças. A Guarda Nacional estava sem um comandante, e, deixados para si mesmos, era incerto quantos atirariam no povo de Paris.

Tendo eliminado o general em comando, a nova Comuna nomeou Santerre para sucedê-lo, e então tomou o lugar da antiga Comuna. Não havia nenhum obstáculo agora para a concentração e o avanço dos insurgentes, e eles apareceram no espaço entre o Louvre e as Tulherias, que estava lotado de casas particulares. Foi entre sete e oito da manhã. A família real esperou ser atacada durante toda a noite, e o rei não fez nada. Alguns milhares de suíços estavam ao alcance, em Courbevoie, e não foram levados a tempo. Finalmente, cercado por sua família, o rei fez uma tentativa desamparada de despertar seus guardas para combater. Foi uma ocasião memorável para todos os tempos, pois foi a última posição da monarquia de Clóvis. Sua esposa, seus filhos, sua irmã estavam lá, suas vidas dependendo do espírito que, por uma palavra, por um olhar, ele poderia infundir nos bravos homens antes dele. O rei não tinha nada a dizer, e os soldados riram em seu rosto. Quando a rainha voltou, lágrimas de raiva estavam estourando de seus olhos. "Ele foi deplorável", disse ela, "e tudo está perdido." Outros logo chegaram à mesma conclusão. Roederer foi entre os homens, e encontrou-os indispostos a lutar por tal causa. Ele foi investido com autoridade como um alto funcionário; e embora os ministros estivessem presentes, era ele quem dava a lei. O desaparecimento de Mandat e a hesitação da artilharia o convenceram de que não havia esperança para os defensores.

Houve um observador que viveu para erguer um trono no lugar daquele que caiu naquele dia, e ser o próximo soberano que reinou nas Tulherias. Em 1813, Napoleão disse a Roederer que tinha visto a cena a partir de uma janela no carrossel, e assegurou-lhe que ele havia cometido um erro fatal. Muitos da Guarda Nacional eram firmes, e as forças reais eram superiores às com as quais ele mesmo conquistou em Vendémiaire. Ele pensou que a defesa deveria ter sido vitoriosa. Eu não suponho que ele se ressentia seriamente do erro ao qual ele devia tanto. Roederer era um homem inteligente, e há alguma razão para duvidar se ele estava disposto a desejar evitar o conflito incerto. A rainha estava ansiosa para lutar, e falou palavras corajosas para cada um. Mais tarde, quando ouviu o canhão de seu refúgio na caixa do repórter, ela disse a Louis Charles d'Hervilly: "Bem, você acha agora que estávamos errados em permanecer em Paris?". Ele respondeu: "Deus conceda, senhora, que você não pode se arrependa disso!". Roederer tinha detectado o que estava passando em sua mente. A derrota seria terrível, pois nada poderia salvar a família real. Mas a vitória também seria uma coisa perigosa para a revolução, pois restauraria a monarquia em seu poder, e os velhos nobres recolhidos no palácio ganhariam muito com ela. Eram, de fato, apenas um resíduo: sete mil eram esperados para aparecer no momento supremo; mal havia 120. Charette, o futuro herói de Vendée, estava entre eles, inconsciente ainda de seus dons extraordinários para a guerra.

Roederer, vigorosamente apoiado por seus colegas do departamento, informou ao rei do que tinha visto e ouvido, assegurou-lhe que as Tulherias não poderiam ser defendidas com as forças presentes, e que não havia segurança, exceto na Assembleia, a única autoridade que era considerada. Passaram-se apenas dois dias desde que os deputados, por uma imensa maioria, aprovaram o ato de Lafayette. Ele pensou que eles poderiam ser confiáveis para proteger o rei. Como não havia mais nada pelo que lutar, ele afirmou que aqueles que permanecessem para trás não estariam em perigo. Ele não permitiria que a guarnição se aposentasse, e deixou os suíços, sem ordens, para o seu destino. Maria Antonieta resistiu veementemente, e Luís XVI não foi fácil de convencer. Por fim, ele disse que não havia nada a ser feito, e deu ordens para partir. Mas a rainha em fúria virou-se contra ele, e exclamou: "Agora eu te conheço pelo que você é!". Luís XVI disse ao seu criado para esperar seu retorno; mas quando eles atravessaram o jardim, onde os homens estavam varrendo o cascalho, ele comentou: "As folhas estão caindo no início deste ano". Roederer ouviu, e entendeu.

Um jornal havia dito que o trono não duraria até a queda da folha; e foi por aquelas palavras triviais, mas significativas, que o monarca caído reconheceu a solenidade patética do momento, e indicou que os passos que o levaram para longe de seu palácio nunca seriam retraídos. Uma delegação o encontrou na porta da Assembleia, e ele entrou, dizendo que se dirigiu para lá de modo a evitar um grande crime. Os feuillants estavam ausentes. Os girondinos predominaram, e o presidente, Vergniaud, o recebeu com sentenças imponentes. De seu retiro na caixa do repórter ele placidamente assistiu ao processo. Vergniaud também moveu que ele fosse detido, como havia sido antes, e que uma Convenção deveria ser convocada, de modo a se pronunciar sobre o futuro governo da França. Foi decidido que as eleições deveriam ser realizadas sem uma qualificação patrimonial. Roland e os outros ministros girondinos retornaram aos seus antigos postos, e Danton foi nomeado Ministro da Justiça por 222 votos. Pois Danton era o vencedor. Enquanto Pétion se mantinha fora do caminho, foi ele quem emitiu comandos do Hotel de Ville, e quando Santerre vacilou, foi o amigo de Danton, Westermann, que trouxe seus homens para o encontro no carrossel. Depois que o rei se foi, eles entraram nas Tulherias, entabulando negociações com os defensores. Caso houvesse alguém para dar ordens, derramamento de sangue poderia ter sido evitado. Mas a tensão era extrema; os suíços se recusaram a entregar suas armas, um tiro foi disparado; e então eles perderam a paciência e caíram sobre os intrusos. Em dez minutos eles limparam o palácio e o pátio. Mas o rei ouviu a fuzilaria, e enviou ordens para parar de disparar. O portador da ordem era d'Hervilly; mas ele tinha o coração de um soldado; e ao encontrar a posição de forma alguma desesperada, ele não a reproduziu imediatamente. Quando o fez, era tarde demais. Os insurgentes haviam penetrado pela longa galeria do Louvre, perto do rio, e então não houve escapatória para os suíços. Eles foram mortos no palácio, e nos jardins, e seus túmulos estão sob as altas castanheiras. Das mulheres, algumas foram levadas para a prisão, e outras para suas casas. Os conquistadores saciaram sua sede no vinho do rei, e então inundaram os porões, para que algum aristocrata fugitivo não estivesse à espreita no subsolo. Suas vítimas figuram entre setecentos e oitocentos homens, e cerca de 140 dos agressores tinham caído.

Os monarquistas, a princípio, não perceberam que a monarquia estava no fim. Eles imaginaram que o rei estava novamente na mesma condição que depois de Varennes, apenas ocupando o Luxemburgo em vez das Tulherias, e que ele seria novamente restaurado, como no ano anterior. A maioria do Legislativo era leal, e esperava-se que a França se ressentiria da ação da capital. Mas Paris, representada pelo município invadido, manteve a sua presa. A mesada prometida pela Assembleia foi suprimida, e a Torre do Templo foi substituído pelo Luxemburgo, que foi considerado inseguro por causa das galerias subterrâneas. Uma soma de £20.000 foi votada para as despesas, até que a Convenção em setembro eliminou o rei.

Sem nenhum esforço mais severo do que a assinatura de uma ordem, Luís XVI poderia ter chamado outros regimentos de suíços, que teriam tornado o reduto da monarquia inexpugnável. E estaria em seu poder, antes do pôr do sol daquele dia, marchar para fora de Paris à frente de um exército vitorioso, e de uma vez proclamar reformas que estadistas iluministas haviam elaborado. Sua rainha era ativa e resoluta; mas ela tinha aprendido, na adversidade, a pensar mais nas reivindicações de autoridade e no direito histórico dos reis. Ela compartilhava do ódio apaixonado de Burke por homens cujo devoção pela realeza era condicional. A cada passo para baixo eles eram os autores de seu próprio desastre. A República Francesa não foi uma evolução espontânea dos elementos sociais. A questão entre a monarquia constitucional, a mais rica e flexível das formas políticas, e a República única e indivisível (isto é, não federal), que é a mais rigorosa e estéril, foi decidida pelos crimes dos homens, e por erros mais inevitavelmente fatais do que o crime. Há outro mundo para a expiação da culpa; mas o preço da loucura é pagável aqui abaixo.

CAPÍTULO XVI

A Execução do Rei

O experimento constitucional, julgado pela primeira vez no continente sob Luís XVI, falhou principalmente pela desconfiança do executivo e por uma má construção mecânica da divisão do poder. O governo tinha sido incapaz, as finanças estavam desordenadas, o exército se encontrava desorganizado; a monarquia tinha provocado uma invasão que agora era a missão da República para repelir. O instinto de liberdade abriu caminho para o instinto de força, o movimento liberal foi definitivamente invertido, e a mudança que se seguiu ao choque da Primeira Coalizão Europeia foi mais significativa, o ângulo mais agudo, do que a mera transição das formas monárquicas para republicanas. A unificação do poder era a necessidade evidente do momento, e como não podia ser concedida a um rei que estava em aliança com o inimigo, ele tinha que ser procurado em uma democracia que deveria ter concentração e vigor como sua nota predominante. Portanto, a supremacia foi assegurada ao partido político que estava mais atento em pôr as suas mãos sobre todos os recursos do Estado, e mais resoluto em esmagar a resistência. Mais do que interesses públicos estavam em jogo. Grandes exércitos se aproximavam, guiados por emigrados vingativos, e tinham anunciado os horrores que estavam preparados para infligir à população de Paris.

Além do resto da França, os parisienses estavam interessados na criação de um poder igual ao perigo, e estavam prontos para serem salvos mesmo que por uma ditadura. A necessidade foi suprida pelos membros da nova municipalidade[70] que expulsaram a antiga na noite de 9 de agosto. Eles foram instituídos por Danton. Nomearam Marat para seu órgão de publicidade.

---

70. Membros do corpo de conselheiros municipais de uma cidade. Aqueles votados para substituir a Comuna anterior (N. E.).

Robespierre foi eleito membro do corpo em 11 de agosto. Era a fortaleza da Revolução. Estritamente, eles eram uma assembleia ilegal, e sua autoridade era usurpada; mas eles eram mestres de Paris, e tinham destronado o rei. O Legislativo, tendo aceitado sua ação, foi forçado a obedecer a seus mandamentos, e a rescindir seus decretos a seu prazer. Ao convocar os círculos eleitorais para eleger uma Convenção, ela se anulou. Não era mais do que uma assembleia moribunda cujos dias estavam exatamente contados e cuja credibilidade e influência estavam no fim.

Entre um rei que foi deposto e uma assembleia que abdicou, a Comuna, sozinha, exibiu a energia e a força que salvaram o país. Sendo ilegítimos, eles poderiam sufocar a oposição apenas através da violência; e deixaram claro qual violência eles pretendiam usar quando deram um cargo a Marat. Esse homem tinha sido um escritor de ciências, e Goethe celebra sua sagacidade e dom de observação em uma passagem que é notável pela ausência de qualquer alusão à sua carreira pública. Mas ele considerou que os ricos não têm direito a gozos dos quais as massas são privadas, e que a culpa do egoísmo e da opressão só poderia ser expiada pela morte. Um ano antes, ele havia proposto que deputados detestáveis deveriam ser mortos por tortura, e seus aposentos pregados nas paredes como uma dica para seus sucessores. Ele agora desejava conciliar misericórdia com segurança, e declarou-se satisfeito se a Assembleia fosse dizimada. Para monarquistas, e homens que pertenciam a ordens privilegiadas, ele não tinha tal clemência. Se, disse ele, os homens capazes se tornarem soldados e forem enviados para proteger a fronteira, quem deverá nos proteger de traidores em casa? Ou milhares de combatentes devem ser mantidos longe do exército no campo, ou o inimigo interno deve ser posto fora do caminho. Em 19 de agosto, Marat começou a empregar esse argumento, e uma companhia de recrutas protestou contra ser enviada para a frente enquanto suas famílias estavam à mercê dos monarquistas. O grito tornou-se popular, que a França seria condenada a lutar contra seus inimigos com um braço, caso tivesse que guardar os traidores com o outro. E esse foi o apelo fornecido para justificar os crimes que estavam prestes a seguir. Foi o apelo, mas não o motivo. Se a destruição pretendida dos monarquistas pudesse ser representada como um ato de guerra, como uma necessidade de defesa nacional, homens moderados seriam incapazes de preveni-la sem incorrer em reprovação como cidadãos antipatrióticos.

Quando os jacobinos prepararam o massacre nas prisões, seu propósito era encher a França de terror e garantir sua maioria na Convenção. Essa é a ideia controladora que governou os eventos das próximas semanas. Após o decreto que designou o palácio Luxemburgo como residência do rei, a Comuna o reivindicou; Luís XVI foi entregue a eles, e confinado no Templo, a antiga fortaleza em que os Valois guardavam seu tesouro. Eles passaram a suprimir os jornais que estavam contra eles, tirando o direito ao voto de eleitores que haviam assinado petições opostas ou reacionárias, e fecharam as barreiras. Eles jogaram seus inimigos na prisão, ergueram um novo tribunal para a punição de crimes contra a Revolução, e forneceram-lhe um novo e mais eficiente instrumento que executava suas vítimas sem dor, rapidamente, e em termos de conformidade com o preceito da igualdade. A partir do momento de sua aparição no Hotel de Ville, no dia seguinte ao fim da luta, Robespierre tornou-se o espírito governante e organizador, e sentiu-se imediatamente que, por trás das declamações e imprecações de Marat, havia uma mente singularmente metódica, consistente, paciente e sistemática no trabalho, direcionando a ação da Comuna.

A queda de Longwy ficou conhecida em Paris em 26 de agosto. Naquele dia, o Ministro da Justiça, Danton, revisou a lista de presos; visitas domiciliares foram realizadas, por toda a cidade, para procurar por armas e pessoas suspeitas. Quase três mil foram presos até o dia 28, e uma coisa ainda mais sinistra foi que muitos prisioneiros foram libertados. Ninguém duvidava, ninguém negou seriamente, o significado dessas medidas. A legislatura, vendo que este não era o mero frenesi da paixão, mas um plano deliberado e resolvido, dissolveu a Comuna em 30 de agosto, e ordenou que ela fosse renovada por uma nova eleição. Eles também restauraram o corpo diretivo do departamento, como uma verificação sobre a municipalidade. Eles tinham a lei e a constituição ao seu lado, e seu ato era um ato de soberania. Foi o momento crítico e decisivo na luta entre os girondinos e o Hotel de Ville. No dia seguinte, 31 de agosto, a Assembleia revogou o decreto. Tallien leu um discurso, elaborado por Robespierre, declarando que a Comuna, recém-instituída pelo povo de Paris, com um mandato fresco e definitivo, não poderia se submeter a uma assembleia que havia perdido seus poderes, o que permitiu que a iniciativa passasse para longe dela. A Assembleia estava totalmente indefesa, e estava comprometida demais por sua cumplicidade desde 10 de agosto para resistir ao seu mestre. Robespierre, na Comuna, ameaçou os girondinos com prisão, e, para completar seu desgosto, os documentos de Brissot foram examinados, e Roland, Ministro do Interior, foi submetido à mesma indignidade.

Nos últimos dias de agosto, enquanto todas as casas estavam sendo procuradas por fugitivos, as eleições primárias foram realizadas. Os jacobinos se opuseram muito ao princípio da eleição indireta, mas não conseguiram aboli-lo. Eles instituíram o sufrágio universal para a primeira etapa, e deram às assembleias primárias um veto sobre a escolha da segunda. Para o resto, eles se baseavam em intimidação. Os oitocentos eleitores se reuniram no palácio do bispo em 2 de setembro. Mas aqui não havia galeria de estranhos, e era um requisito que os indicados do povo agissem na presença do público que os nomeou para fazer seu trabalho. Robespierre propôs que o órgão eleitoral realizasse suas sessões no Clube Jacobino, em pleno gozo da publicidade. No dia seguinte, eles se encontraram no mesmo lugar, e seguiram para os jacobinos. Seu caminho os levou sobre a ponte, onde um espetáculo os aguardava, o qual foi cuidadosamente calculado para ajudar suas deliberações. Eles se encontraram na presença de muitos homens mortos, depositados da prisão vizinha.

Pois foi isso que aconteceu. No dia 2 de setembro, Verdun tinha caído. Isso ainda não era conhecido em Paris; mas foi relatado que os prussianos tinham aparecido diante da fortaleza, e que ela não poderia resistir. Verdun foi a última barreira na estrada para Paris, e a primeira cena da guerra na Bélgica tornou duvidoso se os novos recrutas se manteriam firmes contra batalhões que haviam sido treinados por Frederico. Armas de alarme foram disparadas, o sino soou, a bandeira negra proclamou que o país estava em perigo, e os homens de Paris foram convocados por batida de tambor para serem alistados para o exército de defesa nacional.

Danton, que sabia inglês e lia livros ingleses, parece ter se lembrado de uma passagem em Spenser, quando declarou que a França deveria ser salva em Paris e disse aos seus ouvintes aterrorizados para serem ousados, ousados e novamente ousados. Então ele saiu para acompanhar o alistamento, e deixou os agentes da Comuna para realizar o trabalho indicado para o dia. Vinte e quatro prisioneiros no Mairie foram removidos por coches para o Abbaye, que era o antigo mosteiro beneditino de St. Germain; vinte e dois deles eram sacerdotes. Luís XVI tinha caído porque ele se recusou a proscrever o clero refratário que foram acusados de espalhar descontentamento. Mais do que todos os homens, eles foram identificados com a causa perdida, e tinha sido decidido que deveriam ser banidos. Eles foram presos em grande número, como um primeiro passo para sua expulsão. Esse grupo, escoltado por marselheses do Mairie até o Abbaye, foram as primeiras vítimas. As pessoas, que não os amavam, deixaram-nos passar pelas ruas sem ferimentos; mas quando chegaram ao seu destino, os marselheses que os escoltavam começaram a mergulhar suas espadas nas carruagens, e todos, exceto três, foram mortos. Dois entraram em uma sala onde uma comissão estava sentada, e, tomando assentos entre os outros, escaparam. Sicard, o professor de surdos e mudos, foi reconhecido e salvo; e é através dele que conhecemos os feitos daquele dia. Eles foram dirigidos por Maillard, que seguiu da abadia para os Carmelites, uma prisão cheia de eclesiásticos, onde ele mandou chamar o Registro, e mandou matá-los ordenadamente e sem tumulto[71]. Havia um grande jardim, e dezesseis dos prisioneiros subiram o muro e fugiram; catorze foram absolvidos; 120 foram mortos, e seus ossos estão coletados na capela, e mostram os cortes de sabre pelos quais morreram.

Durante a ausência de Maillard, que durou três horas, certos assassinos não autorizados e autoconstituídos apareceram no Abbaye e propuseram continuar com o trabalho de extermínio que ele havia deixado inacabado. Os carcereiros foram obrigados a entregar alguns prisioneiros, para economizar tempo. Quando Maillard voltou, ele estabeleceu uma espécie de tribunal para o julgamento dos prisioneiros, enquanto os assassinos, ao todo menos de duzentos, esperaram do lado de fora e massacraram aqueles que lhes foram entregues. No caso do clero, e dos sobreviventes suíços do 4 de Agosto, pouca formalidade foi observada. No Abbaye, e em La Force, havia muitos prisioneiros políticos, e destes um certo número foi elaboradamente absolvido. Várias prisões foram deixadas sem visitas; mas em Bicêtre e Saltpêtrière, onde apenas os culpados mais desprezíveis estavam confinados, massacres terríveis ocorreram.

Como isso era totalmente inútil e sem sentido, deu peso à teoria de que todos os horrores daquele setembro foram resultado do ato irracional e espontâneo de algumas centenas de carcereiros cujos olhos estavam manchados com a visão de sangue e que correram motim em sua impunidade. Então aquela Paris criminosa, não a Paris revolucionária, era a culpada. Na realidade, os massacres foram organizados pela Comuna, pagos pela Comuna e dirigidos por seus emissários. Sabemos quanto os vários agentes receberam, e qual foi o custo do todo do dia 2 de setembro ao dia 5. No início, tudo era deliberado e metódico, e as mulheres eram poupadas. Vários foram soltos no último momento, alguns foram demitidos pelo tribunal ante ao qual apareceram. A exceção é a princesa de Lamballe, que era amiga da rainha. Mas como madame de Tourzel foi poupada, a causa de sua morte permanece inexplicável. Sua vida não tinha sido totalmente livre de reprovação; e tem sido suposto que ela estava em posse de segredos prejudiciais ao duque de Orléans.

---

71. No original: *They were directed by Maillard who proceeded from the abbey to the Carmelites, a prison filled with ecclesiastics, where he sent for the Register, and had them murdered orderly and without tumult.* (N. E.)

Mas o problema não é saber por que os assassinos eram culpados de assassinato, mas como permitiam que muitos de seus prisioneiros fossem salvos. Um homem fez amizade com um marselhês falando em seu dialeto nativo. Quando perguntado o que ele era, ele respondeu: "Um monarquista de coração!". Depois, Maillard levantou o chapéu e disse: "Estamos aqui para julgar ações, não opiniões" e o homem foi recebido com aclamação do lado de fora pelos carrascos sedentos. Bertrand, irmão do ministro monarquista, teve a mesma recepção. Dois homens interromperam seu trabalho para vê-lo em casa. Eles esperaram do lado de fora enquanto ele via sua família, e depois foram embora, agradecendo-lhe pela visão de tanta felicidade, e recusando uma recompensa. Outro prisioneiro foi levado para sua casa em um coche, com meia dúzia de patriotas amontoados no telhado, e pendurados atrás. Eles não aceitaram nada além de um copo de bebida forte. Poucos homens estavam em maior perigo do que Weber, o irmão adotivo da rainha. Ele esteve de guarda nas Tulherias, e esteve ao seu lado na marcha fúnebre através dos jardins do palácio para a prisão. Como ele sabia bem o que ela estava deixando e para o que estava indo, ele estava tão tomado de emoção que a princesa Elizabeth sussurrou para ele controlar seus sentimentos e ser um homem. No entanto, ele foi um dos que viveram para contar a história de sua aparição diante do temível tribunal de Maillard. Quando foi absolvido, os assassinos à espera estavam selvagens de entusiasmo. Eles o aplaudiram; deram-lhe o elogio fraterno; eles se revelaram conforme ele passou ao longo da linha[72]; e uma voz gritou: "Tome cuidado por onde ele anda! Você não vê que ele está de meias brancas?".

    Uma absolvição é lembrada mais do que todas as outras. Em todas as escolas e em cada berçário da França a história continua a ser contada sobre como Sombreuil, o governador de Les Invalides, foi absolvido pelos juízes, mas teria sido massacrado pela multidão do lado de fora se sua filha não tivesse bebido, para a nação, um copo cheio de sangue quente da última vítima. Eles foram levados para casa em triunfo. Sombreuil morreu no Reinado do Terror. Sua filha se casou e morreu em Avignon em 1823, no auge da reação monarquista. A fama daquele momento heroico em sua vida encheu a terra, e seu coração foi levado para Paris, para ser colocado no terreno consagrado onde ela havia adorado quando criança, e repousa sob o mesmo dossel dourado que cobre os restos mortais de Napoleão. Muitas pessoas acreditam que essa é uma das lendas do monarquismo que deve ser amarrada com as pérolas

---

72. No original *they uncovered as he passed along the line*. (N. E.)

simuladas da história. Nenhum contemporâneo menciona isso, e não aparece antes de 1801. A senhorita de Sombreuil obteve uma pensão da Convenção, mas isso não foi incluído na declaração de suas reivindicações. Um inglês, que testemunhou a libertação de Sombreuil, relata apenas que pai e filha foram levados desmaiando de tensão emocionada. Eu não me debruçaria sobre uma anedota tão bem usada se eu acreditasse que era falsa. A dificuldade da descrença é que o filho da heroína escreveu uma carta, na qual ele afirma que sua mãe nunca mais foi capaz de tocar uma taça de vinho tinto. O ponto a ter em mente é que esses criminosos atrozes se alegraram tanto em um homem a ser salvo como em um homem a ser morto. Eles eram servos de uma causa, agindo sob autoridade.

Robespierre, entre os chefes, parece ter mirado principalmente na destruição dos sacerdotes. Outros propuseram que os prisioneiros deveriam ser confinados no subsolo, e que a água deveria ser solta até que eles fossem afogados. Marat aconselhou que as prisões fossem queimadas, com seus detentos. "O 2 de setembro", disse Collot d'Herbois, "é o primeiro artigo do credo da Liberdade. Sem ele não haveria Convenção Nacional." "A França", disse Danton, em uma conversa memorável, "não é republicana. Só podemos estabelecer uma República através da intimidação de seus inimigos". Eles tinham esmagado o Legislativo, eles tinham dado aviso aos alemães de que eles não salvariam o rei ao avançar sobre a capital enquanto estivesse nas mãos de homens capazes de tais atos, e eles haviam garantido um triunfo jacobino na eleição de Paris. Marat preparou um discurso exortando os departamentos a imitar seu exemplo, e foi enviado sob a cobertura do Ministério da Justiça. O próprio Danton enviou as mesmas ordens. Apenas uma cópia parece ter sido preservada, e poderia ter sido difícil determinar a responsabilidade de Danton, caso ele não tivesse declarado a Louis Philippe que ele era o autor dos massacres de setembro.

O exemplo de Paris não foi amplamente seguido, mas os prisioneiros do Estado em Orléans foram trazidos para Versalhes, e lá foram mortos. O número total de mortos foi entre 1.300 e 1.400. Tocamos no ponto baixo da Revolução, e não há nada pior do que isso por vir. Estamos na companhia de homens aptos para Tyburn. Não preciso gastar palavras para imprimir em vocês o fato de que esses republicanos começaram de uma vez com atrocidades tão grandes quanto as das quais a monarquia absoluta foi justamente acusada, e pelas quais ela justamente pereceu. O que temos que corrigir em nossos pensamentos é que os grandes crimes da Revolução, e crimes tão grandes quanto esses na história de outros países, ainda são defendidos e justificados em quase todos os grupos de políticos e historiadores, de modo que, em princípio, o presente não é totalmente melhor do que o passado.

O massacre foi bem-sucedido em Paris, mas não no resto da França. Sob sua influência, ninguém além de jacobinos foram eleitos na capital. O presidente e o vice-presidente da Assembleia Eleitoral foram Robespierre e Collot d'Herbois, com Marat como secretário. Robespierre foi o primeiro deputado a retornar, Danton foi o segundo, Collot o terceiro, Manuel o quarto, Billaud-Varennes o quinto, Camille Desmoulins o sexto, e Marat o sétimo, com uma maioria sobre Priestley, que foi escolhido em dois departamentos, mas recusou a vaga. O vigésimo e último dos deputados de Paris foi o duque de Orléans.

Embora o povo de Paris tenha sancionado e aprovado os assassinatos, o mesmo não ocorreu no restante do país. Em muitos lugares o processo começou com uma missa, e se concluiu com um Te Deum. Dezessete bispos foram enviados para a Convenção, e trinta e um padres. Tom Paine, embora não pudesse falar francês, foi eleito em quatro lugares. Dois terços eram novos membros, que não haviam se sentado nas assembleias anteriores. Quatro quintos dos eleitores primários se abstiveram.

A Convenção começou suas sessões, em 20 de setembro, na Escola de Equitação, onde o Legislativo havia se reunido; no mês de maio de 1793, foi transferida para as Tulherias. Havia cerca de cinquenta ou sessenta jacobinos. A maioria, sem ser os girondinos, estava geralmente preparada para seguir, caso os girondinos a liderasse. Pétion foi imediatamente eleito presidente, e todos os seis secretários estavam do mesmo lado. A vitória da Gironda estava completa. Tinha o jogo em suas mãos. O partido tinha pouca coesão e, apesar dos conselhos sussurrados de Sieyès, nenhum tipo de tática. Com exceção de Buzot, e talvez Vergniaud, eles dificilmente merecem o interesse que têm animado na literatura posterior, pois não tinham princípios. Envergonhados pela condição desamparada do Legislativo, eles não resistiram aos massacres. Quando Roland, Condorcet e Gorsas falaram deles em público, os descreveram como uma necessidade terrível, um ato de justiça rude, mas inevitável. Roland, Ministro do Interior, tinha alguns promotores para jantar com ele enquanto o derramamento de sangue estava acontecendo, e ele propôs desenhar um véu decente sobre o que tinha passado. Tais homens não estavam aptos para competir com Robespierre em vilania implacável, mas eram igualmente incapazes de denunciar e expô-lo. Essa foi a política que eles tentaram, e pela qual pereceram.

O movimento em direção a uma República permanente não foi pronunciado, além da barreira de Paris. Os círculos eleitorais não fizeram nenhuma exigência para isso, exceto o Jura. Dois outros declararam-se contra a monarquia. Trinta e quatro departamentos não deram instruções; 36 deram poderes gerais ou ilimitados. Três, incluindo Paris, exigiam que os decretos constitucionais fossem submetidos à ratificação popular. O primeiro ato da Convenção foi adotar esse novo princípio. Por unanimidade, sobre a moção de Danton, eles decidiram que a Constituição deve ser aceita pela nação em suas assembleias primárias. Mas algumas semanas depois, em 16 de outubro, quando Manuel propôs consultar o povo sobre a questão de uma República, a Convenção recusou. A abolição da monarquia foi realizada, em 21 de setembro, sem qualquer discussão; pois a história dos reis, disse o bispo Grégoire, é a martirologia[73] das nações. No dia 22, a República foi proclamada, sob a primeira impressão das notícias de Valmy, trazidas pelo futuro rei dos franceses. A repulsa da invasão provocada pelo antigo governo coincidiu com a criação do novo.

Os girondinos, que estavam na posse, começaram com uma série de ataques pessoais aos líderes da oposição. Eles disseram o que todos sabiam: que Marat era um canalha infame, que Danton não tinha prestado suas contas de maneira clara quando se aposentou do cargo ao entrar na Convenção, que Robespierre era um assassino comum. Algumas suspeitas permaneceram pairando sobre Danton, mas os agressores usaram seus materiais com tão pouca habilidade que se enrolaram no encontro com Robespierre. Os jacobinos os expulsaram de seu clube, e a moção de Louvet contra Robespierre foi rejeitada em 5 de novembro. Assim, eles já estavam enfraquecidos quando, no dia seguinte, a questão do julgamento do rei veio. Não foi apenas a primeira etapa importante na disputa dos partidos, mas foi a decisiva. A questão se Luís XVI deveria viver ou morrer não era outra que não a questão se jacobinos ou girondinos deveriam sobreviver e governar.

Uma mudança poderosa ocorreu na posição da França e no espírito da nação, entre os eventos que acabamos de contemplar e a tragédia a que estamos chegando. Em setembro, os exércitos alemães estavam na França, e a princípio não encontraram resistência. O perigo era evidentemente extremo, e a única segurança era a vida do rei. Desde então, os prussianos e os austríacos foram ignominiosamente expulsos; a Bélgica havia sido conquistada; Savoy havia sido invadida; dos Alpes e o Reno até, até chegar em Mentz, eram as fronteiras da República. Do oceano alemão ao Mediterrâneo, não houve um exército ou fortaleza capazes de resistir às armas revolucionárias. O alarme razoável de setembro abriu caminho para uma confiança exorbitante. Não

---

73. No original: *martyrology*. (N. E.)

existia medo algum contra todos os soldados da Europa. Os franceses estavam prontos para lutar contra o mundo, e eles calcularam que eles não corriam nenhum risco mais grave do que a perda das ilhas de açúcar. Serviu ao seu novo temperamento matar seu rei, como tinha sido sua política para preservá-lo como refém. Em 19 de novembro, eles ofereceram ajuda e amizade a todas as pessoas que estavam determinadas a ser livres. Este decreto, na verdade o início da grande guerra, foi causado por protestos de Mentz, onde o partido francês temia ser abandonado. Mas foi direcionado contra a Inglaterra, atingindo o ponto mais fraco, e reduzindo seu poder bélico ao incentivar o desafeto irlandês.

Em 12 de agosto, Rebecqui propôs que o rei fosse julgado pela Convenção que se reuniria, e que deveria haver um apelo ao povo. Em 1º de outubro, a questão foi apresentada à Convenção, e uma Comissão de 24 foi nomeada para examinar as evidências. Eles relataram no dia 6 de novembro; e a partir desse momento o assunto não descansou. No dia seguinte, Mailhe, em nome dos juristas, relatou que não havia obstáculo legal, a partir da inviolabilidade reconhecida pela Constituição. Mousson respondeu que desde que Luís XVI fora deposto, ele não tinha mais responsabilidade. Um membro muito jovem surgiu repentinamente em notoriedade, no dia 13, argumentando que não havia questão de justiça e suas formas: um rei merecia a morte não pelo que fez, mas pelo que ele era. O nome do orador era St. Just. Em 20 de novembro, antes do debate ir para qualquer lado, Roland apareceu, com a notícia de uma importante descoberta. O rei tinha um cofre de ferro em seu palácio, que o chaveiro havia apresentado. Roland descobriu que continha 625 documentos. Um comitê de doze foi orientado a examiná-los, e eles encontraram as provas de um grande esquema de corrupção, e da venalidade de Mirabeau. Em 3 de dezembro foi decidido que o rei deveria ser julgado pela Convenção; a ordem do processo foi determinada no dia 6, e no dia 10 a acusação foi apresentada. No dia seguinte, Luís apareceu diante de seus juízes, e foi interrogado pelo presidente. Ele disse, em suas respostas, que não sabia nada de um cofre de ferro, e nunca tinha dado dinheiro para Mirabeau, ou para qualquer deputado. Quando voltou para a prisão, o infeliz exclamou: "Eles fizeram perguntas para as quais eu estava tão pouco preparado que eu neguei minha própria mão". Dez dias foram autorizados para a preparação da defesa. Ele foi auxiliado por Malesherbes, pelo famoso jurista Tronchet, e por Desèze, um homem mais jovem, que fez o discurso. Não foi convincente, pois os defensores percebidos, não melhor do que seu cliente, onde estava a força e o perigo da acusação.

Todos acreditavam que Luís trouxe o invasor para o país, mas isso não foi provado por evidências. Caso as provas publicadas tivessem sido conhecidas na época, a defesa deveria ter se restringido a alegar que o rei era inviolável; e a resposta teria sido que ele está coberto pela responsabilidade dos ministros, mas que é responsável pelo que faz pelas suas costas. No último momento, vários girondinos propuseram que a sentença fosse pronunciada pela nação, em assembleias primárias – uma ideia apresentada por Faure em 29 de novembro. Isso contrariava o espírito de democracia representativa, que consulta os eleitores quanto aos homens, e não às medidas adequadas no resultado do debate. Era consistente com a ação direta da Democracia, que era a teoria do jacobinismo. Mas os jacobinos não aceitariam isso. Ao forçar a votação sobre a questão principal, eles arruinariam seus adversários. Caso os girondinos votassem pela morte, seguiriam o trem de pensamento do partido que insistia resolutamente na questão. Caso votassem contra, poderiam ser acusados de serem monarquistas. Quando a pergunta "Culpado ou inocente?" foi colocada, não houve hesitação, 683 votaram culpado, com um homem, Lanjuinais, respondendo que ele era um legislador, não um juiz. A moção, para deixar a pena para o povo, que foi feita no interesse dos girondinos, não do rei, falhou por 423 a 281 votos, e arruinou o partido que a planejou. A votação da pena começou na noite de 17 de janeiro, e como cada homem deu sua voz da tribuna, durou até o dia seguinte. Vergniaud declarou o resultado; ele disse que havia uma maioria de cinco para a morte. Ambas as partes estavam insatisfeitas e suspeitas de fraude. Um escrutínio foi realizado, e então parecia que aqueles que tinham votado simplesmente pela pena capital eram 361, e que aqueles que haviam votado de outra forma eram 360. Maioria, de 1. Mas quando a votação final foi tomada sobre a questão do atraso, houve uma maioria de 70 para execução imediata.

Foi-se declarado que a decisão foi resultado do medo, mesmo por Brissot e Carnot. O duque de Orleans escreveu ao presidente que não podia votar no julgamento de seu parente. A carta foi devolvida a ele. Ele prometeu ao seu filho que não votaria pela morte, e quando se encontraram novamente exclamou: "Eu não sou digno de ser seu pai!". No jantar, no dia fatal, Vergniaud declarou que defenderia a vida do rei, mesmo que estivesse sozinho. Algumas horas depois, ele votou pela morte. No entanto, Vergniaud estava prestes a provar que ele não era um homem que a intimidação influenciou. A verdade é que ninguém tinha dúvidas quanto à culpa. Punição era uma questão mais política do que de justiça.

O exército estava inclinado para o lado da misericórdia. Custine havia oferecido, em 23 de novembro, salvar Luís, caso a Prússia reconhecesse a República. A oferta foi feita em vão. Dumouriez veio a Paris em janeiro, e descobriu que não havia nada a ser feito. Ele disse depois: "É verdade que ele era um canalha pérfido, mas foi loucura cortar a cabeça dele". Os Bourbons espanhóis fizeram todos os esforços para salvar a cabeça da casa. Eles ofereceram neutralidade e mediação, e capacitaram seu agente a gastar centenas de milhares de libras em suborno oportuno. Eles prometeram, se Luís fosse entregue a eles, que o impediriam de interferir nos assuntos franceses, e dariam reféns por seu bom comportamento. Eles suplicaram a George III para agir com eles em uma causa que era a da monarquia e da humanidade. Lansdowne, Sheridan e Fox pediram ao governo para interpor. Grenville deixou claro que a paz seria preservada caso a França desistisse de suas conquistas, mas ele não disse uma palavra para o rei. Informações foram transmitidas para Pitt, de uma fonte que poderia ser confiável, que Danton o salvaria por £ 40.000. Quando ele decidiu dar o dinheiro, Danton respondeu que era tarde demais. Pitt explicou ao diplomata francês Maret, mais tarde primeiro-ministro, seu motivo de hesitação. A execução do rei da França levantaria tamanha tempestade na Inglaterra que os liberais seriam submergidos.

Luís estava resignado quanto ao seu destino, mas ele esperava que fosse poupado, e falou de se retirar para a Serra Morena, ou de buscar um retiro para sua velhice entre os republicanos fiéis da Suíça. Quando seus defensores vieram dizer-lhe que não havia esperança, ele se recusou a acreditar neles. "Vocês estão enganados", disse ele, "eles nunca ousariam". Ele rapidamente recuperou sua compostura, e se recusou a pedir permissão para ver sua família. "Eu posso esperar", disse ele, "em poucos dias eles não vão me recusar". Um padre que pediu licença para atendê-lo foi enviado para a prisão. Como um estrangeiro era menos propenso a ser molestado, o rei pediu o abade Edgeworth, de Firmount, o qual tinha passado sua vida na França, mas que poderia ser considerado um irlandês. Garat, o Ministro do Interior, foi buscá-lo. Em seu caminho, ele disse: "Ele era fraco quando estava no poder; mas você verá como ele é grande, agora que ele está acorrentado".

No dia seguinte, Luís foi levado através de um vasto desfile de militares e canhões para o cadafalso na Place de la Concorde, um pouco mais perto da Champs Elysées do que do lugar onde fica o obelisco de Luxor. Ele demorou quase uma hora no caminho. O enviado espanhol não tinha feito acordos com os agentes que foram atraídos pelo relatório de seu crédito ilimitado, e ele passou seus dobrões em uma tentativa frenética de resgate enquanto o prisioneiro passava ao longo do Boulevard. Um aventureiro equívoco, o barão de Batz, que ajudou a organizar o levante de Vendémiaire, que só falhou porque encontrou Bonaparte, havia se comprometido a quebrar a linha, com quatrocentos ou quinhentos homens. Eles deveriam fazer uma investida a partir de uma rua lateral. Mas todas as ruas eram patrulhadas e cada ponto era guardado enquanto o transporte passava carregando o prisioneiro. De Batz foi fiel ao encontro, e levantou-se, acenando com uma espada e gritando: "Sigam-me e salvem o rei!". Não surtiu efeito; ele desapareceu na multidão; um companheiro foi levado e guilhotinado, mas a polícia foi capaz de informar que nenhum incidente havia ocorrido no caminho.

Não os monarquistas, mas o rei, serviu a causa real naquele 21 de janeiro. Desigual aos seus deveres no trono, ele encontrou, na prisão e no cadafalso, uma parte digna das melhores qualidades de sua raça, justificando as palavras de Louis Blanc: "Nenhum além dos mortos retornam". Absolvê-lo é impossível, pois sabemos, melhor do que seus perseguidores, como ele fez intrigas de forma a recuperar a autoridade descontrolada ao trazer destruição e devastação sobre as pessoas sobre as quais ele reinava. A tragédia não é aquela que Paris testemunhou, quando Santerre levantou sua espada, ordenando que os tambores batessem, os quais haviam sido silenciados pela primeira palavra do discurso moribundo; é que Luís XVI encontrou o seu destino com complacência interna, sem consciência de culpa, cego às oportunidades que teve e à miséria que causou, e morreu um cristão penitente, mas um rei impenitente.

CAPÍTULO XVII

A Queda da Gironda

A Constituição de 1791 falhou porque carregava a divisão de poderes e a reação contra a centralização monárquica, a ponto de paralisar o executivo. Até o dia em que um novo sistema deveria ser organizado, uma série de medidas revolucionárias foram adotadas, e através destas a Convenção governou até o fim. Imediatamente após a morte de Luís XVI, eles começaram a enviar representantes com poderes arbitrários para os departamentos. O Tribunal Revolucionário foi nomeado em março para julgar casos políticos sem recurso; e o Comitê Secreto de Segurança Pública em abril, a respeito da derrota e deserção de Dumouriez. Os girondinos tinham a maioria durante todo esse tempo. A questão do julgamento do rei tinha sido desastrosa para eles, porque provou sua fraqueza, não em números, mas em caráter e conselho. Roland imediatamente renunciou, confessando a derrota. Mas eles permaneciam, quatro meses antes de sua queda. Durante essa luta memorável, a questão era se a França deveria ser governada pela violência e sangue, ou por homens que conheciam a paixão pela liberdade. Os girondinos logo levantaram a verdadeira questão ao exigirem uma investigação sobre os massacres de setembro. Era uma arma válida, mas perigosa. Não poderia haver dúvida sobre o que aqueles que cometeram mil assassinatos para obter o poder seriam capazes de fazer em sua própria defesa.

Os girondinos calcularam mal. Deixando o crime impune, eles poderiam ter dividido seus adversários. Quase até o último momento, Danton queria evitar o conflito. Eles rejeitaram suas ofertas repetidamente. "Guerra aberta", disse Vergniaud, "é melhor do que uma trégua oca." Sua rejeição à mão que trazia a mancha vermelha é a causa de sua ruína, mas também de sua fama. Eles sempre foram impolíticos, desunidos e indecisos; mas subiram, às vezes, ao nível de homens honestos. Sua segunda linha de ataque não foi melhor escolhida. A política partidária era nova, e a ciência de entender o outro lado não foi desenvolvida; e os girondinos foram convencidos de que os *montagnards*[74] eram monarquistas do coração, visando a estruturação de um trono orleanista. Marat recebeu dinheiro do Palais Royal; e Sieyès o considerou como um agente mascarado da monarquia até o fim. O próprio Danton assegurou ao jovem duque de Chartres que a República não duraria, e aconselhou-o a manter-se em prontidão para colher, algum dia, o que os jacobinos estavam semeando.

O objetivo dos jacobinos era uma ditadura, que era um novo substituto para a monarquia, e o espectro de Orleans não era mais do que uma ilusão na qual a Gironda gastava grande parte de sua força. Em retaliação, eles foram acusados de federalismo, e isso também foi uma falsa suspeita. As ideias federais, característica da América, tinham a sanção dos maiores nomes da literatura política da França – Montesquieu e Rousseau, Necker e Mirabeau. O único federalista evidente na Convenção é Barère. Um esquema de federação foi discutido nos jacobinos em 10 de setembro, e não veio a votação. Mas a ideia nunca foi adotada pelo partido girondino, ou por qualquer um de seus membros, com exceção de Buzot. Aos olhos dos jacobinos eles favoreciam coisas igualmente ruins. Eles se inclinavam à descentralização, às liberdades locais, à contenção da atividade avassaladora de Paris, ao governo por representantes do povo soberano, não pelo próprio soberano. Tudo isso era absolutamente oposto à concentração de todos os poderes, que era o propósito predominante desde o alarme de invasão e traição, e foi facilmente confundido com a teoria dos direitos provinciais e autoridade dividida, que era temida como o perigo superlativo da época. O que, sob o título de Federalismo, foi colocado sob sua responsabilidade, deve ser contado a seu crédito; pois significava que, em um sentido limitado, era constitucional e que havia graus de poder e opressão, que até mesmo um girondino resistiria.

Os jacobinos tinham essa superioridade sobre seus oponentes flutuantes, de modo que eles retornaram para um sistema que era simples, inteligível, e o qual o livro mais famoso da geração anterior tinha feito todos conhecerem. Para eles não havia incerteza, nenhuma tentativa e nenhuma transigência. Era a intenção deles que a massa do povo deveria, em todos os momentos, afirmar e impor sua vontade, sobrecarregando todos os poderes temporários

---

74. "Montagnards" é o nome designado aos participantes de mais um dos partidos da revolução, La Montagne (em francês), ou em tradução literal, A Montanha. A fim de diferenciar o nome do partido, e não gerar ambiguidade na compreensão, optamos por manter o nome do partido como La Montagne no texto que se segue.

Cabe salientar, também, que a etimologia do nome se explica através posição que os representantes do La Montagne ocupavam nos bancos dos parlamentos, isto é, nos pavilhões superiores. (N. E.)

e substituindo todos os agentes nomeados. Como eles tinham que lutar contra o mundo com uma população dividida, eles exigiam que todo o poder se concentrasse nas mãos daqueles que agiram em conformidade com a vontade popular, e que aqueles que resistiram em casa, fossem tratados como inimigos. Eles devem derrubar a oposição tão impiedosamente quanto repeliam uma invasão. O melhor dos jacobinos não teria negado a liberdade, mas ele a teria definido de maneira diferente. Para ele, não consistia na limitação, mas na composição do poder governante. Ele não enfraqueceria o Estado tornando sua ação incerta, lenta, caprichosa, dependente de maiorias alternativas e forças rivais; mas encontraria segurança no poder exercido apenas por todo o corpo da nação, unida no gozo dos dons que a Revolução havia concedido ao camponês. Essa foi a classe mais numerosa, a classe cujos interesses eram os mesmos, que foi identificada com o movimento contra o privilégio, a que inevitavelmente seria fiel às novas instituições. Eles eram uma minoria na Convenção, mas uma minoria representando a unidade e a segurança da República, e apoiada pela maioria do lado de fora. Eles atraíram para si mesmos não os melhores ou os homens mais brilhantes, mas aqueles que se dedicaram ao uso do poder, não à manipulação de ideias. Muitos bons administradores pertenciam ao partido, entre os quais Carnot é apenas o mais celebrado. Napoleão, que entendia o talento e dizia que nenhum homem era tão vigoroso e eficiente como aqueles que passaram pela Revolução, empregou 127 regicidas, a maioria dos quais eram *montagnards*.

Os girondinos, vacilantes e divididos, nunca teriam feito a República triunfar sobre *toda*[75] a Europa e a metade da França. Eles foram imediatamente confrontados por uma guerra geral e uma insurreição formidável. Eles não tinham medo da guerra. As grandes potências militares eram a Áustria e a Prússia, e tinham sido levadas ao Reno por exércitos de trinta ou quarenta mil homens. Depois disso, os exércitos da Espanha e da Inglaterra não pareciam formidáveis. Esse cálculo provou ser correto. A audácia dos franceses apareceu em sua declaração de guerra contra as três principais potências marítimas ao mesmo tempo – Inglaterra, Espanha e Holanda. Foi só em 1797, depois de quatro anos, que a superioridade da frota britânica foi estabelecida. Eles esperavam há muito tempo que a guerra com a Inglaterra pudesse ser evitada, e continuaram as negociações através de uma sucessão de agentes secretos. Havia uma noção de que o governo inglês era revolucionário em seu caráter como o foi em sua origem, que a execução do rei ocorreu em busca de

---

75. Itálico do autor. (N. E.)

exemplos ingleses, que um país protestante deve admirar homens que seguiram novas ideias. Brissot, como Napoleão em 1815, construiu suas esperanças na oposição. Fox não poderia condenar a instituição de uma República; e poderia ser esperado, de um partido que havia aplaudido vitórias americanas sobre seus próprios compatriotas, sentir alguma simpatia com um país que estava imitando parcialmente a Inglaterra e em parte a América.

A guerra com o absolutismo continental foi o preço adequado da revolução, mas as mudanças desde 1789 foram mudanças na direção de uma aliança Whig. Quando a Convenção foi informada de que George III não teria um ministro regicida no país, eles não debateram o assunto, mas o passaram para uma comissão. Eles agiram não apenas a partir de um senso de dignidade nacional, mas na crença de que o evento não era muito terrível. Os girondinos pensavam que a guerra não seria popular na Inglaterra, que os liberais, as sociedades revolucionárias e os irlandeses a levariam a uma rescisão antecipada. Marat, que conhecia aquele país, afirmou que era uma ilusão. Mas não houve oposição às sucessivas declarações de guerra com a Inglaterra, Holanda e os Bourbons espanhóis e napolitanos, que ocorreram em fevereiro e março. Oitocentos milhões de *assignats* foram votados de uma só vez, a serem assegurados sobre os bens confiscados dos emigrados. A França, naquele momento, contava com apenas 150 mil soldados em campo. Em 24 de fevereiro, um decreto convocou trezentos mil homens, e obrigou cada departamento a convocar em sua própria proporção. O exército francês que realizaria tamanhas maravilhas nos próximos vinte anos começou nesse dia. Mas a primeira consequência foi uma extraordinária diminuição no poder militar do Estado. A Revolução tinha feito muito pelo povo do país, e não lhes impôs nenhum fardo. O alistamento obrigatório foi o primeiro. Na maioria dos lugares, com pressão suficiente, os homens necessários foram fornecidos. Alguns distritos ofereceram mais do que seu número adequado.

Em 10 de março, a conscrição foi aberta nas paróquias remotas de Poitou. O país estava agitado há algum tempo. Os camponeses, pois não havia grandes cidades naquela região, tinham se ressentido com a derrubada da nobreza, do clero e do trono. A expulsão de seus sacerdotes causou descontentamento constante. E agora a demanda de que deveriam ir embora, sob oficiais que desconfiavam, e morressem por um governo que os perseguia, causou um surto. Eles se recusaram a invocar seus números, e no dia seguinte se reuniram em grandes multidões e caíram sobre os dois tipos de homens que detestavam – os funcionários do governo e o clero recém-estabelecido. Antes de meados de março, cerca de trezentos padres e oficiais republicanos foram assassinados, e a guerra de La Vendée começou. E foi lá, e não em Paris, que a liberdade fez sua última posição na França revolucionária.

Mas devemos ver primeiro o que passou na Convenção sob a sombra da luta iminente. Um comitê havia sido nomeado, em 11 de outubro, para elaborar uma constituição para a República. Danton estava sobre ela, mas ele estava muito longe, com o exército na Bélgica. Tom Paine trouxe iluminação da América, e Barère, geralmente sem ideias próprias, tornou as ideias de outros plausíveis. A maioria era girondina, e, com ela Sieyès estava intimamente associado. Em 15 de fevereiro, Condorcet produziu o relatório. Foi a principal tentativa dos girondinos de consolidar seu poder, e por três meses ocupou o tempo da Convenção. A duração do debate provou a fraqueza do partido. Robespierre e seus amigos se opuseram ao trabalho de seus inimigos, e falaram sobre isso. Eles dedicaram seus argumentos ao preâmbulo, à nova fórmula dos Direitos do Homem, e tiveram tanto sucesso que nenhuma parte da Constituição jamais veio a votação. A parte mais interessante do debate se voltou para o princípio da liberdade religiosa, que o projeto afirmou, e que sofreu oposição de Vergniaud. Enquanto essa discussão ineficaz prosseguia, a luta foi travada decisivamente em outro lugar, e os jacobinos entregaram um contragolpe de força superior.

Os inversos de Dumouriez tinham começado, e havia uma nova urgência na demanda por concentração. Danton chegou a um acordo com Robespierre, e eles decidiram estabelecer o Tribunal Revolucionário. Era para consistir em juízes nomeados pela Convenção para julgar prisioneiros que a Convenção enviasse diante dela, e julgar sem recurso. Danton disse que era uma medida necessária, a fim de evitar a violência popular e a vingança. Ele recomendou-o em nome da humanidade. Quando a Convenção ouviu Danton falar de humanidade houve um arrepio, e no meio de um silêncio morto Lanjuinais pronunciou a palavra "setembro". Danton respondeu que não teria havido massacres se o novo tribunal tivesse sido instituído na época. A Convenção decidiu que deveria haver julgamento por júri, e que nenhum deputado deve ser julgado sem sua permissão. O objetivo de Robespierre não foi obtido. Ele quis dizer que o Tribunal Revolucionário deveria julgar sem um júri, e deveria ter jurisdição sobre os deputados. Os girondinos ainda eram fortes demais para ele. Danton, em seguida, dirigiu-se a eles. Eles concordaram que deveria haver um comitê forte para supervisionar e controlar o governo. Em 25 de março, eles trouxeram uma lista de 25, composta em grande parte por seus próprios amigos, e, assim, ao submeter a Assembleia em geral a uma comissão, eles mais uma vez recuperaram o poder supremo.

Imediatamente depois, a deserção de Dumouriez foi relatada em Paris, e a Convenção acreditava justamente que eles tinham escapado por pouco de um grande perigo. Pois Dumouriez tinha a intenção de unir todas as forças que ele poderia reunir nos Países Baixos e na Bélgica, e marchar para a França as encabeçando, de forma a estabelecer um governo próprio. Ele estava em estreita comunicação com Danton, e a oportunidade de atacar Danton era boa demais para ser perdida. Em 1º de abril, Lasource o acusou de cumplicidade na traição. A trégua entre eles estava no fim, e as consequências foram logo aparentes. O comitê de 25 era muito volumoso, e era composto por diferentes partidos. Foi eleita uma proposta para reduzir o número, e em 6 de abril um novo comitê de nove, o verdadeiro Comitê de Segurança Pública, foi eleito, e nenhum girondino foi incluído nele. No mesmo dia, ocorreu a primeira execução de um prisioneiro condenado pelo novo tribunal. Os dois principais instrumentos do governo revolucionário foram colocados em ação ao mesmo tempo. Mas eles não permitiram que os jacobinos alcançassem seus inimigos na Assembleia, pois os deputados eram invioláveis. Todos os outros estavam à mercê do acusador público.

Os girondinos, tendo falhado em seu ataque a Danton, agora se voltaram contra Marat, e por 220 a 132 votos o enviaram ao Tribunal Revolucionário para ser julgado por sedição. No dia 24 ele foi absolvido. Enquanto isso, seus amigos peticionaram contra os girondinos, e exigiram que 22 deles fossem expulsos. A petição foi rejeitada, após um debate no qual Vergniaud se recusou a ter o destino de seu partido decidido pelas assembleias primárias, com o fundamento de que levaria a uma guerra civil. Vendée estava em chamas, e o perigo de explosão foi sentido em muitas partes da França.

Até o mês de maio, os girondinos haviam falhado em seus ataques a deputados individuais, mas sua posição na Assembleia não foi abalada. Por suas divisões, e por meio de maiorias ocasionais, especialmente pela ajuda incerta e intermitente de Danton, Robespierre havia realizado medidas importantes – o Tribunal Revolucionário, o Comitê de Segurança Pública, o emprego de comissários da Convenção para aplicar as cobranças em cada departamento. Por uma série de decretos aceitáveis em favor dos indigentes, ele estabeleceu a si mesmo e seus amigos como autores de uma nova ordem da sociedade, contra os representantes da classe média. O povo de Paris respondeu criando um comitê insurreto para levar a cabo, por pressão legal ou não, o propósito da delegação que havia exigido a exclusão dos 22. Em 21 de maio, uma comissão de doze foi nomeada para reivindicar a supremacia da Convenção contra o município. Os girondinos obtiveram a maioria. Seus candidatos receberam de 104 a 325 votos. Nenhum jacobino tinha mais de 98 votos. Foi sua última vitória parlamentar. Não havia nenhuma maneira legal de destruí-los. O trabalho tinha que ser deixado para agitadores como Marat, e o comitê de insurreição. Quando isso veio a ser entendido, o fim estava muito próximo. O comitê de doze, órgão da Convenção e da parte moderada dela, prendeu vários dos agitadores mais violentos. Em 26 de maio, Robespierre convocou o povo de Paris contra os deputados traidores. No dia seguinte, eles apareceram, entraram na Convenção e declararam suas exigências. Os homens foram soltos, e a comissão de doze foi dissolvida. Mas no dia 28 a Assembleia, envergonhada de ter cedido a uma manifestação que não foi esmagadora, renovou a comissão, por 279 votos a 239.

Uma ação mais decisiva foi resolvida agora, e os jacobinos prepararam o que chamaram de insurreição moral. Eles desejavam evitar derramamento de sangue, pois o mandato pelo qual o Tribunal Revolucionário existia era que impedia o derramamento de sangue de outra forma do que por formas legais. Os girondinos, após a expulsão, poderiam ser deixados para o gozo de todas as seguranças de um julgamento por júri. Enquanto isso, o esquema girondino da Constituição foi abandonado, e cinco novos membros foram nomeados para elaborar um novo; e em 30 de maio, pela primeira vez, um presidente foi eleito entre os deputados do La Montagne. Em 31 de maio, as massas insurrecionárias invadiram a Assembleia. Não houve violência real, nem resistência. Os girondinos não fizeram nada para defender sua causa, e sua comissão de doze foi novamente dissolvida. Os policiais permaneceram ilesos; mas Roland fugiu, e sua esposa foi enviada para a prisão. Dois dias depois, em 2 de junho, a vitória da força moral foi completada. As Tulherias estavam cercadas de canhões, os deputados não tinham permissão para sair, e alguns dos girondinos concordaram em renunciar aos seus assentos, a fim de evitar pânico. Era chamado de ostracismo voluntário.

Na extrema fraqueza do partido, apenas Lanjuinais falou e agiu com coragem e decisão. Legendre foi até a Tribuna enquanto ele estava falando, e ameaçou matá-lo. Como Legendre era um açougueiro, Lanjuinais respondeu: "Primeiro decreto de que eu sou um boi." Quando Chabot, que tinha sido um capuchinho[76], repreendeu os estadistas caídos, Lanjuinais exclamou: "Os antigos coroaram suas vítimas com flores, e o padre não as insultou." Este homem

---

76. "Capuchinho" é a designação daqueles que fazem parte da Ordem dos Frades Menores Capuchinhos, uma ordem religiosa devotada a São Francisco de Assis fundada em 3 de julho de 1528, na Itália, pelo frade Matteo da Bascio (1495-1552). (N. E.)

corajoso viveu através de tudo isso, viveu para testemunhar a destruição de seus inimigos, para ser o eleito de muitos departamentos e para presidir a Câmara que decretou a queda de Napoleão. No último momento, um obscuro apoiador dos girondinos viu Danton, e pediu-lhe para interferir para salvar a Convenção da violência. Danton respondeu que ele não podia fazer nada, pois eles não tinham confiança nele. É um testemunho redentor. Na noite de 2 de junho, os girondinos mais conspícuos, sem serem enviados para a prisão, foram presos. Na capital, a vitória dos jacobinos estava completa. Eles a tinham conquistado com a ajuda do comitê insurrecionário, ao qual nenhum homem foi admitido que não jurasse a aprovação dos assassinatos de setembro.

Tumulto e extermínio se seguiram após a queda da Gironda. Eles tinham sido escrupulosos para não se defenderem à força, e preferiram a República ao seu partido. Enquanto alguns permaneceram como reféns no poder do inimigo, outros foram embora para ver o que a França pensaria da mutilação de seu parlamento. Sua força residia nos departamentos, e em vários departamentos as pessoas estavam se armando. No Oeste não havia esperança para eles, pois haviam criado as leis contra as quais La Vendée se rebelou. Eles viraram-se para o norte. Na Normandia, os monarquistas formavam um exército sob o famoso arengueiro, Puisaye. Entre tal homem e Buzot nenhum entendimento poderia subsistir. Não havia tempo para brigarem, pois o movimento quebrou de uma vez. O povo da Normandia era bastante indiferente. Mas havia um entre eles que tinha espírito, energia, coragem e paixão suficiente para mudar a face da França. Essa pessoa extraordinária era filha de M. d'Armont, e ela passou para a imortalidade da história como Charlotte Corday. Ela tinha 24 anos, o pai era um monarquista, mas ela tinha lido Raynal, e tinha o entusiasmo clássico que foi criado por Plutarco naqueles, bem como em outros, dias. Ela recusou a saúde de Luís XVI, porque, como ela disse, ele era um bom homem, mas um mau rei. Ela preferiu viver com uma parente, longe de sua própria família, e sua mente estava decidida a nunca se casar. Sua educação tinha sido profundamente religiosa, mas essa influência parece ter sido enfraquecida em sua nova casa. Não há vestígios disso durante os cinco dias em que uma luz feroz se abateu. Em seu quarto encontraram sua Bíblia aberta na história de Judite[77]. Desde 31 de maio, ela aprendeu a considerar Marat como o autor da proscrição dos girondinos,

---

77. Na história bíblica, Judite teria seduzido um dos comandantes de Nabucodonosor, designado para exterminar a cidade da mulher. Após a sedução, enquanto o comandante dormia, Judite o matou, decapitou e colocou sua cabeça sobre as muralhas da cidade, aterrorizando os soldados do rei do Império Neobabilônico, fazendo-os fugir. (N. E.)

alguns dos quais haviam aparecido em Caen em uma auréola patriótica. Quando as tropas desfilaram, em 7 de julho, aqueles que se voluntariaram para a marcha contra Paris eram tão poucos que a esperança de ações a serem feitas por homens armados desapareceu completamente. Ocorreu a Charlotte que poderia haver algo mais forte do que as mãos e o coração dos homens armados. Os girondinos estavam no poder dos assassinos, dos homens contra os quais não havia proteção na França que não fosse com uma adaga. Tirar uma vida era a única maneira de salvar muitas vidas. Não há dúvida de que é certo matar um assassino, um assassino real e intencional, contanto que aceitasse a pena. Ela não disse a ninguém sobre sua resolução e não disse nada que fosse patético, e nada que fosse arrogante. Ela só respondeu às gentilezas desajeitadas de Pétion: "Cidadão, você fala assim porque não me entende. Um dia, você saberá." Sob um pretexto inofensivo, ela foi a Paris, e viu um dos deputados girondinos. Em troca de alguma civilidade, ela o aconselhou a partir imediatamente para Caen. Seus amigos haviam sido presos, e seus documentos já tinham sido apreendidos, mas ele disse a ela que não poderia abandonar o cargo. Mais uma vez, ela gritou: "Acredite em mim, fuja antes da noite de amanhã!". Ele não entendeu, e foi mais um entre a famosa companhia que subiu ao cadafalso com Vergniaud. Na manhã seguinte, sábado, 13 de julho, Charlotte comprou sua adaga, e chamou Marat. Embora ele estivesse no banho, onde passava a maior parte do tempo, ela entrou, e explicou sua impertinência contando-lhe sobre os conspiradores que tinha visto na Normandia. Marat anotou seus nomes, e assegurou-lhe que em poucos dias ele os teria guilhotinado. Naquele sinal, ela enfiou a faca no coração dele. Quando o acusador-geral insinuou que um impulso tão certeiro só poderia ter sido adquirido pela prática, ela exclamou: "O monstro! Ele me toma por uma assassina." Tudo o que ela sentia era que tinha tirado uma vida para preservar milhares. Ela foi derrubada e levada através de uma multidão furiosa para a prisão. No início, ficou surpresa por ainda estar viva. Ela esperava ser rasgada em pedaços, e esperava que os respeitáveis habitantes, quando a vissem a cabeça exposta em um pique, se lembrassem de que era para eles que sua jovem vida foi dada. De todos os assassinos, e de todas as vítimas, Charlotte Corday era a mais composta. Quando o carrasco veio, ela pegou emprestado a tesoura dele para cortar uma mecha do cabelo dela. Enquanto o carrinho se movia lentamente pelas ruas furiosas, ele disse a ela: "Você deve achar o caminho longo. "Não", ela respondeu, "eu não tenho medo de me atrasar". Dizem que Vergniaud pronunciou este epitáfio: "Ela nos matou, mas ensinou a todos nós como morrer."

Após o fracasso na Normandia, do qual este é o episódio sobrevivente, Buzot e seus companheiros escaparam pelo mar para a gironda. Tendo sido banidos, em 28 de julho, eles estavam sujeitos a sofrer morte sem julgamento, e tiveram que se esconder em casas e cavernas. Quase todos foram levados. Barbaroux, que tinha trazido os marselhenses, atirou em si mesmo no momento da captura, mas vivo o suficiente para ser levado para o cadafalso. Buzot e Pétion sobreviveram à queda por um ano. No final do Reinado do Terror, cães rosnando atraíram atenção para um ponto remoto no sudoeste. Lá os dois girondinos foram encontrados, e reconhecidos, embora seus rostos tenham sido deformados. Antes de sair para morrer, Buzot colocou em segurança as cartas de Madame Roland. Setenta anos depois, elas vieram à tona em uma venda, e o segredo suspeito de sua vida, contado em seu *Memoirs*, mas suprimido pelos primeiros editores, foi revelado ao mundo. Ela havia sido executada em 10 de novembro de 1793, quatro dias após o duque de Orléans, e a dignidade alegre de seus últimos momentos reconciliou muitos que estavam revoltados com sua ênfase declamatória, sua paixão e sua desumanidade. Seu marido estava seguro em seu lugar de esconderijo perto de Rouen, mas quando ouviu, se trespassou com uma bengala-espada. O grupo principal tinha morrido alguns dias antes. Dos 180 deputados girondinos, 140 foram presos ou dispersos, e 24 destes conseguiram escapar; 73 foram presos em Paris, em 3 de outubro, mas não foram levados a julgamento; 21, entre os quais muitas celebridades, se colocaram diante do Tribunal Revolucionário, em 24 de outubro, e uma semana depois foram levados à morte. O julgamento deles foi irregular, mesmo que seu destino não fosse imerecido. Com Vergniaud, Brissot, e seus companheiros, iniciou-se a prática de enviar números para a guilhotina de uma vez. Foram 98 nos cinco meses seguintes.

Durante a agonia de seu partido, Condorcet encontrou abrigo em um alojamento em Paris. Lá, sob o Reinado do Terror, ele escreveu o pequeno livro sobre o Progresso Humano, que contém seu legado para a humanidade. Ele derivou a ideia principal de seu amigo Turgot, e transmitiu-a para o conde. Pode haver, talvez, em torno de duas dúzias de visões decisivas e características que governam o mundo, e que todo homem deve dominar de modo a entender a sua época, e esta é uma delas. Quando o livro foi concluído, o papel do autor havia sido desempenhado, e ele não tinha mais nada pelo que viver. Como seu retiro era conhecido por, pelo menos, um dos montagnards, ele temia comprometer aqueles que o haviam acolhido sob o risco de suas próprias vidas. Condorcet assumiu um disfarce, e saiu de casa com um Horace em um bolso e uma dose de veneno no outro. Quando estava escuro, ele chegou à porta de um amigo no interior. O que passou lá nunca foi conhecido, mas o filósofo fugitivo não permaneceu. A alguns quilômetros de Paris, ele foi preso por suspeita e alojado na prisão. De manhã, o encontraram morto. Cabanis, que depois forneceu Napoleão de forma semelhante, lhe deu os meios de escapar.

Esse foi o fim miserável do partido girondino. Eles foram facilmente espancados e impiedosamente destruídos, e nenhum homem se mexeu para salvá-los. Em sua queda a liberdade pereceu; mas ela havia se tornado um remanescente fraco em suas mãos, e uma faísca quase extinta. Embora não fossem apenas fracos, mas maus, nenhuma nação jamais sofreu um infortúnio maior do que o que aconteceu com a França após sua derrota e destruição. Eles tinham sido o último obstáculo para o Reinado do Terror e para o despotismo que, em seguida, por sucessivos passos, foram centrados em Robespierre.

CAPÍTULO XVIII

O Reinado do Terror

A onda liberal e constitucional com a qual a Revolução começou terminou com os girondinos; e a causa da liberdade contra a autoridade, do direito contra a força, foi perdida. No momento de sua queda, a Europa estava armada contra a França por terra e mar; os monarquistas haviam sido vitoriosos no oeste; a insurreição do sul estava se espalhando, e Précy estava em posse de Lyon com quarenta mil homens. A maioria, mandantes na Convenção, tinha diante deles o único objetivo principal de aumentar e concentrar o poder, que o país poderia ser salvo de perigos que, durante esses meses de verão, ameaçavam destruí-lo. Esse propósito supremo e urgente governou resoluções e inspirou medidas para o resto do ano, e resultou no método de governo que chamamos de Reinado do Terror. O primeiro ato triunfante do La Montagne foi criar uma Constituição. Eles haviam criticado e se oposto ao projeto girondino, em abril e maio, e apenas a nova declaração dos Direitos do Homem tinha sido autorizada a passar. Tudo isso foi reaberto. O Comitê de Segurança Pública, reforçada pela adesão de cinco jacobinos, comprometeu-se a elaborar um esquema adaptado às condições atuais, e incorporar os princípios que haviam prevalecido. Tendo o projeto de Condorcet como base, e modificando-o na direção que os oradores jacobinos haviam apontado em debate, eles alcançaram sua tarefa em poucos dias, e apresentaram suas propostas diante da Convenção de 10 de Junho. Quem reportou foi Hérault de Séchelles; mas o orador mais constante no debate seguinte foi Robespierre. Após uma rápida discussão, mas com algumas alterações sérias, a Constituição Republicana de 1793 foi aprovada, em 24 de junho. De todos os frutos da Revolução este é o mais característico, e é superior à sua reputação.

Os girondinos, através de Condorcet, seu redator, omitiram o nome de Deus, e tinham assegurado a liberdade de consciência apenas como liberdade de opinião. Eles elegeram tanto o Executivo quanto o Legislativo por voto direto de todo o povo, e deram a nomeação de funcionários àqueles pelos quais eles deveriam governar. As assembleias primárias deveriam escolher o Conselho de Ministros, e deveriam ter o direito de iniciar leis. O plano restringia o poder do Estado no interesse da descentralização. O Comitê, mantendo grande parte do esquema, protegeu contra o excesso de forças centrífugas. Eles elegeram a legislatura por sufrágio universal direto, retiraram o direito ao voto de empregados domésticos, e tornaram a cédula de votação opcional, e, portanto, ilusória. Eles resolveram que o Conselho Executivo Supremo de 24 deveria ser nomeado pelo legislativo a partir de uma lista de candidatos, com cada departamento nomeando um através de votação indireta, e deve nomear e controlar todos os ministros e cargos executivos; o legislativo para emitir decretos com força de lei em todas as questões necessárias; mas para criar leis reais apenas sob sanção popular, dada ou implícita. Dessa forma, combinaram democracia direta com democracia representativa. Eles restringiram o sufrágio, aboliram a iniciativa popular, limitaram a sanção popular, retiraram o patrocínio executivo do eleitorado e destruíram o voto secreto. Tendo assim providenciado a composição do poder, eles procederam no interesse da liberdade pessoal. A imprensa precisaria ser livre, deveria haver tolerância religiosa completa e o direito de associação deveria ser garantido. A educação deveria se tornar universal, e precisaria existir leis para os pobres, em caso de opressão, a insurreição era declarada um dever, bem como um direito, e a usurpação era punível com a morte. Todas as leis eram temporárias e sujeitas a revisão constante. Robespierre, que trouxera inclinações socialistas em abril, revogou sua linguagem anterior, e agora insistiu na segurança da propriedade, na tributação proporcional e não progressiva e na recusa de isenções aos pobres. Em abril, um deputado desconhecido das Colônias havia exigido que a Divindade fosse reconhecida no preâmbulo, e em junho, após a eliminação dos girondinos, a ideia foi adotada. Ao mesmo tempo, invertendo a ordem das coisas, a igualdade foi feita o primeiro dos Direitos do Homem, e a felicidade, em vez da liberdade, foi declarada o fim supremo da sociedade civil. Em ponto de qualidade espiritual, nada foi ganho pela invocação do Ser Supremo.

Hérault propôs que um Grande Júri fosse eleito por toda a nação para ouvir queixas contra o governo ou seus agentes, e para decidir quais casos deveriam ser enviados para julgamento. O plano pertencia a Sieyès, e foi apoiado por Robespierre. Quando foi rejeitado, ele sugeriu que cada deputado deveria ser julgado por seu eleitorado, e se censurado, deveria ser inelegível em outro lugar. Isso era contrário ao princípio de que um deputado pertence a toda a nação, e deveria ser eleito pela nação, a não ser pela dificuldade prática que obriga a divisão em círculos eleitorais distintos. O fim foi que os deputados permaneceram invioláveis, e sujeitos a nenhum cheque, embora o membro mais velho, um homem tão velho que ele poderia muito bem ter se lembrado de Luís XIV, falou seriamente a favor do Grande Júri.

A Constituição sabiamente rescindiu a oferta permanente de apoio a nações insurgentes, e renunciou a todos os propósitos de intervenção ou agressão. Quando a passagem foi lida declarando que não poderia haver paz com um invasor, uma voz gritou: "Você fez um contrato com a vitória?". "Não", respondeu Bazire, "fizemos um contrato com a morte." Uma crítica imediatamente apareceu, que era anônima, mas na qual a mão de Condorcet foi facilmente reconhecida. Ele reclamou que os juízes eram preferíveis aos jurados, que os funcionários não eram nomeados por sufrágio universal, que não havia prazo fixo de revisão, que a sanção popular das leis foi reduzida a uma mera forma. Condorcet acreditava que quase toda desigualdade de fortuna, como causas de sofrimento, é o efeito de leis imperfeitas, e que o fim da arte social é reduzi-las. Houve outros que levantaram objeções de que a Constituição não beneficiava os pobres. Em relação à propriedade, como em outros assuntos, foi marcada por um conservadorismo pronunciado. Ela foi adotada por um voto nacional de 1.801.918 a 11.610, e, com ritos solenes, foi inaugurada em 10 de agosto. Não foi fixado um prazo para que entrasse em operação. Os amigos de Danton falaram de uma dissolução precoce, mas a Convenção se recusou a ser dissolvida, e a Constituição nunca foi executada. Embora outros atos do legislativo daquela época ainda sejam bons, os juristas franceses não apelam para a grande lei constitucional de 24 de junho e 10 de agosto de 1793. No decorrer do outono, entre 10 de outubro e 4 de dezembro, ela foi formalmente suspensa, e nunca mais foi restaurada. A França era governada, não por este instrumento, mas por uma série de promulgações definitivas, que criaram poderes extraordinários e suprimiram a oposição.

Após a integridade da Assembleia, a próxima coisa a perecer foi a liberdade da imprensa. Os jornalistas não puderam reivindicar a santidade que havia sido violada nos representantes, e cederam. Marat permaneceu, e exerceu uma influência em Paris, que sua atividade em 2 de junho permitiu aumentar. Ele tinha seus próprios seguidores, nas massas, e sua própria base de poder, e não era um seguidor nem de Danton nem ou Robespierre. Por sua parte na queda dos girondinos ele se tornou seu igual. Quando morreu, o lugar vago, na imprensa e na rua, foi imediatamente ocupado por um rival menor, Hébert. Em pouco tempo, Hébert adquiriu um enorme poder. O jornal de Marat raramente pagava suas contas; mas Hébert costumava imprimir seissentas mil cópias do *Père Duchesne*. Através de seu aliado, Chaumette, ele controlava o município de Paris, e tudo o que dependia dele. Através de Bouchotte e Vincent, ele gerenciava o Gabinete da Guerra, com seu vasto patrocínio e comando de dinheiro, e distribuía seu diário em todos os campos. Para um homem de ordem e precisão como Robespierre, o personagem era odioso, pois ele era anárquico e corrupto, e era o patrono urgente de generais incapazes; mas Robespierre não poderia passar sem seu apoio na imprensa, e foi obrigado a conciliá-lo. Entre Hébert e Danton houve guerra aberta, e Danton não recebeu o melhor dela. Ele tinha sido enfraquecido pela derrubada dos girondinos que ele desejava salvar e que foi forçado a abandonar. Na Convenção, ele ainda era a figura mais forte, e às vezes podia levar todos diante dele. Mas quando perdeu seu lugar no Comitê governante, e estava sem informações oficiais, ele não era páreo para Robespierre. Durante todo o verão, ele estava evidentemente diminuindo, enquanto os confederados, Chaumette, Hébert e Vincent, tornaram-se quase invencíveis.

No dia 10 de julho, o Comitê de Segurança Pública, após atuar como Comitê de Legislação, foi recomposta como órgão executivo. Antes eram catorze membros, agora eram nove. Barère teve a maior votação, 192; St. Just recebeu apenas 126; e Danton não foi eleito. A influência de Robespierre era suprema; ele próprio tornou-se membro, em uma vaga aberta, em 27 de julho. As fortunas da França estavam então no seu nível mais baixo. Os Vendeans estavam invictos, Lyon não havia sido tomada, e os austríacos e ingleses tinham rompido a linha das fortalezas marchavam lentamente para Paris. Alguns meses viram tudo isso mudar, e esses são os meses iniciais da predominância de Robespierre, com seus três instrumentos poderosos, o Comitê de Segurança Pública, o Tribunal Revolucionário e o Clube Jacobino, que o tornou mestre da Convenção. Em 27 de julho, um dia antes de ser eleito para o Comitê, uma mudança importante ocorreu. Pela primeira vez, uma ordem foi enviada das Tulherias para o exército na fronteira, em um quarto de hora. Este foi o início do telégrafo semafórico, e a ciência estava se apossando da Revolução. Em 1º de agosto, o sistema métrico foi introduzido, e o calendário republicano o seguiu; mas falaremos dele em outra conexão.

Em meados de agosto, Prieur, um oficial engenheiro, foi eleito para o Comitê, de modo a conduzir o negócio da guerra; mas Prieur protestou que ele era o homem errado, e os aconselhou a tomar Carnot. Portanto, em 15 de agosto, muito contra o desejo de Robespierre, o organizador da vitória juntou-se ao governo. Os hébertistas haviam proposto que toda a população fosse forçada a entrar no exército, mais particularmente a classe mais rica. Danton modificou a proposta em algo razoável, e em 23 de agosto, Carnot elaborou o decreto que foi chamado de *levée en masse*. Transformou a França em uma nação nominal de soldados. Na prática, ela convocou a primeira classe, de 18 a 25, e ordenou que os homens da segunda classe, de 25 a 30, que se preparassem. É a Danton e Carnot que a França devia o exército que iria sobrepujar o continente; e no final do ano os melhores soldados do mundo, Hoche, Moreau, Masséna, Bonaparte, estavam sendo elevados ao comando.

Em 9 de agosto, ocorreu um evento na ordem civil que influenciou o futuro da humanidade tão amplamente quanto a criação do exército francês. Enquanto o Comitê de Segurança Pública estava ocupada com a Constituição, o Comitê de Legislação foi empregada na elaboração de um Código de Direito Civil, que foi a base do Código Napoleão. Cambacérès, que, com os mesmos colegas, depois concluiu o trabalho, apresentou-o em seu primeiro formato naquele dia. Por fim, em 24 de agosto, Cambon, o consultor financeiro da República, conseguiu a conversão e unificação da Dívida Pública.

Estas foram as grandes medidas, empreendidas e realizadas pelos homens que aceitaram a liderança de Robespierre, nas primeiras semanas de seu governo. Chegamos àqueles através dos quais ele consolidou seu poder.

No início de setembro, o Comitê foi aumentado pela admissão de BILLAUD-VARENNES, e de Collot d'Herbois, de quem um depois derrubou Danton, e o outro, Robespierre. A nomeação de Collot foi uma concessão a Hébert. O mesmo partido foi convencido de que as mãos do governo eram fracas, e deveriam ser reforçadas contra seus inimigos. O próprio Danton disse que todos os dias um aristocrata, um vilão, deveria pagar por seus crimes com a cabeça. Duas medidas foram imediatamente concebidas que foram bem calculadas de forma a alcançar esse objetivo. Em 5 de setembro, o Tribunal Revolucionário foi remodelado, e em vez de um Tribunal Revolucionário, havia quatro. E em 17 de setembro a Lei dos Suspeitos foi aprovada, permitindo que as autoridades locais prendessem quem quisessem, e o detivessem na prisão mesmo quando absolvidos. Em Paris, onde havia 1877 prisioneiros em 13 de setembro, havia 2.975 em 20 de outubro. Em 25 de setembro, a má gestão da Guerra de Vendean, onde até a guarnição de Mentz havia sido derrotada, levou a um debate acentuado na Convenção. Ele foi conduzido por um ataque dos dantonistas; mas Robespierre conquistou uma vitória, e obteve um voto unânime de confiança. A partir dessa data até 26 de julho de 1794, contamos os dias de seu reinado estabelecido, e a Convenção abre caminho para o Comitê de Segurança Pública, que se torna um governo provisório.

O partido da violência insistiu na morte daqueles que consideravam reféns, os girondinos, pelo levante no sul, a rainha pelo levante no oeste. Uma tentativa de salvar a vida de Maria Antonieta foi feita pelo governo, com a sanção de Danton. Maret foi enviado para negociar a neutralidade de Estados italianos menores, oferecendo-se para libertá-la. A Áustria, não desejando que os italianos fossem neutros, prenderam Maret e seu companheiro Sémonville, nas passagens dos Grisons, e os enviou para uma masmorra em Mântua. A rainha foi enviada para a Conciergerie, que foi a última etapa antes do Tribunal; e conforme seu sobrinho, o imperador, não cedeu, em outubro ela foi colocada em julgamento e executada. A morte da rainha é revoltante, porque foi um movimento em um jogo, uma concessão pela qual Robespierre pagou suas dívidas com homens naquela época mais violentos do que ele mesmo, e evitou seu ataque. Já vimos que os conselhos que ela deu em momentos decisivos foi desastroso, que ela não tinha fé nos direitos das nações, que planejou guerra e destruição contra seu próprio povo. Havia motivo suficiente para o ódio. Mas se nos perguntarmos quem é que saiu ileso dos julgamentos que se abateram sobre reis e rainhas naqueles ou mesmo em outros tempos, e lembrarmos quantas vezes ela implorou e serviu a causa nacional contra a monarquista ou a dos emigrados – mesmo contra o grande irlandês[78] cujo retrato dela em Versalhes, feito por Dutens, foi mostrado a ela pela duquesa de Fitzjames – devemos admitir que ela merecia um destino melhor do que a maioria daqueles com quem podemos compará-la.

Naquele mês de outubro de 1793, com seu novo e sem precedentes desenvolvimento da carnificina, foi uma temporada de triunfo para o partido de Hébert. A política de prisão por atacado, julgamento rápido e execução rápida era declaradamente deles; e para eles Robespierre parecia uma pessoa letárgica e indecisa que só se movia sob pressão. Ele estava finalmente se movimentando como desejavam; mas o mérito era deles, assim como a recompensa. Um deles, Vincent, era de uma disposição tão sanguinária que ele encontrava conforto em roer o coração de um bezerro como se fosse o de um monarquista. Mas o partido não era feito apenas de homens ferozes. Eles tinham dois inimigos, o aristocrata e o padre; e tinham duas paixões,

---

78. BURKE, *Reflections on the French Revolution*. [S. l.: s. n.], s. d (Citação original do autor). No Brasil destacamos a seguinte edição: BURKE, Edmund. *Reflexões sobre a revolução na França*. São Paulo: Edipro, 2014. (N. E.)

a abolição de das classes superiores e a abolição da religião. Outros haviam atacado o clero, e outros novamente atacaram a religião. A originalidade desses homens é que eles procuraram um substituto para ele, e queriam dar aos homens algo em que acreditar que não fosse Deus. Eles estavam mais ansiosos para impor a nova crença do que destruir a anterior. Na verdade, eles foram convencidos de que a anterior estava rumando para a extinção, e que havia sido rejeitada internamente por aqueles que a professavam. Enquanto Hébert era um anarquista, Chaumette era o patriarca brilhante da crença irreligiosa. Ele considerava a Revolução essencialmente hostil à fé cristã, e concebeu que seu princípio mais íntimo era o que ele agora propôs. O clero tinha sido popular, por um dia, em 1789; mas a Assembleia Nacional se recusou a declarar que o país era católico. Em junho de 1792, o Clube Jacobino rejeitou uma proposta para abolir a Igreja do Estado e para erguer Franklin e Rousseau nos nichos ocupados pelos santos, e em dezembro um membro falando contra a adoração divina não encontrou apoio. Em 30 de maio de 1793, durante a crise da Gironda, a procissão de Corpus Christi se moveu sem ser molestada pelas ruas de Paris; e em 25 de agosto, com Robespierre presidindo, a Convenção repudiou expressamente uma petição para suprimir a pregação em nome de Deus Todo-Poderoso.

Em 20 de setembro, Romme trouxe o novo calendário[79] perante a Assembleia, num momento em que, segundo ele, a igualdade reinava tanto no céu quanto na terra. Foi adotado em 24 de novembro, com a nomenclatura sonora concebida por Fabre d'Eglantine. Significava a substituição do Cristianismo pela Ciência. O mês do vinho e o mês das frutas não eram mais anticristãos do que Júlio e Augusto, ou do que Vênus e Saturno; mas o resultado prático foi a abolição de domingos e feriados, e a supremacia da razão sobre a história, do astrônomo sobre o padre. O calendário era tão completamente uma arma de ofensa, que ninguém se importava com o absurdo de nomes que eram inaplicáveis a outras latitudes, e ininteligível na Ilha de França ou Pondicherry. Enquanto a Convenção vacilava, movendo-se às vezes em uma direção e, em seguida,

---

79. Esse calendário, o "Calendário Republicano Francês", ficou em uso durante doze anos, 1793-1805. Fazia parte do movimento de decimalização na França, o movimento para a padronização de todo o tipo de medidas para a base dez. Esse movimento instituiu o Sistema Internacional de Medidada.

O calendário foi uma das largas mudanças. Tratava-se de doze meses, cada um dividido em três semanas de dez dias. Ao final do ano, sobravam os cinco ou seis "dias complementares". Cada dia do Calendário Republicano era dividido em dez horas, cada hora em cem minutos decimais, e cada minuto decimal em cem segundos decimais.

Os meses, por sua vez, eram divididos de acordo com a estação do ano, com três para cada. Seus nomes derivam de ações, climas ou plantas que representem cada época do ano (N. E.).

refazendo seus passos, a Comuna avançou resolutamente, pois Chaumette foi encorajado pela vantagem adquirida por seus amigos em setembro e outubro. Ele que havia chegado a hora de fechar as igrejas, e instituir novas formas de adoração secularizada. Apoiado por um alemão mais entusiasmado do que ele mesmo, Anacharsis Cloots, ele convenceu o bispo de Paris de que sua Igreja estava condenada assim como a dos não jurados, que os fiéis não tinham fé nela, que o país havia desistido dela. Chaumette foi capaz de acrescentar que a Comuna queria se livrar dele. Gobel cedeu. Em 7 de novembro, ele apareceu, com alguns de seus clérigos, no bar da Convenção, e resignou-se ao povo o que ele havia recebido do povo. Outros padres e bispos se seguiram, e parecia que alguns eram homens que andavam com máscaras em seus rostos, e estavam felizes em renunciar a crenças que não compartilhavam. Sieyès declarou o que todos sabiam, que ele não acreditava nas doutrinas nem praticava os ritos de sua Igreja; e ele abriu mão uma renda considerável. Alguns duvidaram se Gobel estava igualmente desinteressado. Dizem que ele ofereceu sua submissão ao Papa em troca de uma quantia modesta, e afirma-se que ele recebeu compensação através de Cloots e Chaumette, a quem sua rendição solene valia um bom negócio. A força de seu exemplo perdeu um pouco ímpeto quando o bispo de Blois, Grégoire, um inimigo dos reis tão violento quanto poderia ser encontrado em qualquer lugar, permaneceu na tribuna, e se recusou a abandonar seu posto eclesiástico. Ele permaneceu na Convenção até o fim, vestido com as vestes coloridas de um prelado francês.

Três dias após a cerimônia de renúncia, Chaumette abriu a Catedral de Notre Dame para a religião da Razão. A Convenção ficou distante, em desdém frio. Mas uma atriz, que desempenhou o papel principal, e foi descrita como a Deusa da Razão ou a Deusa da Liberdade, e que possivelmente não sabia qual papel era o dela, desceu de seu trono na igreja, seguiu para a Assembleia, e foi admitida em um assento ao lado do presidente, que lhe deu o que era conhecido como um elogio amigável em meio a aplausos altos. Depois dessa invasão, os deputados hesitantes cederam, e cerca de metade deles acompanhou a Deusa de volta ao seu lugar sob as torres góticas. Chaumette decididamente triunfou. Ele já havia proibido o serviço religioso fora dos prédios. Ele tinha agora expulso o clero que o Estado tinha nomeado, e tinha preenchido seu lugar com uma atriz parisiense. Ele tinha superado a evidente relutância da Assembleia, e fez os deputados participarem de sua cerimônia. Ele prosseguiu, em 23 de novembro, a fechar as igrejas, e a Comuna decidiu que quem abrisse uma igreja deveria incorrer nas penas de um suspeito. Era o zênite do hébertismo.

Dois homens se uniram de maneira inesperada contra Chaumette e apareceram como campeões da Cristandade. Eles eram Danton e Robespierre. Robespierre estava disposto a aceitar que deveria haver homens mais extremos do que ele, cuja ajuda ele poderia pagar barato com algumas cargas de vítimas. Mas ele não pretendia suprimir a religião em favor de uma adoração na qual não havia Deus. Era contra sua política, e era contra sua convicção; pois, como seu mestre, Rousseau, ele era um crente teísta, e até intolerante em sua crença. Este não era um elo entre ele e Danton, o qual não tinha tais convicções esprituais, e que, tanto quanto ele era um homem de teoria, pertencia a uma escola diferente do pensamento do século XVIII. Mas Danton tinha sido atacado durante todo o tempo pelo partido hébertista, e estava enojado com sua violência. A morte dos girondinos o chocou, pois ele não podia ver nenhuma boa razão que o isentasse de seu destino. Ele não tinha esperança para o futuro da República, nenhum entusiasmo, e nenhuma crença. A partir desse momento, em outubro, seus pensamentos foram voltados para a moderação. Ele identificou Hébert, não Robespierre, com o derramamento de sangue incessante, e ele estava disposto a agir com o último, seu verdadeiro rival, contra os exterminadores furiosos. Desde o final de setembro ele esteve ausente, em sua própria casa em Arcis. Em seu retorno, ele e Robespierre denunciaram as máscaras irreligiosas, e falaram pelo clero, que tinha o direito à tolerância tanto quanto seus oponentes.

Quando Robespierre declarou que a Convenção nunca teve a intenção de proscrever a adoração católica, ele foi sincero, e estava dando o primeiro passo que levou à festa do Ser Supremo. Danton agiu apenas por política, em oposição a homens que eram seus próprios inimigos. Chaumette e Hébert sucumbiram. A Comuna proclamou que as igrejas não deveriam ser fechadas; e no início de dezembro o culto à Razão, tendo durado 26 dias, chegou ao fim. A ferida foi profundamente sentida. Fogo e veneno, disse Chaumette, eram as armas com as quais os sacerdotes atacam a nação. Para tais traidores, não deve haver misericórdia. É uma questão de vida ou morte. Vamos jogar entre nós a barreira da eternidade. A missa não foi mais dita em público. Continuou em capelas privadas durante todo o inverno até o final de fevereiro. Em abril, uma frente de acusação contra Chaumette foi sua interferência com o culto de meia-noite no Natal.

Robespierre reprimiu o hébertismo com a ajuda de Danton. O sinal visível de seu entendimento foi a aparição em dezembro do *Vieux Cordelier*. Neste famoso jornal, Camille Desmoulins defendeu a causa da misericórdia com um fervor que, a princípio, se assemelhava à sinceridade, e ridicularizou

Hébert como uma criatura que ficara bêbada com os pingos da guilhotina. Robespierre viu os números anteriores como prova; mas no Natal ele já estava farto do acordo. A Convenção, tendo mostrado alguma inclinação para a clemência em 20 de dezembro, retirou-se dela no dia 26, e Desmoulins, no último de seus seis números, se retratou de seu argumento anterior. A aliança foi dissolvida. Tinha servido ao propósito de Robespierre, ao derrotar Hébert, e desacreditar Danton. Em janeiro, o *Vieux Cordelier* deixou de aparecer.

Robespierre agora permanecia entre os dois partidos hostis – Danton, Desmoulins e seus amigos, ao lado de um governo regular; Hébert, Chaumette e Collot, retornando de um terrível proconsulado[80], desejando governar por severidades. A energia de Collot deu nova vida ao seu partido, enquanto Danton não mostrou nenhum recurso. Só então, Robespierre ficou doente, e de 19 de fevereiro a 13 de março ele esteve confinado ao seu quarto. Robespierre era calculista e estrategista, metódica em seus meios, definitivo e comedido em seus fins. Ele era menos notável por determinação e coragem; e assim dois homens de energia incomum agora assumiram a liderança. Eram Billaud-Varennes e St. Just. Quando St. Just esteve com o exército, seu companheiro Baudot relata que eles surpreenderam os soldados por sua intrepidez sob fogo. Ele acrescenta que eles não tinham mérito, pois sabiam que tinham vidas encantadas, e que as bolas de canhão não conseguiriam tocá-los. Esse foi o espírito ardente e fanático que St. Just trouxe de volta com ele. Durante a doença de seu líder, ele adquiriu a iniciativa e proclamou a doutrina de que todas as facções constituem uma divisão de poder, que enfraquecem o Estado, e são, portanto, combinações passíveis de traição.

Em 4 de março, Hébert chamou o povo às armas contra o governo dos moderados. A tentativa falhou, e Robespierre, por uma grande despesa de dinheiro, tinha Paris ao seu lado. Em um momento ele até pensou em fazer as pazes com este rival perigoso; e há uma história de que ele perdeu o coração, e contemplou fugir para a América. Nesta crise em particular, o dinheiro teve um papel, e Hébert foi financiado por banqueiros estrangeiros, de modo a acabar com a tirania de Robespierre. Em 13 de março ele foi preso, Chaumette no dia 18. No dia 17, Hérault de Séchelles, amigo de Danton, ao vir ao Comitê de Segurança Pública, foi orientado por Robespierre a se aposentar, pois eles estavam deliberando sobre sua prisão. No dia 19, os dantonistas causaram a prisão de Héron, o agente policial de Robespierre,

---

80. No original: *Preconsulate*. Era uma das ramificações de poder na Roma Imperial, abaixo do cônsul. (N. E.)

que imediatamente o libertou. Em 24 de março, Hébert foi enviado para o cadafalso. No caminho, ele lamentou a Ronsin que a República estava prestes a perecer. "A República", disse o outro, "é imortal. Até então, a guilhotina tinha sido usada para destruir as partes derrotadas e pessoas notoriamente hostis. Foi uma inferência fácil, que poderia servir contra rivais pessoais, que eram os melhores entre republicanos e jacobinos. As vítimas no mês de março foram 127.

Danton não fez nada para impedir o massacre. Sua inação o arruinou, e o privou dessa porção de simpatia que é devida a um homem que sofre por suas boas intenções. Billaud e St. Just exigiram que ele fosse preso, e levantaram isso em uma sessão noturna do Comitê. Apenas um se recusou a assinar. Danton tinha sido repetida e amplamente advertido. Thibaudeau e Rousselin haviam dito a ele o que estava prestes a acontecer. Panis, no último momento, veio até ele na ópera, e ofereceu-lhe um lugar de refúgio. Westermann propôs-lhe despertar o povo armado. Tallien suplicou-lhe para tomar medidas de defesa; e Tallien foi presidente da Convenção. Um aviso chegou a ele do próprio túmulo de Marat. Albertine veio até ele e disse-lhe que seu irmão sempre falou com desprezo de Robespierre como um homem de palavras. Ela exclamou: "Vá para a tribuna enquanto Tallien preside, conduza a Assembleia e esmague os Comitês. Não há outro caminho para a segurança para um homem como você!". "O quê?", ele respondeu, "Deveria eu matar Robespierre e Billaud?". "Se você não fizer isso, eles vão matá-lo". Ele disse a um de seus conselheiros: "O tribunal me absolveria". Para outro, "Melhor ser guilhotinado do que guilhotinar". E para um terceiro, "Eles nunca se atreverão!". Em uma última entrevista, Robespierre o acusou de ter encorajado a oposição de Desmoulins, e de ter se arrependido dos girondinos. "Sim", disse Danton, "é hora de parar o derramamento de sangue." "Então", devolveu o outro, "você é um conspirador, isso lhe pertence." Danton, sabendo que estava perdido, caiu em prantos. Toda a Europa o expulsaria; e, como ele disse, ele não era um homem que poderia carregar seu país na sola de seus sapatos. Uma imputação formidável foi chamá-lo de fiador do sr. Pitt; pois Pitt tinha dito que caso houvesse negociações, o melhor homem com quem tratar seria Danton. Ele foi preso, com Camille Desmoulins e outros amigos, na noite de 31 de março. Legendre moveu uma moção no dia seguinte para que ele fosse ouvido perante a Convenção, e caso o tivessem ouvido, ele ainda teria dominado a sessão. Robespierre sentiu todo o perigo do momento, e a Direita o apoiou a negar o privilégio.

Danton se defendeu com tanta força que os juízes perderam a cabeça, e os tons da voz lembrada foram ouvidos do lado de fora[81] e agitaram a multidão. O Comitê de Segurança Pública recusou as testemunhas chamadas pela defesa, e encurtou o processo. A lei foi infringida de modo que Danton e seus associados pudessem ser condenados.

Não havia na França um patriota mais minucioso do que Danton; e todos os homens podiam ver que ele tinha sido morto por despeito pessoal, ciúme e medo. Não havia como, daí em diante, o vencedor manter seu poder, que não fosse através da rapidez da guilhotina. Reservando compaixão por culpados menos ignóbeis, devemos reconhecer que a defesa de Danton se encontra nos quatro meses de terror crescente que sucederam o dia 5 de abril de 1794, quando Robespierre tomou sua posição no canto das Tulherias para assistir aos últimos momentos de seu parceiro no crime.

O declínio repentino de Danton, e sua ruína pelas mãos de homens evidentemente inferiores a ele em capacidade e vigor, é um evento tão estranho que foi explicado por uma história que vale a pena contar, embora não seja autenticada o suficiente para influenciar a narrativa. Em junho de 1793, logo após a queda dos girondinos, Danton se casou. Sua noiva insistiu que sua união deveria ser abençoada por um padre que não tinha feito os juramentos. Danton concordou, encontrou o padre e foi confessar. Ele tornou-se inadequado para o seu papel na Revolução, saiu dos Comitês, e se aposentou, desanimado e enojado, para o interior. Quando voltou, após a execução da rainha, de madame Roland e dos girondinos, ele tomou o lado do clero proscrito, e encorajou o movimento em favor da clemência. Desta forma, ele perdeu sua popularidade e influência, e se recusou a adotar os meios de recuperar o poder. Ele negligenciou até mesmo tomar medidas para sua segurança pessoal, como um homem que estava cansado de sua vida. Naquela época, sete dos sacerdotes de Paris, cujos nomes são dados, tomaram turnos seguindo os carrinhos da prisão até a guilhotina, disfarçados como uma das pessoas uivando na multidão, para o conforto e consolo dos moribundos. E o abade de Keravenant, que havia realizado o casamento de Danton, assim o seguiu até o cadafalso, foi reconhecido por ele e absolveu-o no último momento.

---

81. No original: *and the tones of the remembered voice were heard outside*. (N. E.)

CAPÍTULO XIX

Robespierre

Chegamos ao fim do Reinado do Terror, no dia 9 de Termidor, a data mais auspiciosa da história moderna. Em abril, Robespierre era absoluto. Ele mandou Hébert para a morte porque promoveu a desordem, Chaumette porque suprimiu a religião, Danton porque tinha procurado conter o derramamento de sangue. Sua política era manter a ordem e a autoridade por meio do terror regulamentado, e relaxar a perseguição. O poder governante se concentrou no Comitê de Segurança Pública ao abolir o cargo de ministro, em vez do qual havia doze Conselhos de Administração reportando ao Comitê. De modo a não poder haver um poder rival, o município foi remodelado e colocado nas mãos de homens ligados a Robespierre. O dualismo permaneceu entre a representação na Assembleia e a ação mais direta do povo soberano na Câmara Municipal. Quando o sino de alarme toca, disse um membro da Comuna, a Convenção deixa de existir. Em outras palavras, quando o diretor escolhe interferir, ele substitui seu agente. As duas noções de governo são contraditórias, e os órgãos que as incorporaram eram naturalmente hostis. Mas seu antagonismo foi suspenso enquanto Robespierre esteve entre eles.

A comuna reformada fechou de uma só vez todos os clubes que não eram jacobinos. Todas os partidos foram esmagados: monarquistas, *feuillants*, girondinos, *cordeliers*. O que restou deles nas prisões dispersas da França deveria ser encaminhado para Paris, e gradualmente eliminado. Mas embora não existisse mais um partido opositor, ainda havia uma classe de homens que não tinha sido reduzida nem reconciliada. Ela consistia principalmente de deputados que haviam sido enviados para suprimir o levante das províncias em 1793. Estes comissários da Convenção tinham gostado do exercício de enorme autoridade; eles tinham o poder descontrolado da vida e da morte, e tinham reunido despojos sem escrúpulos, dos vivos e dos mortos. Por conta disso, eram objetos de suspeita para o personagem austero à frente do Estado; e eles eram conhecidos por serem os homens mais inescrupulosos e mais determinados.

Robespierre, que estava nervosamente apreensivo, percebeu muito cedo onde o perigo residia, e sabia qual desses inimigos havia mais motivos para temer. Ele nunca se decidiu como enfrentar o perigo; ameaçou antes de atacar; e os outros se uniram e o derrubaram. Ele ajudou a uni-los ao introduzir um conflito de ideias em uma época em que, aparentemente, não havia nenhuma. Todos eram republicanos e jacobinos, mas Robespierre agora insistiu na crença em Deus. Ele morreu pela imposição monstruosa de associar a sanção divina com os crimes de seu reinado sanguinário. O esquema não foi sugerido por conveniência, pois ele sempre foi fiel à ideia. No início de sua vida ele havia conhecido Rousseau em Ermenonville, e havia adotado a religião indeterminada do "vicaire Savoyard". Em março de 1792 ele propôs uma resolução de que a crença na Providência e em uma vida futura é uma condição necessária do jacobinismo. Em novembro, ele argumentou que o declínio da convicção religiosa deixou apenas um resíduo de ideias favoráveis à liberdade e à virtude pública, e que os princípios essenciais da política poderiam ser encontrados no ensino sublime de Cristo. Ele se opôs ao despojamento da Igreja, porque é necessário manter a reverência por uma autoridade superior ao homem. Por isso, em 5 de dezembro, ele induziu o Clube a quebrar em pedaços o busto de Helvétius.

Embora Rousseau, o grande mestre, tivesse sido um calvinista de Genebra, ninguém pensou em preservar o cristianismo sob uma forma protestante. Os próprios ministros huguenotes não fizeram nada por isso, e Robespierre tinha uma antipatia peculiar por eles. Imediatamente após a execução de Danton e antes do julgamento de Chaumette, a restauração da religião foi prevista por Couthon. Uma semana depois foi decidido que os restos mortais de Rousseau, o pai da nova igreja, deveriam ser transferidos para o Panteão.

Em 7 de maio, Robespierre apresentou sua famosa moção de que a Convenção reconhece a existência de um Ser Supremo. Seu argumento, despojado de armadilhas parlamentares, era este: o segredo da vida de uma República é a virtude pública e privada, isto é, integridade, a consciência do dever, o espírito do autossacrifício, submissão à disciplina da autoridade. Essas são as condições naturais da democracia pura; mas em um estágio avançado de civilização elas são difíceis de manter sem as restrições da crença em Deus, na vida eterna e no governo pela Providência. A sociedade será dividida pela paixão e pelo interesse, a menos que seja reconciliada e controlada pelo que é a base universal das religiões. Com esse apelo a um poder superior, Robespierre esperava fortalecer o Estado no país e no exterior. No último propósito, ele foi bem-sucedido; e a renúncia solene do ateísmo impressionou o mundo. Foi muito claramente um passo na direção conservadora, pois prometia liberdade religiosa. Não haveria favores às igrejas, mas também nenhuma perseguição. Na prática, a vantagem era para a parte cristã da população, e a irreligião, embora não proscrita, foi desencorajada. A Revolução parecia estar voltando atrás, e procurando seus amigos entre aqueles que haviam adquirido seus hábitos de vida e pensamento sob a ordem caída. A mudança foi indubitável; e foi uma mudança imposta pela vontade de um homem, sem apoio de qualquer corrente de opinião.

Um mês depois, em 8 de junho, o Banquete do Ser Supremo foi realizada com toda a solenidade da qual Paris era capaz. Robespierre caminhou em procissão das Tulherias até o Champ de Mars, à frente da Convenção. Enquanto os outros estavam sendo deixados para trás, ele marchava sozinho com o cabelo coberto de pó, um grande ramo de flores nas mãos, vestindo o casaco azul-celeste e calças pretas nanquim pelas quais é lembrado, pois elas reapareceram na crise de Termidor. Ele tinha alcançado o cume mais elevado de prosperidade e grandeza que já foi dado ao homem. Nenhum monarca na Europa poderia se comparar com ele em poder. Tudo o que havia ficado em seu caminho durante os últimos cinco anos tinha sido varrido para a destruição; tudo o que sobreviveu da Revolução seguiu obediente em seus calcanhares. Na última eleição de um presidente na Convenção, houveram 117 votos; mas 485 haviam votado em Robespierre, de forma que ele pudesse desfilar liderando-os naquele dia. Foi lá, naquele momento supremo e intoxicante, que um abismo se abriu diante dele, e ele tomou conhecimento da extremidade de seu perigo. Pois ele podia ouvir os deputados hostis na primeira fila atrás dele, murmurando maldições e zombando do entusiasmo com que foi recebido. Aqueles ferozes procônsules que, em Lyon, Nevers, Nantes, Toulon, tinham esmagado tudo o que agora foram forçados a venerar por seu mestre, juraram vingança por sua humilhação. Eles disseram que este era para ser um ponto de partida para o direito divino e a desculpa para uma nova perseguição. Eles sentiram que estavam forjando uma arma contra si mesmos e cometendo um ato de suicídio. O decreto do mês anterior não envolveria consequências tão terríveis; mas o cerimonial elaborado e agressivo foi sentido como uma declaração de guerra.

Observadores experientes logo previram que Robespierre não duraria muito. Ele não perdeu tempo em criar uma precaução igual ao perigo. Ele preparou o que é conhecido como a Lei de 22 de Prairial, a qual foi apresentado por Couthon, e aprovada sem divisão em 10 de junho, dois dias após a procissão. É o mais tirânico de todos os atos da Revolução, e não é superado por nada nos registros da monarquia absoluta. Pois o decreto de Prairial suprimiu as formalidades da lei em julgamentos políticos. Foi dito por Couthon que atrasos podem ser úteis apenas onde interesses privados estão em jogo, mas não deve haver nenhum lugar onde o interesse de todo o público deve ser vindicado. O inimigo público só precisa ser identificado. O Estado o desafia para se salvar. Portanto, o Comitê foi habilitado a enviar quem escolhesse perante o tribunal, e se o júri estivesse satisfeito, nenhum tempo deveria ser perdido com testemunhas, depoimentos escritos ou argumentos. Ninguém que Robespierre selecionou para execução poderia atrasar o julgamento através da defesa; e de forma a não haver exceção ou imunidade de prisão arbitrária e sentença imediata, todos os decretos anteriores em questão de procedimento foram revogados. Esse artigo continha toda a questão, pois privava a Convenção de jurisdição para a proteção de seus próprios membros. Robespierre só precisava enviar o nome de um deputado para o acusador público, e ele estaria em seu túmulo no dia seguinte. A questão tinha sido tão bem escondida que ninguém percebeu isso. Mais tarde, os deputados, advertidos pelo grande jurista Merlin, viram o que tinham feito e em 11 de junho, estipularam que nenhum membro deveria ser preso sem licença da Convenção. Couthon e Robespierre não estavam presentes. No dia 12, ao ameaçar que os Comitês renunciariam, eles fizeram com que o decreto do dia anterior fosse rescindido, mas asseguraram à Assembleia que era supérfluo, e que seu projeto havia sido mal interpretado. Eles mantiveram seu texto, e ganharam seu objetivo; mas o sucesso foi do outro lado. O esquema havia sido exposto, e a Convenção resistiu, pela primeira vez. Os deputados opositores receberam um aviso e mostraram que entenderam. A partir daquele momento eles se mantiveram vigilantes, e seu inimigo desistiu de empregar contra eles uma cláusula da qual ele havia negado. Ele deu-lhes tempo para se juntarem. Sobre o resto da nação ele exerceu seu novo poder sem controle. As vítimas aumentaram rapidamente em número. Até meados de junho, em 14 meses, as execuções tinham sido cerca de 1.200. Em sete semanas, após a Lei de Prairial, eram 1.376; ou seja, uma média de 32 por semana subiu para uma média de 196. Mas a guilhotina foi transportada para uma parte distante da cidade, onde uma profunda trincheira foi cavada de forma a transportar tais quantidades de sangue.

Durante esse tempo, o Tribunal não estava agindo contra homens de vida pública, e não somos obrigados a estudar seus julgamentos, como se estivessem fazendo história. Enquanto pessoas inofensivas sofriam obscuramente, os inimigos do tirano planejavam se salvar do terrível destino que viam tão perto deles. Nada os uniu a não ser medo e um ódio comum pelo dogmatista obtrusivo à frente dos assuntos; e não era evidente para cada um que eles estavam agindo pela mesma causa. Mas havia um homem entre eles, ainda um pouco em segundo plano, mas dotado de uma incrível destreza, que removeu Napoleão do poder em 1815 e Robespierre em 1794.

Fouché, anteriormente um oratório, tinha sido um dos deputados mais inescrupulosos em suas missões, e tinha dado o exemplo de apreender o tesouro das igrejas. Pois ele disse que não havia leis, e eles tinham voltado para o estado da natureza. Após a execução de Hébert, ele foi chamado de Lyon; e Robespierre, cuja irmã ele havia pedido em casamento, o defendeu no Clube Jacobino em 10 de abril. Sendo um eclesiástico sem definição, ele foi eleito presidente do Clube em 6 de junho, como um protesto contra as tendências clerical de Robespierre. No dia 11, logo após a procissão, e a Lei de Prairial, Fouché o atacou em um discurso no qual disse que é uma homenagem ao Ser Supremo mergulhar uma espada no coração de um homem que oprime a liberdade. Esta foi a primeira abertura de hostilidades, e parece ter sido prematura. Fouché não foi apoiado pelo clube na época, e algumas semanas depois, quando Robespierre o chamou de chefe da conspiração contra ele, ele foi expulso. Ele era um homem condenado, carregando sua vida em suas mãos, e adotou meios de combate mais sutis. Em 19 de julho, cinco dias após sua expulsão, Collot foi eleito presidente da Convenção. Ele e Fouché estavam unidos em grupos sagrados de amizade, pois haviam mandado 1.682 pessoas para a morte em Lyon. Outros se juntaram aos conspiradores no mesmo dia, e, em 20 de julho, Barère, o orador do Comitê, que assistiu à virada da maré, fez uma declaração ambígua prenunciando uma brecha. Nenhum plano de operações havia sido acordado, e ainda havia tempo para Robespierre, agora totalmente acordado para o perigo que se aproximava, desferir um golpe irresistível.

Durante as últimas semanas, a posição do país sofreu uma mudança. Em 1º de junho, Villaret Joyeuse havia entrado em batalha com os ingleses fora de Ushant. Foi o início daquela longa série de lutas marítimas, nas quais os franceses foram muitas vezes bem-sucedidos em combate único e tantas vezes derrotados em ações gerais. Eles perderam o dia, mas não o objeto pelo qual lutaram, uma vez que os suprimentos de grãos americanos foram trazidos em segurança para o porto. Esse sucesso substancial e a lenda oportuna do

Vengeur[82] salvaram o governo da censura. No final do mês, St. Just trouxe a notícia da vitória francesa sobre os austríacos em Fleurus, palco de tantas batalhas. Ela foi devida a Jourdan e seus oficiais, e teria sido perdida caso tivessem obedecido St. Just; mas ele chegou a tempo de contar sua própria história. Muitos anos se passaram antes que as armas de um inimigo fossem novamente ouvidas na fronteira belga. St. Just suplicou ao seu colega para aproveitar a oportunidade, e para destruir seus inimigos enquanto o povo se alegrava com a vitória. Parecia, depois, que a batalha de Fleurus, a maior que os franceses haviam vencido desde o reinado de Luís XIV, não rendeu nenhum fruto ao governo sob o qual foi travada. O solo da França estava seguro por vinte anos, e com o terror da invasão, a necessidade de terror em casa desvaneceu. Ele tinha sido suportado enquanto o perigo durou; e, junto com o perigo, terminou.

O Comitê de Segurança Pública se ressentia da lei de Prairial; e quando solicitado a autorizar a proscrição dos deputados, recusou. Robespierre não fez nada para conciliar os membros e não tinha a maioria. E ele ameaçou e insultou Carnot. Na maneira sob qual os poderes estavam então constituídos, ele se encontrava indefeso contra seus adversários. A Comuna e os jacobinos eram fiéis a ele; mas a Convenção estava em guarda, e os dois Comitês estavam divididos. Listas de proscrição foram descobertas, e aqueles que sabiam que seus nomes estavam nelas não se renderam.

Dois dias após o discurso que mostrou que Barère estava vacilando, quando Collot havia sido escolhido presidente, e Fouché estava trabalhando no subsolo, uma sessão conjunta de ambos os Comitês foi convocada à noite. St. Just propôs que deveria haver um ditador. Robespierre estava pronto para aceitar, mas havia apenas cinco votos a favor – três de onze em um Comitê, dois de doze no outro. Os jacobinos enviaram uma delegação de modo a exigir que a Convenção fortalecesse o executivo; ela foi rejeitada com a fala de Barère. Um recurso permaneceu. Ainda pode ser possível, desconsiderando o falso movimento de Prairial, obter a autoridade da Convenção para a prisão, ou seja, para o julgamento e execução de alguns de seus membros. Eles haviam entregado Danton e Desmoulins, Hérault e Chaumette. Eles talvez abandonariam Cambon ou Fouché, Bourdon ou Tallien, quatro meses depois.

---

82. *Vengeur du Peuple* foi um navio de 74 canhões da frota marinha francesa. Após a batalha mencionada de Ushant, da qual Villaret Joyeuse fez parte, a tripulação se rendeu, no entanto o navio logo adernou e afundou, levando metade de sua tripulação junto consigo.

Após ser afundado, o navio foi motivo de algumas histórias "folclóricas" a respeito de sua destruição. (N. E.)

Os Comitês recusaram Robespierre e estavam em revolta aberta contra sua vontade. Seus oponentes lá se oporiam a ele na Assembleia. Mas a massa dos deputados, pertencentes não a La Montagne, mas sim a La Plaine[83], sempre estava do seu lado. Eles não tinham motivo imediato para medo, e tinham algo pelo que esperar. Setenta de seus integrantes estavam presos desde outubro, como sendo implicados na queda dos girondinos. Robespierre sempre se recusou a deixá-los ser julgados, e eles lhe deviam suas vidas. Eles ainda estavam na prisão, ainda em seu poder. Para salvá-los, seus amigos na Assembleia foram obrigados a recusar nada que ele pedisse. Eles não teriam escrúpulos para entregar a ele mais alguns rufiões, assim como eles tinham entregado os outros na primavera. Essa foi a base do cálculo dele. La Montagne seria dividida; os homens honestos da La Plaine lhe dariam a maioria, e limpariam a terra de outro lote de canalhas. Em sua última noite em casa, ele disse aos amigos com quem vivia: "Não temos nada a temer, a La Plaine está conosco."

Enquanto Robespierre, repelido pelos Comitês que o obedeciam a tanto tempo, sentou-se para compor o discurso sobre o qual sua vitória e sua existência dependiam, seus inimigos estavam amadurecendo seus planos. Fouché informou sua irmã em Nantes sobre o que estava sendo preparado. No dia 21 de julho, ele estava esperando que eles triunfassem imediatamente. No dia 23, escreve: "Apenas alguns dias mais, e homens honestos terão sua vez. Os traidores talvez sejam desmascarados nesse mesmo dia. Não é condizente um homem tão sagaz ter escrito estas cartas francas, pois foram interceptadas e enviadas a Paris de modo a informar Robespierre. Mas mostra o quão preciso Fouché havia sido em seus cálculos, pois quando chegaram Robespierre já estava morto.

A importância dos homens neutros da La Plaine era tão óbvia para um lado quanto para o outro, e os confederados tentaram negociar com eles. Suas propostas foram rejeitadas, e quando foram renovadas, foram rejeitadas uma segunda vez. A La Plaine encontrava-se incapacitada por consideração a seus

---

83. Plain, ou La Plaine – tambem conhecidos como The Marsh (Le Marais) –, em tradução literal A Planície. Foi um partido político independente, seus representantes sentavam-se entre os girondinos e os jacobinos. Notabilizaram-se por não se aliar a nenhum dos grandes partidos da época, seus representantes não participavam de grupos políticos, não professavam uma mesma ideologia, não tinham sequer um líder único nomeado que falava pelo grupo. Por isso, por vezes, foram denominados de The Marsh, isto é, pantanosos, aqueles que não assumem um plano fixo de ideias e nem adotam uma posição político-ideológica clara e segura.

Tal como feito com o *La Montagne* (ver nota 74), utilizaremos La Plaine para designar o referido partido político nessa edição. (N. E.)

amigos, reféns nas garras de Robespierre, e pela perspectiva de vantagem para a religião de sua recente política. Eles o enchiam de adulação, e disseram que quando ele marchou na procissão, com seu casaco azul e ramalhete de flores, ele os lembrou de Orfeu. Eles até mesmo pensaram ser desejável que ele vivesse para limpar mais alguns dos homens mais detestáveis da França, os mesmos homens que estavam avançando contra eles. Eles acreditavam que o tempo estava do lado deles. Tallien, Collot, Fouché ficaram perplexos, e a rígida obstinação da La Plaine produziu um momento de extremo e certo perigo.

Enquanto hesitavam, Tallien recebeu uma nota com uma caligrafia da qual lembrava. Esse pedaço de papel salvou inúmeras vidas, e mudou a fortuna da França, pois continha estas palavras: "Covarde! Eu estou para ser julgado amanhã". Em Bordeaux, Tallien havia encontrado uma senhora na prisão, cujo nome era madame de Fontenay, e que era filha do banqueiro de Madrid, Cabarrus. Ela tinha 21 anos, e pessoas que a encontravam pela primeira vez não conseguiam reprimir uma exclamação de surpresa por sua extraordinária beleza. Após sua libertação, ela se divorciou do marido e casou-se com Tallien. Mais tarde, ela se tornou a princesa de Chimay; mas, por escrever essa nota, ela recebeu o nome profano, mas inesquecível, de Notre Dame de Termidor.

Na noite de 26 de julho, Tallien e seus amigos tiveram uma terceira conferência com Boissy d'Anglas e Durand de Maillane, e eles finalmente cederam. Mas fizeram seus termos. Eles deram seus votos contra Robespierre com a condição de que o Reinado do Terror terminasse com ele. Não havia condição que os outros não teriam aceitado, dado o extremismo da situação, e é por esse pacto que o governo da França, quando chegou às mãos desses homens de sangue, deixou de ser sanguinário. Era hora, pois, pela manhã, Robespierre tinha feito o discurso acusativo que estava preparando há muito tempo, e do qual Daunou disse a Michelet que era o único discurso extremamente fino que ele já fez. Ele falava do céu, da imortalidade, e da virtude pública; ele falou de si mesmo; denunciou seus inimigos, nomeando quase nenhum, exceto Cambon e Fouché. Ele não concluiu com qualquer acusação, ou com qualquer exigência de que a Assembleia abrisse mão de seus membros culpados. Seu objetivo era conciliar a La Plaine, e obter votos do La Montagne, causando alarme, mas não desespero. O próximo golpe foi reservado para o dia seguinte, quando a Convenção, votando a distribuição de sua ordem de oratória, deveria ter se comprometido longe demais para recuar. A Convenção imediatamente votou que 250 mil cópias do discurso deveriam ser impressas, e que deveriam ser enviadas a todas as paróquias da

França. Essa foi a forma em que a aceitação, aceitação total e sem reservas, foi expressa. Robespierre, assim, obteve tudo o que exigiu para o dia. A Assembleia seria incapaz de recusar o sacrifício de suas ovelhas negras, quando ele reapareceu com seus nomes.

Então foi visto que, ao nomear Cambon, o orador tinha cometido um erro. Pois Cambon, tendo tido o autocontrole de esperar até que a Convenção tivesse aprovado seu voto de aprovação, levantou-se para responder. Ele repeliu o ataque que Robespierre lhe fez, e virou toda a corrente de opinião dizendo: "O que paralisa a República é o homem que acabou de falar".

Não há registro de um ato mais fino de força em toda a história parlamentar. O exemplo se mostrou contagioso. A Assembleia revogou sua votação e encaminhou o discurso ao Comitê. Robespierre afundou em seu assento e murmurou: "Eu sou um homem perdido". Ele viu que a La Plaine não podia mais ser confiável. Seu ataque foi frustrado. Caso a Convenção recusasse o primeiro passo, eles não tomariam o segundo, que ele deveria pedir no dia seguinte. Ele foi ao Clube Jacobino, e repetiu seu discurso para uma reunião lotada. Ele lhes disse que era o seu testamento moribundo. A combinação de homens maus era forte demais para ele. Ele havia jogado fora o broquel, e estava pronto para a cicuta. Collot sentou-se no degrau abaixo da cadeira do presidente, perto dele. Ele disse: "Por que abandonou o Comitê? Por que você fez suas opiniões conhecidas em público sem nos informar?". Robespierre roeu as unhas em silêncio, pois ele não tinha consultado o Comitê porque eles haviam recusado a prorrogação dos poderes, e sua ação naquele dia tinha sido apelar à Convenção contra eles. O Clube, dividido no início, se voltou a seu favor, o ovacionando, e expulsou Collot e Billaud-Varennes com violência e insulto. Robespierre, encorajado por seu sucesso, exortou os jacobinos a purificar a Convenção expulsando homens maus, como eles haviam expulsado os girondinos. Foi seu primeiro apelo às forças populares. Coffinhal, que era um homem de energia, implorou-lhe para atacar de uma vez. Ele foi para casa dormir, depois da meia-noite, não tomando mais medidas de precaução, e convenceu que recuperaria a maioria na próxima sessão.

Collot e Billaud, ambos membros do supremo órgão governante, foram ao seu local de reunião, após a cena tempestuosa no Clube, e encontraram St. Just escrevendo atentamente. Eles caíram sobre ele, e exigiram saber se ele estava preparando acusações contra eles. Ele respondeu que era exatamente o que ele estava fazendo. Quando prometeu submeter seu relatório ao Comitê de Segurança Pública antes de ir à Assembleia, eles o soltaram. De manhã, ele disse que estava magoado demais com o tratamento que fizeram a ele para manter sua promessa. Barère, no meio tempo, comprometeu-se a ter um relatório pronto contra St. Just.

    Antes da Assembleia começar a trabalhar na manhã de domingo, 9 de Termidor, Tallien se encontrava no saguão, cimentando a aliança que garantiu a maioria; e Bourdon veio e apertou a mão de Durand, dizendo: "Oh! Os bons homens da Direita". Quando a sessão abriu, St. Just imediatamente se elevou à tribuna e começou a ler. Tallien, vendo-o de fora, exclamou: "Agora é o momento, venha ver. É o último dia de Robespierre!". O relatório de St. Just foi um ataque ao Comitê. Tallien invadiu, declarando que os homens ausentes deveriam ser informados e convocados, antes que ele pudesse prosseguir. St. Just não era um orador apto, e quando ele foi desafiado e interrompido, ele ficou em silêncio. Robespierre se esforçou para lhe trazer ajuda e encorajamento; mas Tallien não seria impedido. Billaud seguiu em nome do governo; Barère e Vadier continuaram, enquanto Robespierre e St. Just apenas insistiram em serem ouvidos. Aqueles que interrompiam eram turbulentos, agressivos, fora de ordem, sendo homens desesperados lutando pela vida. Collot d'Herbois, o presidente, não os repreendeu, e tendo entregado seu lugar a um colega em quem ele podia confiar, desceu para participar da briga. Caso a Convenção precisasse suportar mais uma vez a temida voz de Robespierre, ninguém poderia ter certeza de que ele não recuperaria sua ascensão. Essas táticas foram bem-sucedidas. Ambas as partes da convenção da noite anterior foram fiéis a ela, e Robespierre não teve permissão para fazer seu discurso. As galerias foram preenchidas a partir das cinco da manhã. Barère moveu uma moção de modo a dividir o comando de Hanriot, o general da Comuna, em cuja espada os *triunvirs* dependiam; e a Convenção o baniu e seu segundo no comando à medida que a excitação aumentava. Isso foi no início da tarde; e foi ao saber disso que a Comuna chamou suas forças, e Paris começou a se rebelar.

    Robespierre não tinha sido pessoalmente atacado durante todo esse intervalo de tempo. Decretos foram exigidos, e aprovados, somente contra seus agentes inferiores. A luta durou horas; ele pensou que seus adversários vacilaram e fez um esforço violento para chegar à tribuna. Tornou-se conhecido na Assembleia que seus amigos estavam armando, e eles começaram a clamar, "Abaixo o tirano!". O presidente tocou a campainha e se recusou a deixá-lo falar. Finalmente sua voz falhou com ele. Um montagnard exclamou: "Ele está sufocando com o sangue de Danton". Robespierre respondeu: "O quê! É Danton quem você vingaria?". E ele disse isso de uma forma que significava "Então por que você não o defendeu?". Quando ele entendeu o que o La Montagne queria dizer, e que um motivo há muito reprimido havia recuperado a força, ele apelou para a La Plaine, para os homens honestos que tinham sido silenciosos e submissos a tanto tempo. Eles haviam votado para os dois lados no dia anterior, mas ele não sabia de nada a respeito do pacto memorável que deveria restringir a guilhotina. Mas a La Plaine, que não estava preparada com argumentos articulados para sua mudança de frente, estavam contentes com o grito irrespondível, "Abaixo o tirano!". Isso foi evidentemente decisivo; e quando essa declaração tinha sido evocada por seu apelo direto o fim veio rapidamente. Um delegado desconhecido moveu uma moção para que Robespierre fosse preso, ninguém falou contra e seu irmão e vários amigos foram levados sob custódia junto com ele. Nenhum deles fez qualquer resistência ou protesto. O conflito, eles sabiam, seria lá fora. A Comuna de Paris, o Clube Jacobino e o Tribunal Revolucionário eram de seu partido; e quantos da multidão armada, ninguém podia dizer. Nem tudo estava perdido até que isso fosse conhecido. Às cinco horas a Convenção, cansada com um dia de trabalho pesado, entrou em recesso para o jantar.

A Comuna teve sua oportunidade, e começou a ganhar terreno. Suas tropas se reuniram lentamente, e Hanriot foi preso. Ele foi solto, e levado de volta em triunfo para o Hotel de Ville, onde os deputados presos logo se reuniram. Eles tinham sido enviados para prisões diferentes, mas todos os carcerários, a não ser um, se recusaram a admiti-los. Robespierre insistiu em ser preso, mas o chaveiro no Luxemburgo não se comoveu, e o expulsou. Ele temia ser forçado a uma posição de ilegalidade e revolta, porque permitiria que seus inimigos o banissem. Uma vez banido, não sobraria nada além de uma insurreição, da qual a questão era incerta. Havia menos risco em aparecer perante o Tribunal Revolucionário, onde cada oficial era seu lacaio e fruto de sua indicação, e não havia esperanças de misericórdia da parte de seus adversários, uma vez que ele deixou de proteger. O carcereiro que fechou a porta da prisão em seu rosto selou seu destino; e é suposto, mas eu não sei, que ele tinha suas instruções de Voulland, do outro lado, para que o prisioneiro pudesse ser levado para a contumácia, contra sua vontade. Expulso da prisão, Robespierre ainda se recusou a ser livre, e foi para a delegacia, onde estava tecnicamente preso.

St. Just, que havia visto a guerra, e tinha feito os homens se assombrarem diante de sua frieza sob fogo pesado, não calculou com tanta gentileza, e se dirigiu, junto com o Robespierre mais novo, para a prefeitura, onde uma força de alguns milhares de homens foram reunidos. Eles convocaram seu líder, mas ele se recusou a vir. Ele se sentiu mais seguro sob prisão, mas aconselhou seus amigos na Comuna a tocar o sino, fechar as barreiras, parar a imprensa, tomar o posto, e prender os deputados. A posição do homem de paz encorajando seus companheiros a infringir a lei, e explicando como fazê-lo, era absurda demais para ser suportada. Coffinhal, que era um homem muito maior, veio e o levou embora por compulsão amigável.

Por volta das dez horas os delegados presos estavam unidos. Couthon, que era um aleijado, tinha ido para casa. Os outros o chamaram, e Robespierre assinou uma carta pela qual foi informado de que a insurreição estava em plena atividade. Esta mensagem, e os conselhos que ele encaminhou de seu abrigo com a polícia, provam que ele tinha decidido lutar, e não morrer como mártir da legalidade. Mas se Robespierre estava pronto, ao extremo, para lutar, ele não sabia como fazê-lo. Deixaram passar o momento favorável; nenhuma arma foi disparada, e a Convenção, após várias horas de inação e perigo, começou a recuperar o poder. Pelo conselho de Voulland os prisioneiros fora da prisão foram considerados foras da lei, e Barras foi colocado à frente das forças fiéis. Doze deputados foram nomeados para proclamar os decretos por toda Paris. Montados em carruagens da polícia, visíveis em seus lenços tricolores, e iluminados por tochas, eles tornaram conhecido em todas as ruas que Robespierre era agora um fora da lei sob sentença de morte. Isso foi finalmente efetivo, e Barras foi capaz de relatar que as pessoas estavam retornando para a autoridade legal. Uma história engenhosa foi espalhada: Robespierre tinha um selo com os lírios da França. A metade ocidental e mais rica de Paris apoiava a Convenção, mas partes dos bairros mais pobres, ao norte e leste, estavam do lado da Comuna. Eles não lutaram. Legendre seguiu para o Clube Jacobino, trancou a porta e colocou a chave em seu bolso, enquanto os membros se dispersaram silenciosamente. Cerca de uma da manhã, Bourdon, à frente dos homens do distrito que tinha sido o reduto de Chaumette, trilhou seu caminho ao longo do rio até a Place de Grève. Os insurgentes estabelecidos diante do Hotel de Ville não resistiram, e os líderes que se encontravam reunidos lá dentro sabiam que tudo tinha acabado.

O colapso foi instantâneo. Um pouco mais cedo, um mensageiro enviado por Gaudin, mais tarde duque de Gaëta e ministro das finanças de Napoleão, relatou que havia encontrado Robespierre triunfando e recebendo parabéns. Mesmo nos últimos momentos, ele hesitou diante da ação. Uma proclamação bélica foi elaborada, assinada por seus amigos, e colocada diante dele. Ele se recusou a assinar a menos que fosse em nome do povo francês. "Então", disse Couthon, "não há nada a ser feito a não ser morrer". Robespierre, duvidoso e hesitante, escreveu as duas primeiras letras de seu nome. O resto é um respingo de sangue. Quando Bourdon, com uma pistola em cada mão, e a lâmina de sua espada entre os dentes, subiu as escadas do Hotel de Ville à frente de suas tropas, Lebas sacou duas pistolas, entregou uma a Robespierre, e se matou com a outra. O que se seguiu é um dos fatos mais disputados da história. Acredito que Robespierre atirou na própria cabeça, apenas quebrando a mandíbula. Muitos excelentes críticos acham que a ferida foi infligida por um gendarme que seguiu Bourdon. Seu irmão tirou os sapatos e tentou escapar pelo beiral do lado de fora, mas caiu na calçada. Hanriot, o general, escondeu-se em um esgoto, de onde foi arrastado na manhã seguinte em uma condição imunda. O enérgico Coffinhal foi o único que conseguiu sair, e permaneceu algum tempo escondido. O resto foi capturado sem problemas.

 Robespierre foi levado para as Tulherias e colocado em uma mesa onde, por algumas horas, as pessoas vieram e olharam para ele. Cirurgiões atenderam sua ferida, e ele suportou seus sofrimentos com tranquilidade. A partir do momento em que o tiro foi disparado ele nunca mais falou; mas na Conciergerie ele pediu, através de sinais, por materiais de escrita. Eles foram negados a ele, e ele foi até a morte levando seu segredo com ele para fora do mundo. Pois sempre houve uma suspeita misteriosa de que a história foi contada apenas pela metade, e que há algo mais profundo do que o criminoso básico e oco sob a superfície. Napoleão gostava dele e acreditava que tinha boas intenções. Cambacérès, o arqui-chanceler do Império, que governou a França quando o imperador entrava em campo, disse-lhe um dia: "É uma causa que foi decidida, mas nunca discutida.

 Alguns dos que derrubaram o tirano, como Cambon e Barère, mais tarde se arrependeram de sua parte em sua queda. No norte da Europa, especialmente na Dinamarca, ele tinha admiradores calorosos. A sociedade europeia acreditava que ele tinha afinidade com ela. Ele precisou ser um homem de autoridade, integridade e ordem, um inimigo da corrupção e da guerra, que caiu porque ele tentou barrar o progresso da incredulidade, que era a corrente mais forte da época. Sua vida privada era inofensiva e decente. Ele tinha sido igual a imperadores e reis; um exército de setessentos mil homens obedecia a sua palavra; ele controlava milhões em dinheiro do serviço secreto, e poderia ter obtido o que ele quisesse através de perdões. Mas vivia com o subsídio de um deputado de dezoito francos por dia, deixando uma fortuna de menos de vinte guinéus em *assignats* depreciados. Inimigos, admirados, afirmam que, mediante confisco legal, divisão das propriedades e progressiva tributação da riqueza, ele teria aumentado a receita para 22 milhões de libras esterlinas, nenhuma das quais teria sido retirada do grande corpo de pequenos cultivadores que, de outra forma, teriam sido para sempre vinculados à Revolução. Não há dúvida de que ele rapidamente se vinculou à doutrina da igualdade, que significava governar pelos pobres e o obter o pagamento a partir ricos. Além disso, ele desejava o poder, apenas se fosse para a autopreservação; ele o assegurou mediante derramamento de sangue, como Luís XIV tinha feito, e Pedro, o Grande, e Frederico. A indiferença à destruição da vida humana, mesmo o prazer ao ver sangue, era comum em volta dele, e tinha aparecido antes da Revolução começar. A transformação da sociedade como ele imaginava, mesmo se custasse alguns milhares de cabeças em doze meses, era menos mortal do que um único dia de Napoleão lutando por nenhum motivo mais digno do que ambição. Seu livro de anotações privado foi impresso, mas não mostra o que ele pensava do futuro. Esse é o problema que a guilhotina deixou sem solução na noite de 28 de junho de 1794. Só isso é certo, que ele continua sendo o personagem mais odioso na vanguarda da história desde que Maquiavel reduziu a um código a maldade de homens públicos.

CAPÍTULO XX

La Vendée

A tirania impiedosa que terminou em Termidor não era o produto de causas domésticas. Foi preparada pela derrota e deserção de Dumouriez; foi desenvolvida pela perda das fortalezas fronteiriças em julho seguinte; e caiu quando a maré de batalha rolou após a vitória de Fleurus. Temos, portanto, de considerar a série de transações bélicas que causaram reações tão terríveis ao governo da França. No início, e especialmente no verão de 1793, o perigo real não era estrangeiro, mas uma guerra civil. Durante quatro anos, a Revolução sempre teve a força ao seu lado. A única oposição ativa tinha vindo de nobres emigrantes que eram uma minoria, agindo em favor de uma classe. Nenhum batalhão se juntou a Brunswick quando ele ocupou uma província francesa; e a massa do povo do país tinha sido elevada, sob a nova ordem, a uma condição melhor do que eles jamais tinham conhecido. Pois o núcleo duro do esquema revolucionário, tirado de Roma Agrária, era que aqueles que cultivam a terra deveriam possuir a terra; que deveriam desfrutar da certeza de reunir os frutos de sua labuta para si mesmos; que toda família deveria possuir tanto quanto poderia cultivar. Mas o choque que agora fez a República tremer foi uma insurreição de camponeses, homens da classe favorecida; e a democracia que era forte o suficiente para conhecer as monarquias da Europa, viu seus exércitos serem levados a fugir por uma multidão de trabalhadores dos campos e florestas, liderados por comandantes obscuros, dos quais muitos nunca haviam servido na guerra.

Um dos oficiais de George Washington era um francês que saiu antes de Lafayette, e era conhecido como coronel Armand. Seu nome verdadeiro era marquês de La Rouerie. Sua vida tempestuosa tinha sido rica em aventura e tribulação. Ele tinha aparecido em quadros da ópera; ele andava em companhia de um macaco; tinha lutado um duelo, e ao acreditar que ele tinha matado seu homem ele havia engolido veneno; ele tinha sido um preso do mosteiro de La

Trappe, depois de uma decepção temporária no amor; e tinha sido enviado para a Bastilha com outros bretões descontentes. Em sua viagem [aos Estados Unidos] seu navio explodiu à vista da terra, e ele nadou para a costa[84]. Mas este homem que saiu do mar foi encontrado cheio de audácia e recursos. Ele se tornou um brigadeiro no Exército Continental; e quando voltou para casa, tornou-se o organizador da insurreição monarquista no Oeste. Autorizado pelos príncipes, os quais visitou em Coblenz, ele preparou uma associação secreta na Bretanha, que deveria cooperar com outras nas províncias centrais.

Enquanto La Rouerie estava ajustando seus instrumentos e trazendo a complicada agência à perfeição, os invasores iam e vinham, e o sinal de ação, quando eram mestres de Châlons, nunca foi dado. Quando os voluntários foram chamados para resistir a eles, homens com *cockades* negros foram interromper o alistamento, declarando que nenhum homem deveria pegar as armas, exceto para resgatar o rei. Seu misterioso líder, Cottereau, o primeiro a ter o nome histórico de Jean Chouan, era o braço direito de La Rouerie. Quando a perspectiva de combinação com os Poderes foi dissolvida por Dumouriez, o caráter da conspiração mudou, e os homens começaram a pensar que poderiam lutar contra a Convenção sozinhos, enquanto seus exércitos estavam ocupados no Reno e em Meuse. A Bretanha tinha 320 quilômetros de costa, e como as Ilhas do Canal estavam à vista, a ajuda poderia vir de cruzadores britânicos.

La Rouerie, o qual era um prodígio da inventividade, e elaborou suas falas com uma mão tão firme que a Chouannerie[85], que eclodiu após sua morte, durou dez anos e só foi feita em pedaços contra Napoleão, organizou uma rebelião, quase indo do rio Sena ao Loire, para a primavera de 1793. Na verdade, não basta dizer que eles caíram diante do gênio de Napoleão. O "Petite Chouannerie", como a rebelião de 1815 foi chamada, contribuiu fortemente para sua queda; pois ele foi obrigado a enviar 20 mil homens contra a rebelião, cuja presença poderia ter virado a sorte do dia em Waterloo.

Mas em janeiro de 1793 La Rouerie adoeceu, a notícia da morte do rei o deixou delirante, e no dia 30 ele morreu. Para que a explosão ainda acontecesse na hora marcada, eles esconderam sua morte, e o enterraram em uma floresta, à meia-noite, enchendo a sepultura com cal. O segredo foi

---

84. Em decorrência de sua viagem aos Estados Unidos, onde pretendia se unir ao Exército Continental pela independência do país, seu navio foi afundado em uma batalha com os britânicos. O marquês sobreviveu e nadou até a costa, onde prosperou até virar general do exército de George Washington (1732-1799). (N. E.)
85. Rebelião monarquista que ocorreu na região da Bretanha entre 1794 e 1800. O nome se dá devido aos irmãos Chouan. (N. E.)

traído, os restos mortais foram descobertos, os cúmplices fugiram, e aqueles que foram levados morreram fiéis à sua confiança.

A ascensão bretã tinha falhado por enquanto, e monarquistas ao norte do Loire não tinham se recuperado do golpe quando La Vendée se levantou. O corpo no matagal foi encontrado em 26 de fevereiro; os documentos foram apreendidos em 3 de março; e foi em 12 de março, quando a Bretanha estava paralisada, que a conscrição deu o sinal de guerra civil. As duas coisas são bem separadas. Em um lugar havia um enredo que não deu em nada na época; no outro houve um surto que não havia sido preparado. La Vendée não foi colocado em movimento pelos fios colocados ao norte do Loire. Eclodiu espontaneamente, sob súbita provocação. Mas a trama bretã também tinha se ramificado nessa direção, e havia muita observação, em expectativa para o momento de uma ação combinada. Contrabandistas, caçadores e homens na mendicância carregavam as palavras sussurradas, armados com um passaporte nestes termos: "Confie no portador, e dê-lhe ajuda, pelo bem de Armand"; e certos cavalheiros do interior remoto e desconhecido foram afiliados, cujos nomes logo depois encheram o mundo com seu renome. D'Elbée, o futuro comandante-chefe, foi um deles; e ele sempre considerou o surto tumultuado de março, o resultado de nenhum projeto amadurecido, como um erro fatal. Essa é a razão pela qual a nobreza ficou para trás no início, e foram levados para a frente pelos camponeses. Parecia loucura lutar contra a Convenção sem organização prévia para fins de guerra, e sem o apoio da população muito maior da Bretanha, que tinha o comando da costa, e estava em contato com o grande Poder marítimo. A política e a religião despertaram muito descontentamento; mas o primeiro ato real de rebelião foi motivado pelo novo princípio do serviço compulsório, proclamado em 23 de fevereiro.

A região que seria palco de tanta glória e tanta tristeza fica principalmente entre a margem esquerda do Loire e o mar, cerca de 160 quilômetros, entre Saumur e o Atlântico, e 80 a 96 de Nantes em direção a Poitiers. No interior mais ao sul, os vendeanos[86], que eram fracos na cavalaria e não tinham artilheiros treinados, nunca penetraram. A luta principal se deu em um distrito acidentado, arborizado e quase inacessível chamado Bocage, onde havia poucas cidades e nenhuma boa estrada. Essa foi a fortaleza do grande exército, que incluiu tudo o que era melhor na virtude de Vendean. Ao longo da costa havia uma região de pântanos, povoado por uma classe mais grosseira de homens, que tinham pouca relação com seus companheiros do interior,

---

86. Isto é, de La Vendée. (N. E.)

e raramente agiam com eles. Seu líder, Charette, o mais ativo e ousado dos partidários, lutou mais pelo êxtase da luta do que por uma causa. Ele manteve a comunicação aberta por mar, negociou com a Inglaterra, e assegurou aos Bourbons que, se um deles aparecesse, ele o colocaria à frente de 200 mil homens. Ele considerava os outros comandantes como subservientes ao clero e via o mínimo deles que podia.

Os habitantes de La Vendée, cerca de 800 mil, estavam bem de vida, e tinham sofrido menos de feudalismo degenerado do que o leste da França. Eles viviam em melhores condições com os donos de terras, e tinham menos motivos para acolher à Revolução. Portanto, também, eles se agarraram ao clero não jurado. No fundo, eles eram monarquistas, aristocráticos e clericais, unindo motivos antirrevolucionários que agiram separadamente em outros lugares. Essa é a causa de sua rebelião; mas o segredo de seu poder está no talento militar, uma coisa mais rara do que coragem, que foi encontrada entre eles. Os distúrbios que eclodiram em vários locais no dia do alistamento, foram conduzidos por homens da população. Cathelineau, um dos primeiros, era um carregador, sacristão em sua aldeia, que nunca tinha visto um tiro disparado quando ele saiu com algumas centenas de vizinhos e tomou Cholet. Ao seu lado havia um guarda-caça, que tinha sido um soldado, e veio da fronteira oriental. Como seu nome era Christopher, os alemães corromperam-no para Stoffel, e ele tornou-o famoso sob a forma de Stofflet. Enquanto o conflito era realizado por pequenas grupos, não havia homem melhor para liderá-los. Ele e Charette aguentaram por mais tempo, e não tinham sido conquistados quando o clero, por quem lutavam, os traiu.

O intervalo popular e democrático foi curto. Após os primeiros dias, os nobres estavam à frente dos assuntos. Eles consideraram à causa desesperada. Nenhum deles tinha promovido o levante, quase ninguém se recusou a participar dele. O que melhor conhecemos é Lescure, porque as memórias de sua esposa foram universalmente lidas. Lescure formou o vínculo entre nobre e clero, pois a causa era tanto religiosa quanto política. Ele teria sido o terceiro generalíssimo, mas ele foi incapacitado por uma ferida, e apresentou seu primo, Henri de la Rochejaquelein, em preferência a Stofflet. Veremos que uma grave suspeita escurece sua fama. Como Lescure, d'Elbée era um homem de política e gestão; mas ele não era nenhum entusiasta. Ele desejava uma restauração razoável, não uma reação; e disse pouco antes de sua morte que quando a pacificação chegasse seria bom manter os fanáticos em ordem.

Muito acima de todos esses homens em capacidade para a guerra, e em nível com os melhores em caráter, estava o marquês de Bonchamps. Ele entendia a arte de manobrar grandes massas de homens; e como seus seguidores teriam que encontrar grandes massas, quando a disputa se tornou mortal, ele procurou treiná-los para isso. Ele os transformou no que eles não queriam ser, e para o que estavam mal equipados. É devido ao seu comando imediato que a guerra pode ser levada adiante em grande escala; e que homens que tinham começado com uma corrida e um ataque noturno, dispersando-se quando o inimigo se manteve firme, depois derrotou os veteranos do Reno sob os melhores generais da França republicana. Bonchamps sempre insistiu na necessidade de enviar uma força para despertar a Bretanha; mas o dia em que o exército cruzou o Loire foi o dia de sua morte.

La Vendée estava longe da rota dos exércitos invasores e do distrito ameaçado pelos alemães. Não havia medo de lar a lar nem terrores a respeito de uma guerra europeia para aqueles que se mantiveram fora dela. Se eles devem lutar, eles escolheram lutar em uma causa que amavam. Eles odiavam a Revolução, não o suficiente para tomar armas contra ela, mas o suficiente para se recusar a defendê-la. Eles foram obrigados a escolher. Ou eles devem resistir à opressão, ou devem servi-la, e devem morrer por um Governo que estava em guerra com seus amigos, com os conservadores europeus, que deram ajuda aos nobres fugitivos, e proteção aos padres perseguidos. Sua resistência não era uma questão de política. Não havia nenhum princípio nele que pudesse ser mantido por muito tempo. O alistamento só forçou uma decisão. Havia causas subjacentes para aversão e vingança, embora o verdadeiro surto não fosse premeditado. Os camponeses furiosos ficaram sozinhos por um momento; então foi visto o argumento mais forte, a maior força por trás. O clero e a nobreza apresentaram a reivindicação da consciência, e então os homens que estavam na trama monarquista com La Rouerie começaram a tecer uma nova teia. Esse enredo tinha sido autorizado pelos príncipes, nos termos emigradas, e visava a restauração da antiga ordem. Esse não era, originalmente, o espírito de La Vendée. Nunca foi identificado com a monarquia absoluta. No início, o exército era conhecido como o exército cristão. Então, tornou-se o exército católico e real. O altar estava mais perto de seu coração do que o trono. Como sinal disso, o clero ocupou o lugar mais alto nos conselhos. Alguns dos líderes foram os liberais de 1789. Outros desistiram da monarquia e aceitaram a República assim que a liberdade religiosa foi assegurada. Portanto, durante todo o conflito, e apesar de alguns elementos intolerantes, e de algumas explosões de fúria imprudente, La Vendée possuía a melhor causa. Um vendeano, cercado e convocado a desistir de suas armas, gritou: "Primeiro me devolvam meu Deus".

Bernier, o mais notável dos líderes eclesiásticos, era um homem de intrigas; mas não era um fanático aderente a instituições obsoletas. A restauração da religião era, para ele, o objeto justo e suficiente da insurreição. Chegou um momento em que ele teve muito cuidado para dissociar La Vendée da Bretanha, como os campeões, respectivamente, de uma causa religiosa e dinástica. Ele viu sua oportunidade sob o Consulado, saiu de seu esconderijo, e promoveu um acordo. Tornou-se agente e auxiliar de Bonaparte, ao estabelecer o Concordat, que está tão distante da intolerância quanto da legitimidade. Como bispo de Orleans, ele apareceu novamente no interior do Loire, não muito longe da cena de suas façanhas; mas ele era detestável para muitos dos antigos associados, que sentiam que ele tinha empregado seu monarquismo para outros fins, sem ser um monarquista.

Os cavalheiros da zona rural de La Vendée não haviam emigrado, ou voltado para suas casas, depois de ver o que a emigração alcançou. No que diz respeito aos seus próprios interesses, eles aceitaram a situação. Com todo o espírito combativo que tornou sua breve carreira tão brilhante, poucos deles mostraram opiniões violentas ou extremas. La Vendée foi tornada ilustre principalmente por homens que não temiam nem o essencial da Revolução nem suas consequências permanentes, mas que se esforçavam para resgatar seu país das mãos de perseguidores e assassinos. Os soldados rasos não eram nem tão míopes nem tão moderados. Às vezes, eles exibiam a mesma ferocidade que os combatentes de Paris, e apesar de sua devoção, eles tinham a disposição cruel e vingativa que na França tem sido frequentemente associada à religião. Foi visto desde o início entre os seguidores selvagens de Charette; e até mesmo os entusiastas de Anjou e do Alto Poitou se degeneraram e ficaram sanguinários. Todos odiavam as cidades, onde havia autoridades municipais que prenderam padres e cobravam requisições e homens.

A insurreição começou por uma série de ataques isolados em todas as pequenas cidades, que eram sedes do governo; e dentro de dois meses da primavera de 1.793 os republicanos foram varridos, e toda a zona rural de La Vendée pertencia aos vendeanos. Eles estavam sem ordem ou disciplina ou treinamento de qualquer tipo, e eram avessos à visão de oficiais os olhando do alto de um cavalo. Sem artilharia própria, capturaram quinhentos canhões. No final de abril, eles foram estimados em cerca de cem mil, uma proporção de combatentes para a população que só foi igualada na Guerra da Secessão. Quando o sinal foi dado, o sino tocou em seiscentas paróquias. Apesar de revéses momentâneos, eles varreram tudo diante deles, até que, no dia 9 de junho, tomaram Saumur, uma fortaleza que lhes deu o comando do rio Loire. Lá estavam eles no limite mais distante de sua província natal, com quarenta mil soldados, e um grande parque de artilharia. Para avançar além desse ponto, eles exigiriam uma organização mais forte do que os laços da vizinhança e a influência acidental dos homens locais. Eles estabeleceram um corpo governante, em grande parte composto pelo clero; e elegeram um comandante-chefe. A escolha recaiu sobre Cathelineau, porque ele era um simples camponês, e recebia a confiança dos sacerdotes que ainda eram dominantes. Como todos eram iguais, surgiu uma demanda por um bispo que deveria ter influência sobre eles. Bispos não jurados eram escassos na França; mas Lescure planejou suprir a necessidade do momento. Aqui, no meio de tanta coisa que foi trágica, e de tanto que foi de bom relato, chegamos à desconcertante e grotesca aventura do bispo de Agra.

Em Dol, perto de St. Malo, houve um jovem padre que fez o juramento à Constituição, mas depois largou a batina, apareceu em Poitiers como um homem de prazer, e estava noivo para se casar. Ele se voluntariou na cavalaria republicana, e entrou em campo contra os monarquistas, montado e equipado por amigos admiradores. Em 5 de maio, ele foi feito prisioneiro, e como seu cartão de admissão aos jacobinos foi encontrado com ele, ele pensou estar em perigo. Ele informou aos seus captores que estava do seu lado; que ele era um padre sob ordens, a quem seria sacrilégio ferir; finalmente, que ele não era apenas um padre, mas um bispo, que, na dispersão geral, o Papa havia escolhido como seu vigário apostólico para a sofrida Igreja da França. Seu nome era Guyot, e ele chamava a si mesmo de Folleville. Tal cativo valia mais do que um regimento de cavalos. Lescure levou o soldado republicano para sua casa de campo por alguns dias, e em 16 de maio Guyot reapareceu nas vestes próprias de um bispo, com a mitra, anel e báculo que pertenciam à sua dignidade exaltada.

Foi um grande dia no acampamento sob a bandeira branca; e o inimigo, observando através de seu telescópio, observou com espanto as fileiras ajoelhadas da infantaria vendeana, e um prelado gigantesco que caminhou entre eles e distribuiu bênçãos. Ele se dirigiu a eles quando entraram em ação, prometendo vitória àqueles que lutaram, e céu para aqueles que caíram, em uma causa tão boa; e ele andou sob fogo inimigo com um crucifixo na mão, e ministrou para os feridos. Eles o colocaram à frente do conselho, e exigiram que todos os padres o obedecessem, sob pena de prisão. Bernier, que tinha estado na escola com Guyot, não foi enganado. Ele o denunciou em Roma, através de Maury, que vivia lá desfrutando de honras merecidas. A fraude foi imediatamente exposta. Pio VI declarou que o bispo de Agra não existia; e que ele não sabia nada do homem assim chamado, exceto que ele era um impostor e um desonesto.

Guyot estava no poder desde o momento em que Bernier escreveu; mas outubro chegou antes de poder traduzir o latim papal para os generais. Eles resolveram não tomar conhecimento, mas o pretendente detectado deixou de dizer a missa. La Rochejaquelein pretendia colocá-lo a bordo de um navio e livrar-se dele no primeiro porto marítimo. Eles nunca chegaram ao mar. Até o fim, em Granville, Guyot foi visto no meio do perigo, e sua cinta estava entre os despojos do campo. Embora os oficiais o observassem, os homens nunca o descobriram. Ele serviu-os fielmente durante seus seis meses de importância precária, e pereceu com eles. Ele pode ter obtido esperança de vida ao trair a mendacidade de seus cúmplices, e a imbecilidade daqueles que enganou. Ele preferiu morrer sem expô-los.

Em junho, quando os vendeanos vitoriosos ocuparam Saumur, era hora de eles terem uma política e um plano. Eles tinham quatro alternativas. Eles poderiam sitiar Nantes e abrir comunicações com cruzadores ingleses. Poderiam se juntar aos monarquistas do centro; levantar uma insurreição na Bretanha; ou atacar Paris. A grande estrada para a capital se abriu perante eles; havia os prisioneiros no Templo para resgatar, e o monarca para restaurar. Relatórios obscuros de suas façanhas chegaram à rainha, e despertaram esperanças de libertação. Em uma nota contrabandeada, a princesa Elizabeth perguntou se os homens do oeste haviam chegado a Orléans; em outra, ela perguntou, não irracionalmente, o que havia acontecido com a frota britânica. Dizem que Stofflet deu aquele conselho heroico. Napoleão acreditava que caso o tivessem seguido, nada poderia ter impedido a bandeira branca de acenar nas torres de Notre Dame. Mas não havia organização militar; as tropas não recebiam salário, e iam para casa quando queriam. Os generais se encontravam irremediavelmente divididos, e Charette não deixaria seu próprio território. Bonchamps, que sempre liderava seus homens, e era atingido em todas as ações, estava fora, incapacitado por um ferimento. Seu conselho era conhecido. Ele pensou que sua única esperança era enviar um pequeno corpo para despertar os bretões. Com as forças unidas da Bretanha e Vendée, eles marchariam para Paris. Eles adotaram um compromisso, e decidiram sitiar Nantes, uma cidade aberta, a sede do comércio com as Índias Ocidentais, e do comércio de escravos africanos. Caso Nantes caísse, seria provável que isso despertasse a Bretanha; e era uma expedição na qual Charette participaria. Este foi o conselho desastroso de Cathelineau. Eles desceram de Saumur para Nantes, na margem direita do Loire, e na noite de 28 de junho, seus sinais de fogo convocaram Charette para o dia seguinte. Charette não falhou em comparecer. Mas ele estava na outra margem do rio, incapaz de atravessar, e se ressentia do acordo que deveria dar o saque da cidade rica aos soldados piedosos de Anjou e Poitou, enquanto ele olhava à distância.

Durante as longas deliberações em Saumur, e a marcha lenta rio abaixo, Nantes havia realizado terraplanagem, e tinha fortificado o coração de seus habitantes. O ataque falhou. Cathelineau penetrou no mercado, e eles ainda mostram a janela de onde um sapateiro derrubou o herói de Anjou. Os vendeanos recuaram para sua fortaleza, e sua causa estava sem um futuro. D'Elbée foi escolhido para ter sucesso, após a morte de Cathelineau. Ele admitiu as reivindicações superiores de Bonchamps, mas não gostou de sua política de levar a guerra ao norte. Os outros preferiram d'Elbée porque tinham menos a temer de sua ascensão e força de vontade. Eles não foram divididos apenas pelo ciúme, mas pela inimizade. Charette manteve-se longe do campo decisivo, e se alegrou quando o grande exército passou pelo Loire, e deixou todo a zona rural para ele. Charette e Stofflet fizeram com que Marigny, o comandante da artilharia, fosse executado. Lescure uma vez exclamou que, se ele não tivesse estado indefeso por causa de uma ferida, ele teria cortado o príncipe de Talmond. Stofflet enviou um desafio para Bonchamps; e tanto Stofflet quanto Charette foram finalmente traídos por seus companheiros. O sucesso dependia da fidelidade de d'Elbée, Bonchamps e Lescure uns com os outros, através de todas as divergências de caráter e política. Por dois meses eles continuaram a manter a República à distância. Eles nunca chegaram a Poitiers, e foram fortemente derrotados em Luçon; mas construiram para si uma linha de fronteira de cidades, a sudoeste, ao tomar Thouars, Parthenay, Fontenay e Niort. Havia uma estrada de norte a sul por Beaupréau, Châtillon e Bressuire; e outra de leste a oeste, através de Doué, Vihiers, Coron, Mortagne. Todos estes são nomes de batalhas famosas. Em Cholet, que fica no meio de La Vendée, onde as duas estradas se cruzam, o primeiro sucesso e a derrota final aconteceram.

A vantagem que os vendeanos possuíam era que não havia um bom exército para se opor a eles, e não havia bons oficiais. Foi a política inicial de Robespierre reprimir o talento militar, que pode ser perigoso em uma república, e empregar patriotas barulhentos. Ele não foi enganado por eles; mas confiou neles como homens seguros; e se eles fizeram seu trabalho de maneira grosseira e cruel, imitando a prática que teve tanto sucesso em Paris, não fez mal. Essa era uma maneira mais segura de destruir monarquistas em massa do que as manobras de um estrategista, que era muito provável que fosse humano, e quase certo de ser ambicioso e desconfiado de civis. Portanto, uma sucessão de homens incompetentes fora enviada, e a estrela de d'Elbée subiu cada vez mais. Houve tempo para a comunicação com Pitt, o qual acreditavam estar envolvidos com intrigas em todos os lugares, e o temor de um desembarque inglês no oeste tornou-se forte nos Comitês de governo de Paris.

No final de julho, um grave desastre se abateu sobre os exércitos franceses. Mentz se rendeu aos prussianos, e Valenciennes imediatamente depois para os austríacos. Suas guarnições, incapazes de servir contra o inimigo no exterior, estavam disponíveis contra o inimigo em casa. Os soldados de Mayence foram enviados para Nantes. Eram oito mil, e trouxeram Kléber com eles. Foi a desgraça de La Vendée. Em meados de setembro, os melhores soldados e os melhores generais que o governo francês possuía conheceram os veteranos de Bonchamps e d'Elbée. Em uma semana, do dia 18 ao dia 23, eles travaram cinco batalhas, das quais a mais célebre tem o nome da vila de Torfou. E com este resultado surpreendente, que os monarquistas foram vitoriosos em cada uma delas, capturaram mais de cem canhões. Em um desses campos, Kléber e Marceau se encontraram pela primeira vez. Mas parecia que Bonchamps foi capaz de derrotar até mesmo Kléber e Marceau, assim como havia derrotado Westermann e Rossignol. Então uma coisa estranha aconteceu. Alguns homens, disfarçados, foram trazidos para as linhas vendeanas. Eles provaram ser da guarnição de Mayence; e disseram que prefeririam servir sob os generais monarquistas que os tinham derrotado, em vez de sob seus próprios chefes malsucedidos. Eles se comprometeram, por uma grande soma de dinheiro, a voltar com seus companheiros. Bonchamps e Charette levaram as propostas a sério, e queriam aceitá-las. Mas o dinheiro só poderia ser adquirido derretendo a placa da Igreja, e o clero fez objeção. Alguns pensaram que isso era um erro fatal de cálculo. As outras causas de sua ruína são óbvias e decisivas. Eles deveriam ter sido apoiados pelos bretões, e os bretões não estavam prontos. Eles deveriam ter sido unidos, e estavam amargamente divididos e insubordinado. Deveriam ter criado um forte inexpugnável no terreno alto acima do Loire; mas eles não tinham táticas defensivas, e quando ocupavam uma cidade, não esperariam pelo ataque, mas se retiravam, de modo a ter o prazer não qualificado de expulsar o inimigo. Acima de tudo, eles deveriam ter sido apoiados pela Inglaterra. A primeira carta de d'Elbée foi interceptada, e quatro meses se passaram antes do governo inglês se mexer. Os emigrados e seus príncipes não tinham amor por esses camponeses e pela nobreza e pelo clero, que demoraram tanto para se declararem, e cujo motivo principal ou final não era o monarquismo. Puisaye mostrou a Napier uma carta na qual Luís XVIII indicou que ele deveria ser secretamente mandado à morte.

A Inglaterra deveria ter estado ativa na costa muito cedo, durante os ventos leves do verão. Mas os ingleses queriam um local seguro de pouso, e não havia ninguém para lhes dar. Com mais empreendimento, enquanto Charette detinha a ilha de Noirmoutier, Pitt poderia ter se tornado o árbitro da França. Quando ele deu promessas e conselhos definitivos, era outubro, e o dia da esperança tinha passado.

Em meados de outubro, Kléber, em grande parte reforçado, avançou com 25 mil homens, e Bonchamps decidiu que chegou a hora de recuar para a Bretanha. Ele postou um destacamento para garantir a passagem do Loire em St. Laurent, e recuou de volta com toda a sua força para Cholet, enquanto enviou um aviso para Charette sobre a hora decisiva. Lá, em 16 de outubro, ele lutou sua última luta. D'Elbée levou um tiro que lhe atravessou o corpo. Ele foi levado em segurança para Noirmoutier, e ainda resistia quando os republicanos recuperaram a ilha em janeiro. Sua última conversa com seu conquistador, antes de morrer, é do maior valor para esta história. Lescure já tinha recebido uma bala na cabeça, e em Cholet, Bonchamps foi ferido mortalmente. Mas houve um momento no dia em que a fortuna vacilou, e a causa perdida devia sua ruína à ausência de Charette. Stofflet e La Rochejaquelein lideraram a retirada de Cholet para o Loire. Era uma marcha de um dia, e não houve perseguição. Bonchamps ainda vivia quando eles chegaram ao rio, e ainda era capaz de dar uma última ordem. Quatro mil e quinhentos prisioneiros foram transportados de Cholet; eles foram trancados na igreja em St. Laurent, e os oficiais concordaram que eles deveriam ser mortos. No início, a Convenção não tinha permitido que os homens que os monarquistas libertassem pudessem servir novamente. Mas essas comodidades da guerra civilizada foram abolidas há muito tempo, e os prisioneiros certamente seriam empregados contra os captores que os poupavam. Bonchamps deu suas vidas a esses homens, e no mesmo dia em que ele morreu. Quando, no mesmo momento, d'Elbée, Lescure e Bonchamps tinham desaparecido, La Rochejaquelein assumiu o comando. Kléber, a quem ele repeliu em Laval, descreveu-o como um oficial muito capaz; mas ele levou o exército para a zona rural além do Loire sem um propósito definido. O príncipe de Talmond, que era um La Tremoille, prometeu que quando chegassem perto dos domínios de sua família, os bretões esperados entrariam. Mais importante foi a aparição de dois camponeses carregando uma vara. Pois os camponeses eram emigrados disfarçados, e sua vara continha cartas de Whitehall, nas quais Pitt se comprometeu a ajudá-los caso eles conseguissem ocupar um porto marítimo, e ele recomendou Granville, que fica em um promontório não muito longe do Monte Saint-Michel. Os mensageiros se recusaram a confirmar o encorajamento que trouxeram; mas La Rochejaquelein, fortemente atrapalhado por milhares de mulheres e crianças que perderam suas casas, atravessou o mar e atacou as fortificações do lugar. Ele atacou em vão; e embora Jersey tenha ouvido os tiros de canhões, nenhum navio veio. A última esperança tinha se esvaído, e o remanescente do grande exército, amaldiçoando os ingleses, voltou para a sua própria terra. Alguns milhares de bretões se juntaram, e Stofflet ainda expulsou os republicanos em sua frente. Junto com La Rochejaquelein e Sapinaud, ele cruzou o Loire em um pequeno barco. O exército encontrou o rio intransitável, e vagou impotente sem oficiais até que, em Savenay, 26 de dezembro, ele foi ultrapassado pelo inimigo, e deixou de existir. Lescure tinha seguido a coluna em sua carruagem, até que ele ouviu falar da execução da rainha. Com seu último suspiro, ele disse: "Lutei para salvá-la: eu viveria para vingá-la. Não deve haver misericórdia agora".

Neste espírito implacável, Carrier estava atuando em Nantes. Mas eu me importo de não contar a vingança dos republicanos vitoriosos sobre os bravos homens que os fizeram tremer. As mesmas atrocidades estavam sendo cometidas no sul. Em Lyon, os jacobinos foram derrotados, o pior deles, morto, e a bandeira republicana estava cercada. Girondinos e monarquistas, que eram inimigos em Nantes, lutaram aqui lado a lado; e o lugar estava tão bem armado que se manteve até 9 de outubro. Em 29 de agosto, os monarquistas de Toulon chamaram uma guarnição conjunta, britânica e espanhola, e entregaram a frota e o arsenal a Lord Hood. Os republicanos cercaram a cidade em outubro. O porto de Toulon é profundo e espaçoso; mas havia, e ainda há, um forte que comanda a entrada. Quem quer que mantivesse l'Aiguillette era o mestre de cada navio nas docas e de todas as armas do arsenal. Em 18 de dezembro, à meia-noite, durante uma violenta tempestade, os franceses atacaram e tomaram o forte. Toulon não era mais defensável. Às pressas, mas imperfeitamente, os ingleses destruíram os navios franceses que não podiam retirar de uma vez, deixando os materiais para a expedição egípcia e evacuaram o porto o mais rápido possível, sob o fogo do forte capturado. A fortuna de Bonaparte começou com essa façanha, e o primeiro evento de sua carreira foi o espetáculo de uma frota britânica fugindo diante dele pelo brilho de uma imensa conflagração. O ano de 1793 terminou, assim, triunfante, e a Convenção foi mestre de toda a França, exceto nos pântanos perto do oceano, onde Charette desafiou todos os inimigos, e conseguiu impor seus próprios termos à República. Mas havia chegado o perigo que perturbou o sono de Robespierre, e o homem que faria da Revolução um trampolim para o poder da espada foi encontrado.

CAPÍTULO XXI

A Guerra Europeia

A Revolução Francesa foi uma tentativa de estabelecer, no direito público europeu, máximas que haviam triunfado com a ajuda da França na América. Pelos princípios da Declaração de Independência, um governo que obstrui a liberdade perde a reivindicação de obediência, e os homens que dedicam suas famílias à ruína e à morte, a fim de destruí-la, não fazem mais do que seu dever. A Revolução Americana não foi provocada pela tirania ou pelo erro intolerável, pois as Colônias estavam se saindo melhor do que as nações da Europa. Elas pegaram em armas contra um perigo construtivo, um mal que poderia ter sido suportado, não fosse por seus possíveis efeitos. O preceito que condenou George III foi fatal para Luís XVI, e o caso da Revolução Francesa foi mais forte do que o caso da Revolução Americana. Mas envolvia consequências internacionais. Ela condenou os governos de outros países. Se o governo revolucionário era legítimo, os governos conservadores não eram. Eles necessariamente ameaçavam um ao outro. Pela lei de sua existência, a França encorajou a insurreição contra seus vizinhos, e o equilíbrio de poder existente teria que ser corrigido em obediência a uma lei superior.

O abalo bem-sucedido na França levou a uma convulsão na Europa; e a Convenção que, nas primeiras ilusões de vitória, prometeu fraternidade às populações em busca da liberdade, era impolítica, mas não ilógica. Na verdade, os jacobinos só transplantaram para o uso de europeus oprimidos um precedente criado pela Monarquia em favor dos americanos que não foram oprimidos. Ninguém imaginava que o novo sistema de relações internacionais poderia ser realizado sem resistência ou sacrifício, mas os entusiastas da liberdade, verdadeiros ou falsos, poderiam muito bem explicar que vale a pena tudo o que custasse, mesmo que o preço fosse de vinte anos de guerra. Este novo dogma é a verdadeira causa da ruptura com a Inglaterra, que fez tanto mal à França. Jacobinos inteligentes, como Danton e Carnot, viam o perigo de se abandonar a política por uma questão de princípios. Eles se esforçaram para interpretar a declaração ameaçadora, até que ela se tornou inofensiva, e eles apresentaram a fronteira natural em seu lugar. Mas essa era a essência do espírito revolucionário, e não podia ser negada.

A Inglaterra tinha permanecido distante de Pilnitz e da expedição sob Brunswick, mas começou a deixar de ser amigável após o dia 10 de agosto. Lorde Gower não deixou de ser embaixador, e recebeu seu salário até o fim do ano. Mas como ele foi credenciado ao rei, ele foi chamado quando o rei foi para a prisão, e nenhum solicitude foi mostrado de forma a tornar o movimento menos ofensivo. Chauvelin não foi reconhecido. Não lhe foi permitido apresentar suas novas credenciais, e seus pedidos de audiência foram recebidos com frieza. Pitt e Grenville não eram conciliadores. Eles eram tão dignos que eram arrogantes, e quando eram arrogantes eram insolentes. A conquista da Bélgica, a abertura do rio Scheldt para a navegação, e o julgamento do rei, despertaram um sentimento amargo na Inglaterra, e os ministros, no curso de dezembro, sentiram que estariam seguros caso se alinhassem a isso. A abertura do Scheldt não foi resistida pelos holandeses, e não deu à Inglaterra nenhum apelo válido. Mas a França estava ameaçando a Holanda, e se por ódio inglês à República, aos princípios republicanos da política externa, à anexação dos Países Baixos, a guerra fora realmente inevitável, era importante obter a posse, de imediato, dos recursos holandeses por mar e terra.

A ideia de conciliar a Inglaterra renunciando à conquista, e a ideia de desafiar a Inglaterra pela invasão imediata das Províncias Unidas, equilibrou-se por um tempo. Por renúncia, o partido moderado ou girondino teria triunfado. Os jacobinos, que elaboraram todas as consequências das teorias, e que estavam ansiosos para restaurar as finanças com os despojos dos holandeses opulentos, levaram adiante seu propósito quando votaram pela morte do rei. Esse evento acrescentou o que estava faltando para fazer a excitação e a exasperação da Inglaterra ferverem. Até o mês de janeiro, o governo continuou pronto para tratar com a condição de que a França restaurasse suas conquistas, e vários emissários foram recebidos. O mais confiável deles foi Maret, depois o duque de Bassano. No dia 28 de janeiro, Talleyrand, vivendo em um retiro em Leatherhead, informou aos ministros que Maret estava novamente a caminho de anunciar a aproximação do próprio Dumouriez, cuja presença em Londres, em uma missão amigável, teria sido equivalente ao abandono do projeto holandês. Mas Maret chegou tarde demais, e Dumouriez foi ultrapassado, em sua viagem para a costa, por instruções de que Amsterdã, e não Londres, era seu destino.

As notícias de Paris chegaram a Londres na noite do dia 23, e o público do teatro insistiu que a apresentação deveria ser interrompida. Haveria uma reunião no dia seguinte. A reunião foi revogada. Um conselho foi convocado, e lá foi registrada uma decisão importante. Grenville se recusou a reconhecer o caráter oficial do enviado francês, Chauvelin. Ele o informou que estava sujeito ao Ato Estrangeiro. No dia 24, ele lhe enviou seus passaportes, com ordens para deixar o país. Após isso Dumouriez foi chamado de volta. No dia 29 Chauvelin chegou a Paris, e contou sua história. E foi então, em 1º de fevereiro, que a Convenção declarou guerra contra a Inglaterra. Com conselhos menos violentos em Londres, e com paciência para ouvir Dumouriez, a eclosão da guerra poderia ter sido adiada. Mas nada que a Inglaterra fosse capaz de oferecer poderia ter compensado a França pelo sacrifício da frota e do tesouro da Holanda.

Nossos ministros podem ter sido insuficientes em muitas qualidades dos negociadores, e a demissão de Chauvelin lhes colocou uma responsabilidade que era fácil de evitar. Eles não podiam ter evitado hostilidades por muito tempo. É possível que Fox poderia ter conseguido, pois Fox foi capaz de entender o mundo das novas ideias que sustentam a política da França; mas o país não estava em temperamento para seguir os liberais. Acusaram Pitt injustamente quando disseram que ele entrou em guerra pelo motivo da ambição. Ele era inocente dessa acusação capital. Mas fez menos do que poderia ter feito para impedi-lo, percebendo muito claramente o benefício que se acumularia. E ele está aberto à grave reprovação de que ele se bandeou para o lado dos Poderes absolutos e associou a Inglaterra a eles no momento da Segunda Partição, e aplicou à França os princípios sobre os quais eles agiram contra a Polônia. Quando o príncipe de Coburgo realizou sua primeira conferência com seus aliados na Bélgica, ele declarou que a Áustria renunciou a todas as ideias de conquista. Os ingleses imediatamente protestaram. Eles tornaram conhecido que desejavam anexar o máximo de território possível, a fim de tornar o inimigo menos formidável. Nosso enviado era Lorde Auckland, um homem de opiniões moderadas, que sempre aconselhou seu governo a aceitar a República. Exortou Coburg a não descansar até que ele tivesse assegurado uma linha de fronteira satisfatória, assim como a Inglaterra se apropriaria de Dunquerque e as Colônias, e pretendia mantê-las. George III, em 27 de abril, proferiu os mesmos sentimentos. "A França", disse ele, "deve ser muito circunscrita antes de podermos falar de qualquer meio de tratar com essa nação perigosa e desleal". Em fevereiro, Grenville propôs definitivamente o desmembramento, oferecendo as fortalezas fronteiriças e toda a Alsácia e Lorena à Áustria. Foram os ingleses que imprimiram, nas operações que estavam por acontecer, o caráter de uma voracidade egoísta e sórdida.

O reino insular sozinho não tinha nada a temer, pois tinha o resto das potências marítimas ao seu lado, e a preponderância das forças navais era decisiva. Os franceses começaram a guerra com 76 navios de guerra. A Inglaterra tinha 115, com 8.718 armas contra 6002 francesas. Em peso de metal a diferença não foi tão grande, pois as armas inglesas pesavam 89 mil libras e os franceses 74 mil. Mas a Inglaterra tinha a frota espanhola, de 56 navios de linha, e os holandeses com 49 – os espanhóis bem construídos, mas mal tripulados; os holandeses construíram para águas rasas, mas com tripulações superiores. A estes devem ser adicionados Portugal, que seguiu a Inglaterra, e Nápoles, cujo rei era um Bourbon, irmão do rei da Espanha. Portanto, em peso de metal, que é a primeira coisa, ao lado do cérebro, contávamos com pelo menos dois para um; e no número de navios três para um, ou cerca de 230 a 76. Essa é a razão pela qual os estadistas insulares entraram em guerra, se não com maior empreendimento e energia, mas com mais determinação e espírito, do que seus aliados expostos e vulneráveis do continente. A diferença entre eles é a de homens que estão fora de alcance e são dois para um, e homens cujos territórios são acessíveis a um inimigo muito superior a si mesmos em números. Portanto, foi Pitt quem de seu posto de vanguarda empurrou os outros para a frente e, quando eles vacilaram, os encorajou com dinheiro e a promessa de espólios. A aliança com os Estados marítimos era importante para sua política, mas não conquistou nada na luta real. Os holandeses e os espanhóis nunca foram empregados em linha; e os ingleses, embora devessem sua segurança primeiramente ao seu sistema de alianças, deviam suas vitórias a si mesmos. E essas vitórias se tornaram mais numerosas e esplêndidas quando, após dois anos de amizade ineficiente conosco, os espanhóis e holandeses se juntaram aos nossos inimigos. A Inglaterra foi atraída para a guerra, a qual manteve com uma resolução incansável, pela perspectiva de ganhos sórdidos. Trouxe aumento de aluguéis para a classe que governava, e vantagem para o comerciante por causa da conquista de dependências e do domínio sobre o mar.

O ano de 1793 não nos trouxe lucro do mar. Nós ocupamos Toulon a convite dos habitantes, e lá tivemos em nossa posse metade dos recursos navais da França. Mas antes do fim do ano fomos expulsos. Os domínios franceses na Índia caíram imediatamente em nossas mãos, e em março e abril de 1794 capturamos as Ilhas Windward nas Índias Ocidentais, Martinica, Santa Lúcia, e finalmente Guadalupe. Mas um advogado jacobino veio da França e reconquistou Guadalupe, e os franceses a mantiveram com tenacidade invencível até 1810. Eles perderam o Haiti, mas ele nunca se tornou inglês, e ficou em posse dos negros, que lá subiram ao ponto mais alto que haviam alcançado na história. No verão do mesmo ano, 1794, a Córsega tornou-se uma dependência britânica, fortalecendo enormemente nossa posição no Mediterrâneo. Não conseguimos retê-la. Nossos almirantes não fizeram nada por La Vendée. Tão pouco se sabia sobre isso que em 19 de dezembro houve uma questão de enviar um oficial para servir sob Bonchamps, que naquela época já estava morto a dois meses.

Em toda essa história marcada e inglória há um dia para ser lembrado. Em 11 de abril de 1794, 130 mercadores, carregados de suprimentos alimentícios, partiram da Baía de Chesapeake para os portos da França. Lorde Howe saiu para interceptá-los, e em 16 de maio a frota francesa deixou Brest para protegê-los. Howe dividiu sua força. Ele enviou Montagu para vigiar os comerciantes, e liderou o restante de seu esquadrão contra Villaret Joyeuse. Depois de um esbarrão em 28 de maio, eles se encontraram, em níveis iguais de força, em 1º de junho, a 640 quilômetros da costa. O almirante francês tinha um huguenote[87] destituído de sua ordem a bordo, que tinha estado no mar em sua juventude e que agora estava infundindo o ardor revolucionário na frota, como St. Just fez com o exército. A luta durou três horas e depois cessou. Villaret esperou até a noite, mas Lorde Howe tinha vários navios incapacitados, e não renovaria a batalha nem perseguiria o inimigo. Os franceses perderam sete navios de 26. O mais famoso deles é o *Vengeur du Peuple*. Ele enfrentou o *Brunswick*, e o aparelhamento de um navio ficou tão emaranhado com as âncoras do outro que eles estavam aprisionados juntos, e se afastaram da linha. Eles estavam tão perto que os franceses não podiam disparar suas armas de convés inferior, não tendo espaço para bater a carga. Os ingleses estavam fornecidos, justamente para essa emergência, com compactadores flexíveis de corda, e continuaram atirando para os orifícios do inimigo, enquanto o capitão francês, chamando seus homens de baixo, tinha a vantagem no convés superior. Finalmente, o balanço do mar fez com que os inimigos, ainda não derrotados, se separassem. O *Brunswick* perdeu 158 de uma tripulação de

---

87. Protestantes franceses, majoritariamente calvinistas adeptos da profissão de fé da Igreja Reformada. Após a revogação do Édito de Nantes (1685), e acentuada perseguição religiosa por parte do rei Luís XIV, entre duzentos e trezentos mil huguenotes teriam fugido da França (N. E.).

seissentos, e 23 de suas armas de 74 foram desmontadas. Ele se retirou da ação incapacitado, e foi para casa para ser consertado. O *Vengeur* permaneceu no lugar, com todos os seus mastros desaparecidos. Neste momento, foi visto que ele tinha sido atingido abaixo da linha d'água. As armas foram jogadas ao mar, mas depois de algumas horas o *Vengeur* deu sinais de que ela estava afundando. Barcos ingleses vieram e resgataram cerca de quatrocentos homens de 723. Os sobreviventes que não foram feridos foram vistos de pé ao lado do mastro quebrado, e gritaram *"Vive la république"*, enquanto o navio afundava. Essa é a história, não a lenda, da perda do *Vengeur*, e nenhum exagero e nenhuma contradição podem estragar a grandeza dramática da cena.

A batalha de 1º de junho é o único evento por terra ou mar que foi glorioso para as armas britânicas na guerra da primeira Coalizão. A ascensão então adquirida nunca foi perdida. Nossos fracassos nas Índias Ocidentais, nas Ilhas Cabo Verde, no Mediterrâneo e nas costas da França, e até mesmo na deserção de nossos aliados marítimos, não a prejudicaram. E mais tarde, quando todos estavam contra nós, almirantes mais originais e mais empreendedores do que Howe aumentaram nossa superioridade. O sucesso foi menos brilhante e completo do que o que Nelson ganhou contra uma força muito maior em Trafalgar, quando a França perdeu todos os navios. Montagu não interceptou os mercadores franceses, e não ajudou a esmagar os homens de guerra franceses. Villaret Joyeuse e o ministro energético de Languedoc perderam o dia, mas ganharam a vantagem substancial. Sob a cobertura de seus canhões, os navios dos quais o país dependia para seus suprimentos entraram no porto. Embora durante esses dois anos os franceses lutassem contra grandes adversidades no mar, sua perda foi menor do que eles esperavam, e não enfraqueceram seu governo em casa. Eles tinham razões para esperar que sempre que seus exércitos fossem levados a lutar em combates próximos com a Espanha e a Holanda, a fortuna da guerra no mar seguiria o evento em terra.

A guerra com a qual temos que lidar agora passou por três fases distintas. Durante o ano de 1793, os franceses mantiveram-se com dificuldade, tendo que enfrentar uma perigosa insurreição. Em 1794, a maré virou a seu favor; e 1795 foi uma época de preponderância e triunfo. A República herdou da Monarquia um exército regular de 220 mil homens, seriamente danificados e desmoralizados pela emigração de oficiais. A estes foram adicionados, primeiro, os voluntários de 1791, que logo se tornaram bons soldados, e forneceram a maior parte do talento militar que ganhou fama até 1815, do tipo que nunca foi visto antes nem na Guerra Civil Americana ou entre os alemães em 1870. O segundo grupo de voluntários, aqueles que responderam à proclamação de Brunswick e à convocação de setembro, quando o país estava em perigo, não eram iguais aos primeiros. Os dois juntos forneceram 309 mil homens. No início da guerra geral, em março de 1793, foi instituída a Conscrição, que provocou o levante em Vendée, e a qual foi interrompida por problemas em outros departamentos. Em vez de trezentos mil homens, rendeu 164 mil. No verão de 1793, quando as fortalezas estavam caindo, houve, primeiro, a convocação em massa, e depois, em 23 de agosto, o sistema de requisição, pelo qual o recrutamento foi organizada criado de modo a produzir 425 mil homens. Ao todo, em um ano e meio, a França colocou 1,1 milhão de homens na linha; e no momento crítico, no final do segundo ano, mais de setecentos mil estavam presentes sob armas. Essa é a força que Carnot teve que empunhar. Ele era um homem de energia, de integridade, e de habilidade profissional como engenheiro, mas ele não era um homem de habilidades de comando. Lorde Castlereagh, um pouco irreverente, o chamou de matemático tolo. Uma vez, tendo brigado com seu ex companheiro Fouché, e tendo sido condenado ao banimento, ele teve essa conversa com ele: "Para onde devo ir, traidor?". "Para onde quiser, idiota." Como um republicano austero, ele não receberia favores durante o império; mas sua defesa da Antuérpia é um ponto brilhante no declínio de Napoleão. Tornou-se Ministro do Interior no retorno de Elba, e seu conselho pode ter mudado a história do mundo. Pois ele desejava que o imperador caísse sobre os ingleses antes que eles pudessem se concentrar, e então lutar contra os prussianos em seu lazer. Uma noite, durante uma jogada de *whist*[88], as lágrimas que escorriam pelo seu rosto comunicavam as notícias de Waterloo.

    Carnot devia seu sucesso a duas coisas: controle arbitrário sobre a promoção e o barateamento das vidas francesas. Ele poderia sacrificar quantos homens ele precisasse de modo a tomar um ponto. Um austríaco no Sambre, a 1.600 quilômetros de casa, era difícil de substituir. Qualquer número de franceses estava ao alcance fácil. O coronel Mack observou que sempre que um combatente caía, a França perdia um homem, mas a Áustria perdia um soldado. La Vendée tinha mostrado o que poderia ser feito por homens sem organização ou o poder de manobra, através de atividade constante, exposição e coragem. Carnot ensinou seus homens a vencer por uma corrida muitas vezes repetida, e a não a contar seus mortos. Os comandantes inferiores foram

---

[88]. *Uíste* ou *whist*, é um jogo de cartas de duas duplas, com parceiros frente a frente. Este jogo é considerado o ancestral do *bridge*. O objetivo é vencer a maioria de treze vazas em uma mão e marcar pontos. É um jogo similar ao copas (N. E.)

rapidamente eliminados, às vezes com a ajuda do carrasco, e os homens mais capazes foram trazidos para a frente. O principal exército de todos, o exército de Sambre et Meuse, foi comandado por Kléber, Moreau, Reynier, Marceau e Ney. Melhor ainda, no Reno estavam Hoche, Desaix e St. Cyr. O melhor de todos, nos Apeninos, os franceses eram liderados por Bonaparte e Masséna.

Todos esses armamentos mal tinham começado quando a vitória de Neerwinden e a fuga de Dumouriez trouxeram os austríacos até a fronteira belga. Carnot não havia sido descoberto, os melhores homens não tinham subido ao comando, a convocação em massa não tinha sido pensada. Os franceses não podiam fazer nada no campo enquanto o príncipe de Coburgo, apoiado pelos holandeses, e por um exército anglo-hanoveriano sob o duque de York, postava-se diante das fortalezas. No final de julho, Condé e Valenciennes haviam caído, e a estrada para Paris estava aberta para os vencedores. Eles poderiam ter chegado à capital em força esmagadora em meados de agosto. Mas os ingleses cobiçavam, não Paris, mas Dunquerque, e o duque de York se retirou com 37 mil homens e cercou a cidade. Coburg virou de lado na direção oposta, de modo a sitiar Le Quesnoy. Ele propôs conquistar as cidades fortificadas, uma após a outra, de acordo com a prescrição de Grenville, e depois unir as mãos com os prussianos, os quais era urgente ter ao seu lado quando penetrassem no interior. Enquanto isso, os prussianos tomaram Mentz, a guarnição, como a de Valenciennes, fazendo uma defesa curta demais para sua fama. Mas os prussianos se lembravam da invasão do ano anterior e não tinham pressa. Os aliados, com interesses conflitantes e conselhos divididos, deram tempo ao inimigo. Alguns anos depois, quando Napoleão derrotou piemonteses, e estava esperando que eles enviassem de volta o tratado que ele havia ditado em Cherasco, devidamente assinado, ele ficou excessivamente impaciente com seu atraso. Os oficiais piemonteses ficaram surpresos com o que parecia uma falta de autocontenção, e deixaram-no vê-lo. Sua resposta foi: "Posso muitas vezes perder uma batalha, mas nunca perderei um minuto".

Os franceses fizeram bom uso do tempo que seus inimigos os deram. Carnot tomou posse em 14 de agosto, e no dia 23 ele fez com que a Convenção decretasse o que é agradavelmente chamado de convocação em massa, mas foi o sistema de requisição, tornando cada homem saudável em um soldado. O novo espírito de administração logo foi sentido no exército. As forças que sitiavam Le Quesnoy e Dunquerque estavam tão distantes umas das outras que os franceses entraram em cena e os atacaram sucessivamente. A guarnição de Dunquerque abriu as eclusas e inundou a zona rural, separando os ingleses da força de cobertura dos hanoverianos, e deixando o duque de York sem meios de retirada, exceto por uma única calçada. Em 8 de setembro, os franceses derrotaram os hanoverianos em Hondschooten e aliviaram Dunquerque. Os ingleses fugiram com muita pressa, abandonando suas armas de cerco, mas como eles não deveriam ter escapado de forma alguma, os franceses cortaram a cabeça de seu comandante vitorioso. Jourdan, seu sucessor, se voltou contra o príncipe de Coburgo, e, pelas novas e caras táticas, derrotou-o em Wattignies em 16 de outubro. Carnot, que ainda não confiava em seus generais, chegou a tempo de ganhar o dia, anulando Jourdan e sua equipe. E toda criança francesa sabe como ele liderou a carga, a pé, com seu chapéu no final de sua espada. A partir daquele dia, até a paz de Bâle, ele manteve o exército ao seu alcance. Ele tinha parado a invasão. Ninguém no campo aliado falou mais da estrada mais curta para Paris; mas eles ainda ocupavam os lugares que haviam conquistado. Dois meses depois, Hoche, que havia se destacado em Dunquerque, assumiu o comando em Vosges, e invadiu as linhas de Weissenburg na cena da primeira ação na guerra de 1870. No final de dezembro, os prussianos estavam trancados em Mayence, e Wurmser havia se retirado para além do Reno. Naquela época, também, La Vendée, Lyon, e Toulon tinham caído. A campanha de 1794 deveria ser dedicada à guerra estrangeira.

    Durante aquele outono e inverno, Carnot, um pouco despreocupado com o que se passava perto dele e sem prestar atenção às assinaturas que deu, estava organizando a enorme força que a requisição forneceu, e colocando os planos que lhe dariam um nome tão grande na história de seu país. Ele dividiu as tropas em treze exércitos. Eles os chamam de catorze, eu acredito, porque havia quadros para um exército de reserva. Dois foram necessários para a guerra espanhola, pois os Pireneus são intransitáveis pela artilharia, exceto nas duas extremidades, onde vales estreitos levam da França à Espanha perto de San Sebastián, e por uma faixa de campo mais aberto perto do Mediterrâneo. O que se passou por lá não influenciou os acontecimentos; mas é bom saber que os espanhóis sob o comando de Ricardos ganharam importantes vantagens em 1794, e lutaram melhor do que jamais fizeram em campo durante sua luta com Napoleão. Um terceiro exército foi colocado na fronteira italiana, um quarto no Reno, e um quinto contra os aliados em Flandres. Carnot aumentou o número porque não tinha homens que provaram sua aptidão para a direção de forças muito grandes. Sua intenção era de que seus exércitos fossem o suficiente em todos os lugares, mas na Bélgica eles deveriam ser esmagadores. Esse era o ponto de perigo, e ali havia um grande corpo de austríacos, holandeses, ingleses e hanoverianos havia se reunido. O próprio imperador apareceu entre eles em maio; e seu irmão, o arquiduque Carlos, era o melhor oficial do campo aliado.

No final de abril, Coburg tomou Landrecies, a quarta da série de fortalezas que havia caído. Em 18 de maio, os franceses saíram vitoriosos em Tourcoing, onde os ingleses sofreram severamente, e o duque de York buscou segurança em uma fuga precoce. Até se falava de uma corte marcial. O dia foi perdido em consequência da ausência do arquiduque, que sofria de ataques assim como Júlio César, e diz-se que estava inconsciente a muitos quilômetros de distância. Por mais um mês, os aliados mantiveram sua posição e reprimiram Jourdan repetidamente em suas tentativas de atravessar o Sambre. Por fim, Charleroi se rendeu aos franceses, e no dia seguinte, 26 de junho, eles venceram a grande batalha de Fleurus. Mons caiu em 1º de julho, e no dia 5 os aliados resolveram evacuar a Bélgica. As quatro fortalezas foram recuperadas em agosto; e Coburg se retirou por Liége, até a Alemanha e York através da Antuérpia até a Holanda. Em outubro, Jourdan perseguiu os austríacos, e os expulsou para a outra margem do Reno. A batalha de Fleurus estabeleceu a ascensão dos franceses na Europa, assim como 1º de junho havia estabelecido a ascensão da Inglaterra no oceano. Eles começaram a ofensiva, e mantiveram-na por vinte anos. No entanto, a derrota de Fleurus, depois de fortunas tão variadas e tanto sucesso alternativo, não explica o desânimo repentino e o colapso dos aliados. Uma das grandes potências estava prestes a abandonar a aliança. A Prússia tinha concordado na primavera em aceitar um subsídio inglês. Por trezentas mil libras adiantadas, e mais 150 mil libras por mês, uma força de cinquenta a sessenta mil prussianos deveria ser empregada de uma maneira a ser acordada com a Inglaterra – o que significava na Bélgica. Antes da assinatura de Malmesbury estar seca, toda a situação mudou.

O Comitê de Segurança Pública criou uma distração pelas costas do inimigo. Kozsiusko, com a ajuda de dinheiro e conselhos franceses, havia levantado uma insurreição na Polônia, e as mãos dos prussianos estavam amarradas. A questão polonesa tocou-os mais perto do que os franceses, e todos os seus pensamentos se viraram na direção oposta. Os austríacos começaram a apreender que a Prússia os abandonaria no Reno, e ganharia uma vantagem sobre eles na Polônia, enquanto estavam ocupados com seu melhor exército em Flandres. Pitt aumentou suas ofertas. Lorde Spencer foi enviado para Viena de modo a conseguir um novo subsídio. Mas os prussianos começaram a se retirar. O marechal Moellendorf informou aos franceses em setembro que os austríacos estavam prestes a atacar Tréves. Ele prometeu que não faria mais do que poderia para ajudar seus aliados. No dia 20, Hohenlohe, que não estava em segredo, tendo lutado contra Hoche em Kaiserslautern e o derrotado, o comandante-chefe enviou explicações e desculpas. Em outubro, Pitt parou os suprimentos, e os prussianos desapareceram da guerra.

O inverno de 1794-1795 foi severo, e até mesmo o mar congelou na Holanda. Em janeiro, Pichegru marchou sobre o Reno sólido, e nem holandeses nem ingleses ofereceram qualquer resistência considerável. O príncipe de Orange fugiu para a Inglaterra; o duque de York retirou-se para Bremen, e lá embarcou; e no dia 28 os franceses foram recebidos pela democracia de Amsterdã. Um corpo de cavalaria fora até a frota no gelo e recebeu sua rendição[89]. Não havia motivo para se defender. A Holanda seria a salvação do crédito francês. Deu à França um comércio, uma frota, uma posição a partir da qual entrar na Alemanha pelo lado indefeso. As mesas foram viradas contra Pitt e sua política. Seu aliado prussiano fez as pazes em abril, dando à França toda a Alemanha até o Reno, e comprometendo-se a ocupar Hanôver, caso George III, como eleitor, se recusasse a ser neutro. A Espanha seguiu quase imediatamente. Manuel Godoy, antigamente um guarda, mas primeiro-ministro e duque de Alcudia desde novembro de 1792, havia recusado as propostas de Pitt para uma aliança, desde que houvesse esperanças de salvar a vida de Luís XVI através da promessa de neutralidade. Quando essas esperanças chegaram ao fim, ele consentiu. A ocupação conjunta de Toulon não tinha sido amigável; e quando George III foi feito rei da Córsega, foi uma lesão à Espanha como uma potência mediterrânea. A animosidade contra a França regicida desapareceu; a guerra não era popular, e o duque de Alcudia tornou-se, em meio a alegria geral, príncipe da paz.

Vimos como a primeira invasão, em 1792, levou os piores homens ao poder. Em 1793, o Reinado do Terror coincidiu exatamente com a temporada de perigo público. Robespierre tornou-se o chefe do governo no mesmo dia em que a má notícia veio das fortalezas, e ele caiu imediatamente após a ocupação de Bruxelas, em 11 de julho de 1794, expor os efeitos de Fleurus. Não podemos dissociar esses eventos, ou refutar a alegação de que o Reinado do Terror foi a salvação da França. É certo que a conscrição de março de 1793, sob os auspícios de girondinos, mal rendeu metade da quantidade necessária, enquanto as convocações do agosto seguinte, decretadas e realizadas pelo La Montagne, inundaram o país com soldados, que foram preparados pelo massacre que se passava em casa para enfrentar o abate na frente. Este, então, foi o resultado que a Europa conservadora obteve pelo seu ataque

---

89. Considerado o único momento na história onde uma tropa de cavalaria capturou uma tropa naval. (N. E.)

à República. Os franceses tinham subjugado Savoy, a Renânia, Bélgica, Holanda, enquanto a Prússia e a Espanha tinham sido obrigados a pedir a paz. A Inglaterra havia privado a França de suas colônias, mas tinha perdido a reputação de poder militar. Só a Áustria, com seus vizinhos dependentes, manteve a luta desigual no continente em condições piores, e sem esperança, a não ser com a ajuda da Rússia.

CAPÍTULO XXII

Depois do Terror

Resta-nos seguir o curso da política francesa desde a queda dos terroristas[90] até a Constituição do ano III[91], e o encerramento da Convenção em outubro de 1795. O Estado esteve à deriva após a tempestade e ficou muito tempo sem um governo regular ou um corpo de opinião orientador. O primeiro sentimento foi alívio em uma libertação imensa. Prisões foram abertas e milhares de cidadãos privados foram libertados. A nova sensação mostrou-se de maneira extravagante, na busca de prazeres desconhecidos durante o reinado severo e sombrio. Madame Tallien definiu a moda como rainha da sociedade parisiense. Os homens rejeitaram a roupa moderna que caracterizava os anos odiosos, e colocavam meias e vestiam meia-calça. Eles enterraram o queixo em cachecóis dobrados, e usavam chapéus altos em protesto contra o pescoço exposto e o gorro vermelho do inimigo. O pó foi retomado; mas o rabo de cavalo foi cortado de vez, em comemoração aos amigos perdidos pela queda do machado. Os jovens, representando o novo espírito, usavam uma espécie de uniforme com o distintivo de luto no braço e um botão nas mãos adaptado ao crânio jacobino. Eles ficaram conhecidos depois como o *Jeunesse Dorée*. A imprensa os engrandeceu, e eles serviram como um corpo para os líderes da reação, agitando os oponentes, e denotando a mudança infinita nas condições da vida pública.

Estes eram fatores externos. O que aconteceu internamente foi a recuperação gradual dos elementos respeitáveis da sociedade, e a passagem do poder das mãos indignas dos homens que destruíram Robespierre. Estes, os termidorianos, foram fiéis ao contrato com a La Plaine, pelo qual obtiveram

---

90. Ou seja, aqueles que atuavam com poder político e estatal na época que ficou conhecido como "Reino do Terror". (N. E.)

91. Essa numeração dos anos foi empregada no calendário republicano da revolução. Ver nota 79. (N. E.)

sua vitória. Alguns eram amigos de Danton, o qual, em um momento do inverno anterior, havia aprovado uma política de moderação no uso da guilhotina. Tallien tinha motivos domésticos e públicos para a clemência. Mas a maior parte dos *montagnards* genuínos mantiveram-se inalterados. Eles abandonaram Robespierre quando deixou de ser seguro defendê-lo; mas eles não tinham renunciado ao seu sistema, e sustentavam que era necessário, como sua segurança contra a inimizade furiosa que haviam recebido quando eram a facção dominante.

A maioria na Convenção, onde todos os poderes estavam agora concentrados, não foi capaz de governar. Os recursos irresistíveis do Reinado do Terror se foram, e nada ocupou seu lugar. Não havia uma Constituição funcional, nenhuma autoridade estabelecida, nenhum partido desfrutando de ascendência e respeito, nenhum homem público livre da culpa de sangue. Muitos meses se passaram antes que as ruínas dos partidos caídos se reunissem e constituíssem um governo eficaz com uma política real e os meios de persegui-la. Os chefes da Comuna e do Tribunal Revolucionário, perto de cem em número, seguiram Robespierre até o cadafalso.

Os Comitês de governo perderam seus membros mais enérgicos, e foram desativados pelo novo plano de renovação rápida. O poder flutuou entre diferentes combinações de deputados, todos transitórios e rapidamente desacreditados. A divisão principal era entre vingança e anistia. E o caráter dos meses seguintes foi uma deriva gradual na direção da vingança, à medida que a minoria aprisionada ou proscrita retornava aos seus assentos. Mas o La Montagne incluía os homens que, ao organizarem, equiparem e controlarem os exércitos, tinham feito da França a primeira das potências europeias, e eles não podiam ser expulsos de uma só vez. Barère propôs que as instituições existentes fossem preservadas, e que Fouquier continuasse em seu cargo. Em 19 de agosto, Louchet, o homem que liderou o ataque contra Robespierre, insistiu que era necessário manter o Terror com todo o rigor que havia sido prescrito pelo sagaz e profundo Marat. Um mês depois, em 21 de setembro, a Convenção solenizou a apoteose de Marat, cujos restos mortais foram depositados no Panteão, enquanto os de Mirabeau foram retirados. Três semanas depois, o mestre de Robespierre, Rousseau, foi trazido, com cerimônia igual, para ser colocado ao seu lado. Os piores dos demais infratores, Barère, Collot d'Herbois e Billaud-Varennes, foram privados de seus assentos no Comitê de Segurança Pública. Mas apesar das denúncias a Lecointre e Legendre, a Convenção se recusou a prosseguir contra eles.

Durante todo o mês de setembro e grande parte de outubro, o La Montagne manteve seu terreno, e impediu a reforma do governo. Billaud, ganhando coragem, declarou que o leão poderia dormir, mas iria despedaçar seus inimigos ao acordar. Pelo leão, ele se referia a si mesmo e seus amigos de Termidor. Os Comitês governantes foram reconstruídos sob o princípio da mudança frequente; a Lei de Prairial, que deu o direito de prisão arbitrária e entrega da prisão incondicional, foi revogada; e comissários foram enviados para ensinar às províncias o exemplo de Paris.

Além dessas medidas, a ação do Estado ficou parada. A queda dos homens que reinavam pelo terror produziu, a princípio, nenhum grande resultado político. O processo de mudança foi iniciado por certos cidadãos de Nantes. Carrier enviou um lote de 132 de seus prisioneiros para alimentar a guilhotina de Paris. Trinta e oito deles morreram das privações que sofreram. Os restantes ainda estavam na prisão em Termidor; e agora eles pediram para serem julgados. O julgamento ocorreu, e as provas dadas foram tais que uma reação tornou-se inevitável. Em 14 de setembro, os prisioneiros de Nantes foram absolvidos. Então a consequência necessária se seguiu. Se as vítimas de Carrier eram inocentes, o que era o próprio Carrier? Suas atrocidades haviam sido expostas e, em 12 de novembro, a Convenção decidiu, por 498 a 2, que ele deveria comparecer perante o tribunal. Pois Carrier era um deputado inviolável sob a lei comum. O julgamento foi prolongado, pois não foi o julgamento de um homem, mas de um sistema, de toda uma classe de homens ainda em gozo da imunidade.

Tudo o que poderia ser trazido à luz deu força aos thermidorianos contra seus inimigos, e deu-lhes o comando da opinião pública. Em 16 de dezembro, Carrier foi guilhotinado. Ele se defendeu com espírito. A força de seu caso era que seus promotores eram quase tão culpados quanto ele, e que todos eles, sucessivamente, seriam derrubados pelos inimigos da República. Ele fez o seu melhor para arrastar o grupo com ele. Seus associados, absolvidos pelo Tribunal Revolucionário com a alegação de que suas delinquências não eram políticas, foram então enviados aos tribunais ordinários. No dia em que a convenção decidiu que o açougueiro de Nantes deveria ser julgado, eles fecharam o Clube Jacobino, e agora a reação estava se instalando.

Em 1º de dezembro, depois de ouvir um relatório de Carnot, a assembleia ofereceu uma anistia aos insurgentes no Loire, e no dia 8 os girondinos que estiveram na prisão foram chamados de volta. Essa medida foi decisiva. Com a ajuda voluntária da La Plaine, eles eram mestres da Convenção, pois eram 73 em número e, ao contrário da La Plaine, não eram prejudicados e incapacitados por suas próprias iniquidades. Eles não eram cúmplices do Reinado do Terror, pois tinham passado em confinamento. Eles não tinham nada a temer de uma aplicação vigorosa de penalidades merecidas, e tinham contas terríveis a acertar. Ainda havia dezesseis deputados que tinham sido proscritos juntos com Buzot e o resto. Eles agora receberam a anistia, e três meses depois, em 8 de março, foram admitidos em seus assentos. Lá eles se sentaram cara a cara com os homens que os tinham banido, que os entregaram à morte através de um ato cuja injustiça agora foi proclamada.

O grito de vingança estava se tornando irresistível à medida que a política do ano anterior foi invertida. No decorrer desse processo, La Vendée teve sua vez. Em 17 de fevereiro, em La Jaunaye, a República Francesa chegou a um acordo com Charette. Ele foi tratado como um poder igual. Ele obteve liberdade para a religião, compensação em dinheiro, alívio da conscrição, e uma guarda territorial de dois mil homens, a ser paga pelo governo, e comandada por ele mesmo. As mesmas condições foram aceitas logo depois por Stofflet, e pelo líder bretão, Cormatin. Naquela hora de triunfo Charette entrou em Nantes com o distintivo branco do monarquismo em exibição; e foi recebido com honra pelas autoridades, e aclamado pela multidão. Imediatamente depois, o tratado de La Jaunaye concedeu a livre prática da religião no Oeste, e foi estendido para toda a França. As igrejas foram devolvidas alguns meses depois; há uma paróquia, em um departamento oriental, onde se diz que a igreja nunca foi fechada, e o serviço nunca foi interrompido.

Em março, os girondinos foram fortes o suficiente para se voltarem contra seus inimigos. A extensão da reação foi testada pela expulsão de Marat de seu breve descanso no Panteão, e a destruição de seus bustos por toda a cidade, pelos jovens estimulados por Fréron. Em março, os grandes infratores que tinham sido tão difíceis de alcançar, Collot d'Herbois, Billaud e Barère, foram jogados na prisão. Carnot os defendeu, defendendo que eles não eram piores do que ele mesmo. A Convenção decidiu que eles deveriam ser enviados para Caiena. Barère escapou no caminho. Fouquier-Tinville veio em seguida, e seu julgamento fez tanto mal ao seu partido na primavera quanto o de Carrier no outono anterior. Ele alegou que era apenas um instrumento nas mãos do Comitê de Segurança Pública, e que como os três membros dele, a quem ele havia obedecido, foram apenas transportados, uma punição maior não poderia ser dada a ele. O tribunal não estava vinculado às punições decretadas pela Assembleia, e em maio Fouquier foi executado.

Os *montagnards* resolveram que não pereceriam sem lutar. Em 1º de abril, eles atacaram a Convenção, e foram repelidos. Alguns dos piores foram jogados na prisão. Um ataque mais formidável foi feito em 20 de maio. Durante horas, a Convenção esteve no poder da turba, e um deputado foi morto na tentativa de proteger o presidente. Membros que pertenciam a *La Montagne* carregavam uma série de decretos que gratificavam a população. Tarde da noite, a Assembleia foi resgatada. Os votos tumultuados foram declarados inexistentes, e aqueles que os haviam movido foram enviados perante uma comissão militar. Eles não tinham provocado a revolta, e foi instado que eles agiram como agiram a fim de apaziguá-la, e para salvar a vida de seus oponentes. Romme, autor do calendário republicano, foi o mais notável desses homens; e há alguma dúvida quanto à sua culpa, e à legalidade da sentença desses homens. Um deles tinha sido visitado por sua esposa, e ela deixou os meios para suicídio em suas mãos. Quando saíram da corte, cada um deles se esfaqueou, e passou a faca em silêncio para seu vizinho. Antes que os guardas soubessem de algo, três estavam mortos, e os outros foram arrastados, cobertos de sangue, para o local da execução. Era 17 de junho, e os girondinos eram supremos. Sessenta e dois deputados foram decretados no curso da reação, e o domínio da máfia jacobina, ou seja, governo por igualdade em vez de liberdade, estava no fim. A classe média havia recuperado o poder, e era muito questionável se esses novos mestres da França estavam dispostos novamente a arriscar o experimento de uma república. Esse experimento provou ser um fracasso terrível, e era mais fácil e óbvio buscar alívio no refúgio da monarquia do que nas areias movediças das maiorias vibrantes.

Os monarquistas estavam se vingando de seus inimigos no Sul, pelo que foi depois conhecido como o Terror Branco; e eles se mostraram em força em Paris. Por um tempo, todas as medidas que iam contra os *montagnards* os ajudavam, e as pessoas costumavam dizer publicamente que oito e nove são dezesete, ou seja, que a revolução de 1789 terminaria pela ascenção de Luís XVII. Entre girondinos e monarquistas havia o sangue do rei, e os regicidas sabiam o que eles deveriam esperar de uma restauração. O partido permaneceu irreconciliável, e se opôs à ideia. Sua luta agora não era com o La Montagne, que tinha sido colocada para baixo, mas com seus antigos adversários, os adeptos reformadores da Monarquia. Mas havia alguns líderes que, por convicção ou, o que seria mais significativo, por política, começaram a se relacionar com os príncipes exilados. Tallien e Cambacérès do La Montagne, Isnard e Lanjuinais da Gironda, Boissy d'Anglas da La Plaine, o bem-sucedido general Pichegru e o melhor negociador da França, Barthélemy, eram todos conhecidos, ou suspeitos, de estar fazendo acordos com o conde da Provença em Verona. Foi comumente relatado que o Comitê estava vacilando, e que a Constituição se voltaria para a monarquia. A Bretanha e La Vendée estavam prontas para se rebelarem mais uma vez, Pitt estava preparando vastos armamentos de modo a ajudá-los; acima de tudo, havia um jovem pretendente que nunca tinha feito um inimigo, cujos sofrimentos iniciais reivindicaram simpatia de monarquistas e republicanos, e que não compartilhava nenhuma responsabilidade por emigrados ou invasores, os quais, pela melhor das razões, ele nunca tinha visto.

Enquanto isso, a República melhorou sua posição no mundo. Suas conquistas incluíram os Alpes e o Reno, a Bélgica e a Holanda, e superaram os sucessos da Monarquia mesmo sob Luís XIV. A confederação dos reis foi quebrada. A Toscana foi a primeira a fazer um tratado. A Prússia havia seguido, trazendo consigo a neutralidade do norte da Alemanha. Então a Holanda veio, e a Espanha havia aberto negociações. Mas com a Espanha houve uma dificuldade: não poderia haver tratado com um governo que deteve na prisão o chefe da Casa de Bourbon. Assim que ele foi entregue, a Espanha estava pronta para assinar e ratificar. Assim, na primavera de 1795, os pensamentos dos homens se voltaram, fascinados, para a sala do Templo, onde o rei estava lentamente e certamente morrendo. O carcereiro perguntou ao Comitê qual era a intenção deles. "Vocês querem bani-lo?". "Não." "Matá-lo?". "Não". "Então, com um juramento, o que é que vocês querem?". "Nos livraremos dele. Em 3 de maio, foi relatado ao governo que o jovem cativo estava doente. No dia seguinte, que ele estava muito doente. Mas ele era um obstáculo para o tratado espanhol que era absolutamente necessário, e por duas vezes o governo não deu nenhum sinal. No dia 5, acreditava-se que ele estava em perigo, e então um médico foi enviado para ele. A escolha foi boa, pois o homem era capaz e tinha frequentado a família real. Sua opinião era que nada poderia salvar o prisioneiro, exceto o ar do campo. Um dia ele acrescentou: "Ele está perdido, mas talvez haja alguns que não vão se arrepender." Três dias depois, Luís XVII estava vivo, mas o médico estava morto, e uma lenda cresceu em seu túmulo. Foi dito que ele foi envenenado porque ele tinha descoberto o segredo pavoroso de que o menino no Templo não era o rei. Mesmo Louis Blanc acreditava que o rei tinha sido secretamente liberado, e que um paciente moribundo do hospital tinha sido substituído por ele. A crença foi mantida viva até hoje. O dramaturgo vivo mais popular[92] tem uma peça agora em execução em Paris, na qual o rei é resgatado em uma cesta de linho de uma lavadora, e atrai multidões. A verdade é que ele morreu em 8 de junho de

---

92. Sardou (N.E.).

1795. A República tinha ganhado seu propósito. A paz foi assinada com a Espanha; e os amigos da monarquia no Comitê Constitucional imediatamente declararam que não votariam a favor.

༄

No exato momento em que a Constituição foi apresentada à Assembleia por Boissy d'Anglas, uma frota de transportes sob comboio apareceu ao largo da costa oeste. Pitt tinha permitido que La Vendée fosse derrotada e abatida, mas ele finalmente decidiu ajudar, e isso foi feito em uma escala magnífica. Duas expedições foram montadas e equipadas com material de guerra. Cada uma delas carregava três ou quatro mil emigrados, armados e vestidos pela Inglaterra. Uma foi comandada por d'Hervilly, que já vimos, pois foi ele quem tomou a ordem de parar de atirar em 10 de agosto; a outra pelo jovem Sombreuil, cujo pai foi salvo em setembro da maneira trágica que você ouviu. À frente de todos eles estavam o conde de Puisaye, o mais político e influente dos emigrados, um homem que tinha estado em contato com os girondinos na Normandia, que tinha obtido o ouvido dos ministros em Whitehall, e que tinha sido lavado em tantas águas que os administradores genuínos, exclusivos e de mente estreita da legitimidade vendeana não o entendiam nem acreditavam nele. Eles trouxeram um vasto tesouro na forma de *assignats* forjados; e em memória confusa dos serviços prestados pelo titular de Agra, eles trouxeram um bispo de verdade, o qual havia sancionado a falsificação.

A primeira divisão partiu de Cowes em 10 de junho. No dia 23 Lorde Bridport enfrentou a frota francesa e a levou ao porto. Quatro dias depois, os emigrados desembarcaram em Carnac, entre os primeiros monumentos da raça celta. Era um promontório baixo, defendido no pescoço por um forte com o nome do duque de Penthièvre, e poderia ser varrido, em alguns lugares, pelas armas da frota. Milhares de *chouans* se juntaram; mas La Vendée estava desconfiada e se manteve distante. Eles esperavam que a frota viesse até eles, mas tinha ido para a Bretanha, e havia ciúmes entre as duas províncias, entre os partidários de Luís XVIII e os de seu irmão, o conde d'Artois, entre os sacerdotes e os políticos. O clero impediu Charette e Stofflet de se unirem a Puisaye e seus aliados questionáveis, a quem acusaram de buscar a coroa da França para o duque de York; e prometeram que, se esperassem um pouco, o conde d'Artois apareceria entre eles. Eles efetivamente arruinaram suas perspectivas de sucesso; mas o próprio Pitt contribuiu com sua parte. Puisaye se recusou a trazer soldados ingleses para seu país, e seus escrúpulos foram admitidos. Mas, a fim de inchar suas forças, o ministro frugal armou entre mil e dois mil prisioneiros franceses, que eram republicanos, mas que se declararam prontos para se juntar, e estavam tão felizes em escapar do cativeiro quanto o governo estava para se livrar deles. Os oficiais monarquistas protestaram contra esta fusão, mas suas objeções não prevaleceram, e quando chegaram ao seu próprio país estes homens desertaram. Eles apontaram um lugar onde os republicanos poderiam passar sob o forte em águas baixas, e entrar nele pelo lado não defendido. À noite, no meio de uma tempestade furiosa, a passagem foi tentada. As tropas de Hoche percorreram as águas tempestuosas da baía de Quiberon, e o tricolor logo foi exibido sobre as paredes.

Os monarquistas foram levados para a extremidade da península. Alguns, mas não muitos, escaparam em barcos ingleses, e pensava-se que nossa frota não havia feito tudo o que poderia para recuperar um desastre tão prejudicial à fama e à influência da Inglaterra. Sombreuil se defendeu até que um oficial republicano o chamou para capitular. Ele consentiu, pois não havia esperança; mas nenhum termo foi feito, e foi na verdade uma rendição incondicional. Tallien, que estava no campo, correu para Paris de modo a interceder pelos prisioneiros. Antes de ir à Convenção, ele foi para sua casa. Lá, sua esposa lhe disse que tinha acabado de ver Lanjuinais, o qual Sieyès tinha trazido de volta da Holanda, onde ele havia negociado a paz; que possuía provas da traição de Tallien com os Bourbons, e que sua vida estava em perigo. Ele foi imediatamente à Convenção, e pediu a punição sumária dos emigrados capturados.

Hoche era um inimigo magnânimo, tanto pelo caráter quanto pela política, e tinha um profundo respeito por Sombreuil. Ele secretamente se ofereceu para deixá-lo escapar. O prisioneiro se recusou a ser salvo sem seus companheiros; e eles foram abatidos juntos perto de Auray, em um local que ainda é conhecido como o campo de sacrifício. Eram seiscentos ou setecentos. O grupo de tiro despertou os ecos de Vendée, pois Charette imediatamente manou seus prisioneiros à morte; e os chouans depois planejaram caçar todos os homens dos quatro batalhões encarregados da execução.

A batalha de Quiberon ocorreu em 21 de julho, e quando tudo o que se seguiu acabou em 25 de agosto, outra expedição partiu de Portsmouth com o conde d'Artois a bordo. Ele desembarcou em uma ilha ao largo de La Vendée, e Charette, com quinze mil homens, marchou até a costa para recebê-lo, entre os veteranos abatidos da causa real. Lá, em 10 de outubro, veio uma mensagem do príncipe informando ao herói que ele estava prestes a velejar de volta, e esperar em segurança por tempos melhores. Cinco dias antes, a questão havia sido travada e decidida em Paris, e um homem havia sido revelado que deveria levantar questões mais profundas e importantes do que a controvérsia obsoleta entre monarquia e república. Essa controvérsia foi perseguida nos debates constitucionais sob a influência fatal dos eventos na costa da Bretanha. Os monarquistas haviam exibido suas cores, navegando sob a bandeira britânica, e a aliança britânica não os tinha aproveitado. E eles mostraram uma estranha imbecilidade política, contrastando com seu espírito e inteligência na guerra.

~

O comitê constitucional havia sido eleito em 23 de abril sob diferentes auspícios, enquanto a Convenção estava fazendo as pazes com Charette e Cormatin, bem como com as potências estrangeiras. Sieyès, por necessidade, foi o primeiro homem a ser escolhido; mas ele estava no comitê governamental, e recusou. Merlin e Cambacérès também, pela mesma razão, e os três homens mais capazes da assembleia não serviram.

Onze homens moderados, mas não muito eminentes, foram eleitos, e o projeto foi feito principalmente por Daunou, e defendido por Thibaudeau. Daunou era um antigo oratório, um homem estudioso e atencioso, se não forte, que se tornou guardião dos arquivos, e viveu até 1840 com uma reputação um tanto usurpada para aprender. Thibaudeau agora começou a exibir grande inteligência, e seus escritos estão entre nossas melhores autoridades para estes últimos anos da República e para os anos anteriores do Império. O caráter geral de seu esquema foi ser influenciado mais pela experiência do que pela teoria, e se esforça para anexar o poder à propriedade. Eles relataram em 23 de junho; o debate começou em 4 de julho; e no dia 20 Sieyès interveio. Seu conselho se voltou principalmente para a ideia de um júri constitucional, um corpo eletivo de cerca de cem, para vigiar a Constituição, e para serem guardiões da lei contra os criadores da lei. Deveria receber as queixas das minorias e dos indivíduos contra o legislativo, e preservar o espírito das instituições orgânicas contra a onipotência dos representantes nacionais. Esta tentativa memorável de desenvolver na Europa algo análogo às propriedades da Suprema Corte, a qual ainda não havia sido amadurecida na América, foi rejeitada em 5 de agosto, quase por unanimidade.

A Constituição foi aprovada pela Convenção em 17 de agosto. Incluía uma declaração de deveres, fundada na confusão, mas defendida com base no fundamento de que uma declaração de direitos sozinha destrói a estabilidade do Estado. E em questões que tocavam a religião ela inovou no que havia sido feito até então, pois separava Igreja e Estado, deixando todas as religiões com seus próprios recursos. A divisão dos poderes foi levada mais longe, pois o legislativo foi dividido em dois, e o executivo em cinco. O sufrágio universal foi restrito; os mais pobres foram excluídos; e após nove anos haveria um teste educacional. A lei não durou tanto tempo. O órgão eleitoral, um em cada duzentos de todo o eleitorado, deveria ser limitado aos donos de propriedades. Os diretores seriam escolhidos pelo legislativo. Na prática, havia muito mais respeito pela liberdade, e menos pela igualdade, do que nas constituições anteriores. A mudança na opinião pública foi demonstrada pela votação de duas Casas, à qual apenas um deputado se opôs.

No último momento, de forma a não haver perigo do monarquismo nos departamentos, foi decidido que dois terços da legislatura devem ser retirados da Convenção. Assim, prolongaram seu próprio poder, e garantiram a permanência das ideias que inspiraram sua ação. Ao mesmo tempo, mostraram sua falta de confiança no sentimento republicano do país, e ambos exasperaram os monarquistas e deram-lhes coragem para agirem por si mesmos. Em 23 de setembro, o país aceitou o esquema, por um voto lânguido, mas com ampla maioria.

A nova Constituição proporcionou garantias para a ordem e para a liberdade tais quais a França nunca havia desfrutado. A Revolução tinha começado com um liberalismo que era uma paixão mais do que uma filosofia, e a primeira Assembleia se esforçou para realizá-la diminuindo a autoridade, enfraquecendo o executivo e descentralizando o poder. Na hora do perigo sob os girondinos, a política falhou, e os jacobinos governaram com o princípio de que o poder, vindo do povo, deveria estar concentrado no mínimo de mãos possíveis e ser tornado absolutamente irresistível. A igualdade tornou-se o substituto da liberdade, e surgiu o temor de que a forma mais bem-vinda de igualdade seria a distribuição igualitária de propriedades. Os estadistas jacobinos, os pensadores do partido, comprometeram-se a abolir a pobreza sem cair no socialismo. Eles tinham posse das propriedades da Igreja, que serviu como base do crédito público. Eles tinham posse do domínio real, das propriedades confiscadas de emigrantes e malignos, as terras comuns e as terras florestais. E em tempos de guerra havia o saque de vizinhos opulentos. Através dessas operações, a renda dos camponeses foi dobrada, e foi considerado possível aliviar as massas da tributação, até que, pela imensa transferência de bens, não existissem pobres na República. Esses esquemas estavam no fim, e a Constituição do ano III fecha o período revolucionário.

Os monarquistas e conservadores da capital teriam de concordar com a derrota de suas esperanças se não fosse o artigo adicional que ameaçava perpetuar o poder nas mãos dos deputados existentes, o qual tinha sido levado por um voto muito menor do que o que foi dado em favor da própria lei orgânica. O alarme e a indignação eram extremos, e os monarquistas, contando suas forças, viram que tinham uma boa chance contra a assembleia em declínio. Cerca de trinta mil homens foram recolhidos, e o comando foi dado a um oficial experiente. Havia sido proposto por alguns para conferi-lo ao conde Colbert de Maulevrier, o antigo empregador de Stofflet. Isso foi recusado baseando-se no fato de que eles não eram absolutistas ou emigrados, mas liberais, e partidários da monarquia constitucional, e de nenhuma outra.

O exército da Convenção mal chegava a seis mil, e um grande corpo de brutos jacobinos se encontravam entre eles. O comando foi concedido a Menou, um membro da minoria dos nobres de 1789. Mas Menou estava enojado com seus companheiros, e sentiu mais simpatia com o inimigo. Ele se esforçou para negociar, e foi deposto, e sucedido por Barras, o vencedor na batalha sem sangue de Termidor.

Bonaparte, sem emprego, estava descansando em Paris, e quando saiu do teatro, se viu entre os homens que estavam assegurando as negociações. Ele correu para o quartel-general, onde o efeito de suas palavras definitivas sobre as autoridades assustadas foi tal que ele foi imediatamente nomeado segundo no comando. Portanto, quando a manhã amanheceu, em 5 de outubro, o Louvre e as Tulherias haviam se tornado uma fortaleza, e os jardins eram um campo fortificado. Um jovem oficial que se tornou a figura mais brilhante no campo de batalha da Europa – Murat – trouxe canhões da zona rural. A ponte, o cais, e todas as ruas que se abriam em direção ao palácio foram, dessa forma, comandadas por baterias de modo que poderiam ser varridas por um tiro de metralha. Oficiais foram enviados em busca de provisões, barris de pólvora, de tudo o que pertencesse a um hospital ou ambulância. Para que a retirada não fosse cortada, um forte destacamento segurou a estrada para St. Cloud; e armas foram liberalmente fornecidas à Convenção e ao bairro amigável de St. Antoine. Os insurgentes, liderados por meio de hábeis intrigas, mas sem um grande soldado os encabeçando, não conseguiam se aproximar do rio; e aqueles que desceram do opulento centro da cidade perderam sua oportunidade. Depois de um conflito acentuado na Rua St. Honoré, eles fugiram, perseguidos por nada mais assassino do que cartuchos vazios, e Paris sentiu, pela primeira vez, o alcance do mestre. O homem que os derrotou, e ao derrotá-los manteve o trono vago, foi Bonaparte, cujo gênio levaria a Revolução a subjugar o continente.

APÊNDICE

A Literatura da Revolução

Antes de embarcar no mar tempestuoso diante de nós, devemos estar equipados com mapa e bússola. Portanto, começo falando sobre as histórias da Revolução, para que você possa ao mesmo tempo ter alguma ideia do que escolher e do que rejeitar, de modo que você possa saber onde estamos, como chegamos a penetrar até o ponto que chegamos e não mais longe, quais ramos da árvore do conhecimento existem e já dão frutos maduros e quais ainda estão amadurecendo. Desejo resgatá-lo dos escritores de cada escola em particular e de cada época em particular, e da dependência perpétua das narrativas prontas e convencionais que satisfazem o mundo exterior.

Com a crescente experiência da humanidade, a maior curiosidade e o aumento de recursos, cada geração aumenta nossa visão. Eventos menores podem ser entendidos por aqueles que os contemplam, grandes eventos requerem tempo em proporção à sua grandeza.

Lamartine disse uma vez que a Revolução tem mistérios, mas não enigmas. É humilhante ser obrigado a confessar que essas palavras não são mais verdade agora do que quando foram escritas. As pessoas ainda não deixaram de disputar sobre a real origem e a natureza do evento. Foi o déficit; a fome; o Comitê Austríaco; o Colar de Diamantes, as memórias humilhantes da Guerra dos Sete Anos; o orgulho dos nobres ou a intolerância dos sacerdotes; foi a filosofia; foi a maçonaria; o sr. Pitt; a leviandade incurável e a violência do caráter nacional; foi a questão dessa luta entre classes que constitui a unidade da história da França.

Entre essas interpretações teremos que escolher nosso caminho; mas há muitas questões de detalhes sobre as quais serei forçado a dizer-lhes que não tenho provas decisivas.

~

Após as memórias contemporâneas, o primeiro historiador que escreveu com autoridade foi Droz. Ele esteve trabalhando por trinta anos, tendo começado em 1811, quando Paris ainda estava cheia de informações, e ele sabia muito que de outra forma não se tornou conhecido até muito tempo depois de sua morte. Ele consultou Lally Tollendal e foi autorizado a usar as memórias de Malouet, que estavam manuscritas e que são insuperáveis para a sabedoria e boa-fé na literatura da Assembleia Nacional. Droz era um homem de bom senso e experiência, com uma mente verdadeira, se não uma mente poderosa; e seu livro, em ponto de solidez e precisão, era tudo o que um livro poderia ser nos dias em que foi escrito. É a história de Luís XVI durante o tempo em que foi possível controlar a Revolução; e o autor mostra, com absoluta certeza de julgamento, que o ponto de inflexão foi a rejeição do primeiro projeto de Constituição, em setembro de 1789. Para ele, a Revolução estava contida durante os primeiros quatro meses. Ele pretendia escrever um tratado político sobre a história natural das revoluções, e a arte de tal gestão exige apenas que demandas injustas e perigosas não adquiram nenhuma força. Tornou-se uma história de oportunidades rejeitadas, e uma acusação da sabedoria do ministro e da bondade do rei, por um monarquista constitucional da escola inglesa. Seu serviço à história é que ele mostra como a desordem e o crime cresceram a partir da falta de vontade, falta de energia, falta de pensamento claro e concepções definitivas. Droz admite que há uma falha na filosofia de seu título. A posição perdida no verão de 1789 nunca foi recuperada. Mas durante o ano de 1790 Mirabeau estava trabalhando em esquemas para restaurar a monarquia, e não é claro que eles nunca poderiam ter conseguido. Portanto, Droz adicionou um volume sobre a carreira parlamentar de Mirabeau, e chamou-o de apêndice, de modo a permanecer fiel à sua teoria original do limite fatal. Conhecemos o grande orador melhor do que ele poderia ser conhecido em 1842, e o valor do excelente trabalho de Droz está confinado ao segundo volume. Ele ficará inalterado mesmo se rejeitarmos a ideia que a inspirou, e preferirmos pensar que a causa poderia ter sido ganha, mesmo quando se tratava de luta real, no dia 10 de agosto. O livro de Droz pertence ao pequeno número de escritos diante de nós que são superiores à sua fama, e foi seguido por um que desfrutou ao máximo do destino oposto.

Pois o nosso próximo evento é uma explosão. Lamartine, o poeta, foi um daqueles legitimistas que acreditavam que 1830 havia matado a monarquia, que consideravam a dinastia de Orléans uma farsa, e se colocaram de uma vez para olhar à frente dela em direção à inevitável República. Talleyrand o avisou para se manter pronto para algo mais substancial do que a troca de um sobrinho por um tio em um trono sem base. Com uma intuição genial, ele viu mais cedo do que a maioria dos homens, mais precisamente do que qualquer homem, os sinais do que estava por vir. Em seis anos, ele disse, seremos mestres. Ele só se enganou por algumas semanas. Ele elaborou seus planos de modo que, quando chegasse a hora, ele fosse o líder aceito. De forma a castigar e idealizar a Revolução, e preparar uma República que não deveria ser um terror para a humanidade, mas que se submetesse facilmente ao fascínio de uma eloquência melodiosa e simpática, ele escreveu *A história dos girondinos*. O sucesso foi o mais instantâneo e esplêndido já obtido por uma obra histórica. As pessoas não conseguiam ler mais nada; Alexandre Dumas lhe fez o elogio astuto de dizer que ele havia elevado a história ao nível do romance. Lamartine ganhou seu propósito. Contribuiu para instituir uma República pacífica e humana, respondendo ao encanto da frase e sendo obediente à mão mestre que escreveu as glórias da Gironda. Ele sempre acreditou que, sem seu livro, o Reinado do Terror teria sido renovado.

Do início do século até outro dia houve uma sucessão de autores na França que sabiam escrever como quase nenhum, mas o sr. Ruskin ou o sr. Swinburne escreviam na Inglaterra. Eles dobraram a opulência e o significado da linguagem, e tornaram a prosa mais sonora e mais penetrante do que qualquer coisa, menos a mais alta poesia. Não havia mais de meia dúzia, começando com Chateaubriand, e, temo, terminando com São Victor. Lamartine tornou-se o historiador nesta escola corintiana de estilo, e suas manchas roxas superaram tudo em eficácia. Mas parece que na retórica francesa há armadilhas que as canetas domadas evitam. Rousseau comparou o senado romano a duzentos reis, porque seu ouvido sensível não lhe permitiu dizer trezentos – *trois cents rois*. Chateaubriand, descrevendo em uma carta privada sua viagem aos Alpes, fala da lua ao longo do topo da montanha, e acrescenta: "Está tudo bem; eu dei uma olhada no Almanaque, e descobri que havia uma lua." Paul Louis Courier diz que Plutarco [301] teria feito de Pompeu um conquistador já em Pharsalus caso tivesse lido melhor, e ele acha que ele quase estava certo. O gosto exigente do mensageiro teria encontrado contentamento em Lamartine. Ele sabia muito bem que Maria Antonieta tinha quinze anos quando ela se casou com o Delfim em 1770; mas afirma que ela era a criança que a Imperatriz ergueu em seus braços quando os magnatas magiares[93] juraram morrer por sua rainha, Maria Teresa. A cena ocorreu em 1741, catorze anos antes de ela nascer. Histórias da literatura dão o catálogo de seus incríveis erros.

Em seus anos em declínio, ele voltou para este livro, e escreveu um pedido de desculpas, no qual ele respondeu aos seus acusadores, e confessou algumas passagens que ele os exortou a rasgar. Havia um bom terreno para a retratação. Escrevendo de modo a deslumbrar a democracia por meio de uma auréola brilhante, com ele mesmo no meio dela, às vezes era fraco em expor crimes que tinham um motivo popular. Seu republicanismo era do tipo que não permite salvaguarda para as minorias, nenhum direito aos homens, se não aqueles que seu país lhes dá. Ele tinha sido o orador que, quando a Câmara vacilou, rejeitou a Regência que era o governo legal, e obrigou a Duquesa de Orleans a fugir. Quando um relatório chegou a ele que ela havia sido detida, e ele foi convidado a ordenar sua libertação, mas ele se recusou, dizendo: "Se as pessoas pedem por ela, ela deve ser entregue a eles.

Em sua própria defesa, ele mostrou que tinha consultado a viúva de Danton, e tinha encontrado uma testemunha do último banquete dos girondinos. Em seu livro, ele dramatizou a cena, e exibiu a várias influências dos estadistas caídos durante sua última noite na Terra. Granier de Cassagnac manifestou que tudo era uma invenção. Foi dito por Nodier, que era um inventor profissional, e por Thiers, que não deu autoridade, e nenhuma foi encontrada. Mas havia um padre que se sentou do lado de fora da porta, esperando para oferecer os últimos consolos da religião aos homens prestes a morrer. Cinquenta anos depois, ele ainda estava vivo, e Lamartine o encontrou e tomou suas lembranças. Um velho girondino, a quem Charlotte Corday havia pedido para defendê-la que morreu um senador do Segundo Império, Pontécounte, assegurou a seus amigos que Lamartine havia dado a verdadeira cor, e tinha reproduzido os tempos do modo que se lembrava deles. Dessa mesma forma, o general Dumas aprovou o 10 de agosto de Thiers. Ele era um velho soldado da guerra americana, um estadista da Revolução, um servo de confiança de Napoleão, cuja história militar escreveu, e deixou memórias que valorizamos. Mas suspeito que esses veteranos remanescentes estavam facilmente satisfeitos com escritores inteligentes que traziam de volta as cenas do início de suas vidas. Pode haver verdade na obra de Lamartine, mas no geral seus girondinos continuam vivendo como literatura e não como história.

---

93. Outro nome para "húngaros". Normalmente é o termo pelo qual eles se autodesignam. (N. E.)

E seus quatro volumes na Assembleia Nacional são um fragmento da arte da escrita que não requer comentários.

Antes do trovão dos girondinos ter se desvanecido, eles foram seguidos por dois livros de valor mais duradouro do mesmo lado. Louis Blanc foi um político socialista, que ajudou, depois de 1840, a consolidar essa união de socialistas e republicanos que derrubou a monarquia, que foi feita em pedaços nas barricadas de junho de 1848. Levado para o exílio, ele se estabeleceu em Londres, e passou vários anos trabalhando no Museu Britânico. Não foi tudo um infortúnio, pois foi isso que ele encontrou lá: uma ideia encorajadora dos recursos que nos esperam em nosso caminho. Quando Croker desistiu de sua casa no Almirantado por causa da ascensão dos liberais, ele vendeu sua biblioteca revolucionária de mais de dez mil peças ao museu. Mas a febre do colecionador é uma doença a não ser deixada de lado devido a mudanças de governo ou perda de renda. Seis anos depois, Croker juntou outra coleção tão grande quanto a primeira, que também foi comprada pelos curadores. Antes de morrer, esse coletor incurável tinha reunido tanto quanto os dois lotes anteriores, e o todo foi finalmente depositado no mesmo lugar. Lá, em uma sala, temos cerca de quinhentas prateleiras lotadas, em média, com mais 120 panfletos, todos eles pertencentes à época que nos compete. Permitindo duplicatas, isso equivale a quarenta ou cinquenta mil tratados da Revolução; e acredito que não há nada igual a isso em Paris. Metade deles já estava lá, a tempo de serem consultados por Louis Blanc e Tocqueville. A coleção de artigos manuscritos de Croker no mesmo período foi vendida por £50 com sua morte, e foi para o que já foi a famosa biblioteca de Middle Hill.

Louis Blanc foi, assim, capaz de continuar na Inglaterra o trabalho que havia começado em casa, e o completou em doze volumes. Contém muitos detalhes subsidiários e muitas referências literárias, e isso faz dele um livro útil para consulta. A massa pesada de material, e o poder da caneta, não compensam a intrusão cansada da doutrina e do desígnio do autor.

Um personagem eminente uma vez me disse que o parlamento de seu país tinha a intenção de suprimir a liberdade educacional. Quando perguntei o que os tornava iliberais, ele respondeu: "É porque eles são liberais". Louis Blanc participou dessa mistura. Ele é o expositor da Revolução em seu aspecto compulsório e iliberal. Ele deseja que o governo seja constituído de tal forma que possa fazer tudo pelo povo, mas não tão restrito que não possa fazer nenhum dano às minorias. As massas têm mais a sofrer pelo abuso de riqueza do que pelo abuso de poder, e precisam de proteção do Estado, não contra ele. O poder, nas mãos adequadas, agindo para o todo, não deve ser contido no interesse de uma parte. Portanto, Louis Blanc é o admirador e defensor de Robespierre; e o tom de sua súplica aparece nos massacres de setembro, quando ele nos pede para lembrar de São Bartolomeu.

Michelet comprometeu-se a vingar a Revolução ao mesmo tempo que Louis Blanc, sem sua paixão frígida, sua pesquisa ostensiva e sua atenção a particularidades, mas com uma visão mais profunda e uma opinião mais forte. Sua posição nos arquivos lhe deu uma vantagem sobre todos os rivais; e quando perdeu seu lugar, ele se estabeleceu no oeste da França e fez um estudo de La Vendée. Ele é indiferente a provas, e rejeita como lixo meros fatos que não contribuem nada para seu argumento ou sua imagem. Porque Arras era uma cidade clerical, ele chama Robespierre de padre. Porque há tumbas punidas em Ajaccio, ele chama Napoleão de compatriota de Hannibal. Para ele, a função da história é o julgamento, não a narrativa. Se nos submetermos ao evento, se pensarmos mais na ação realizada do que no problema sugerido, nos tornamos cúmplices servis do sucesso e da força. História é ressurreição. O historiador é chamado a revisar julgamentos e reverter sentenças, assim como o povo, que é objeto de toda a história, acordou para o conhecimento de seus erros e de seu poder, e se levantou de modo a vingar o passado. A história também é restituição. Autoridades tiranizavam e as nações sofriam; mas a Revolução é o advento da justiça, e o fato central na experiência da humanidade. Michelet proclama que ao seu toque os ídolos ocos foram despedaçados e expostos, os reis carniças apareceram, desmascarados e descobertos. Ele diz que teve que engolir muita raiva e muita aflição, muitas víboras e muitos reis; e escreve às vezes como se tal dieta discordasse dele. Sua imaginação está cheia dos sofrimentos cruéis do homem, e ele saúda com um profundo entusiasmo o momento em que a vítima que não podia morrer e, em um ato furioso de retribuição, vingou o martírio de mil anos. A aquisição de direitos, a teoria acadêmica, o comove menos do que a punição do errado. Não há perdão para aqueles que resistem às pessoas que se rebelam perante a consciência de seu poder. O que é bom provém da massa, e o que é ruim dos indivíduos. A humanidade, ignorante em relação à natureza, é uma juíza justa dos assuntos do homem. A luz que chega ao instruído a partir da reflexão vem para os não instruídos mais certamente através da inspiração natural; e o poder se deve à massa em razão do instinto, não pela razão dos números. Eles estão certos por dispensa do céu, e não há pena de suas vítimas, se você se lembrar dos velhos tempos. Michelet não tinha paciência com aqueles que buscavam a essência pura da Revolução na religião. Ele contrasta as agonias com as quais a Igreja agravou a punição da morte com a rápida misericórdia da guilhotina, e prefere cair nas mãos de Danton do que nas de Luís IX ou de Torquemada.

Com tudo isso, pela real sinceridade de seu sentimento pela multidão, pela minúcia de sua visão e sua linguagem intensamente expressiva, ele é o mais esclarecedor dos historiadores democráticos. Muitas vezes lemos sobre homens cujas vidas foram mudadas porque um livro em particular caiu em suas mãos, ou, pode-se dizer, porque eles caíram nas mãos de um livro em particular. Nem sempre é um acidente feliz; e parece que as coisas teriam ido de outra forma caso tivessem examinado a lista de melhores livros de Sir John Lubbock, ou o que eu preferiria chamar de Biblioteca de Santa Helena, contendo nada menos do que obras adequadas e adaptadas para uso pelo homem mais capaz na completa maturidade de sua mente. De tais livros, que são fortes o suficiente, em alguma qualidade eminente, a ponto de desempenhar uma mudança e formar uma época na vida de um leitor, há dois, talvez, em nossa plataforma revolucionária. Um é Taine, e o outro é Michelet.

O quarto trabalho do partido revolucionário, que foi escrito quase simultaneamente com estes, é o de Villiaumé. Lamartine estimava Vergniaud. Louis Blanc estimava Robespierre, Michelet e Danton. Villiaumé foi um passo mais longe, e admirava Marat. Ele viveu muito entre as famílias sobreviventes de heróis revolucionários, e recebeu, segundo ele, o último suspiro de uma tradição expirante[94]. Ele também havia reunido de Chateaubriand o que ele se lembrava; e Thierry, que era cego, fez com que seu livro fosse lido para ele duas vezes.

O relato de Marat no 28º volume de Buchez foi parcialmente escrito por Villiaumé, e foi aprovado por Albertine Marat. A grande curiosidade bibliográfica na literatura da Revolução é o jornal de Marat. Foi impresso muitas vezes em esconderijos e sob dificuldades, e é tão difícil de ser encontrado que, há alguns anos, a biblioteca de Paris não possuía um conjunto completo. Um livreiro me disse uma vez que tinha vendido a um estadista inglês por £ 240. A própria cópia de Marat, corrigida em sua caligrafia, e enriquecida com outros assuntos, foi preservada por sua irmã. Em 1835 ela chegou a Villiaumé, o qual, tendo terminado seu livro, vendeu-o em 1859 por £ 80 para o colecionador Solar. O príncipe Napoleão mais tarde o possuiu; e, por fim, ele trilhou seu caminho até chegar em um antigo castelo escocês, onde tive a sorte de encontrá-lo.

---

94. No mesmo sentido de "data de expiração", "data de validade". (N. E.)

Enquanto os historiadores revolucionários, auxiliados por eventos públicos, predominavam na França, os conservadores competiam obscuramente, e a princípio sem sucesso. Genoude foi por muitos anos editor do principal jornal monarquista, e nessa função iniciou uma fase notável de pensamento político. Quando os Bourbons foram expulsos sob a imputação do absolutismo incurável, os legitimistas se viram identificados com uma liberalidade relutante e um sufrágio restrito, e ficaram em uma desvantagem sem esperança. Na *Gazette de France* Genoude imediatamente adotou a política oposta, e superou os orleanistas liberais. Ele argumentou que um trono que não era ocupado pelo direito de herança, assim como um homem dispõe de sua propriedade, só poderia ser legitimado através da vontade expressa da França. Por isso, insistiu em um apelo à nação, à soberania do povo e à maior extensão do direito ao voto. Quando seu amigo Courmenin elaborou a Constituição de 1848, foi Genoude quem o induziu a adotar a nova prática do sufrágio universal, que era desconhecida da Revolução. Tendo perdido a esposa, ele recebeu ordens. Tudo isso, ele disse um dia, terminará não através do ato de um soldado ou um orador, mas de um Cardeal. E ele brindou à memória de Richelieu.

A noção de um trono legítimo, restaurado pela democracia, que foi emprestado de Bolingbroke, e que quase prevaleceu em 1873, dá algum alívio e originalidade ao seu trabalho na Revolução. Não é provável que você se encontre com ela. Quando os *Memoirs* de Talleyrand apareceram, a maioria das pessoas aprendeu pela primeira vez que ele foi à noite para oferecer seus serviços ao rei, de forma a tirar o melhor da Assembleia. O editor inseriu o evento em meados de julho. Ninguém parecia saber que a história já havia sido contada por Genoude, e que ele fixou a oferta da meia-noite para o poder em sua data adequada, um mês antes.

A história de Amédée Gabourd é um livro muito melhor, e talvez o melhor de seu tipo. Gabourd já havia escrito uma história da França, e seus muitos volumes sobre o século XIX, sem pretensão no ponto de vista de pesquisa, são convenientes para uma amplitude menor de países e eventos. Ele escreve com o cuidado, a inteligência, e o conhecimento do trabalho de outros homens, que distinguem o *Popular History of England* de Charles Knight. Eu conheci estudantes muito profundos, de fato, que tinham o hábito de usá-lo constantemente. Ele diz, com razão, que nenhum escritor procurou a verdade e a justiça com a mais perfeita boa-fé ou tem sido mais cuidadoso para manter-se distante do espírito partidário e aceito julgamentos. Como ele era um constitucionalista, a revolução de fevereiro foi a ruína de um sistema que ele esperava durar para sempre e governar a última era do mundo. Mas Gabourd permaneceu fiel aos seus princípios. Ele escreveu:

> Eu amarei o povo e honrarei o rei; e terei o mesmo julgamento sobre a tirania de cima e a tirania de baixo. Não sou daqueles que estabelecem um abismo entre liberdade e religião, como se Deus aceitasse nenhuma adoração que não a de corações servis. Não me oporei aos resultados do evento que descrevo, nem negarei o mérito do que havia sido ganho ao preço de tanto sofrimento.

~

Os Doutrinários eram, entre todos, os homens na melhor posição para entender a Revolução e julgá-la corretamente. Eles não tinham um fraco pela antiga monarquia, e nenhum pela república; e aceitaram os resultados em vez dos motivos. Eles se alegraram com o reinado da razão, mas exigiram a monarquia devidamente limitada, e a Igreja conforme estabelecida pelo Concordat, a fim de retomar a corrente da história e a influência estática do costume. Eles eram o grupo mais intelectual de estadistas do país; mas, assim como os peelitas[95], eles eram líderes sem seguidores, e foi dito deles que eram apenas quatro, mas fingiam ser cinco, de modo a atacar o terror pelo seu número. Guizot, o maior escritor entre eles, compôs, em sua velhice, uma história da França para seus netos. Ela ficou incompleta, mas seus discursos sobre a Revolução, tema no qual pensou durante toda a sua vida, foram editados por sua família. Esses contos de um avô não são seu trabalho propriamente dito, e, assim como as palestras de Niebuhr, dão as opiniões aproximadas de um homem tão grande que é uma dor não as possuir de forma autêntica.

Em vez de Guizot, nosso historiador doutrinário é Barante. Ele tinha a distinção e a dignidade de seus amigos, o conhecimento de livros, a experiência deles em assuntos públicos; seu trabalho sobre os duques da Borgonha foi elogiado, na infância desses estudos, além de seu mérito. No início da vida, ele tinha ajudado madame de la Rochejaquelein a trazer à tona suas *Memoirs*. Sua curta biografia de Saint Priest, Ministro do Interior no primeiro ano revolucionário, é uma narrativa singularmente justa e pesada. Depois de 1848 publicou nove volumes sobre a Convenção e o Diretório. Como o resto de seu partido, Barante sempre reconheceu o espírito original da Revolução como a raiz das instituições francesas. Mas o movimento de

---

95. Facção política dissidente do Partido Conservador Britânico, atuantes entre 1846 e 1859. (N. E.)

1848, dirigido como era contra os Doutrinários, contra sua monarquia e seu ministério, tinha desenvolvido muito o elemento conservador que sempre foi forte dentro deles.

Naqueles dias, Montalembert sucedeu Droz na Academia, e aproveitou para atacar, como ele disse, não 1793, mas 1789. Ele disse que Guizot, o mais eloquente dos imortais, não tinha encontrado uma palavra para instar em resposta. Neste nível, Barante compôs sua obra em oposição ao renascimento das ideias jacobinas e à reabilitação do caráter jacobino. Foi uma grande ocasião, pois a maré estava correndo fortemente para o outro lado; mas o livro, vindo de tal homem, é uma decepção. Sobre o julgamento do rei, pontos adversos são apresentados, como se um historiador pudesse realizar um depoimento. Um escritor mais poderoso da história conservadora se mostrou na mesma época em Heinrich von Sybel.

~

Em meados da década de 1850, quando os volumes iniciais de Sybel estavam saindo, os estudos mais profundos começaram na França com Tocqueville. Ele foi o primeiro a estabelecer, se não descobrir, que a Revolução não era apenas uma ruptura, uma reversão, uma surpresa, mas em parte um desenvolvimento de tendências em ação na antiga monarquia. Ele a trouxe para uma conexão mais próxima com a história francesa, e acreditava que tinha se tornado inevitável quando Luís XVI subiu ao trono, que o sucesso e o fracasso do movimento vieram de causas que estavam previamente em ação. O desejo de liberdade política era sincero, mas adulterado. Ele foi atravessado e frustrado por outros objetivos. As liberdades secundárias e subordinadas envergonharam a abordagem do objetivo supremo do autogoverno. Pois Tocqueville era um liberal da raça mais pura – um liberal e nada mais, profundamente desconfiado da democracia e afins, igualdade, centralização e utilitarismo. De todos os escritores, ele é o mais amplamente aceito e o mais difícil de encontrar falhas. Ele é sempre sábio, sempre certo, e tão justo quanto Aristides. Seu intelecto é sem falhas, mas é limitado e constrangido. Ele conhece menos de literatura política e história do que da vida política; sua originalidade não é criativa, e ele não estimula com brilhos de nova luz ou sugestões insondáveis.

Dois anos depois, em 1858, uma obra começou a aparecer que era menos nova e menos polida do que a de Tocqueville, mas ainda mais instrutiva para todos os estudantes de política. Duvergier de Hauranne tinha uma longa experiência na vida pública. Ele lembrou do dia em que viu Cuvier montar a tribuna em um terno de veludo preto e falar como poucos oradores falaram, e levar adiante a lei eleitoral que foi o projeto de Lei da Reforma de 1817. Tendo brigado com os Doutrinadores, ele liderou o ataque que derrubou Guizot, e foi um dos três em quem Thiers confiava para salvar o trono, quando o rei foi embora em um coche e carregou a dinastia com ele. Ele dedicou a noite de sua vida a uma história do governo parlamentar na França, que se estende em dez volumes até 1830, e contém ideias mais profundas, mais ciência política, do que qualquer outro trabalho que conheço na bússola da literatura. Ele analisa todas as discussões constitucionais, auxiliadas por muito conhecimento confidencial e conhecimento mais completo com panfletos e artigos principais. Ele não se sentia tanto em casa nos livros; mas não permitiu que um tom de pensamento inteligente ou um argumento válido escapasse dele. Durante a Restauração, a grande controvérsia de todas as eras, o conflito entre razão e costume foi combatido no nível mais alto. A questão naquela época não era qual dos dois deveria prevalecer, mas como eles deveriam ser reconciliados, e se o pensamento racional e a vida nacional poderiam ser harmonizados. O volume introdutório abrange a Revolução, e traça o progresso e a variação de visões do governo na França, desde o aparecimento de Sieyès até a elevação de Napoleão.

Laboulaye era um homem de calibre e medidas semelhantes, a quem Waddington, quando era ministro, chamou de o verdadeiro sucessor de Tocqueville. Como ele, Laboulaye havia se saturado com ideias americanas e, assim como ele, foi convencido de que o legado revolucionário do poder concentrado era o principal obstáculo para as instituições livres. Ele escreveu, em três pequenos volumes, uma história dos Estados Unidos, que é um resumo mais inteligente do que ele tinha aprendido em Bancroft e Hildreth. Ele escreveu com o máximo de lucidez e definição, e nunca escureceu conselhos com eloquências distorcidas, de modo que não há nenhum homem de quem seja tão fácil e tão agradável aprender. Suas palestras sobre os primeiros dias da Revolução foram publicadas de tempos em tempos em um periódico, e, acredito, não foram coletadas. Laboulaye era um estudioso, bem como um estadista, e sempre soube bem seu assunto e como guia para os tempos não podemos ter nada mais útil do que seu curso inacabado.

O evento da competição inglesa é a aparição de Carlyle. Depois de cinquenta anos ainda dependemos dele para Cromwell, e em *Past and Present* ele deu o que foi o mais notável pedaço de pensamento histórico na língua [inglesa]. Mas o mistério da investigação não tinha sido revelado a ele quando começou seu livro mais famoso. Ele foi espantado do Museu por um criminoso que espirrou na sala de leitura. Como os panfletos franceses ainda não haviam sido catalogados, ele pediu permissão para examiná-los e fazer sua seleção nas prateleiras em que estavam. Ele reclamou que, tendo solicitado a um funcionário respeitável, ele tinha sido recusado. Panizzi, furioso por ser descrito como um funcionário respeitável, declarou que não podia permitir que a biblioteca fosse comandada por um homem letrado desconhecido. No final, os recursos modestos usuais de uma coleção privada satisfizeram suas exigências. Mas o brilho vívido, a mistura do sublime com o grotesco, fazem outros oponentes esquecerem dos veredictos impacientes e a pobreza do fato estabelecido nos volumes que conduziram nossos pais da servidão a Burke. Eles continuam sendo uma daquelas decepcionantes nuvens de tempestade que dão mais trovões do que relâmpagos.

A prova do avanço do conhecimento é a melhoria dos compêndios e livros escolares. Há três que devem ser mencionados. Em meados do século, Lavallée escreveu uma história da França para seus alunos no Colégio Militar. Citando a observação de Napoleão, que a história da França deve estar em quatro volumes ou em cem, ele pronuncia a favor de quatro. Durante uma geração seu trabalho passou a ser o melhor de seu tipo. Estando em St. Cyr, antigamente a famosa escola de meninas, para a qual Racine compôs suas tragédias posteriores, ele dedicou muitos anos à elucidação de madame de Maintenon, e à recuperação de suas cartas interpoladas. Sua Revolução está contida em 230 páginas de seu quarto volume. Há um resumo de dimensões semelhantemente moderadas por Carnot. Ele era o pai do presidente, e filho do organizador da vitória, que, em 1815, deu o memorável conselho a Napoleão de que, se ele se apressava contra ingleses, os encontraria dispersos e despreparados. Ele foi um republicano militante, editor das *Memoirs* de seu pai, de Grégoire e de Barère. M. Aulard elogia seu livro, com a simpatia de um co-regilioso, como a melhor narrativa existente. Outros bons republicanos preferem o que Henri Martin escreveu na continuação de sua história da França. Não devo ter dificuldade em declarar que o sétimo volume da história francesa de Dareste é superior a todos eles; e por mais longe que carreguemos o processo de seleção e exclusão, eu nunca abriria mão dele.

Vimos que há muitas obras capazes de ambos os lados, e duas ou três que são excelentes. E há alguns homens sagazes e imparciais que mantêm o estreito caminho entre eles: Tocqueville para a origem, Droz e Laboulaye para o período decisivo de 1789, Duvergier de Hauranne para todo o pensamento político, Dareste para o grande esboço de eventos públicos, em paz e guerra. Eles equivalem a não mais do que cinco volumes, e são menos do que os livros de Thiers ou Michelet, e nem metade da extensão de Louis Blanc. Podemos facilmente lê-los; e descobriremos que eles deixaram todas as coisas claras para nós, que podemos confiar neles, e que não temos nada para desaprender. Mas se nos limitarmos à companhia de homens que conduzem um caminho do meio criterioso, com quem descobrimos que podemos concordar, nossa sabedoria vai azedar, e nunca contemplaremos os partidos em sua força. Nenhum homem sente a grandeza da Revolução até ler Michelet, ou o horror dela sem ler Taine. Mas eu mantive o melhor para o final, e falarei de Taine, e mais dois ou três que rivalizam com Taine, na próxima semana.

⁓

Depois de uma escrita muito parcial e controversa, os homens sagazes alcançaram um julgamento razoável sobre o bem e o mal, a verdade e o erro da Revolução. A visão estabelecida pelos monarquistas constitucionais, como Duvergier de Hauranne, e por homens equidistantes da exclusividade monarquista ou republicana, como Tocqueville e Laboulaye, foi muito amplamente compartilhada por democratas inteligentes, mais particularmente por Lanfrey e por Quinet em seus dois volumes sobre a genialidade da Revolução. Naquela época, sob o Segundo Império, não havia nada que pudesse ser chamado de história adequada. Os arquivos eram praticamente inexplorados, e os homens não tinham ideia da quantidade de trabalho que uma exploração séria implica. O primeiro escritor que produziu matéria original a partir dos documentos da Comuna de Paris foi Mortimer Ternaux, cujos oito volumes sobre o Reinado do Terror saíram entre 1862 e 1880. O que ele revelou foi tão decisivo que obrigou Sybel a reescrever o que ele havia escrito nas cenas de setembro.

Quando descrevo o verdadeiro estudo da Revolução como começando com Tocqueville e Ternaux, quero dizer o estudo dela nas fontes genuínas e oficiais. Memórias, é claro, abundavam. Há mais de cem. Mas as memórias não fornecem a certeza da história. A certeza vem com os meios de controle, e não há controle ou teste de memórias sem os documentos contemporâneos. Até meados do século, cartas privadas e documentos oficiais eram raros. Então, no início do verão de 1851, duas coleções importantes apareceram com algumas semanas de diferença de uma da outra.

Primeiro vieram as *Memoirs* de Mallet du Pan, um observador liberal, independente e exigente, que, além do dom do estilo, Taine compara a Burke, e que, como Burke, foi para o outro lado.

Isso foi seguido pelo *Secret Correspondence with the Court* [*Correspondências Secretas com a Corte*] de Mirabeau. Sua prevaricação e dupla negociação como um líder popular sob a folha de pagamento do rei era conhecido há muito tempo. Pelo menos vinte pessoas sabiam do segredo. Um homem, saindo de Paris às pressas, deixou um papel, o mais importante de todos, largado em seu quarto. Alusões inconfundíveis foram encontradas entre o conteúdo do Baú de Ferro. Um dos ministros contou a história em suas *Memoirs*, e uma carta pertencente à série foi impressa em 1827. La Marck, pouco antes de sua morte, mostrou os papéis a Montigny, que deu um relato deles em seu trabalho sobre Mirabeau, e Droz, além disso, sabia sobre os fatos principais através de Malouet quando escreveu em 1842. Para nós, o interesse da publicação não reside na exposição do que já era conhecido, mas nos detalhes de sua política tortuosa e engenhosa durante seu último ano de vida, e de seus esquemas para salvar o rei e a Constituição. Para o partido revolucionário, a confissão póstuma de tanta traição era como a história do monge que, morrendo com a fama de um santo, subiu sob a mortalha durante o funeral, e confessou diante de seus irmãos que ele tinha vivido e morrido um hipócrita impenitente.

Ainda assim, nenhum documento privado poderia compensar o silêncio dos arquivos públicos; e os verdadeiros segredos do governo, diplomacia e guerra, permaneceram quase intactos até 1865. A forma como eles vieram a ser exumados é a transação mais curiosa no progresso da história revolucionária. Foi uma consequência da paixão por autógrafos e da mania do colecionador. 60 mil autógrafos foram vendidos em leilão em Paris nos 28 anos entre 1822 e 1850. Desde os dias da Restauração nenhuma carta era mais ansiosamente procurada e valorizada do que as da rainha. A sociedade monarquista a considerava uma vítima inocente, heroica e inocente, e atribuía a ruína da monarquia à negligência de seus conselhos magnânimos. Tornou-se uma ocupação lucrativa roubar cartas que traziam sua assinatura, a fim de vendê-las a compradores ricos. Os preços subiam constantemente. Uma carta do ano de 1784, que rendeu 52 francos em 1850, foi vendida por 107 em 1857, e por 150 em 1861. Em 1844 uma foi comprada por duzentos francos e outra por 330. Uma carta à princesa de Lamballe, que arrecadou setecentos francos em 1860, subiu para 760 em 1865, quando as suspeitas começaram a seu agitar. Ao todo, 41 cartas da rainha para a sra. de Lamballe estiveram no mercado, e nenhuma delas foi genuína. Quando começou a valer a pena roubar, era ainda mais rentável forjar, pois então não havia limite para o fornecimento.

Em sua vida, a rainha estava ciente de que emigrados hostis imitavam sua caligrafia. Três dessas cartas foram publicadas em 1801 em um livro inútil chamado *Madame de Lamballe Memoirs*. Tais falsificações chegaram ao mercado a partir do ano de 1822. A arte foi levada ao ponto de desafiar a detecção, e a credulidade do público era insaciável. Na Alemanha, um homem imitou a escrita de Schiller tão perfeitamente que a filha de Schiller comprou suas cartas tão rápido como podiam ser produzidas. Em Paris, o comércio nefasto tornou-se ativo por volta de 1839.

Em 15 de março de 1861, um facsímilista, Betbeder, lançou um desafio, comprometendo-se a realizar autógrafos que seriam impossíveis de serem detectados, por papel, tinta, caligrafia ou texto. O julgamento aconteceu na presença de especialistas, e em abril de 1864 eles declararam que suas imitações não poderiam ser distinguidas dos originais. Naquela época havia um famoso matemático cujo nome era Chasles. Ele estava interessado na história da geometria, e na glória da França, e um genealogista inteligente viu sua oportunidade. Ele produziu cartas das quais parecia que algumas das descobertas de Newton tinham sido antecipadas por franceses, os quais haviam sido roubados de sua devida fama. M. Chasles os comprou, com um desrespeito patriótico por dinheiro; e continuou a comprar, de tempos em tempos, tudo o que o impostor, Denis Vrain-Lucas, lhe oferecesse. Ele colocou seus documentos perante o Instituto, e o Instituto os declarou genuínos. Havia cartas de autógrafos de Alexandre para Aristóteles, de César a Vercingetorix, de Lázaro a São Pedro, de Maria Madalena a Lázaro. A imaginação do fabricante corria solta, e ele produziu um fragmento na caligrafia de Pitágoras, mostrando que Pitágoras escreveu em francês ruim. Finalmente, outros homens instruídos, que não amavam Chasles, tentaram fazê-lo entender que ele havia sido iludido. Quando a iniquidade veio à tona, e o culpado foi enviado para a prisão, ele havia florescido por sete anos, tinha feito vários milhares de libras, e tinha encontrado um mercado para 27 mil falsificações descaradas.

Na época em que essa misteriosa fabricação estava prosperando, o conde Hunolstein comprou 148 cartas de Maria Antonieta, de um negociante de Paris, por £ 3400, e publicou-as em junho de 1864. Napoleão III e a imperatriz Eugênia, cuja política era conciliar os legitimistas a quem a Revolução Italiana ofendeu, exibiu um interesse cultivado na memória da rainha infeliz. Um alto funcionário da corte, M. Feuillet de Conches, era zeloso na mesma causa. Começou a compra-las já em 1830, e obteve muito do termidoriano,

Courtois, que tinha os documentos de Robespierre em suas mãos. Wachsmuth, que foi a Paris em 1840 de modo a preparar seu trabalho histórico, relatou em revisões alemãs sobre o valor da coleção de Feuillet; e em 1843 foi descrito como o primeiro dos "autografófilos"[96] franceses – o termo não é de minha cunhagem. Sabia-se que ele contemplou uma publicação sobre a família real. Ele viajou por toda a Europa, e foi admitido para fazer transcrições e fac-símiles em muitos lugares que eram zelosamente protegidos contra intrusos. Seu primeiro volume apareceu dois meses depois do de Hunolstein, e o segundo em setembro. Durante aquele verão e outono o monarquismo foi moda e desfrutou de uma temporada de triunfo. Vinte e quatro cartas eram comuns a ambas as coleções; e como elas não concordavam literalmente, pessoas problemáticas começaram a fazer perguntas.

O único homem capaz de respondê-las foi Arneth, então guardião dos arquivos em Viena, que foi empregado ao estabelecer a grande história de Maria Teresa que o tornou famoso. Pois as cartas escritas por Maria Antonieta para sua mãe e sua família tinham sido religiosamente preservadas, e estavam sob sua custódia. Antes do final do ano, Arneth produziu as exatas palavras das cartas, como a imperatriz as recebeu; e então foi descoberto que elas eram bem diferentes daquelas que haviam sido impressas em Paris.

Uma controvérsia raivosa se seguiu, e no final tornou-se certo que a maior parte da edição de Hunolstein, e parte de Feuillet, foi fabricada por um impostor. Foi sussurrado que os supostos originais vendidos por Charavay, o traficante, para Hunolstein vieram a ele através de Feuillet de Conches. Sainte Beuve, que o tinha acolhido no início, e o tinha aplaudido, em vista disso rompeu, indignado, seu relacionamento, e publicou a carta em que fez isso. Feuillet tornou-se mais cauteloso. Seus quatro volumes posteriores estão cheios de assuntos de extremo valor, e sua grande coleção de autógrafos ilegíveis de Napoleão foram vendidos por £ 1250 e agora estão em The Durdans[97].

É desta forma que a desonestidade de um ladrão muito hábil resultou na abertura dos arquivos imperiais, nos quais os registros autênticos da Revolução estão depositados. Pois os imperadores, Joseph e Leopoldo, eram irmãos da rainha; sua irmã era regente nos Países Baixos, o embaixador da família estava sob sua confiança, e os eventos que trouxeram a grande guerra, e a guerra em si, sob Clerfayt, Coburgo, e o arquiduque Charles, só podem ser

---

96. Adaptação do original *autographophiles*. (N. T.)
97. Trata-se de uma grande mansão de campo inglesa, relativamente famosa nos tempos de Lord Acton. (N. E.)

conhecidos lá, e lá apenas. Uma vez aberto, Arneth nunca mais permitiu que a porta fosse fechada para os alunos. Ele mesmo publicou muitos documentos, encorajou seus compatriotas a examinar seus tesouros, e acolheu, e continua a receber os estudiosos de Berlim. Trinta ou quarenta volumes de documentos austríacos, que foram trazidos à tona pelo ato do francês criminoso, constituem nossa melhor autoridade para a história interna e externa da Revolução, e do tempo que a precedeu. O Ministério das Relações Exteriores francês é menos comunicativo. Os documentos de seus dois diplomatas mais capazes, Barthélemy e Talleyrand, foram tornados públicos, além dos de Fersen, Maury, Vaudreuil e muitos emigrados; e as cartas de vários deputados aos seus eleitores estão agora sendo conhecidas.

Ao lado do austríaco, os mais valiosos dos diplomatas são os americanos, os venezianos e o sueco, pois ele era o marido da ilustre filha de Necker. Essa mudança no centro de gravidade que se passou entre 1865 e 1885 ou 1890, além de direcionar a atenção renovada aos assuntos internacionais, reduziu consideravelmente o valor das memórias nas quais se baseou a visão atual de nossa história. Pois memórias são escritas posteriormente e para o mundo, são inteligentes, apologéticas, projetadas e enganosas. As cartas são escritas no momento, são confidenciais e, portanto, nos permitem testar a verdade das memórias. Em primeiro lugar, descobrimos que muitas delas não são autênticas, ou não são do autor de renome. O que pretende ser as memórias do príncipe Hardenberg é a composição de dois homens letrados bem-informados, Beauchamp e d'Allouville. Beauchamp também escreveu o livro conhecido como as *Memoirs of Fouché*. As de Robespierre são de Reybaud, e as de Barras são de Rousselin. Roche escreveu as memórias de Levasseur de la Sarthe, e Lafitte as de Fleury. Cléry, o manobrista confidencial do rei, deixou um diário que teve tanto sucesso que alguém compôs suas memórias falsas. Seis volumes atribuídos a Sanson, o carrasco, são, naturalmente, espúrios.

Quando as *Memoirs* de Weber foram republicadas na longa coleção de Baudoin, Weber protestou e entrou com uma ação. O réu negou sua alegação, e produziu provas para mostrar que os três primeiros capítulos são de Lally Tollendal. Nem sempre se segue que o livro é inútil porque o frontispício atribui-o a um homem que não é o autor. O verdadeiro autor muitas vezes não é confiável. Malouet é um desses homens, muito raro na história, cuja reputação sobe quanto mais o conhecemos; e Dumont de Genebra era um sábio observador, o confidente, e muitas vezes o instigador de Mirabeau. Ambos são enganosos, pois escreveram muito tempo depois, e sua memória é constantemente falha. Dumouriez escreveu de modo a desculpar sua deserção, e Talleyrand para lançar um véu decente sobre ações que eram prejudiciais a ele na Restauração. A família Necker é exasperante, porque geralmente estão errados com relação a suas datas. Madame Campan desejava recuperar sua posição, que a queda do império tinha arruinado. Portanto, alguns que viram seu manuscrito afirmaram que as passagens suprimidas eram adversas à rainha; pela mesma razão que, na correspondência de Fersen, certas expressões são omitidas e substituídas por asteriscos suspeitos. Ferrières sempre foi reconhecida como uma das testemunhas mais confiáveis. É ele quem relata que, na primeira reunião após o juramento, os deputados foram excluídos da Quadra de Tênis para que o conde d'Artois pudesse jogar uma partida. Agora descobrimos, pelas cartas de um deputado recentemente publicadas, que a história deste pedaço de insolência é uma fábula. O clero tinha avisado que eles estavam vindo, e foi considerado indigno de tal ocasião receber uma procissão de eclesiásticos em uma Quadra de Tênis; então os deputados rumaram para uma igreja vizinha.

Montlosier, que era o que Burke chamou de um homem de honra e um cavaleiro, nos diz que seu próprio colega de Auvergne quase foi morto em um duelo, e manteve-se em sua cama por três meses. Biauzat, o conterrâneo do homem ferido, escreve que ele esteve ausente da Assembleia por apenas dez dias. O ponto da questão é que o adversário cuja mão infligiu a ferida foi o próprio Montlosier.

A narrativa que madame Roland elaborou na prisão, como um apelo à posteridade, não é um livro discreto, mas não revela o segredo de sua vida. Ele foi revelado em 1863, quando três ou quatro cartas foram colocadas à venda em leilão, e quando, pouco depois, uma miniatura, com algo escrito nela, foi encontrada em meio ao lixo da loja de um verdureiro. Eram as cartas de madame Roland, que Buzot havia enviado para um lugar seguro antes de sair e se matar; e a miniatura era o retrato dela, que ele tinha usado em sua fuga.

Bertrand, o Ministro da Marinha, relata que a rainha o enviou ao imperador para saber o que ele faria pela sua libertação, e ele publicou o texto da resposta que retornou. Por cem anos esse documento foi aceito como a autêntica declaração das intenções de Leopoldo. Foi o documento que o mensageiro trouxe de volta, mas não a resposta que o imperador deu. Essa resposta, muito diferente da que enganou todos os historiadores, foi descoberta por Arneth, e foi publicada há dois anos pelo professor Lenz, que dá palestras sobre a Revolução aos afortunados estudantes de Berlim. Sybel a inseriu em sua revisão, e reescreveu o artigo de Lenz, o que perturbou uma parte essencial de sua própria estrutura.

O Marquês de Bouillé escreveu suas memórias em 1797, de modo a se livrar da responsabilidade pela catástrofe de Varennes. A correspondência, preservada entre os documentos de Fersen, mostra que as declarações em suas *Memoirs* são falsas. Ele diz que desejava que o rei partisse abertamente, como Mirabeau havia aconselhado; que ele recomendou a rota por Rheims, a qual o rei rejeitou; e que ele se opôs à linha de postos militares, o que levou ao desastre. As cartas provam que ele aconselhou a partida secreta, a rota de Varennes, e a escolta da cavalaria.

A característica geral do período que estou descrevendo foi o colapso das *Memoirs*, e nossa emancipação da autoridade dos escritores que dependiam delas. Essa fase é representada pelos três historiadores, Sybel, Taine e Sorel. Eles se distanciaram de seus antecessores, porque eram capazes de consultar muitas correspondências pessoais e diplomáticas. Eles ficaram aquém daqueles que estavam por vir, porque faltavam-lhes informações oficiais.

Sybel era aluno de Ranke, e ele havia aprendido, com o estudo da Idade Média, que ele não gostava, a erradicar a lenda, a fábula e a mentira, e a trazer a história dentro dos limites das evidências. No início da vida, ele detonou a história de Pedro, o Eremita e sua influência nas Cruzadas, e na mesma capacidade foi ele quem expôs a fabricação das cartas da rainha. Na verdade, ele era um crítico tão robusto que desprezou ler o Hardenberg fictício, embora a obra contenha um bom material. Ele mais do que compartilhava do temperamento não espiritual da escola, e temendo tanto a base materialista quanto religiosa da história, insistiu em confiná-la a assuntos de Estado. Tendo um melhor olho para as instituições do que seu mestre, e um intelecto adaptado aos assuntos, ele foi um dos primeiros a passar do estudo dos textos para os tempos modernos e questões importantes. Em erudição e pesquisa remota, ele igualou totalmente aqueles que eram estudiosos e críticos, e nada mais; mas seus gostos o chamavam para uma carreira diferente. Ele dizia de si mesmo que era composto de três partes políticas, de modo que apenas o pequeno remanescente compunha o professor. Sybel abordou a Revolução através de Burke, com ensaios sobre sua política francesa e irlandesa. Ele manteve firmemente a doutrina de que os homens são governados por descendência, que a nação histórica prevalece invencível sobre a nação real, que não podemos abandonar nosso pedigree. Portanto, o crescimento da situação na Prússia parecia-lhe quase normal, e aceitável em contraste com a condição de um povo que tentou se constituir de acordo com suas próprias ideias. A teoria política, bem como o antagonismo nacional, não lhe permitiu nenhuma simpatia com os franceses, e não é de admirar que ele seja geralmente subestimado na França. Ele está distante do meridiano de Paris, e medita sobre a Europa Central no que diz respeito à conflagração de 1789, e o problema que causou ao mundo em geral. A distribuição do poder na França o move menos do que a distribuição de poder na Europa, e ele acha que formas de governo são menos importantes do que a expansão da fronteira. Ele descreve a queda de Robespierre como um episódio na partição da Polônia. Seu esforço é atribuir à Revolução seu lugar na história internacional.

Uma vez foi dito, em depreciação a Niebuhr e outros historiadores, que quando você pede a um alemão um casaco preto ele lhe oferece uma ovelha branca, e deixa a você a tarefa de realizar a transformação sozinho. Sybel pertence a uma era mais avançada, e pode escrever bem, mas pesadamente, e sem muita luz ou ar. Sua introdução, publicada em 1853, vários anos antes do volume de Tocqueville, tem tanto em comum com ele, que foi sugerido que ele poderia ter lido o artigo anterior de Tocqueville, o qual John Mill traduziu para a *Westminster Review*. Mas Sybel me garantiu que não o tinha visto. Ele havia obtido acesso a documentos importantes, e quando ele se tornou um grande personagem público, tudo foi aberto diante dele. Em assuntos diplomáticos, ele está muito à frente de todos os outros escritores, exceto Sorel. Tendo sido um líder da oposição, e o que na Prússia é chamado de liberal, ele foi até Bismarck e escreveu a história do novo Império Alemão sob sua inspiração, até que o imperador o excluiu dos arquivos, os quais, por muitos anos ativos, ele encabeçou. Seus cinco volumes, sem contar vários ensaios escritos em amplificação ou defesa, permanecem, na sucessão de histórias, por força de revisão constante, em uma data próxima ao ano de 1880. Por um tempo eles ocuparam o primeiro lugar. Em edições sucessivas, erros foram eliminados tão rápido quanto fossem encontrados; e ainda assim, mesmo na quarta edição, Mounier, que, como todos sabem, foi eleito em Dauphiné, é chamado de deputado da Provença. Na medida em que não ama nem Thiers nem Sieyès, Sybel declara ser um absurdo comparar, como Thiers fez, a Constituição de 1799 com a Constituição britânica. Na página aludida, uma das mais atenciosas ao Consulado e ao Império, Thiers está tão longe de colocar o trabalho de Sieyès no nível britânico que seu único propósito é mostrar a superioridade de um governo que é o produto de muita experiência e adaptação incessante em contraste com o resultado artificial da lógica política.

A visão de Sybel é que a Revolução deu errado naturalmente, que a nova ordem não era melhor do que a antiga, porque ela provém da velha, ressuscitou de um solo exausto, e foi trabalhada por homens alimentados na corrupção do velho regime. Ele usa a Revolução para exibir a superioridade da Alemanha conservadora e iluminada. E como há pouco a dizer a favor da Prússia, que coroou uma guerra inglória por uma paz inglória, ele produziu seu efeito acumulando ao máximo a massa da loucura e a iniquidade francesa. E com todos os seus defeitos, é um trabalho muito instrutivo. Um compatriota, que tinha ouvido o discurso de Daniel Webster em Bunker Hill, descreveu dizendo que cada palavra pesava meio quilo. Quase a mesma coisa pode ser dita da história de Sybel, não pela força da linguagem ou profundidade de pensamento, mas pela razão do imenso cuidado com que cada passagem foi considerada e com o qual todas as evidências foram pesadas. O autor viveu para ver-se ultrapassado e superado em história interna por Taine e em os assuntos externos por Sorel.

Taine foi treinado nos sistemas de Hegel e Comte, e seu dogma fundamental foi a negação do livre arbítrio e o domínio absoluto das causas físicas sobre a vida da humanidade. Um esforço violento para moldar o futuro por intenção e desígnio, e não por causas que estão no passado, parecia-lhe o auge da loucura. A ideia de começar do zero, a partir do dia da criação, de emancipar o indivíduo da massa, os vivos dos mortos, foi um desafio às leis da natureza. O homem é civilizado e treinado por seu entorno, sua ancestralidade, sua nacionalidade, e deve estar adaptado a eles. O homem natural, que a Revolução descobriu e trouxe à tona, é, segundo Taine, um bruto cruel e destrutivo, para não ser tolerado a menos que seja capturado jovem, e perseverantemente disciplinado e controlado.

Taine não é um historiador, mas um patologista, e seu trabalho, o mais científico que possuímos, e em parte o mais exaustivo, não é de história. Por sua energia em extrair fórmulas e acumular conhecimento, pela força esmagadora com que ele amassa para sustentar conclusões, ele é o francês mais forte de seu tempo, e sua acusação é a mais pesada que já foi elaborada. Porque ele não é defensor da monarquia ou do império, e seus julgamentos cruéis não são ditados pelo partido. Seu livro é um dos mais capazes que esta geração produziu. Não substitui a história. O manifestante consumado, concentrado na anatomia dos cérebros franceses, renuncia a muito do que nos precisa ser dito, e é incompetente quanto à literatura e aos assuntos gerais da Europa. Onde Taine falhou, Sorel foi magnificamente bem-sucedido, e ocupou o lugar vago tanto na Academia quanto em sua primazia indiscutível entre os escritores sobre a Revolução. Ele é secretário do Senado, e não é um filósofo abstrato, mas um político, curioso sobre coisas que entram nos jornais e atraem o olhar público. Em vez de investigar o interior humano, ele está de olho nos Alpes e além do Reno, escrevendo, por assim dizer, do ponto de vista do Ministério das Relações Exteriores. Ele está no seu melhor quando seus peões são diplomatas. No processo de política doméstica, e no desenvolvimento de ideias políticas, ele não supera aqueles que vieram antes dele. Vindo depois de Sybel, ele está um pouco à frente dele em recurso documental. Ele é mais amigável aos princípios da Revolução, sem ser um apologista, e é mais alegre, mais otimista e mais agradável de ler. Há um ano eu disse que, uma vez que Sybel e Taine estão mortos, Sorel é a nossa maior autoridade viva. Atualmente eu não posso mais usar essas palavras.

No aniversário de noventa anos de Ranke, Mommsen lhe fez este elogio: "Você provavelmente é o último dos historiadores universais. Sem dúvida você é o primeiro". Esta bela fala foi de dois gumes, e pretendia depreciar a história geral; mas é com uma história geral que vou concluir o que tenho a dizer sobre a literatura da Revolução. No oitavo volume de *General History* [*História Geral*], agora aparecendo na França, Aulard apresenta o esboço político da Revolução. Pode ser chamado de produto característico do ano de 1889. Quando o aniversário chegou, pela centésima vez, e encontrou a República seguramente estabelecida, e exercendo um poder nunca sonhado pelos fundadores, os homens começaram a estudar sua história em um novo espírito. Grandes dores e grandes somas foram gastas na coleta, organização, impressão, das informações mais autênticas e exatas; e havia menos violência e parcialidade, mais moderação e sinceridade, conforme se tornou a vencedora irrestrita. Nesta nova escola a figura central era M. Aulard. Ele ocupa a cadeira de história revolucionária em Paris; é o líder da sociedade para promovê-la; o editor do periódico, *La Révolution*, agora em seu trigésimo volume; e publicou os volumosos atos do Clube Jacobino e do Comitê de Segurança Pública. Ninguém nunca conheceu o material impresso melhor do que ele, e ninguém conhece o material inédito tão bem. O lado ruim da preferência partidária aparece em alguns lugares. Ele diz que as pessoas fizeram vingança à maneira de seus reis; e nega a cumplicidade de Danton nos crimes de setembro. Como o próprio Danton admitiu sua culpa a ninguém menos que o futuro rei dos franceses, este é um desafio a uma regra principal de crítica, de que um homem deve ser condenado por sua própria boca. A narrativa de Aulard não é completa, carece de detalhes; mas é inteligente e instrutiva além de todas as outras, e mostra o padrão que foi alcançado por um século de estudo.

Onde, então, nos situamos agora, e qual é a elevação que nos permite desprezar homens que, no outro dia, eram altas autoridades? Estamos no final, ou perto do fim, do fornecimento de *Memoirs*; poucos são conhecidos por existir em manuscritos. Tirando a Espanha, estamos avançando em relação à correspondência diplomática e internacional; e há abundante correspondência privada, de Fersen para baixo. Mas estamos apenas no início do movimento pela produção dos próprios atos do governo da França revolucionária.

Para lhe dar uma ideia do que isso significa. Trinta anos atrás, os Cahiers, ou Instruções, de 1789 foram publicados em seis grandes volumes. Os editores lamentaram não ter encontrado tudo, e que uma dúzia de instruções estavam desaparecidas em quatro províncias. O novo editor, em seus dois volumes de introdução, sabe de 120 instruções que foram negligenciadas por seus antecessores apenas nessas quatro regiões; e diz que havia cinquenta mil em toda a França. Uma coleção está saindo sobre as eleições de Paris, outra sobre os eleitorados de Paris, ou seja, o órgão encarregado da escolha dos deputados, que depois assumiram o governo municipal da cidade e tornaram a si mesmos permanentes. Em seguida, há a série de atos da Comuna, dos vários comitês governamentais, dos jacobinos, do departamento de guerra, e sete volumes apenas sobre Vendée.

Em alguns anos todas essas publicações serão concluídas, e tudo o que poderá ser conhecido será conhecido. Talvez alguém então componha uma história tão além da mais recente que possuímos, assim como Sorel, Aulard, Rambaud, Flammermont estão à frente de Taine e Sybel, ou Taine e Sybel de Michelet e Louis Blanc; ou do melhor que temos em inglês, os três capítulos no segundo volume de Buckle, ou os dois capítulos no quinto volume de Lecky. Nessa era de ouro nossos historiadores serão sinceros, e nossa história certa. O pior será conhecido, e então a sentença não precisa ser adiada. Com a plenitude do conhecimento, a ocupação de quem suplicava se vai, e o apologista é privado de seu pão. A mendacidade dependia da ocultação de provas. Quando isso está no fim, a fábula parte com ela, e a margem de divergência legítima é reduzida.

Não nos deixe falar muito mal aos escritores do partido, pois devemos muito a eles. Se não for honesto, eles são úteis, pois os advogados ajudam o juiz; e eles não teriam feito tão bem a partir da mera inspiração da veracidade desinteressada. Podemos esperar muito tempo se aguardarmos pelo homem que conhece toda a verdade e tem a coragem de falar, que é cuidadoso com outros interesses além dos seus e trabalha para satisfazer os adversários, que podem ser liberais para aqueles que erraram, que pecaram, que falharam e lidaram uniformemente com amigos e inimigos – assumindo que seria possível para um historiador honesto ter um amigo.

A LVM também recomenda

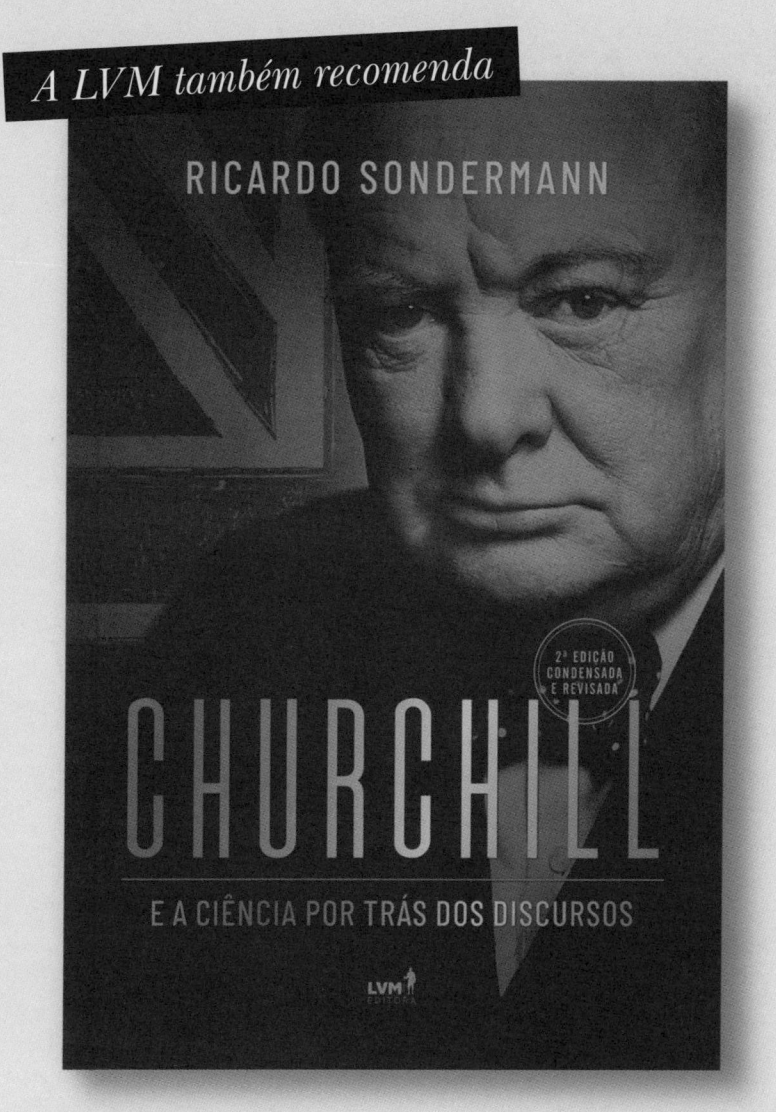

Churchill e a Ciência Por Trás dos Discursos é um estudo crucial para compreender o poder das palavras que influenciaram o curso da Segunda Guerra Mundial. Explora como Winston Churchill, reconhecido como um dos principais estadistas do século XX, utilizou habilmente sua oratória para confrontar o avanço nazista. Nesta segunda edição revisada, o autor analisa 12 discursos-chave de Churchill, oferecendo insights sobre sua psicologia e ideias fundamentais.

A LVM também recomenda

F. A. HAYEK

O CAMINHO DA SERVIDÃO

PROÊMIO POR GEORGE ORWELL
PRÓLOGO POR MILTON FRIEDMAN
POSFÁCIO POR PETER J. BOETTKE
2ª EDIÇÃO REVISTA E AMPLIADA

O Caminho da Servidão, de Friedrich August von Hayek, é uma obra amplamente reconhecida e influente, sendo considerada uma das mais importantes da história segundo a lista de Martin Seymour-Smith. Desde seu lançamento em 1944, mais de 350 mil cópias foram vendidas, destacando-se pela sua relevância contínua na luta contra o autoritarismo e o despotismo político. O livro oferece uma crítica clara e inteligente ao socialismo e ao fascismo, com insights que transcendem o tempo. Esta segunda edição, revisada a partir de uma edição lançada em 2021, inclui prefácios do autor e de outros renomados pensadores, como George Orwell e Milton Friedman, além de um posfácio do economista Peter J. Boettke.

A LVM também recomenda

PLANEJANDO PARA A LIBERDADE
DEIXEM O MERCADO FUNCIONAR
UMA COLEÇÃO DE ENSAIOS E DISCURSOS

Planejando para a Liberdade, uma coleção de ensaios e artigos selecionados por Bettina Bien Greaves, aluna e editora de Ludwig von Mises, é uma obra que data de 1952. O livro aborda diversos temas econômicos, políticos e sociais, todos centrados na defesa do livre mercado e na crítica ao planejamento central e ao socialismo. Mises argumenta que a liberdade individual e a prosperidade econômica dependem da operação de um mercado livre, sem intervenção governamental. Ele sustenta que o planejamento centralizado e a regulação econômica não só falham em seus objetivos, mas também levam a resultados econômicos piores e à diminuição das liberdades civis.

Acompanhe a LVM Editora nas Redes Sociais

 https://www.facebook.com/LVMeditora/

 https://www.instagram.com/lvmeditora/

Esta edição foi preparada pela LVM Editora e por Décio Lopes,
com tipografia Baskerville em abril de 2024.